HARDPRESS.NET
HOME OF HARD-TO-FIND BOOKS

Colección De Documentos Inéditos, Relativos Al
Descubrimiento ... De Las Antiguas Posesiones
Españolas De América Y Oceanía
by Joaquín Francisco Pacheco

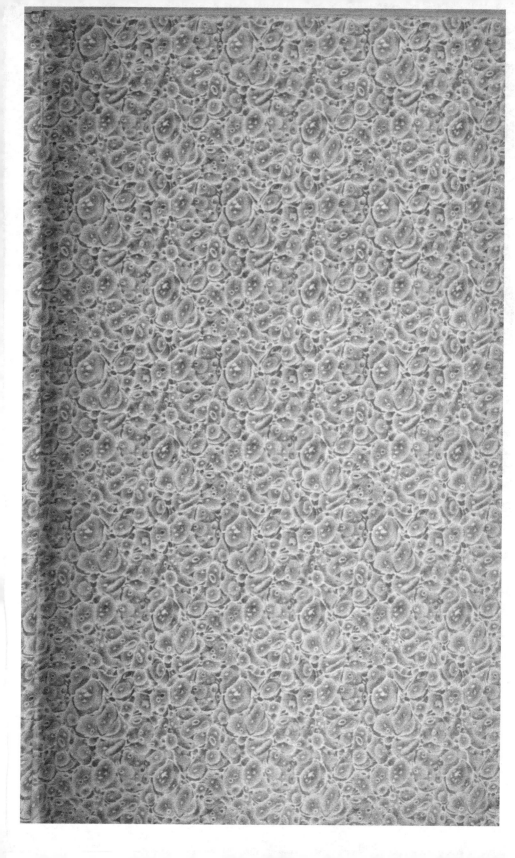

COLECCION DE DOCUMENTOS INÉDITOS

DEL ARCHIVO DE INDIAS.

COLECCION

DE

DOCUMENTOS INÉDITOS

RELATIVOS AL DESCUBRIMIENTO, CONQUISTA Y ORGANIZACION

DE LAS ANTIGUAS POSESIONES ESPAÑOLAS

DE AMÉRICA Y OCEANIA

SACADOS DE LOS ARCHIVOS DEL REINO

Y MUY ESPECIALMENTE DEL DE INDIAS

competentemente autorizada

TOMO XVI

MADRID
IMPRENTA DEL HOSPICIO
1871

PROBANZA

AD PERPETUAM REI MEMORIAM

SOBRE

LA TIERRA DEL MARQUES DEL VALLE

É INDIOS QUE DE LA NUEVA GALICIA, A ELLA LLEVARON.

AUTOS ENTRE NUÑO DE GUZMAN, HERNANDO CORTES Y OTROS

EN MADRID Á SEIS DE MARZO DE MIL É QUINIENTOS CUARENTA SE PRESENTÓ EN EL CONSEJO DE INDIAS DE SU MAGESTAD, NUÑO DE GUZMAN. — (Año de 1540.) (1)

En la Ciudad de Compostela de Galicia de la Nueva España, á diez dias del mes de Diciembre del año del nacimiento de nuestro Salvador Jesucristo de mil é quinientos é treinta é ocho años, ante el muy noble Señor Juan de Samaniego, Alcalde ordinario en la dicha Ciudad por Su Magestad, é por presencia, de mí, Pedro Ruiz de Haro, escribano público del Consejo de la dicha Ciudad, pareció, presente, Diego de la Peña, en nombre y en voz de Nuño de Guzman, Gobernador que fué enesta dicha Nueva Galicia; é por virtud del poder que dél tiene, que hizo presentacion é se pronunció por bastante, é presentó un escrito de demanda siguiente:

---

(1) Archivo de Indias. *Patronato*. Est. 1.°, Caj. 1.

304880

MUY NOBLE SEÑOR.

Diego de la Peña en nombre de Nuño de Guzman, Gobernador que fué desta Galicia, ó por virtud que dél tengo, de que hago presentacion, digo: que ante Pedro Ruiz de Haro, escribano público désta Ciudad, está y pasó una probanza sobre lo que Andrés de Tapia hizo en la Villa del Espíritu-Santo, cuando por allí pasó el Marques del Valle, en demanda de la Isla de la mar del Sur, y de la gente que murieron, y otras cosas mas; á Vuestra Merced pido ó suplico, la saque luego, en manera, que haga fée y la entregue al dicho mi parte, para quél la pueda presentar en guarda de su derecho; y yo estoy presto de le pagar su salario, para lo cual el muy noble oficio de Vuestra Merced imploro y pido justicia.

Sepan cuantos esta carta vieren, como yo, Nuño de Guzman, gobernador de Galicia, désta Nueva España, estante al presente enesta gran Ciudad de Temixtitan, México, desta Nueva España, otorgo ó conozco por esta carta que dó ó otorgo, todo mi poder complido, libre ó llenero, bastante, segund que lo yo hé y tengo ó de derecho mas puede ó debe valer, á Luis Salado, Tesorero de Su Magestad, en la dicha provincia, questá presente; ó á Francisco de Godoy, ques ausente, vecinos de la Ciudad de Compostela, ambos á dos, juntamente, ó á cada uno déllos, por sí, *insolidun*, especialmente, para

que den, é en mi nombre puedam ó cualquier déllos,
pedir ó demandar, ó recibir ó haber, ó cobrar, ansí
en juicio como fuera dél, de todas ó cualesquier
pérsona ó personas que sean é con derecho deban,
ó de sus bienes, todas ó cualquier contia de pesos de oro ó plata, ó joyas ó esclavos, bestias ó
ganados, ó otras cosas, cualesquier de cualquier
calidad que sean que me deban ó debieren, ansí
por contratos públicos ó albaláes, sentencias ó poderes, ó trespasos, ó sin éllos; ó cuentas corrientes ó por fenecimiento déllas, ó de cualesquier tributos de mis pueblos, ó en otra cualquier manera
ó por cualquier razon que séa; ó que lo puedan recebir ó reciban, en sí; ó dar sus cartas de pago
que convengan ó que puedan, ó cualquier déllos
parecer ó parezcan; ansi ante el licenciado Diego
de Latorre, juez de residencia, que agora es, en la
dicha provincia, como ante otros, cualesquier alcaldes ó justicias que con derecho deban, ó les pedir ó requerir, que renueven el depósito quél dicho
licenciado tiene hecho de cualquiera de los distin-
tos pueblos que yo tengo ó poseo en la dicha Gobernacion; ó que me dejen llevar los tributos déllos,
ó les protestar ó protesten cualesquier daños ó
intereses que por no lo hacer se me recrecieren
ó me vinieren; ó sobre ello, hacer cualesquier requerimientos que á mi derecho convenga; ó lo pedir ó pidan por fée y téstimonio á cualesquier escribano que se acrecieren, ó que puedan pedir ó

tomár cuenta ó razon con pago á Melchor Diaz,
vecino de la dicha Ciudad, ó á quien por él le haya
de dar de cualesquier bienes é hacienda, é rentas é
tributos que tenga mios, ó por mi hobiere recibido
ó cobrado, asi en la provincia de Culiacan como en
otras cualesquier partes ó de cualesquier pueblos
mios ó ganados ó bestias, y esclavos que han tenido ó tengam á mi cargo ó de otras cosas cualesquiera que por mí hayan recibido ó cobrado, ansí por
virtud de mis poderes como en otra cualquier manera ó por cualquier capsa ó razon que sea, ó la
hacer é fenecer con él; é le hacer cualesquier alcances, ó recibir ó reciban en si, los alcances que
le hicieredes, ó le dar ó den por libre ó quito de
todo éllo, ó sobre razon de lo susodicho, ó de cada
una cosa déllo, ó de otras cosas cualesquier, á mí,
tocantes é pertenecientes, puedan ó cualquier déllos,
ansi, antél dicho licenciado como ante otros cualesquier jueces ó justicias que con derecho deban
hacer ó hagan tódas ó cualesquier demandas, pédi-
mentos ó requerimientos ó protestaciones ó empla-
zamientos ó citaciones, entregas y escursiones ó
vendidas ó remates de bienes ó juramentos de ca-
lumnia, ó de cesorio ó presentaciones de testigos,
ó concluir, ó pedir, ó oir sentencia ó sentencias, ó
consentir ó apelar, ó cumplir délla ó dellas, ó pedir ó tomar, ó seguir ó la apelacion ó suplicacion,
para allí ó do con derecho debieren ó hacer ó hagan
en juicio ó fuera dél, todas las otras cosas ó cada

una déllas que. convengan de se hacer ó que yo
haria, si presente fuere, aunque para ello se requiera haber otro; ni mas especial poder ó presencia
personal, ó que puedan hacer ó sostituir en su lu_
gar y en mi nombre un poder ó dos, ó mas, ó los
revocar ó tornar, ó tomar este poder en sí, ó cuan
cumplido ó bastante poder, yo ó y tengo para lo
susodicho ó para cada una cosa déllos, tal ó tan
cumplido, bastante; y eso mismo lo otorgó ó doy
á los dichos Luis Salcedo ó Francisco de Godoy ó
á cada uno déllos por sí é sus sostitutos, con todas
sus incedencias ó dependencias ó conéxidades; ó
los relievo, segund derecho, ó para lo cumplir ó haber por firme, segund dicho es, obligo mi persona ó
bienes habidos ó por haber.

Fecha la carta en la dicha Ciudad de México
residiendo enélla el Audiencia ó Chancillería real
de Su Magestad á veinte ó seis dias del mes de
Abril, año del nacimiento de nuestro Salvador Jesucristo de mil ó quinientos ó treinta ó ocho años.
E lo firmó de su nombre en el registro desta carta.
Testigos que fueron presentes, Bernardo Gonzalez ó
Diego García de Arnedo, estantes en esta dicha
Ciudad.—Nuño de Guzman.—Yo, Andres de Salinas, escribano de Sus Magestades ó su notario
público en la su Corte ó en todos lo sus Reinos ó
Señoríos, presente fuí en uno con los dichos testigos al otorgamiento desta carta, ó la escribí se-
gund que ante mí pasó; ó fiz aquí este mio signo,

á tal; en testimonio de verdad, Andres de Salinas escribano de Sus Magestades.

Sepan cuantos esta carta vieren, como yo Luis Salido, Tesorero de Su Magestad en esta Galicia de la Nueva España, en nombre y en voz del Gobernador Nuño de Guzman, ó por virtud del poder que dél tengo, ques el de esta otra parte contenido, otorgo ó conozco, que lo sostituyó ó doy todo mi poder, segund que yo dél lo tengo, ó de derecho mas puede ó debe valer, á Diego de la Peña, vecino desta dicha Villa, questá presente; generalmente, para en todas las cosas ó casos de por fuero ó por juicio, ó para cada una déllas, en el dicho poder contenidos, ó no en mas ni para mas, ó cuan complido poder yo ó y tengo del dicho Gobernador, ó tan complido lo otorgo ó doy al dicho Diego de la Peña, con todas sus incedencias ó dependencias ó conexidades, ó lo relevo segund que yo soy relevado, ó para lo complir ó haber por firme, obligo la persona ó bienes á mí obligados.

Fecha la carta en la dicha Villa de Guadalajara á veinte ó un dias del mes de Noviembre, año del nacimiento de nuestro Salvador Jesucristo de mile ó quinientos ó treinta ó ocho años. Testigos que fueron presentes á lo susodicho.—Melchor Diaz ó Juan Sanchez ó Juan de Mondragon.—Luis Salido. E yo, Andres de Salinas, escribano de Sus Magestades lo escrebí, segund que ante mí pasó; E fiz aquí este mio signo, á tal.—En testimonio de ver-

dad, Andres de Salinas, escribano de Sus Magestades.

Asi presentado al dicho Señor Alcalde, lo hobo
por presentado, ó se pronunció por bastante el dicho poder, ó dijo: que mandaba ó mandó, á mí el
dicho escribano saque ó faga sacar el treslado del
dicho proceso, en forma, ó lo dé al dicho Diego de
la Peña, pagando por éllo los derechos que hobiere
de haber.

En la Ciudad de Compostela de Galicia de la
Nueva España, diez dias del mes de Diciembre del
año del nacimiento de nuestro Salvador Jesucristo
de mil ó quinientos ó treinta ó cinco años, el muy
magnifico Señor, Nuño de Guzman, Gobernador
de la dicha Galicia, por Su Magestad, por ante mí,
Pedro Ruiz de Haro, escribano público ó del Consejo de la dicha Ciudad de Compostela ó su juredicion, dijo: que por cuanto él quiere hacer cierta
probanza sobre la manera de la tierra, dondestá el
Marques del Valle, para déllo dar aviso á Su Magestad, por ende, que para hacer la dicha informacion tomaba ó tomó, recebia ó recebió juramento en
forma de derecho, de las personas y uso contenidas.

Testigo Luis de Baeza estante en la dicha
Ciudad de Compostela, testigo recibido para la dicha informacion; juró en forma de derecho de decir
verdad de lo que le fuere preguntado; ó siendole
preguntado, dixo lo siguiente:

A la primera pregunta dijo: que conoce al dicho Marques del Valle, puede haber cinco años, poco mas ó menos: preguntado como lo conoce, dijo: que por que lo ha visto y hablado con él, y estado en su casa.

Preguntado cómo se llamaba la tierra donde el Marques está, dijo: que Tarsis segund decian, ó que en la dicha tierra no se halló cosa de comer, de maiz ni de otra similla ninguna, sino unas alberjares que se hallaban en unos árboles espinosos, é unas bainas de unos árboles que son á manera de lantejas, ó aquellas se quebraban, é molian, é comian, é que en todo un dia no les bastaba á cada uno lo que cogia para comer, porque era muy poquito lo que se sacaba; é dijo, que los árboles que habia allí, eran los susodichos donde cogian la fruta, é otros que llevaban unas como ciruellas; é que otros árboles habia blancos, que eran muy pocos; ó que aquellos habian cortádolos ya todos; é que en la dicha tierra, hallaron un arroyo que traia un poco de agua, é se sumiam en unos xagüeyes donde bebian; é que yerva no habia para los caballos, porque era tierra muy seca é arenosa.

Preguntado qué cantidad de Indios se hallaron ó vieron, dijo: que unos decian habia ciento ó cincuenta; otros, doscientos; é este testigo, los que vió, podian ser, hasta setenta ó ochenta; é que eran personas de buena disposicion, é que andaban desnudos; ó que las mujeres traian unas naguas

de yerva, ó que comian y se mantenian, á lo que
vió, de raices, ó yervas, ó pescado.

Preguntado que cuando el Marques se embarcó,
qué gente llevaba de caballo, dijo: que se podia
embarcar, ciento de caballo ó cien peones, poco
mas ó menos, ó negro, sobra de sesenta; é amigos
é naborias, de ciento y mas.

Preguntado que despues que llegó el dicho
Marques á la dicha tierra, qué tanta gente se le
ha muerto, así españoles como negros, ó la otra
gente, dijo: que dos españoles se murieron de hambre, é que de los negros ó indios, no sabe la cantidad, sino que decian, que se habian muerto muchos; é que la otra gente que quedaba con el dicho
Marques, quedaba muy flaca y muy debilitada,
cuando este testigo partió de la dicha tierra; é que
cree este testigo, que eran muertos, mas de la mitad de éllos, sino han sido socorridos.

Preguntado si al tiempo quél dicho Marques
del Valle se partió con la dicha gente, se hizo
pleito homenage, ó les dijo que de todo lo que les
habia dado de socorro, no les habia de llevar cosa
ninguna déllo, dijo: que este testigo le oyó decir
antes que se embarcase, que no les habia de llevar mas, de como le costó, en la Villa Rica; é que
despues dijo, que no les habia de llevar cosa ninguna; é que no se acuerda, si lo juró, mas que las
palabras que les decia, se lo prometia; é que á lo
que se acuerda, piensa que lo juró.

Preguntado si las personas que le pedian licencia al tiempo que así estaban malos, para venirse á curar ó á remediar su salud, si se las daba ó si les pedia lo que les habia dado, dijo: que algunos se la negaba ó no se la queria dar; ó á los que la daba, les tomaba lo que les habia dado, si lo tenian; ó sinó, que les tomaba sus capas ó sayos ó camisas, ó lo que tenian, ó que lo hacia apreciar á como valia en México; ó que de los que se vinieron por haberles tomado para pagarse de lo que les habia dado, se venian desnudos; ó que habria un año que todos los mas, habian andado en compañia del dicho Marques ó servicio.

Preguntado si sabe que cuando algunas personas pedian licencia al dicho Marques, para se venir á curar, estando á la muerte, ó se la daba, si les tomaba sus caballos y esclavas, que eran suyos, propiamente, ó los enviaba sin éllos, dijo que sí.

Preguntado si sabe que Andres de Tapia, que iba por su Maestre de Campo del dicho Marques, envió cantidad de Indios ó Indias naturales de la provincia de Chiametla ó Villa del Espíritu-Santo, ques desta dicha Gobernacion, al dicho Marques ó á otras personas, por fuerza ó contra su voluntad, los cuales habrá hecho atar y embarcar, ó que muchos hijos déstos se habran muerto por haber enviado á sus madres, ó á esta causa, se alzaron mas pueblos, ó se fueron á las sierras, ó que cuanta cantidad de Indios ó Indias eran, ó si son muertos

ó vivos, dijo: que lo que sabe; es; quéste testigo
vió en la dicha tierra do está el dicho Marques,
hasta cantidad de treinta, poco mas. ó menos; ó
que no sabe si se ha muerto; ó que oyó decir que los
habian llevado contra su voluntad; ó que oyó asi
mismo, decir, que la dicha tierra de la provincia
de Chiametla, se alzó, ó lo está; ó que la Villa del
Espíritu-Santo, tambien se despobló; ó que lo demas no sabe.

Preguntado si tienen los Indios naturales de
la dicha tierra casas en que habitan, ó los cristianos si las tienen, así mismo; ó si sabe qué cristianos, ó caballos, ó negros, ó naborias, han muerto
los naturales de la dicha tierra, dijo: que los dichos
Indios naturales no tienen casas, sino unos ranchuelos pequeños, ó otros no tienen ningunos; ó
que los cristianos tienen sus ranchos de paja., ó que
pueden ser los que asi mataron, obra de quince españoles; ó que caballos han muerto seis ó siete, ó
que negros ó Indios, naborias, no sabe la cantidad;
mas de saber, que son muchos.

Preguntado si los Indios de aquella tierra son
salvages, ó comen las yervas ó carne, ó el pescado
crudo, ó las suciedades que ellos hacen ó otras inmundicias, como bestias; ó si cuando quieren ayun-
tarse, varon con muger, lo hacen en presencia de
todos; ó si toman á las mugeres por las espaldas,
como animales, dijo: que los dichos Indios son salvages ó que no habitan sino por las sierras; ó que

no los ha visto comer la carne cruda, ni el pescado;
ó que no les ha visto comer la suciedad; pero que
lo ha oido ó que en sus rancherias se lo ha hallado
este testigo, revuelto en yervas y guardado; é que
oyó decir, que se hechaban con las mugeres, públicamente, delante todos, ó las tomaban por las espaldas, como bestias; ó que en la cocina del Marques,
oyó decir este testigo, que un Indio de los naturales, se hechó con una India, delante todos, ó no se
la pudieron quitar, hasta que cumplió su volantad.

Preguntado qué gente le podrá quedar al dicho
Marques de caballo y de pié, dijo: que oyó decir
que hasta ciento ó cincuenta, ó que caballos muy
pocos ó aquellos muy flacos y perdidos, y los mas
déllos, andaban al campo porque no tenian que
comer.

Preguntado si los dichos indios traian oro ó
plata, dijo: que no, ó que si traian perlas, dijo, que
nunca las vió; ó questa es la verdad, segun el juramento que hizo; ó no lo firmó, porque dijo que no
sabia. Firmólo el dicho Gobernador, ó yo el dicho
escribano, Pedro Ruiz de Haro, escribano público.—Nuño de Guzman.

Testigo Francisco Muñoz, natural de Triana
ques en Sevilla, en los Reynos de España, estante
al presente en la Ciudad de Compostela de Galicia
de la nueva España, testigo recibido para la dicha
informacion; habiéndole sido recibido juramento en
el paso, en forma de derecho; ó siéndole pregunta-

do por el dicho Señor Gobernador, qués lo que acerca deste caso sabe, dijo lo siguiente:

Preguntado si conoce á don Hernando Cortes Marques del Valle, é de que tiempo acá, dijo que sí, conoce, porque le ha visto é hablado con él, muchas veces; é que de cinco años á esta parte, gana dineros del dicho Marques.

Preguntado, cómo se llama la tierra donde está el dicho Marques, dijo: que no se le acuerda. Preguntado, que bastimentos é que cosas de comer, que árboles ó montes, ó que suerte de tierras y aguas y rios, ó de donde beben; y si hay yerva para los caballos, ó de que se mantenian; dijo: que bastimentos, no hallaron ningunos, de maiz ni otra comida, sino solamente unas alberjáras de unos espinos ó unas bainillas á manera de lantejas, que se dice de mezquíques, que se quebraban y molian para lo comer; é que habia otros árboles á manera de ciruellos; é que la tierra era pedregosa y arenizca y muy fragosa; é que un arroyo seco en unos xagüeyes que hacian hondos, de que sacaban agua de donde bebian; é que no hay yerva ninguna para los caballos, sino de unos caracoles que iban muy lejos por ellos, é de aquello habia muy poco, ó que no habia otro mantenimiento para los dichos caballos, ni se lo daban.

Preguntado que cantidad de Indios hallaron ó se vieron, ó que calidad ó suerte de gentes, ó como andan vestidos, ó que comen, ó de que se mantie-

nen, dijo: queste testigo pudo ver hasta cincuenta ó
sesenta indios, poco mas ó menos; é que era gente
nacida, é andan desnudos, é los caballos largos, é
traen sus arcos é flechas é varas ; ó que lo que comen, á lo queste testigo, ha visto, es de aquellos
mezquiques, cuando los hay, y de pescado.

Preguntado, que gente embarcó el Marques, despañoles de pié é de caballo, é negros é amigos é naborias, dijo: que de cristianos no lo sabe, particularmente, mas de que oyó decir que eran mas de
doscientos de pié é de caballo, é obra de cincuenta
negros é doscientos naborias é indios amigos.

Preguntado que despues quél dicho Marques
del Valle llegó á la dicha tierra, que tantos cristianos é negros é indios, naborias é amigos son
muertos de hambre, é cuales quedaron al tiempo
queste testigo se partió de la dicha tierra; ó si cree
que seran los mas, muertos, sinó han sido socorridos, dijo que no lo sabe; mas de que sabe é cree
que se le habian muerto de los indios naturales é
de los cristianos, veinte é cinco, poco mas ó menos;
é negros, é amigos, é naborias, mas de ciento é
veinte; é que quedaban muy perdidos y flacos; é
cree este testigo, que sinó han sido socorridos, que
serán los mas, muertos.

Preguntado si al tiempo quel dicho Marques se
embarcó con la gente, si les dijo que de todo lo
que les habia dado de socorro, no les habia de llevar cosa ninguna; ó se lo hizo pleito homenage,

dijo, quel no sabe mas de que lo ha oido decir; que asi lo prometió.

Preguntado que si al tiempo que alguno de los dichos cristianos, por estar malos ó á la muerte, viniendo á demandar licencia al dicho Marques para remediar su vida ó curarse ó se la daba, si le demandaba lo que les habia dado ó les tomaba las capas ó sayos ó camisas, calzas pollos, ó lo hacia tasar como él queria; ó de nuevo lo daba á otros por el doble, ó les hacia hacer obligaciones habiendole servido un año, dijo: que lo que sabe, es, quel dicho Marques les tomaba á los que se venian, sus capas ó sayo, ó camisas ó hacienda; por lo que les habia dado al precio que el dicho Marques queria; ó que lo demas no sabe; mas, de que le habian servido ó seguido, los mas déllos, un año.

Preguntado que si por que algunos le demandaban licencia para se venir á curar, ó habiendosela dado, si les quitaba sus esclavos y esclavas; y si algo le decian sobréllo, les amenazaba que no los dejaria venir, ó que los ahorcaria, dijo que sabe quel dicho Marques les tomaba sus esclavos ó esclavas, ó que no se lo dejaba traer; ó que lo demas, no sabe.

Preguntado si Andres de Tapia vecino de México, que iba por Maestre de Campo del dicho Marques, si tomó de la provincia de Chiametla ó Villa del Espiritu-Santo, qués désta Gobernacion, muchos indios ó indias naturales de la dicha provin-

cia, por fuerza, sacándolos de sus casas, ó á otros
que les traian de comer ó los hizo atar y embarcar
por fuerza, y embió al dicho Marques, á cuya capsa,
muchos niños ó niñas, hijos de los susodichos, que
sus madres criaban, son muertos; y los demas de
los dichos pueblos se alzaron y fueron á las sierras, y lo están; ó qué indios ó indias estan muertos de los que ansi embarcó, dijo: quel dicho Andres de Tapia embarcó hasta noventa ó ciento, ó
que los vió llevar atados; ó que sabe que algunos
déllos, son muertos en la dicha tierra del Marques;
ó que sabe que en la dicha provincia de Chiametla,
se alzaron los dichos pueblos, ó se despobló la dicha Villa, ó lo está; ó lo demas no lo sabe.

Preguntado qué casas tienen los indios naturales, ó en que habitan; ó si los cristianos tienen
hechas casas, ó qué cristianos ó indios ó negros
han muerto los dichos naturales, dijo: que los naturales no tienen casas, sino que tienen algunos
ranchuelos; ó que los cristianos tienen sus ranchos de madera ó paja; ó que pueden haber muerto los naturales; ó con los que se han muerto, caballos, obra de cuarenta ó cuarenta ó cinco; ó que
lo demas se remite á lo que dicho tiene.

Preguntado que si los Indios de la dicha tierra son indios salvages ó si los han visto comer la
carne cruda y el péscado; y si sabe que comen la
suciedad que hacen y otras inmundicias como bestias; ó que si al tiempo que se quieren ayuntar el

varón con la muger lo hacen públicamente ó la toman por las espaldas como bestias; dijo, que los dichos indios son salvages ó que la carne que no sabe la coman cruda, ni el pescado; ó que la suciedad de los hombres, sabe que la comen; ó que ha oido decir que cuando se ayuntan los hombres con las mugeres, las toman por las espaldas ó públicamente; ó que en la cocina del Marques lo vieron asi hacer.

Preguntado qué tanta gente de caballo ó de pie ó de negros ó indios quedaron con el dicho Marqués, dijo: que á lo que paresce, quele podrán quedar obra de ciento y cuarenta españoles, ó muy pocos negros, ó pocas naborias; y caballos, hasta treinta, y estos flacos y sueltos; ó que ha oido decir que les daban una libra de carne á cada uno, de racion, para una semana.

Preguntado si en la dicha tierra vió este testigo oro ó plata á los indios, ó perlas; dijo: que nunca lo vió, ni en otra parte sabia que lo hobiese; é que en una entrada, tomaron á los indios obra de cuarenta perlas de poco valor, negras, quemadas; ó questo es lo que sabe para el juramento que hizo; ó no lo firmó por que dijo que no sabia. Firmólo el dicho señor Gobernador, ó yo el dicho escribano.= Nuño de Guzman.==Pedro Ruiz de Haro, Escribano público.

Testigo. Alonso de Caballos, vecino de la Ciudad de Sevilla, ques en los Reynos de España, es-

tante al presente en la Ciudad de Compostela de la
Nueva Galicia, testigo recibido para la dicha información; habiendo jurado, segund forma de derecho,
prometió decir verdad; é siéndole preguntado por el
dicho señor Gobernador lo que cerca deste caso sabe,
dijo lo siguiente:

Preguntado si conoce al dicho Marqués del Valle, dijo que sí; ó que fué con él esta jornada; estubo
en la tierra donde agora al presente está.

Preguntado cómo se llama la tierra donde está
el dicho Marques; dijo: que donde está el dicho Marqués, poblado, no hay puesto nombre á la tierra, ni
hay Villa fundada; ó quel puerto se llama la baya
de Santa Cruz.

Preguntado qué comida ó árboles ó montes, ó
suerte de tierra ó agua ó yervas ó rios, ó de qué se
mantienen, ó de que beben, dijo: que comida, no
hay ninguna de maiz ni ó ninguna para sustentamiento de gente, sino unas alberjares y mezquiques que tienen unas baynas como lantejas; ó por
pura hambre lo iban á la buscar, y que no es sustentamiento para la vida; ó que toda la tierra es car-
dicales, ó de los dichos frutales; ó que no hay ningun rio que lleve agua; ó que de unos xagüeyes que
hacian, bebian; ó no hay yervas que comiesen los
caballos ni de qué se mantuviesen.

Preguntado qué cantidad de indios hallaron en
la dicha tierra, y qué calidad y suerte de gentes,
ó cómo andan vestidos, ó qué comen, ó de qué se

mantienen, dijo: que puede haber hasta ciento ó cincuenta indios en toda la tierra, ó que no tienen casas ni asiento ninguno, ni crian ni siembran, ó que andan desnudos con sus arcos y flechas y varas; y lo que se mantienen es de pescado.

Preguntado qué gente embarcó el Marques del Valle, de caballo ó de pie, ó qué tántos negros ó amigos ó naborias, dijo: que de cristianos pudo embarcar doscientos hombres de caballo, ó de pie poco mas ó menos, ó que de negros podrian ser mas de cincuenta, pocos mas ó menos, ó que de indios ó naborias, embarcó mas de ciento.

Preguntado que despues que llegaron á la tierra donde el dicho Marques está, qué tántos son muertos de hambre, así cristianos como indios ó negros, dijo: quéste testigo vió morir de hambre dos cristianos; ó que negros ó indios ó indias se morian muchos; ó yendo á buscar de comer, mataron al pié de veinte españoles ó negros ó indios, ó caballos han muerto muchos; ó que cree este testigo que los que dejaron con el dicho Marques, seran muertes los mas déllos, de hambre, porque quedaban muy perdidos y deflequecidos de hambre; ó que si lloviese en la tierra, cree este testigo, que ninguno quedaria vivo, por la falta de las aguas.

Preguntado que si al tiempo quel dicho Marques embarcó con toda la gente, y cuando estaba en colina, si les hizo á todos pleito homenaje y muchos juramentos de no pedilles ni llevalles nada, de

lo que les habia dado de socorro, dijo: quel dicho
Marques juró é prometió muchas veces á todos,
en general, hablándoles y diciéndoles que si la
tierra no fuese tal, que les contentase, quél les prometia que no les llevaria ni pediria cosa alguna
á ninguno déllos, de lo que les habia dado de socorro; porque lo que les dió, se lo dió para ayuda
ataviallos.

Preguntado si sabe que cuando alguno de los
dichos españoles, viéndose á la muerte, le pedian
licencia al dicho Marques para venir á remediar su
vida y curarse, se les demandaba lo que les habia
dado de socorro, é si no lo tenian les hacia quitar
las capas y sayos y lo demas de vestir que tenian
é lo hacia numerar en lo que le parecia, é despues
lo daba á otras personas en el doblo de lo que lo
habia tomado, ó les facia hacer obligaciones para
ello, é á esta causa se vinieran muchos dolientes
desnudos, que aun casi un año que le sirvian, é
habia sacado de sus casas y oficios y tratos, con
palabras, dijo: que lo que sabe, es, que les hacia
le diesen la ropa que tenian de su vestido, hasta la
cantidad qué debian; ó lo que valia, cree lo tomaba
por uno, eceto lo quel mismo dió, que los tomaba
al mismo precio que lo habia dado; é ques verdad
que lo que así el dicho Marqués tomaba, lo tornaba
á vender á mas crecidos precios, é hacia facer
obligaciones por éllos, é que se vinieron los mas,
desnudos é desposeidos de su ropa, é que algunos

hubo, que no traian mas de una camisa ó unas zaragüelles vestidos; ó ques verdad, que estos le habian servido al pie de un año; ó que á este testigo le rogó que se viniese con él, é le prometió de hacello con bien con él.

Preguntado que si al tiempo que alguno le demandaba licencia para venirse á curar por estar á la muerte, si les quitaba sus esclavos ó esclavas ó naborias que tenian ó eran suyas sin se los pagar, ó que si algo le decian sobréllo los amenazaba, que no los dejaria venir ó los ahorcaria, dijo; quel dicho Marques, es verdad que á los que se venian les quitaba los esclavos y esclavas; porque decia, que eran menester para servicio de los que quedaban, ó que los dichos españoles por salir de tan mala tierra, lo disimulaban.

Preguntado si Andres de Tapia, vecino de México ó Maestre de Campo del dicho Marques, tomó muchos indios é indias naturales de la provincia de Chiametla ó Villa del Espíritu Santo desta Gobernacion de Galicia, por fuerza, sacándolos de sus casas é á otros de los dichos naturales que le traian de comer, estando junto á la dicha Villa del Espíritu Santo, é los hizo atar é poner en cadenas y embarcó y envió al dicho Marques, por cuya capsa, muchos niños é niñas, hijos déstos, que criaban sus madres, se han muerto, y los mas se han despoblado y alzado y ido á las sierras, ó lo estan hasta agora; ó qué cantidad de indios é indias serian, ó qué tantos se han muerto déllos, dijo: que lo que sabe, es, quéste testigo no vió tomar al dicho Tapia, porque estaba con el Marques; mas de quéste testigo, los vió desembarcar en la dicha tierra ó que podian ser hasta treinta, ó que luego se murieron; ó que lo demas no sabe.

Preguntado qué casas tienen los dichos indios naturales, ó los dichos cristianos; ó qué cristianos ó negros ó indios ó caballos han muerto los dichos indios, dijo: que dice lo que dicho tiene, acerca de los que se han muerto; ó han muerto los dichos indios; ó que casas no tienen los dichos indios ni los españoles las tienen; ó qués la mas estéril ó la mas perversa ó malvada tierra que hay en el mundo, ó que cree que no hay otra mas mala en lo descubierto ni por descubrir; ó que muertos de indios ó de hambre ó muertos los caballos para comer, pasaban de cuarenta caballos.

Preguntado que si los indios naturales de aquella tierra son selváticos y les han visto comer la carne cruda y el pescado y otras suciedades ó inmundicias, y si se comen unos á otros, ó que si al tiempo que se quieren ayuntar en cópula carnal el hombre con la muger, si lo hacen públicamente ó que si toman la mugeres por las espaldas como animales; dijo: que lo que sabe es quéste testigo los tiene por selváticos ó sin ninguna razon ni ley, ni manera de vivir; ó que sabe, segund todos decian, que se comen unos á otros, porque los han hallado el indio é indios enteros asados; ó que la carne é el pescado no sabe si lo comen crudo, por queste testigo se lo ha visto asado; ó queste testigo ha oído decir que la suciedad de los hombres la guardaban seca para comer; é ques verdad, que se ayuntan los dichos indios públicamente con las mugeres, é las tomaban por las espaldas, como animales; é queste testigo lo vió.

Preguntado qué tanta gente de pie y de caballo ó amigos ó negros quedaban con el dicho Marques al tiempo que partió este testigo, é qué tratamientos les hacia, é qué racion de comida les daba, dijo: que podian ser, sesenta de caballo, é podian quedar ciento ó cincuenta españoles; é que la racion, ninguna les daba, sino que les dió una vez, media cuartilla de aceite y media de vinagre porque andaban muchos entrapados ó hinchados de comer vívoras y yervas; é que amigos é negros, le quedaban muy pocos porque se morian todos de hambre, un dia cuatro, otro dia cinco.

Preguntado si hallaron oro ó plata y si los indios lo tienen, dijo: que no; ó que perlas algunas de poco valor, hallaron, ó que podian ser hasta cincuenta ó que eran negras y menudas; y quésta es la verdad para el juramento que hecho tiene é en éllos; se afirmó é firmólo de su nombre, é el dicho Sr. Gobernador, é yo, el dicho escribano, lo señalamos de nuestras firmas.—Alonso Cevallos.

Testigo. Hernan Rodriguez, testigo recibido

para la dicha informacion; habiendo jurado é siendo preguntado por el dicho Señor Gobernador, lo que acerca deste caso sabe, dijo lo siguiente:

Preguntado si conoce á Don Hernando Cortés Marques del Valle, ó de qué tiempo acá, dijo: que puede haber que le conoce cinco ó seis años, poco mas ó menos. Preguntado si fué en la hornada que agora fué el dicho Marques á la tierra nueva á donde agora está, dijo que sí, fué.

Preguntado cómo se llama la tierra donde está el dicho Marques, ó qué bastimentos de comer se hallaron enélla, ó qué calidad de árboles y montes, y qué suerte de tierra; ó qué aguas ó rios hallaron ó de dónde beben; ó si hay yerva para los caballos, ó de qué se mantenian, dijo: que la dicha tierra no tiene nombre, ó quenélla nose halló sino alberjaras y mezquíques que tienen la pepita y son de manera de huesos de algarrobas; ó que no era mantenimiento para sustentarse ó se hallaron unas como ciruellas que crian unos árboles que se dicen copales; ó que habia cardones, ó que no habia otros árboles, y de aquellos cardones muy espesos; ó que á pie ni á caballo no se podia andar; ó que la tierra es la mas estéril del mundo ó muy seca ó arenosa, ó que cree que no podia dar fruto ninguno; ó que no se halló ninguno rio sino unos xagüeyes que hallaron hechos y otros quéllos hicieron; ó que oyó decir á los que hacian entradas, que habian hallado una madre de un rio seco; ó que

en algunas partes tenia algunos charcos de agua,
ó que yerva no la hay ninguna para los caballos,
sino carrascos ó en poca cantidad; ó que los caballos se morian de hambre por falta de no haber
yerva.

Preguntado qué cantidad de indios ó de qué
suerte hallaron en la dicha tierra, ó la calidad délla, y cómo andan vestidos, ó qué comen, ó de qué
se mantienen, dijo: que luego como saltaron en
tierra, oyó decir que habian venido hasta cincuenta ó sesenta indios, al Marqués, á defender la entrada ó haciéndoles rayas que no pasasen, ó que la
gente estaba para perderse por falta de agua, ó que
oyó decir que podia haber en toda aquella tierra
hasta trescientos ó cuatrocientos indios; ó que los
que iban á entrar, decian, que la vez que mas indios les salia, era hasta obra de sesenta indios; ó
qués la gente mas bestial y sin razon y sin ley que
hay en el mundo, ó que no se aplican á cosa ninguna del mundo, de sembrar; ni tienen olla, ni corral,
ni piedra, para hacer de comer; ó que andan desnudos ó no traen mas de arcos y flechas y barás; ó que
se mantienen de algun pescado ó yervas ó raices.

Preguntado qué gente embarcó el dicho Marqués de caballo y de pié, y qué negros y amigos y
naborias, dijo: que embarcó obra de ciento de caballo y obra de cien peones y obra de veinte negros,
pocos mas ó menos; ó que amigos y esclavos y naborias, llevarian, obra de ciento poco mas ó menos.

Preguntado que despues que llegaron á la dicha tierra dondel dicho Marques está, qué tantos eran muertos de hambre, asi cristianos como amigos, y negros y de la otra gente; dijo: que de hambre vió morir á dos ó tres cristianos, é que muchos estaban para morir de lo mismo porque estuvieron cincuenta y cinco dias sin comer sino yervas muy malas, qués de la que se hace el vidrio, de que algunos Indios se murieron súpitamente de habella comido, y muchos negros se hincharon é murieron, é cristianos cayeron malos, é llegaron al cabo por capsa de comer la dicha yerva, é que yendo á buscar la dicha comida tres y cuatro leguas del Real, sabe que un dia mataron los indios, siete cristianos, porque iban tan flacos que no tenian fuerzas para poderse defender; é que asimismo mataron muchos negros é indios yendo á buscar la dicha comida; y que algunos cristianos por la necesidad que tenian, mataban los caballos; é que tambien los dichos indios naturales, por falta de comida, les mataban los caballos ó se los comian.

Preguntado qué tales quedaron los dichos cristianos ó los demas, al tiempo que partió de la dicha tierra, ó si cree que seran muertos los mas despues queste testigo partió de la dicha tierra, dijo: que quedaron muchos enfermos é muy flacos por la falta de la comida; é negros é amigos quedaban muy pocos; ó que cree que si no han sido socorridos, de comida, que la mayor parte déllos, seran muertos.

11. Preguntado que si al tiempo que se querían embarcar, el dicho Marqués, y estando en colina con toda la gente que llevó, si les hizo á todos, en general, pleito-homenage y muchos juramentos de no pedilles y llevalles nada de lo que les habia dado de socorro para ir al dicho viage si la tierra nó fuese rica; dijo: que en general, á todos, estando asentado en la mesa para comer, que les prometió, que si la tierra no fuese tal cual se decia para que todos fuesen contentos y remediados, que les hacia gracia de todo lo que les habia dado de socorro, para aquí adelante de Dios.

Preguntado si cuando algunos de los dichos, viéndose á la muerte, le pedian licencia para venir á remediar su vida y curarse, si les demandaba que le pagase lo que les habia dado, ó si no lo tienen, si para en pago déllo les hacia tomar las capas, sayos, camisas ó calzas, ó lo hacia numerar en lo que le parecia, ó dispues lo daba á otras personas en doblado precio, ó si le hacian obligaciones por ello, ó si á esta capsa se vinieron muchos desnudos ó perdidos, flacos ó dolientes sin ninguna ropa, habiéndole servido casi un año, é sacándoles de sus casas ó oficios ó tratos con palabras de promesas; dijo: que lo que sabe es, que muchos le pidieron licencia, ó que á los menos la dió, é que muchos no tenian de qué pagar, por cuya capsa se quedaron; é los otros pagaban de lo que tenian; é que no sabe si lo tornaban á dar á otros; pero que

ninguna cosa el dicho Marques daba á nadie, sin
que le hiciese obligacion por éllo, ó que si no tenian
á quien el daba licencia para podelle pagar al presente, que escribia á la nueva España á sus fatores para
que lo cobrasen; ó que saben que muchos vinieron
desnudos ó murieron de hambre en el navío; ó que
sabe que un Damian Alvarez para hacelle pagar
lo que le habia dado, le fué forzado vender siete pa-
res de casas en Salamanca; ó que sabe que la gente que dicho Marques trajo, le sirvieron casi un
año; ó que sabe que á muchos, rogó y sacó de sus
casas, prometiéndoles que les habia de pagar
muy bien sus trabajos; ó que sabe que á un Bellido,
sin dalle blanca ni cornado, habiéndole servido un
año, le pidió licencia para se venir, porque su
múger ó hijos tenian extrema necesidad, ó que
nunca se la quiso dar, ó que cree que sí será muerto;
ó que asimismo, vió, que un Gallardo, quéstaba
muy malo, se la llegó á pedir, ni tampoco se la
quiso dar; ni á otro de Terrazas, que tenia dolores,
que no se podia tener, ni servir, ó era su criado, ó
no se la quiso dar.

Preguntado que si algunos porque le demandaban licencia para se venir, estando á la muerte, sí
les quitaba los esclavos y esclavas que tenian y
eran suyos, ó les enviaba sin se lo pagar; ó si algo le decian por éllo, si les amenazaba, que los
ahorcaria ó no los dejaba venir; dijo: que á los
que se vinieron, les quitó las dichas esclavas y es-

clavos que tenian, sin se lo pagar; ó que lo demas
no sabe, sino que no consintió traer esclavos ni
naboria á ninguno; ó que sabe que á un Espinosa
que le debia treinta castellanos al dicho Marques,
le dejó por ellos una yegua, ó con condicion que le
dejase traer un indio suyo.

Preguntado que si Andres de Tapia, vecino de
México Maestre de Campo del dicho Marques, si
tomó de la provincia de Chiametla ó Villa del Espíritu Santo, desta Gobernacion, muchos indios ó
indias naturales de la dicha provincia, por fuerza,
ó á otros que le traian de comer, pacíficamente, ó
los hizo atar ó echar en cadenas, ó los embarcó y
envió al dicho Marques, por cuya causa muchos
niños ó niñas, hijos déstos, que criaban sus madres, se han muerto, y los demas naturales de los
pueblos se alzaron á las sierras, ó hasta agora lo
estan; ó si sabe cuántos indios ó indias eran, y si
son muertos, dijo: que lo que sabe, es, que dicho
Tapia tomó muchos indios ó indias, entre los cuales fué un cacique ó su muger, ó los embarcó y envió al dicho Marques contra voluntad de los dichos
indios; ó que algunos de los dichos indios, enviaba
enderezados á quien él queria, ó que los demas déllos son muertos; ó lo demas no sabe, mas que cree
questan alzados ó que lo ha oido decir.

Preguntado qué casas tienen los indios naturales, dónde habitan; ó los cristianos ó qué cristianos
ó indios, ó negros y caballos han muerto los dichos

indios, dijo: que los dichos naturales no tienen
ningunas casas, ó qué los cristianos tienen algunas
chocillas de mantas y de algunos carrascos, y que
cree que habian muerto; y muértose entre todos,
mas de treinta hombres, negros y indios en mayor
parte; ó caballos se le han muerto treinta ó cuarenta caballos.

Preguntado si los indios naturales de la dicha
tierra, si son salvages, y si les han visto comer
la carne y pescado crudos, y la subciedad de los
hombres ó otras inmundicias, como bestias, ó que
si al tiempo que se quieren ayuntar en cópula carnal el hombre con la muger, si lo hacen públicamente los unos delante de los otros ó si toman á
las dichas mugeres por las espaldas como animales,
dijo: que se remite á lo que dicho tiene en cuanto á
ser salvages y bestiales los dichos indios, y que la
carne y pescado, no sabe si lo comen crudo; ó que
ha oido decir, que los que fueron á las entradas que
los dichos indios naturales la comian la subciedad
suya que hacian ó lo guardaban, ó está tomado por
testimonio de los escribanos que allá fueron, ó al
dicho Marques se lo tragéron para que lo viese; ó
que los que fueron á entrar fueron por una ó por otra
hasta cincuenta leguas ó que llevaban el agua ó comida á cuestas, ó que en toda la dicha tierra que
andubieron no hallaron comidas ningunas, ó qués
tierra inhabitable, ó que no hallaron mas de cuarenta ó cincuenta indios que no salian al campo; ó

que oyó decir ó sabe, porque así es público ó notorio, que un indio de los naturales le trageron donde estaba el Marques, ó le mandó meter en la cocina donde estaba una india de los dichos naturales para que aprendiese la lengua, ó que estando en
la dicha cocina, el dicho indio, dicen, que asió á
la india por las espaldas ó hizo su voluntad, ó que
á palos no se la pudieron quitar hasta que cumplió
su voluntad; ó que se dice que las mugeres son
comunes á todos, ó que ninguno tiene muger propia; ó que tambien oyó decir que eran sodometicos. ✓

Preguntado qué tanto gente de caballo y de pie
y amigos y negros que con el dicho Marques al
tiempo queste testigo se partió de alli y qué tratamientos y racion se les daba, dijo: que de caballo
le pueden quedar obra de cincuenta ó sesenta, ó de
pie ótros tantos, pocos mas ó menos; ó que de negros y naborias, indios, muy pocos.

Preguntado si hallaron oro ó plata ó perlas en
la dicha tierra, y si los dichos indios la traian, dijo:
que ni traen oro ni plata, ni la hay ni la ha visto,
ni perlas, ni las tienen en nada los indios, ni se les
da nada por ellas, sino por unos caracolillos que
traen blancos y colorados y negros; ó questo es lo
que sabe para el juramento que hizo; ó afirmóse
enéllo ó firmólo de su nombre; ó el dicho señor Gobernador lo señaló de su firma, ó yo el dicho Escribano.—Hernan Rodriguez.

Testigo. Juan de Samaniego, vecino ó regidor

de la dicha Ciudad de Compostela siéndole preguntado que si lo que oyó decir á Juan de Xaso ó á Jorge Zeron de la dicha tierra, donde quedaba el dicho
Marques, dijo lo siguiente:

Preguntado qués lo que oyó decir á Jorge Zeron
ó á Juan Xaso, que vinieron de la dicha tierra donde el dicho Marques quedaba, ó si era la mas mala
del mundo ó no habia que comer, ó si les oyó decir
que en todo lo que habian andando en las treinta ó
cuarenta leguas que habian ido á entrar no habian
hallado agua ni caminos ningunos, ó que si se las
habian muerto de sed cinco caballos, ó que los peones quedaban medio muertos, ó si los amigos que
llevaba se dejaban morir, viendo los susodicho, ó
que si no les socorriesen que todos perecerian, ó
que lo que comian lo habian de moler por sus
propias manos, dijo: quéste testigo oyó decir al
dicho Jorge Zeron que era la tierra la mas mala
del mundo, ó que así lo oyó al dicho Xaso, ó á otros
que con ellos vinieron; y que en la dicha tierra no
habia hallado agua ni caminos, ni aun árbol verde;
ó queste testigo les oyó decir que se habian muerto
ciertos caballos, ó que se quedaron peones muertos
si no fuera por hoyos que hicieron ó sacaban agua
salobre de la mar; ó queste testigo oyó decir á algunos que vinieron de la dicha tierra do el Marques
está, que un indio se habia ahorcado viendo la tierra, ó que muchos se iban á meter entre los indios,
ó se iban á morir; ó queste testigo oyó decir al di-

cho Xaso y Jorge Zeron, é á los mas que vinieron de la dicha tierra que si no los socorren que presto se morirán, é questa es la verdad de lo que oyó para el juramento que hizo; é firmólo de su nombre Juan de Samaniego é el dicho Señor Gobernador; yo el dicho Escribano lo señalamos de nuestras firmas.

E yo el dicho Pedro Ruiz de Haro, Escribano susodicho de mandamiento del dicho Señor Alcalde que aquí firmó su nombre.—Juan de Samaniego.— Entre dos rúbricas.

E de pedimento del dicho Diego de la Peña lo susodicho, escrebí; é por ende fice aquí esta mi rúbrica é firma acostumbrada, qués á tal.—En testimonio de verdad.—Pedro Ruiz de Haro, Escribano público y del Consejo.— Entre dos rúbricas.

DISCURSO Y PROPOSICION QUE SE HACE Á VUESTRA MAGESTAD DE LO TOCANTE Á LOS DESCUBRIMIENTOS DEL NUEVO MÉXICO POR SUS CAPÍTULOS DE PUNTOS DIFERENTES (1).

Luego que llegué, y en los primeros años que aquí estuve, fuí avisado del asiento que dejó tomado el Virrey Don Luis de Velasco para la entrada del Nuevo México con Don Juan de Oñate y aprobacion que hube de hacer dél con reformacion de algunos puntos, y despues dije el efecto que todo tuvo. Pasó mucho tiempo que de los sucesos no se supo cosa alguna, hasta el año de noventa y nueve; y entónces, solamente, lo que escribí á Vuestra Magestad enviando entera razon y copias de las cartas del Gobernador y de las que hicieron de palabra el comisario Fray Alonso Martinez y unos capitanes que traxeron el despacho; y visto esto, mandó Vuestra Magestad responderme un capítulo de carta, su fecha en San Lorenzo el Real, en postrero de Mayo de mil ó seiscientos en que se me escribe que parecieron de importancia las noticias que Don Juan dió de su jornada, y que Vuestra Magestad se tendria por muy servido de que yo diese calor; al intento yo lo habia hecho ansí (conjeturando la voluntad y pecho de Vuestra Magestad, y fa-

---

(1) Archivo de Indias. *Patronato*, Est. 1.ª, Caj. I.

vorecido mucho á la parte de Don Juan para el
buen efecto del nuevo socorro que pedia, y le llevó
el capitan Bernabé de las Casas, uno de los que de
allá vinieron), fué de consideracion la gente que entró entonces, como se verá por las listas y muestra
que tomaron los capitanes Sotelo y Gordexuela, y
por el traslado déllo que va aquí en compañía de
Bernabé de las Casas, y con harto gasto de Vuestra
Magestad envié al nuevo comisario Fray Joan de
Escalona y hasta seis ú ocho religiosos. Con esto no
tuve necesidad de replicar á Vuestra Magestad ni
de hablar mas en esta materia, por entonces; en los
pliegos de aviso, últimos, traté délla como Vuestra
Magestad habrá visto, y fué aquello con ocasion de
haberse venido á tierra de paz parte de la gente que
allá estaba y en tiempo que Don Joan se halló ausente y embarazado en el otro descubrimiento que
ha intentado. Dixe en el postrero aviso, que era llegado á estas provincias Vicente de Zaldívar Maese
de Campo y sobrino suyo, y que brevemente se
aguardaba en esta Ciudad. Lo que se ofrece despues, acá, es que llegó la Pascua de flores y
proponiendo la pretension que llevaba á España,
hizo en la real audiencia cierta informacion, y pidió que se hiciese otra de oficio y se enviase á Vuestra Magestad comparecer del acuerdo; esto se despachó así, y él ha pasado adelante su viage para
ocurrir ante la real persona de Vuestra Magestad
sobre los negocios de aquellas partes; y por esto y

porque con la salida de aquella gente y venida de
Vicente de Zaldívar, y la vista y conferencia de relaciones y discrepciones antiguas de aquellas provincias y de otras modernas que se han podido
juntar, ó resultado mediana luz para que se pueda
hacer algún juicio de las cosas de allí, me parece
que ya es tiempo de que yo escriba largamente lo
que desto entendiere.

I.

Advertimiento para en caso que la parte de
Don Joan de Oñate pretende que se le concedan
por Vuestra Magestad los puntos que se reforma-
ron en las capitulaciones que el Virey Don Luis
asentó con él, y las razones que hay para que no
se admitan algunas déllas.

Podria moverse plática ahora con la ida de Vicente de Zaldívar sobre que Vuestra Magestad se
sirva de conceder á Don Juan de Oñate las condiciones que yo reformé, de las que capituló con el
Virey Don Luis de Velasco. En cuanto á esto, me
remito á lo que escribí el año de noventa y seis
cuando envié la razon de los capítulos reformados
que en sustancias fué, que en algunos le podria
Vuestra Magestad hacer merced, mas que en dos ó
tres déllos, no convenia, y señaladamente era into-
lerable la independencia que pedia de las audiencias, en justicia, y del Virey, en cuanto á guerra y

hacienda; porque puesto que se contiene esta ex-
cepcion con otras en las ordenanzas generales de
los nuevos descubrimientos y descubridores, conforme á las cuales se hizo el asiento sin limitacion
alguna, ello pedia reformacion; ahora digo lo mismo
que la experiencia ha mostrado, no solo que pudiera ser de inconvenientes gravísimos al estar Don
Joan independiente; pero el esperar que lo estaria
brevemente viniendo de España alguna declaracion,
y el pretender que yo no habia podido reformar lo
capitulado, ha sido mucha parte; (y así lo confiesa
su hermano Don Cristóbal) para que haya estado
tan seca y tan cerrada la correspondencia del Gobernador, conmigo y con la audiencia; á lo menos
en lo que es papeles y autos que jamas se ha visto
que haya venido, ni uno tan solo, ni una peticion
ni apelacion; de parte de donde resulta á su gente
tan gran descontento, que como oprimida y mal
satisfecha vino á reventar en la desórden de esta
salida que ha hecho.

Tambien consideré en esto la muchedumbre de
quexas que han derramado contra el Gobernador y
sus deudos, y lo que le quieren imputar de violen-
cias y agravios que dicen haber hecho en aquella
asistencia; y puesto caso que algunos hechos notorios tienen apariencia de esto, mas es muy posible
que tengan harta excusa en la intencion y causas
con que procedió el Gobernador, y otras quexas
quizá no tienen fundamento alguno que sea cierto,

bien veo que esto no se atajará aunque hubiera recurso para los quexosos; pero hubiera sido mucho
menos con el desengaño de lo que fuera mentira y
con alguna correccion de lo que saliera cierto; y en
fin, las malas voluntades que algunos fueron conci-
biendo, no se recocieran por tanto tiempo que lle-
garan á enconarse, como se enconaron con manifiesto peligro de acaecelle algun desastre.

La mayor parte de las noticias son en un memorial muy grande y sin firma que vino á mis manos, y por modo que el autor no se ha podido entender hasta ahora; y se recogió el papel sin publi-
carse, y la parte que tiene autor, nace de personas
en quien corre sospecha de que hablen con pasion
y particulares fines. A mi y á esta real audiencia
nos ha parecido que en el estado que tienen las cosas de aquella jornada y tierra no conviene remover humores en ellas, sobre estas noticias, mientras
no hubiere parte que insista, pues Don Joan á su
tiempo dará residencia; y en el entretanto, como
queda dicho, parece muy necesario que haya recurso dél á la audiencia en casos de justicia; pues de
todos los gobernadores y aun de los Vireyes, le
hay, y que en el Gobierno se entienda es tarexen-
to en lo que fuere la Gobernacion ordinaria y no en
los negocios de Guerra y Hacienda como estan los
Gobernadores de la Nueva Galicia y Nueva Vizcaya, á cuyo exemplo yo le limité esto á Don Joan
de Oñate en su provincia, á las mesmas partes y

en confines de indios salteadores y de guerra, y ser
mas moderno y mas pequeño el cargo. Que puesto
caso que está mas apartado aquello del Virrey, por
eso mesmo le es de mas importancia su calor y
abrigo en especial, en estos principios de tan poca
sustancia y fuerza; y no puede serle estorbo á quien
allí asistiere, el estar subalternado; pues de tan lejos no se le puede ir á la mano en el arbitrio de
los casos ocurrentes, ni metella sino en los que
fueren muy arduos y generales.

II.

Prevencion de lo que podria intentar la parte de
Don Joan de Oñate, sobre que se declarase haber
cumplido con su asiento y aviso de los procesos y
papeles que sobre esto se fulminaron, de que se
envia traslado autorizado.

. Podria ser que intentase Don Joan y su sobrino
por el que se declare haber cumplido con su asiento; por lo cual me ha parecido enviar al consejo los
papeles que á esto tocan, y hasta ahora no sé que
hayan ido por no se haber-ofrecido ocasion en que
fuere necesario. Para amparar á la Nueva Galicia
de los agravios y desórdenes que se temian de los
soldados de esta jornada cuando entraron y por
las quejas que comenzó á haber y juntamente para
tomar satisfaccion por visita y muestra puntual,

acerca de si se habia cumplido ó nó con las condiciones del asiento, proveí comunicacion del acuerdo
de Hacienda, que se despachase un comisario, persona de la confianza y autoridad necesaria para
execucion de todo esto; el cual hizo los autos y
diligencias en forma, y de esta va aquí un traslado
autorizado, y son dos procesos; por que fué necesario
cesar Don Lope de Ulloa, á quien primeramente
envié y estaba entendiendo en éllo; respecto de haber venido una cédula del Rey nuestro Señor que
esté en el cielo, para que Dón Joan parase y sus-
pendiese su jornada en el estado que la tenia, y de
allí á largo tiempo otra órden de Su Magestad para
que se prosiguiese la entrada si todavia estuviese
en ser la masa de lo que era necesario, conforme á
las capitulaciones; y entonces despaché á entender
en esto á Joan de Frias de Salazar, el cual acabó la
comision de Don Lope y hizo lo que constará de lo
escrito y disimulo que con algunas faltas tolerables
de los géneros y cantidades contenidas en la capitulacion entrase Don Joan, porque en la instruccion secreta que le dí, se adbitraba el caso de esta
manera, por evitar mayores inconvenientes y escusar dilacion en el intento y ocurrir con algun favor
y equidad á tan larga suspension y tan costosa y
perjudicial como la que Don Joan habia padecido;
mas llevó órden de que la permision fuese y se entendiese sin perjuicio del dinero del fisco; y así se
proveyó en lo actuado.

III.

De las calidades y sustancia de las poblaciones que hoy gobierna Don Joan de Oñate, y las razones que hay para que por ahora no se despueblen; y ansi mesmo de las dificultades que tiene al sustentarlas y de los medios que para esto se ofrecen; y se apunta la pusibilidad que amenaza su conservacion para adelante.

La sustancia que tiene la provincia que gobierna Don Joan, se verá por las informaciones que de oficio mandé hacer por el factor Don Francisco de Valverde en el año pasado, y ahora que ambas van en este pliego. Otras embió asímismo que se hicieron allá, y presentaron ante mí; y de estas, unas son en descrédito y otras en abono de aquella tierra; y se hicieron á instancia de personas que tenian interes en culpar ó disculpar el hecho de la gente que se vino, en que entraron casi todos los frailes que allá estaban; por esta razon y por el encarecimiento conocido con que hablan en el bien ó en el mal de la provincia, son sospechosas de las de oficio como lo mandará Vuestra Magestad, ver si no es en algun testigo, en quien despues he descubierto ser tambien persona sospechosa y odiosa á la parte de Don Joan y al crédito de aquella tierra, se colige, que realmente para labranza y crianza hay tierras y pastos apropósito; y no es aquello tan estéril como la gente que se vino lo pintaba, ni tan próspero como otros lo hacen y lo representó el Gobernador en las relaciones del año de noventa y nueve, que agora mejor informado con alguna moderacion escribe de esto, y con la misma hablan los suyos: aquí por donde se dexa entender, que debe de ser cosa corta lo de allí; y que en comun y por la mayor parte la tierra, tiene mas de delgada que no de fértil.

Colígese tambien que hay razonable número de indios, y muy mansos y dóciles y de muy aventajada inclinacion, en gran parte de lo que toca á costumbres, y se puede esperar mucho de su conversion, y de que convertidos se acomoden al Evangelio con mayor aprovechamiento que otros. Por esto es muy piadosa la causa de hacer fuerza en la poblacion y conservacion de aquella tierra; y á lo mismo obliga ó á lo menos lo aconseja la prenda que está metida con las idas y venidas de españoles por aquellos pueblos, unas veces con órden y otras sin ella, ansi del tiempo antiguo como de pocos años á esta parte; y sobre todo, que por no haber descontentado las relaciones de aquella tierra y provincia, que en mucha parte conforman con las de ahora, ó fuese acertado; ó porque Dios permitió que se herrase para el bien de estas almas, acordó Vuestra Magestad que se procediese á capitular sobre ésta pacificacion y se puso por obra el asiento y la entrada; ya cinco años que asienten allí muchos españoles, así religiosos como seglares, con alguna gente bautizada, aunque poca; y parece que en un príncipe tan católico y tan poderoso co-

mo Vuestra Magestad , será muy puesto en razon
que no permita ni dé lugar por ahora á que se des-
ampare lo comenzado, aunque la conservacion sea
penosa y fuese necesario gastar algo de la Real Hacienda con parte de los soldados ó pobladores fuera
de la costa que hacen y harán los religiosos ; y que
para confusion de los herejes y aun de los émulos
de la Corona de Castilla , que no lo son, conviene
mostrar claro que se busca en primer lugar la exaltacion de la fé y propagacion de la Santa Iglesia, la
cual se prueba bien en las Indias cuando se ve que
si en unas partes sobra hacienda, en otras suple
Vuestra Magestad el gasto, y que por temor de alguno que sea tolerable , no las provincias hasta
que necesite á ello la manifiesta experiencia de alguna dificultad invencible, como adelante podria re-
sultar en aquella tierra. Restará el ver cómo se podrán sustentar los españoles en ella y lo que yo entiendo es que si hubieran de ser muchos, no habia
dispusicion; mas paréceme que bastarán muy pocos,
respecto del natural de aquellos indios ; y que
cuando lleguen á ciento sobrarán algunos para la
seguridad de los ministros de doctrina; y podrán
estos, poblar en una ó dos villetas, y vivir en ellas,
sin que por encomienda con otra ocasion asistan en
otra parte ; ansi porque vivan con cristiandad consuelo y pulicía , como porque no hagan molestias á
los indios; los cuales si se les hubiere de imponer
tributo, se podrian encomendar y repartir á aquellos

vecinos. Por el Gobernador de la provincia, con
acuerdo del Comisario prelado de los religiosos, si
no es uno ó dos pueblos que se reserven para Vues-
ta Magestad, por no alterar del todo la órden y estilo que suele guardarse y á los encomenderos, si no
pareciere inconveniente por decir que se abre la
puerta á consecuencias, se les podrian conceder una
ó dos vidas demas de las tres ordinarias.

De algodon ó cueros de Cíbola, y de maiz, pre-
supongo yo que serán los tributos; y que el maiz
les ayudará á sustentarse de comida junto con lo que
les valiere su industria, en la cosecha del trigo y
en la crianza de algun ganadillo; pues este multi-
plica de manera que no debe cuadralle mal la tierra
supliendo la humedad de las nieves, por las es-
casas lluvias que refieren; y aunque el frio del invierno podria acabar buena parte de las crias, ni el
rigor debe ser tan grande en cada año, ni faltar
abrigos en donde hay lomas y laderas. Para vestir-
se habrán de servir los cueros y mantas á falta de
otro remedio, como se ha visto ya esto sano entre
aquellos soldados que han usado de los cueros que
aderezan muy bien los naturales; y de camuzas y
aun de las mantas de algodon, se dice que han hecho ropillas y calzones. Para llevarles de acá paños
por groseros que sean, ó hierro y otros géneros, no
hay dispusicion, entre tanto que no se descubriere
plata ú el cobre que afirman que hay, se pudiere
introducir moneda que corra allí y acá, haciéndose

alguna en aquella tierra, y dándole bastante bajo
valor, que ganasen en ella los mercaderes que tra-
gesen, y vendiesen por cobre en plancha; lo cual
parece imposible, con las costas de traerla que son
mas que principal y tambien representa impusibi-
lidad el darle salida con mandar que se labrase moneda de vellon, acá; y corriese con mas valor y el
mesmo tubiese, puesto aquí la de aquella tierra;
porque si este no fuese excesivo y mucho mayor
del suyo y qué suele tener en otros reynos, todavia no se ganaria en ella, aunque en materia tal,
cupiera usar de liga y cargar la mano en esto, y hubiera dé qué la hacer y no se pudiendo introducir
moneda ni género alguno que puedan enviar á estos reynos para sacar dinero, ó dar en trueque de lo
que hubieron menester, no lleva camino el trabar-
se comercio; y cuando algun dia se dispusiese mejor esto de la moneda seria carísimo, cuanto allá
les llevasen y los fletes de lo que enviasen acá, si
ya no se facilitasen estos, con acabarse de descubrir por allí la costa de la mar del Sur, de que este
Vicente de Zaldívar, dice que estuvo muy cerca,
habiendo andado en busca de élla, ciento ó sesenta
leguas; y tengo para mí, que de algunos pueblos
de aquella provincia, no puede caer mas lejos ni
aun tanto como lo que él andubo; y á falta de esto
parece que les seria de alivio á los pobres que allá
quedasen, se mandase por Vuestra Magestad, que
los oficiales reales de México, por factoría, les pro-

veyesen de algunas cosas, las mas necesarias, comprándose aquí, y que se les diese allá por costo y costas; y cierto que yo no tengo perdida esperanza de que se haya de verificar lo que el Gobernador todavia afirma, de que hay plata en algunos cerros de aquella comarca en que está, porque en fin es montuosa, y en las Indias, y tiene sierras que son continuadas, y las mismas con algunas de la Nueva Vizcaya, segun yo he sido informado; y en lo que toca á plata, mucho mejor presumo de la dispusicion de aquello, que no de la que tiene la tierra adentro en los llanos de Cíbola; y aunque Joan de Oñate escribe que ahora saldria á hacer algunas catas hondas, y que hasta tanto no asegura riqueza, porque no sabe que haya metales de aventajada ley; esto no me desanima, porque no hay cuenta cierta en éllo, como fuese tierra de plata; que por muy pobres metales que hayan topado ó topasen, podria haber esperanza de que con catas más hondas ó mudándose á otros cerros ó á sierras diferentes, los hallen ricos; pero si no saliese cierto el haber plata, puesto caso que se hallase forma para que se hallase moneda vellon, y esta corriese y facilitase la contratacion, serviria esto para la provision de aquellos españoles y no para sus granjerías en cosas de consideracion; pues no tienen que vender de que haya saca, y todo seria pobreza; por donde me parece que en aquella dispusicion, y mucho mas cierto si no hubiese moneda, no habrá quien

vaya á poblar, ni poblado quiera permanecer; porque
con solo comer y vestir, nadie vive contento en las
Indias, ni será fácil de llevar voluntariamente de la
Nueva España al Nuevo México, y mas, siendo tan
limitado lo que allá pueden alcanzar de ambas cosas;
pues ni el sustento tendrá regalos, ni los vestidos
nobleza; y ansi entiendo que para perpetuar poblacion, seria forzoso que los pobladores hobiesen de
ser gente violentada por la conservacion de aquella
cristiandad que hoy no sé que tenga cuerpo ni estado que pueda justificarlo, ó hombres condenados
por delitos, é inútiles por sus malas conciencias y
costumbres; no pudiendo apoyarse por estos medios el necesario. Y el último es socorrer á los pobladores con algo de Real Hacienda; y si Vuestra
Magestad no se sirviese de extender á esto por
ningun caso acertado, parece que hasta ver entera
seguridad de que se hallen en aquella provincia metales de plata, se tenga la mano por los religiosos,
como van haciendo, en bautizar mas gente, aunque se trabaje y gane tiempo en convertirla y ca-
tequizarla con mayor cuidado que hasta ahora y
con mas número de ministros, como los pide, el ser
muchas las poblaciones y haber diferentes lenguas;
y con esta lectura, irle proveyendo algunos, en razonable número de la órden de San Francisco ó de
otra, como pretende con instancia Don Joan de Oñate, y podria ser que se juzgase convenir; pues los
religiosos de aquella, se vinieron sin quedar mas

sacerdotes que solo el comisario; y uno que era ido
con Don Joan de Oñate á esta jornada, y volvió
délla en su compañía; y este es Fray Francisco de
Velasco.

He discurrido tan largo en este capítulo, porque lo tengo por conveniente para despertar el superior arbitrio del Consejo, en cuanto al punto que
toca á sustentar por agora aquella provincia, hasta
mas ver; y por que Vuestra Magestad queria ser
informado de quien lo tiene presente y la resolucion
insta.

IV.

Breve relacion en sustancia del nuevo descubrimiento que intentó y dexó comenzado Don Joan de
Oñate en la jornada que hizo entre Norte y Levante, y sucesos que tubo; y razon sumaria de lo que á
este propósito se ha considerado de lo que anda
impreso de los naufragios de Cabeza de Vaca y jornadas de Fray Marcos de Niza y Francisco Vazquez
Coronado, en lo antiguo y en lo moderno, de los
descubrimientos que hay por escrito de Chamuscado
y Anton de Espejo; y hácense advertimientos de
la semejanza que tiene lo que agora vió Don Joan,
con una parte de lo que vió Coronado; y lo que hoy
gobierna en paz Don Joan, con los demas que descubrió Coronado, si ya esto postrero no es lo mismo donde Don Joan está, por las conjeturas que
se dicen.

Don Joan de Oñate intentó cierto descubrimiento entre el Norte y Levante, el cual dexó comenzado y este ha sido el principal motivo, segun escribe,
para enviar á España á su sobrino, con las noticias
y pretencion que de aquí le han resultado; y aunque la relacion de su viaje va en procesos y autos, me ha parecido que habiendo de hablar yo, y
hacer discurso en este capítulo sobre éllo, será de
mas claridad presuponer aquí la sustancia del suceso que tubo, y de alivio para el Consejo, el ir re-
sumido en poco.

Comenzó el Gobernador su jornada por entre los
indios salteadores de arco y flecha que no tienen
sino ranchos movedizos y están vecinos de aquel
puesto en que él reside; estos se nómbran los Apaches y andan desnudos, y algunos de ellos se
abrigan con pellejos de vacas corcobadas y que llaman de Cibola; atravesó por los llanos de este mismo nombre como doscientas leguas, poco mas ó menos, por la ribera de algunos arroyos y rios apa-
cibles y viciosos, con buenos frutales silvestres y
muchos pastos, sin otro ganado que una infinidad
de aquellas vacas, y sin ver otra cosa, sino fueron
algunas aves y animales, especialmente unos venados muy desproporcionados de grandes; y habiendo
encontrado una ranchería movediza de indios semejantes á los Apaches que he dicho, en que pareció haber cinco ó seis mil personas, que se entendió, andaban mudando rancho en seguimiento de

las vacas que comen sin pan, sino con raices y frutas; y que del mesmo género andaban por aquel
llano, cinco ó seis rancherías semejantes. Descubri
poco adelante mayor número de gente poblada de
asiento, en un sitio grande poblado de casas paji-
zas que arman sobre varas gruesas; y esto conti-
nuaba por algunas leguas de que no se vió el remate, por haber pedido y obligado á Don Joan, la
gente que llevaba, á dar la vuelta por las casas, que
se entenderán de su relacion; y principalmente
segun escribe; por que de ochenta soldados que llevaba, la mitad, no solo no era gente de servicio, pero
de embarazo. No trageron otras noticias, sino que en
lo visto hay algunos millares de indios; y la tierra les pareció de buen temple en algunas señales
que ponderaron para esto, y que alcanzan allí las
vacas de Cibola, y usan cueros déllas, de que algunos se visten á su modo, aunque generalmente andan desnudos; y trageron en prision un indio de
los que andaban antes déstos y su vecindad, siguiendo las vacas en ranchos movedizos, el cual no
era de aquella nacion, sino cautivo suyo que estubo
al principio, segun dicen, con mucho corage como
bárbaro, y despues aunque sin haber aprendido hasta hoy hablar ni entender en lengua ninguna de
las que pudieren servir para comunicarle, se ha hecho tan ladino, por señas que espanta; y por ellas,
despues que Don Joan de Oñate volvió al puesto
donde reside; y antes de partir para aquel, Vicente

de Zaldivar, que le traxo y lleva consigo, comenzó
á dar noticia de que en otras poblaciones hay cierta
laguna, de cuyas arenas se saca oro, y que él no lo
ha visto allí; sino en su tierra, á donde se 'traian
algunos vasos déllo y muchos tejos de diferentes
tamaños. Esto del oro, no tiene mas fundamento
que el dicho; y lo demas, parece concuerda con las
noticias que se tuvieron de otros indios; lo cual se
verá, largamente, en una relacion que presentó la
parte de Don Joan, y por las informaciones de parte y de oficio que á pedimento hizo la Audiencia, y
se embian á Vuestra Magestad con el parecer del
Acuerdo; y mas en particular, en una que por Gobernacion y de oficio cometí al factor Don Francisco Valverde, que aunque se me daba juntamente la
materia de otra que el año pasado hizo por mi órden, y fué sobre lo tocante á las calidades de lo pacificado, en que Don Joan de Oñate está hoy; pero
tratase de principal intento de este, segundo descubrimiento, y de el indio á quien examino. Mandé juntar asímismo algunos libros y relaciones de
tiempo atras, y comunicóse todo con personas de
confianza é inteligencia, en la mar y tierra de las
provincias de Indias, y de la situacion y altura déllas, asistiendo un hombre bien suficiente en
las matemáticas para que se congeturase como se
ha hecho, la parte y lugar donde llegó Don Joan,
que les parece haber sido hasta algo mas de cuarenta grados y en distancia de trescientas leguas, poco

mas ó menos de la mar del Norte y otras tantas
de la del Sur, y de ninguna manera se pudo tratar
déllo con puntualidad, por la escuridad que trae en
sus papeles; pues no hay en ellos razon alguna de
altura, ni llevó quien la supiese tomar; y los avisos
que embia y ha embiado, antes de agora, sobre lo
tocante á aquellos pueblos donde asiste siempre, han
venido con menos claridad y distincion que conviniera; y si no es descuido sino falta de persona, que
lo sepan bien disponer, á mi me la hace muy grande para tratar con fundamento de materia, conforme lo que se ha platicado aqui della no veo por donde me pueda persuadir aqueste descubrimiento de
Don Joan, haya dado luz que sea de mucha importancia sobre las noticias que antes se tenian de aquellos llanos; impresa anda en esos Reynos la pere-
grinacion que hizo por aquel llano, Alvaro Nuñez
Cabeza de Vaca, habiendose perdido con Pánfilo de
Narvaez, cuando venia por Gobernador al rio de
Palmas que cae entre Panuco y la Florida, y tomó tierra en diferente parte por hierro de los pilotos. Tambien andan impresas las relaciones de la
entrada que hicieron por aquella tierra llana Fray
Márcos de Niza provincial de la órden de San Francisco y Francisco Vazquez de Coronado, que ambos
fueron embiados por el Virrey Don Antonio de
Mendoza; el fraile á descubrir con pocos compañeros
y sobre la relacion que él traxo, fué Francisco Vazquez con golpe de gente á la pacificacion de aque-

llas provincias, y hay claridad que estuvo en Cibola y en Quivira; y que este pueblo está en cuarenta
grados, y el otro en treinta y uno; y ambos los ve-
mos en los mapas generales y particulares, con
nombre de reynos ya sentados, no lejos de la costa
de la mar del Sur el de Quivira, cerca del cabo Men-
docino y Anian, de donde tenia nombre aquel es-
trecho y el de Cibola en el remate que figuran en
la ensenada de las Californias de la una poblacion,
y de la otra refirió Coronado, no haber hallado cierto lo que dellas contaba Fray Márcos, ni visto que
hubiese riqueza ni grandeza alguna; por donde de-
bió de entender, que en otras siete ciudades, de que
Fray Márcos dixo, haber tenido noticia demas de
siete que afirmaba haber en Cibola, y que distaba
un poco unas de otras, ó no se hallaria cierta la relacion aunque se buscasen, como tampoco lo saldria
en otros reynos que el fraile refirió haber oido, que
caian cerca llamandolos abucus y totonteas como
el mapa los nombra; ó que cuando todo se descu-
briese, no seria cosa de momento; y asi se volvió á
México, puesto caso, que no sin ser mormurado por
no haberse detenido mas tiempo en lo que vió. Se
cogia maiz y otras cosas, y habia piedras turquesas
y oydas de oro; sin fundamento la gente andaba
desnuda, aunque parte de los de Cibola y de Quivira, bestian cueros de aquellas vacas de los llanos;
y en Tiguex que es un pueblo en treinta y seis grados que toparon sobre la costa en el medio camino

de lo que andubieron de Cibola á Quivira, habia
muy buena ropa de algodon, el cual no se dá en
Quivira, y en Cibola muy poco. En esto se encierra
cuanto Coronado contó de aquellas poblaciones, y
entre ellas parece de mayor bondad. el suelo y
calidades de Quivira, hasta donde muy cerca se colige que llegan los llanos en que andan las vacas;
porque dado caso que los llaman de Cibolá corren
muy largo espacio. Lo que asi se cuenta de Quivira, tiene grandisima semejanza con lo que atravesó
ahora en los llanos Don Joan, y especialmente con
las poblaciones á donde llegó; y aunque no pueden
ser una misma cosa antes de estan lejos, pues de
la parte en que reside, cae al Nordeste lo uno, y lo
otro al Norueste; pero lleva mucho camino, el pa-.
recerse por estar casi en un paralelo de los cuarenta grados ó poco mas, segun la altura que de Quivira se refirió atrás y la que se congetura haber
multiplicado Don Joan, desde el asiento en que reside hasta la parte donde llegó ahora.

Las calidades, temple y costumbres que Coronado refirió de Cibola, conforman puntualmente
con las que tienen los pueblos en que Don Joan
asiste ahora; y esto y entenderse que estan en treinta y siete grados de altura, poco mas ó menos, que
no difiere mucho de la que ponen á Cibola, me puso
deseo de inquirir si acaso estaban incluidas Cibola
y sus ciudades, que Fray Marcos de Niza refiere,
en los ocho pueblos ya pacificados; que si se extendió

á llamar ciudades á pueblos medianos, puede bien
compadecerse; y hacia sospecha de esto el saberse
que la ciudad de Cibola en que Coronado estuvo,
era de dúcientas casas no mas; y hice revolver papeles, y se hallaron unas relaciones de que el fiscal
embia traslado donde se cuenta el descubrimiento
del año de ochenta y uno, que hizo Chamuscado por
órden del Virrey Conde de Coruña, de muchos destos pueblos que Don Joan de Oñate tiene en su Gobierno, y otro descubrimiento que de estos y otros
en mas cantidad hizo el año siguiente, sin órden y
de su autoridad, un Anton de Espejo, capitan nombrado en la jornada por sus mismos compañéros; y
parece que en la de Anton de Espejo, se halla puesta una poblacion que él llama de Cibola y refiere
haber hallado vivos en élla, cuatro indios de estas
provincias de la Nueva España que habia llevado
por interpretes Coronado, y pone sus nombres y
naturalezas; y juntamente como vecinas y anexás á
ellas, nombra otras seis poblaciones por sus nombres, diciendo, que son todos siete de una misma
nacion; y á las mismas ó la mayor parte déllas,
pone y nombra Chamuscado, en el descubrimiento
que el hizo un año antes, y particular mencion de
haber estado gente y banderas de Coronado en Aco-
ma, una poblacion que todos sabemos ser de las que
Don Joan halló, aunque sus soldados la asolaron
por haberse resistido al castigo que quiso hacer sobre haber muerto á su Maese de Campo y sobrino

Juan de Zaldivar., con una banda de soldados; pues
de estar de paz todas estas consideraciones. Para
sospechar que las siete ciudades de Cíbola que descubrió Fray Marcos de Niza, en que Francisco Vazquez Coronado refiere haber estado, son parte de lo
mismo en que hoy está Don Joan de Oñate, y que
cuando fuesen diferentes, no detendran otra ni mas
grandeza que éllo, por estar cerca y en una misma
altura, y por la semejanza dé las calidades en que
lo pinta Coronado en su relacion; y á esto ayuda,
que Vicente.de Zaldívar, preguntandole yo cuando
ahora pasó por aquí, si habia entre aquellos pueblos
alguno de este nombre, me respondió que él habia
estado en una poblacion nombrada Cibola, no lejos
de la de Cummoaquí, yendo á descubrir la mar del
Sur, de que entendió hallarse pocas leguas ó jornadas; y la hubiera visto sino se hubiera rematado de
cansancio toda la caballada y esto y otras causas le
hubieran obligado á volverse; y que le pareció que
seria aquel Cibola, de ciento y setenta ó ciento y
ochenta casas, y que debe de caer de la mar del Sur
menos de ciento cincuenta leguas; que todas estas
particularidades no desdicen, antes ayudan á la
sospecha.

V.

·Por lo que se contienen las relaciones del capítulo pasado, y lo que por notorio se presume de la
Nueva Francia y se sabe de la Florida, se discurre

sobre la importancia que puede tener la tierra que hay del cabo del Labrador hasta el de Anian, en la mitad que mira á la mar del Sur; y por lo que toca á las incertidumbres de esto y mas principalmente porque la otra mitad no se ha visto y nunca se acaba de salir de este cuidado, se propone á Vuestra Majestad, que en el Consejo se mande ver y conferir sobre esta materia, y sin tomar licencia para dar parecer, se apunte el que se ha entendido, mucho há, de personas de buen voto en estas cosas; y del modo y medios que decian haber convenido al intento, y para en caso que Vuestra Majestad se resolviese de gastar algo para tomar desengaño de este secreto, y hubiese de ser elegida para ello la persona de Don Joan de Oñate, se avisa y advierte á Vuestra Majestad, lo que conviene y es necesario advertir y prevenir.

En conformidad del discurso del capítulo pasado y de que se puede hacer del poco útil que tiene la Nueva Francia á la parte de los Vacallaos, por el poco pie que franceses han hecho en élla despues que la descubrieron y por lo que asimismo se sabe de las calidades de la Florida, me parece que aun siempre se dice y justamente que es gran parte de tierra incógnita la que hay de cabo de Labrador al de Anian; pero de la mitad que mira al Mediodia, hay buena parte de noticias antiguas que conforman y se confirman con lo que ahora se vió, y no ofrecen grandes esperanzas de riqueza, ni de

grandeza de imperio ó reyno poderoso que allí haya;
pues que todo se comprende en cuatro reynos que
ponen los mapas generales. La Nueva Francia es
uno, y otro es la Florida y los llanos que tiene á la
banda de Norueste detrás de la sierra, que son los
que atravesó Cabeza de Vaca; y el tercero Cíbola, á
quien Coronado nombró la Nueva Granada; y Quivira es el cuarto; y destos dos llamados reynos, ya
he apuntado las relaciones que tenemos, de que se
ha refrescado la memoria estos dias con la ocasion
presente; y allá se podrá recorrer la mejor luz que
habrá de todo, y se hará con facilidad, mandando
verificar lo que se apunta en este recuerdo para las
cartas generales y otras discrepciones, y por el original de los capítulos de historia y relaciones cuyos traslados envia el fiscal para en caso necesario.
No veo á donde se pueda hacer ni aun capitulacion,
ni asiento, con nadie, sobre éllo; porque parece
que se va á ganar poco y que se pierde mucho,
en divertir y embarazar las fuerzas y la hacienda
en sustentar provincias de poca importancia; y
una vez pacificada cualquiera que se descubra,
tiene el dejarla, las dificultades que ahora se ex-
perimentan y aun que tampoco convidan las noticias dichas, á que se gaste nada de Real Hacienda
para solo descubrir. Hombres ha habido de buen
celo y bien informados, y á algunos é yo oido y co-
municado despues que vine y muchos dias, á, que
sentian por conveniente que aventurase Vuestra

Magestad, por una vez, alguna moderada suma de pesos de oro en la paga de poca gente bien armada y bien encabalgada, que con una buena cabeza lo penetrase todo á. trueque de salir de cuidado con que se está de tantos años á esta parte sobre este secreto; y porque realmente lo podria haber en tierra tan larga, ora sea en la parte septentrional de todo lo que corre aquella region, que no se que se haya visto; ora en alguna provincia que tenga en lo que cae al Sur de mas 'de las que se descubrieron por franceses y por Cabeza de Vaca y Coronado; entre estas queda alguna poblacion de mayor sustancia.

Podria Vuestra Magestad servirse, de que agora hay con esta ocasion, se confiriese y resolviese de una vez, si convendria arriesgar para esto la paga de cien soldados y seis oficios por año y medio; que por lo que he oido discurrir sobre éllo, mucho há, como ya dige, á personas de muy buen voto, entiendo que el número será bastante, y el tiempo tambien, siendo la gente cual conviene, y yendo como es menester; y que no excederá el sueldo de quinientos pesos al año. No tengo licencia para dar parecer en esto, por que no se me ha mandado; ni se funda la duda en hecho ó noticias de que yo tengo acá más luz de la que el Consejo tiene, que son los dos casos en que el Virrey que gobierna, puede y debe darle; y pues de nuevo no hay otra sino la que ya se tenia, que estará mejor apurada y entendida allá de lo que yo he podido rastrear, solo servirá esta carta de memorial y de proponerse este pensamiento, y de avisar á Vuestra Magestad, lo que tengo por muy conveniente; que caso que désto se trate, y Vuestra Magestad lo hubiese de ordenar, ansi se advierta, que pues en siendo jornada real y por cuenta de Vuestra Magestad, no le puede tocar el Gobierno délla á D. Joan de Oñate, por via del asiento, si por nuevo nombramiento y especial comision juzgare Vuestra Magestad que conviene elegir su persona y honrarle en esto por la calidad suya y de sus deudos; y por lo mucho que él y éllos han gastado, y por los años que ha estado sirviendo y pasando trabajos, ansi en aquellas poblaciones, como en la última entrada, sea esto con tres condiciones; la primera muy importante, pero las otras dos, tan necesarias, que sin ellas, entiendo yo, que seria gran yerro, gastar Vuestra Magestad su Hacienda, aunque fuese muy poco. Una es que Don Joan lleve adelante el ofrecimiento que hizo de que pagarán él ó su hermano Don Cristóbal ó ambos cien soldados por un año, y esto deberia Vuestra Magestad resolver, en que por año y medio pagase los treinta de los ciento que Vuestra Magestad mandase hacer; para que fuese tal y tan buena gente, y tan en órden como los otros setenta, que de esta manera serian de efecto, y se ahorráría casi el tercio de las costas. Otra condicion, es, que Vuestra Magestad mandase, que como los demas socorros que de aquí envia el Virrey á otras provincias, hiciese levantar y armar esta gente á nombre y voz de Vuestra Magestad; y que provea entre ellos de dos ó tres soldados particulares que sean personas de honrados brios y buena inteligencia, y juntamente de crédito y confianza, y con algun entretenimiento honrado vayan señalados para aconsejar á Don Joan, y para testificar en todo suceso; y que ansi mesmo, se le embien uno ó dos ministros suficientes para lo que toca demarcacion y altura; y para oficio de piloto, por si acaso, descubriendo mar, le fuere necesario; ordenando Vuestra Magestad, que todos, en llegando á donde estubiere Don Joan, sigan la suya; pero que él siga la instruccion que le embiare el Virrey, que está claro que ha de ser solo para las cosas generales y que de lejos puedan advertirse, y que se ayude llanamente de las personas referidas, cada una en su ministerio, y de éllo y de todos los acuerdos, y lo demas se hagan papeles en el viaje; y la condicion última, que Vuestra Magestad mande expresamente al Virrey, que sabiendo de Don Joan, si con esta gente y condiciones se quiere encargar de éllo á él, ó al que no aceptando él, lo hubiere de llevar á cargo, le diga de parte de Vuestra Magestad, que su real voluntad, es, que aunque sea con grandes afanes y trabajos, y con conocidos riesgos, persevere y lleve al cabo, el descubrimiento, de manera, que esta vez se

haga, sin que Vuestra Magestad quede con este
cuidado, ni sea necesario hablar mas en ello; y se
le advierta y pondere lo mal recibido que ha de ser,
cuando vuelva, si no trae satisfecho el intento, conforme á las instrucciones.—Hay una rúbrica.

AUTOS DEL MARQUES DEL VALLE. — PÁNFILO DE NARVAEZ. — PEDRO DE ALVARADO. — FERNANDO DE SOTO Y OTROS DESCUBRIDORES Y CONQUISTADORES SOBRE DESCUBRIMIENTOS EN EL MAR DEL SUR. — AÑO DE 1526 (1).

EL REY.

Por cuanto vos, Pánfilo de Narvaez vecino de la Isla Fernandina me hicisteis relacion, que vos por la mucha voluntad que teneis al servicio de la Católica Reina mi Señora ó mio, é acrecentamiento de nuestra Corona Real, queriades descobrir y conquistar y poblar las tierras que son desde el rio de las Palmas hasta la Isla de la Florida, esclusive, é ansi mismo conquistareis y poblareis la dicha Florida y toda la dicha costa de una mar á otra, y descobrireis todo lo que por aquellas partes obiere que descobrir, todo á vuestra costa ó mision, sin que en ningund tiempo seamos obligados á vos pagar ni satisfacer los gastos que en ella hicieredes, mas de lo que en esta capitulacion vos será otorgado; é me suplicasteis y pedistes por merced, vos hiciese merced de las conquistas de las dichas tierras, y vos hiciese y otorgase las mercedes y con las condiciones que de yuso serán contenidas; sobre lo cual yo mandé tomar con vos el asiento y capitulacion siguiente:

_____

(1) Archivo de Indias. Patronato, Est. 1.º Caj. 1.º

Primeramente; vos doy licencia y facultad para que podais descobrir y conquistar y poblar las dichas tierras que son desde el rio de las Palmas hasta el cabo que dicen de la Florida, esclusive, con tanto que seais obligado de llevar y lleveis destos nuestros reynos ó de fuera déllos, de las personas que no estan prohibidas, para ir á aquellas partes á hacer la dicha poblacion, y hacer en las dichas tierras dos pueblos ó mas, los que á vos os pareciere y en los lugares que vieredes que convienen, y que para cada una de las dichas poblaciones, lleveis, á lo menos, cien hombres, y hagais en la dicha tierra tres fortalezas; todo lo que dicho es á vuestra costa y mision, ó seais obligado á partir Despaña á lo menos con los dichos docientos hombres, el primero viage dentro de un año de la fecha desta capitulacion, y que para esto deis la seguridad bastante que vos será señalado.

Otro si: acatando vuestra persona y servicios que nos habeis fecho y esperamos que nos fareis, es mi merced ó voluntad, de vos hacer merced como por la presente vos la hago, que por todos los dias de vuestra vida sieredes nuestro Gobernador y Capitan general de las dichas tierras que ansi descobrieredes y pobláredes, con salario en cada un año, por nuestro Gobernador, ciento y cincuenta mil maravedis, y por Capitan general cient mil maravedis que son por todos, doscientos ó cincuenta mil maravedis; y y déllo vos mandaré dar nuestras provisiones.

Ansi mismo, vos haré merced, como por la presente vos la hago, del oficio de nuestro Alguacil mayor de las dichas tierras, para vos y para vuestros herederos y subcesores, para siempre jamás.

Ansi mismo, vos haré merced, como por la presente vos la hago, de las Tenencias de las dichas tres fortalezas que á vuestra costa os obligais á hacer ó hicieredes, vos, en las dichas tierras, por los dias de vuestra vida y de los herederos subcesores vuestros, cual vos señalaredes ó quisieredes, con sesenta mil maravedis de salario, en cada un año, con cada una déllas; y déllo, vos mandaremos dar provision patente, contanto que las dichas fortalezas, se hagan si pareciese á vos ó á los nuestros oficiales de la dicha tierra, que hay necesidad déllas; y que sean tales cuales convengan á vista de los dichos oficiales.

Otrosí: acatando vuestra persona y servicios que nos habeis fecho y esperamos que nos hareis, y lo que en la dicha poblacion habeis de gastar, es mi merced ó voluntad, de vos, hacer merced; y por la presente, vos la hago, del oficio de nuestro Adelantado de las dichas tierras que ansí pobláredes para vos y para vuestros herederos y subcesores, para siempre jamás; y déllo vos mandaremos dar título y provision.

Ansi mismo, acatando la voluntad con que os habeis movido á nos servir en lo susodicho y el gasto que se ofrece enéllo, quiero y es mi voluntad,

que en todas las dichas tierras que ansí descubrié-
redes y pobláredes á vuestra costa, segund dicho
es, segund y de la forma y manera que de suso se
contiene, hayáis y llevois cuatro por ciento de todo
el provecho que en cualquier manera se nos siguie-
re para vos y para vuestros herederos y subcceso-
res, para siempre jamás, sacadas todas las costas y
gastos que por nuestra parte fueren fechos ó se hicieren en conservacion y poblacion de la dicha tierra, en cualquier manera féchos, y los salarios que
mandaremos pagar, ansí á vos como á otras personas y oficiales nuestros, que para la dicha tierra
en cualquier manera se proveyeren.

Item: por vos hacer merced, es mi merced ó voluntad, que toda la ropa ó mantenimientos, armas
ó caballos ó otras cosas que destos reynos lleváredes
á las dichas tierras, no pagueis derechos de almoxarifadgo ni otres derechos algunos por todos los
dias de vuestra vida, no siendo para las vender, tratar, ni mercadear con éllas.

Otro si: vos hago merced de diez leguas en cuadro, dé las que ansi descobrieredes, para que tengais
tierra en que granjear y labrar, no siendo en lo mejor ni peor; esto á vista de vós y de los nuestros oficiales que para la dicha tierra mandamos proveer,
para que sea vuestra, propia, y de vuestros herederos ó subcesores, para siempre jamás, sin jurindicion
civil ni criminal, ni otra cosa que á nos, pertenez-
ca, como á Reyes Señores, por razon de la suprema.

Ansimismo, que vos daré licencia, como por la presente vos la doy, para que de las nuestras Islas españolas San Juan y Cuba y Santiago, ó de cualquier déllas, podais llevar á las dichas tierras dos caballos ó yeguas, ó otros ganados que quisiéredes y por bien tobiéredes, sin que en éllo vos sea puesto embargo ni impedimento alguno.

Y porque nuestro prencipal deseo ó intenciones, que la dicha tierra se pueble de cristianos, por que en élla se siembre y acreciente nuestra santa fée catolica y las gentes de aquellas partes sean atraidos y convertidos á élla, digo, que por que ésto haya mas complido ó breve efeto, á los vecinos que con vos eneste primero viage ó déspues á la dicha tierra fueren á la poblar, es mi merced, de les hacer, las mercedes siguientes.

Que los tres primeros años de la dicha poblacion, no se pague en la dicha tierra, años del oro de minas, solamente, mas del diezmo; y el cuarto año, el noveno; y de así, venga abaxando por este horden, hasta quedar en el quinto; y que de lo restante que se hobiere, ami, de rescate, como en otra cualquier manera, se nos pague el dicho nuestro quinto, enteramente, prentiendese que de los rescates y fiscos y otros provechos de la tierra, desde luego habremos de llevar nuestro quinto, como en las otras partes.

Otro si: que á los primeros pobladores y conquistadores, se les dén sus vecindades y dos caballerias

de tierra, y dos solares; y que cumplan la dicha vecindad en cuatro años que esten y vivan en la dicha tierra; ó aquellos, cumplidos, lo puedan vender
y hacer déllo, como de cosa suya.

Otro si: que los dichos vecinos que fueren á la
dicha tierra el dicho primero viage, y despues, cinco años, luego siguientes, no paguen derechos de
almoxarifadgo de ninguna cosa de lo que llevaren á
la dicha tierra para sus casas, no siendo cosa para
vender, tratar y mercadear.

Otro si: por hacer merced á vos y á la gente que
á las dichas tierras fueren, mando, que por término
de los dichos cinco años, no sean obligados á nos
pagar cosa alguna de la sal que comieren y gasta-
ren, de la que en las dichas tierras hobiere.

Otro si: vos doy licencia y facultad á vos y á
los dichos pobladores, para que á los indios que fueren rebeldes, siendo amonestados y requeridos, los
podais tomar por esclavos; guardando cerca désto,
lo que de yuso enesta nuestra capitulacion é asiento será contenido; y las otras instruciones y provisiones nuestras que cerca déllo mandaremos dar;
ó desta manera y guardandola dicha órden, los indios que tobieren los caciques y otras personas de
la tierra por esclavos, pagandolos á su voluntad, á
vista de la justicia y regidores de los religiosos que
con vos iran, los podais tomar y comprar, siendo
verdaderamente esclavos.

Otro si: digo, que por que la dicha tierra mejor

y mas brevemente se pueble, mandaré hacer á las
dichas tierras las mercedes que tenemos predichas
ó tienen las otras tierras ó islas que agora estan
pobladas; siendo convenientes á la dicha tierra y
no contrarias; las cuales, luego seais obligado á declarar para proveer enéllo lo que seamos servido y
mas convenga.

E por que nos, siendo informados de los males
y desórdenes que en descubrimientos poblaciones
nuevos se han fecho ó facen; ó porque nos, con
buena conciencia podamos dar licencia para los hacer, para remedio de lo cual, con Acuerdo de los del
nuestro Consejo ó consulta nuestra está ordenada y
despachada, una provision general de capítulos, sobre lo que vos habeis de guardar en la dicha poblacion y descubrimiento; la cual mandamos incorpo-
rar, su tenor de la cual es este que se sigue.

Don Cárlos Ect. Por cuanto nos, somos certificados y es notório que por la desordenada cobdicia de
algunos de nuestros súbditos que pasaren á las nuestras Yslas ó tierra firme del mar Océano, y por el
mal tratamiento que hicieron á los indios naturales
de las dichas Yslas ó tiera firme ansi en los grandes
y excesivos trabajos que les daban, teniendoles en las
minas para sacar oro, y en las pesquerias de las perlas y en otras labbres y granjerias, haciendolos trabajar excesiva ó inmoderadamente, no les dando el
vestir ni el mantenimiento que les era necesario
para sustentacion de sus vidas; tratandolos con

crueldad y desamor, mucho peor que si fueran esclavos; lo cual todo asido y fué causa de la muerte de gran número de los dichos indios, en tanta cantidad, que muchas de las Yslas ó parte de tierra firme, quedaron yermas é sin poblacion alguna de los dichos indios naturales délla, é que otros huyesen ó se fuesen de sus propias tierras é naturalezas á los montes ó otros lugares para salvar sus vidas, y salir de la dicha subcesion ó mal tratamiento; lo cual fué tambien gran estorbo á la combersion de los dichos indios á nuestra Santa fée catholica, é de no haber venido todos ellos entera é igualmente en verdadero conocimiento délla, de Dios nuestro Señor, ha sido y es muy deservido; y ansi mismo somos informados, que los capitanes, y otras gentes que por nuestro mandado ó con nuestra licencia fuéron á descobrir y poblar algunas de las dichas Yslas é tierra firme; siendo como fué y es nuestro prencipal intento é deseo, de traer á los dichos indios en conocimiento verdadero de Dios nuestro Señor y de su Santa fee, con pedricacion délla y en exemplo de personas dotas y buenos religiosos, con le hacer buenas obras é tratamientos de próximos, sin que en sus personas é bienes no recibiesen fuerza, ni premio ni daño, ni desaguisado alguno; y habiendo sido todo esto ansi por nos hordenado y mandado, y llevándolos los dichos Capitanes y otros oficiales y gentes de las tales arcadas, por mandamiento ó instruccion particular movidas con la dicha cobdicia, olvidando el servicio de Dios nuestro Señor y nuestro, hirieron y mataron á muchos de los dichos indios en los descobrimientos y conquistas y les tomaron sus bienes sin que los dichos indios les hobiesen dado capsa justa para ello, ni hobiesen precedido ni fecho las amonestaciones que eran tenidos, de les hacer ni hecho á los cristianos resistencia, ni daño alguno para la predicabion de nuestra santa fee; lo cual, de mas de haber tambien sido en grand ofensa de Dios nuestro Señor, dió ocasion y fué causa que no sólamente los dichos indios que recibieron las dichas fuerzas y daños é agravios, pero otros muchos comarcanos que tobieron dello noticia é sabiduria, se levantaron é juntaron con mano armada contra los cristianos nuestros subditos é muchos déllos, y aun á los religiosos é personas eclesiasticas que ninguna culpa tubieron é como martires padecieron predicando la fee cristiana; por lo cual todo suspendimos algund tiempo, y sobreseimos en le dar de las licencias para las dichas conquistas é descobrimientos, queriendo primero proveer y platicar, ansi sobre el castigo de lo pasado como en el remedio de lo venidero, y escusar los daños é inconvinientes, y dar órden que los descobrimientos y poblaciones que de aqui adelante se hobieren de hacer se hagan sin ofensa de Dios é sin muertes ni robos de los dichos indios, é sin cautivarles por esclavos, indebidamente, de manera quél deseo que habemos tenido é tenemos de ampliar

nuestra Santa fee, ó qué los dichos indios ó infieles
vengan en el conocimiento délla, se haga sin cargo
de nuestras conciencias y se persiga nuestro proposito de la intrucion ó obra de los Reyes Catholicos,
nuestros Agüelos y Señores, en todas aquellas partes de las Yslas ó tierra firme del mar Océano que
son de nuestra conquista y quedan por descobrir y
poblar; lo cual visto en grand deliberación por los
del nuestro Consejo de las Indias, ó con nos, consultado, fué acordado que debiamos mandar dar esta
nuestra carta, para vos, en la dicha razon; por la cual
hordenamos ó mandamos que agora ó de aqui ade-
ante, ansi para el remedio de lo pasado como en los
descobrimientos y poblaciones que por nuestro mandado y en nuestro nombre se hicieren en las dichas
Yslas y tierra firme del mar Océano descobiertas y
por descobrir en nuestros limites y demarcacion, se
guarde y cumpla lo que de yuso será contenido en
esta guisa.

Primeramente; ordenamos ó mandamos, que
luego sean dadas nuestras cartas y provisiones para
los oidores de la nuestra Audiencia que reside en
la Ciudad de Santo Domingo de la Isla española y
para los Gobernadores, ó otras justicias que agora
son ó fueren de la dicha Isla y de las otras Yslas de
San Juan y Cuba ó Jamaica; y para los Gobernadores ó Alcaldes mayores ó otras justicias, ansi de
tierra firme como de la Nueva España ó de las provincias del Panueo ó de las Higueras, ó de la Flo-

rida, ó de tierra Nueva, ó para las otras personas que nuestra voluntad fuere de lo cometer, y encomiendar; para que luego con muy gran cuidado ó diligencia, cada uno en su lugar ó juridicion, se informe, cuales de nuestros subditos ó naturales, ansi capitanes como oficiales ó otras cualesquier personas hicieron las dichas muertes ó robos, y excesos y desaguisados, y herraron índios contra razon y justicia; é de los que hallaren culpados en su juridicion, embien, ante nos, en el nuestro Consejo de las Indias, la relacion de las culpas con su parecer, del castigo que se debe sobréllo hacer; para que visto por los del nuestro Consejo, se provea y mande hacer lo que sea servicio de Dios nuestro Señor y Nuestro, y convenga á la execucion de nuestra justicia.

Otro si ordenamos ó mandamos, que si las dichas nuestras justicias por la dicha informacion ó informaciones, hallaren que alguno de nuestros subditos de cualquier calidad ó condicion que sean, ó otros cualesquier que tubieren algunos índios por esclavos sacados ó traidos de sus tierras ó naturaleza, injusta ó indebidamente, los saquen de su poder; ó queriendo los tales índios, los hagan volver á sus tierras ó naturaleza, si buenamente ó sin incomodidad se pudiere hacer; ó no se pudiendo esto hacer comoda ó buenamente, los pongan en aquella libertad y encomienda que de razon ó justicia, segun la calidad y capacidad ó abilidad de sus perso-

nas, hobiera lugar; teniendo siémpre respecto é
consideracion al bien é provecho de los dichos indios, que sean tratados como libres y no como esclavos, y que sean bien mantenidos y gobernados, y
que no se les dé trabajo, demasiado, é que no los
trayan en las minas contra su voluntad; lo cual han
de hacer, con parecer del Prelado y de su Oficial;
habiendolo en su lugar y en su ausencia, con acuerdo y parecer del Cura ó su Teniente de la Iglesia
quende estebiere; sobre lo cual encargamos mucho á todos las conciencias; y si los dichos indios
fueron cristianos, no se han de volver á sus tierras
aunquellos quieran, sino estobieren convertidos á
nuestra Santa-feé cathólica por el peligro que á sus
ánimas se les puede seguir.

Otro si: ordenamos é mandamos, que agora é
de aqui adelante, cualesquier capitanes y oficiales,
y otros culesquier nuestros subditos y naturales, ó
de fuera de nuestros reynos, que con nuestra licencia é mandado hobieren de ir ó fueren á descobrir
y poblar y rescatar en alguna de las Yslas é tierra
firme del mar Océano en nuestros límites é demarcacion, sean tenidos é obligados antes que salgan
destos nuestros reynos, cuando sé embarcaren para
hacer su viaje á llevar á lo menos dos religiosos ó
clérigos de misa en su compañía; los cuales nom-
bren ante los del nuestro Consejo de las Indias y
por ellos, habido informacion de su vida y dotriña
y exemplo, sean aprobados por tales, cuales con-

viene al servicio de Dios nuestro Señor y para la istrucion y enseñamiento de los dichos indios y pedricacion y convercion déllos, conforme á la bulla de la acension de las dichas Indias á la Corona Real destos reynos.

Otro si ordenamos ó mandamos que los dichos religiosos ó clérigos tengan muy grand cuydado ó diligencia en procurar que los dichos indios sean bien tratados como próximos privados y favorecidos, que no consientan que les sean fechas fuerzas ni robos, daños ni desaguisados, ni mal tratamiento alguno; y si lo contrario se hiciere, por cualquier persona, de cualquier calidad ó condicion que sean, tengan muy grand cuidado ó solicitud de nos avisar, luego, en pudiendo, particularmente, déllo, para que nos ó los del nuestro Consejo, lo mandemos proveer y castigar con todo rigor.

Otro si ordenamos ó mandamos, que los dichos capitanes ó otras personas que con nuestra licencia fueren á hacer descobrimientos ó poblacion ó rescates, cuando hobiere de salir en alguna isla ó tierra firme que hallaren durante la navegacion ó viage en nuestra demarcacion ó en los límites de lo que particularmente les fuera señalado en la dicha licencia, le hayan de hacer y hagan con acuerdo y parecer de nuestros oficiales que para ello fueren por Nos nombrados, y de los dichos religiosos ó clérigos que fueren con éllos, y no de otra manera; so pena de perdicion de la mitad de todos sus bienes,

el que hiciere lo contrario, para nuestra cámara y
fisco.

Otro si: mandamos, que la primera y prencipal
cosa que despues de salidos en tierra, los dichos capitanes ó otros oficiales ó otras cualesquiera gentes
que hobieren de hacer, sea procurar que por lengua
ó intérpretes que entiendan los indios ó moradores
de la tal tierra ó isla, ó les digan ó declaren, como
Nos les embiamos para les enseñar en buenas costumbres, é apartarlos de vicios é de comer carne
humana; é instruirles en nuestra Santa fée, é pre-
dicarle para que se salven, ó traerlos á nuestro
Señorío, para que sean tratados muy mejor que lo
son, y favoreçidos é mirados como los otros súbditos cristianos; é les digan todo lo demas que fuere
ordenado por los dichos Reyes cathólicos, que les
habia de ser dicho, manifestado y requerido; é mandamos que lleven el dicho requirimiento, firmado
de Francisco de los Covos, nuestro secretario, y del
nuestro Consejo; y se lo notifiquen ó hagan entender, particularmente, por los dichos intérpretes,
una ó dos é mas veces, cuantas pareciere á los dichos religiosos ó clérigos que conviniere ó fueren
necesarias, para que lo entiendan; por manera que
nuestras conciencias queden descargadas; sobre lo
cual encargamos á los dichos religiosos ó clérigos ó
descobridores ó pobladores, sus conciencias.

Otro sí: mandamos, que despues de fecha y dada
á entender la dicha amonestacion y requirimiento

de los dichos indios, segund ó como se contiene en
el capítulo supra, procsimo; si vieredes que conviene y es necesario para el servicio de Dios y Nuestro,
y segurídad vuestra y de los que de aqui adelante
hobieren de venir y morar en las dichas Yslas y
tierra, de hacer algunas fortalezas y casas fuertes y
llanas para vuestras moradas, procurarán con mucha diligencia ó cuidado de las hacer en las partes y
lugares donde esten mejor, y se puedan conservar
y perpetuar; procurando que se haga con el menos
daño y perjuicio que ser, pueda, ó sin les herir ni
matar por causa déllo, hacer ó sin les tomar por
fuerza sus bienes ó hacienda; antes Mandamos que
se les haga buen tratamiento ó buenas obras, y les
animen ó alleguen ó traten como á próximos, de
manera, que por éllo y por éxemplo de sus vidas de
los dichos religiosos y cleriges, ó por su doctrina y
predicacion ó instrucion, vengan en conocimiento
de nuestra fee, y en amor y gana de ser nuestros
vasallos, y de estar y perseverar en nuestro servicio como los otros nuestros vasallos súbditos ó naturales.

Otro si: mandamos, que la misma forma y orden guarden y cumplan en los rescates y en todas
las contrataciones que hobieren de hacer ó hicieren
con los dichos indios, sin los tomar por fuerza, ni
contra su voluntad, mi les hacer mal ni daño en sus
personas; dando á los dichos indies por lo que hobieren, y los dichos españoles quisieren haber satis-

.facion ó equivalencia, de manera quéllos queden contentos.

Otro si: mandamos, que ninguno pueda tomar ni tome por esclavos á ninguno de los dichos indios, so pena de perdimiento de sus bienes y oficios y mercedes y las personas, á lo que la nuestra Merced fuere salvo, en caso, que los dichos indios consintiesen, que los dichos religiosos ó clérigos esten entréllos ó les instruyan en buenos usos y costumbres, y que les prediquen nuestra santa fee cathólica; é sino quisieren darnos la obediencia ó no consintieren, defendiendo é resistiendo con mano armada, que no se busquen minas ni se saquen déllas oro ó los otros metales que se hallaren; en estos casos, permitimos, y por ello y en defusion de sus vidas é bienes, los dichos pobladores puedan con acierto y parecer de los dichos religiosos y clérigos, siendo conformes y firmándolo de su nombre, hacer guerra y hacer en élla, aquello que los derechos en nuestra santa fee y religion cristiana, permiten y mandan que se haga y puedan hacer; y no en otra manera ni en otro caso alguno, sola dicha pena.

Otro sí: mandamos, que los dichos capitanes ni otras gentes, no puedan apremiar ni compeler á los dichos indios á que vayan á las minas de oro ni otros metales, ni de pesquerías de perlas, ni de otras granjerías suyas propias, so pena de perdimiento de sus oficios y bienes, para la nuestra cámara; pero si los dichos indios quisieren ir á trabajar de su voluntad, también permitimos que se puedan servir y aprovechar déllos como de personas libres, tratándolos como tales, no les dando trabajo demasiado, teniendo especial cuidado de les enseñar en buenos usos y costumbres ó de apartallos de los vicios, ó de comer carne humana, ó de adorar los ídolos, ó del pecado ó delito contra natura; ó de los atraer á que se conviertan á nuestra fee ó vivan en élla, procurando la vida y salud de los dichos indios como de las suyas propias, dándoles ó pagándoles por su trabajo y servicio, lo que merecieren y fuera razonable, considerada la calidad de sus personas ó la condicion de la tierra y á su trabajo; siguiendo cerca de todo esto, que dicho es, el parecer de los dichos religiosos ó clérigos; de lo cual todo, y en especial, del buen tratamiento de los dichos indios, les mandamos que tengan particular cuidado, de manera que ninguna cosa se haga con cargo y peligro de nuestras conciencias; y sobréllo les encargamos las suyas, de manera, que contra el voto y parecer de los dichos religiosos ó clérigos, no puedan hacer ni hagan cosa alguna de las susodichas contenidas en este capítulo y en los otros, que disponen la manera y orden que han de ser tratados los dichos indios.

Otro si: mandamos que si vista la calidad y condicion ó habilidad de los dichos indios, pareciere á los dichos religiosos ó clérigos, que les servicio de Dios y bien de los dichos indios y para que se aparten de sus vicios, especial del delito nefando, y

de comer carne humana; y para ser instruidos y
enseñados en buenos usos ó costumbres y en nuestra fee ó dotrina cristiana, y para que vivan en po-
licía, conviene y es necesario, que se encomienden
á los cristianos, para que se sirvan déllos como de
personas libres; que los dichos religiosos ó clérigos
los puedan encomendar, siendo ambos conformes
segund ó de la manera quéllos hordenaren; teniendo siempre respeto al servicio de Dios, bien é utilidad, ó buen tratamiento de los dichos indios; ya
que en ninguna cosa, nuestras conciencias puedan
ser encargadas de lo que hicieren y ordenaren; sobre lo cual, les encargamos las suyas, é mandamos
que ninguno non vaya ni pase contra lo que fuere
hordenado por los dichos religiosos ó clérigos, en razon de la dicha encomienda, so la dicha pena; é que
con el primero navio que viniese á estos nuestros
reynos, nos envien los dichos religiosos ó clérigos la
informacion verdadera de la calidad y habilidad de
los dichos indios, é relacion de lo que cerca déllo
hobiere ordenado; para que Nos, lo mandemos ver
en el nuestro Consejo de las Indias, para que se
apruebe y informe lo que fuere justo y en servicio
de Dios, bien, de los dichos indios, é sin perjuicio
ni cargo de nuestras conciencias; ó lo que no fuere
tal, se encomiende y se provea como convenga al
servicio de Dios y Nuestro, sin daño de los dichos
indios ó de su libertad ó vidas; ó se escusen los daños ó inconvinientes pasados.

Item: ordenamos é mandamos, que los pobladores y conquistadores que con nuestra licencia agora ó de aqui adelante; fueren á rescatar y poblar ó descubrir, dentro de los limetes de nuestra demarcacion, sean tenidos ó obligados de llevar la gente que con ellos hobiere de ir á cualquiera de las dichas cosas, destos nuestros reynos de Castilla ó de las otras partes que no fueren expresamente prohibidos; sin que pueda llevar y lleven de los vecinos ó moradores y estantes en las dichas Yslas y tierra firme del mar Océano, ni de alguna dellas, si no fuere una ó dos personas, y no mas, en cada descobrimiento, para lenguas y otras cosas necesarias á los tales viajes, so pena de perdimiento de la mitad de sus bienes, para la nuestra camara, al poblador ó conquistador ó maestre que los llevare, sin nuestra licencia expresa.

E guardando ó cumpliendo los dichos capitanes y oficiales y otras gentes que agora ó de aquí adelante hobieren de ir ó fueren con nuestra licencia á las dichas poblaciones, rescates y descobrimientos, hayan de llevar y lleven, gozar y gocen ó lleven, los salarios é quitaciones, provechos generales y mercedes que por Nos y en nuestro nombre fuere con éllos asentado ó capitulado; de lo cual, por esta nuestra carta, prometémos de les guardar é cumplir, si éllos guardaren ó complieren lo que por Nos, en esta nuestra carta, les es encomendando ó mandando; é no lo guardando ni compliendo, ó vi-

niendo ó pasando contra éllo ó contra alguna parte
deéllo, de mas de incurrir en las penas de sus contenidas, declaramos ó mandamos, que hayan perdido
ó pierdan todos los oficios y mercedes de que por el
dicho asiento y capitulaciones habian de gozar. Dada
en Granada á diez y siete dias del mes de Noviembre de mil é quinientos é veinte y seis años.—Yo
el Rey.—Yo Francisco de los Covos, secretario de
sus cesáreas y cathólicas Magestades, la fice escribir por su mandado *Mercurinas cancillarius. Fray
García, episcopus oxo mencis. Dotor Carvajal L.
Episcopus Canariense* el Dotor Bertran G. Episcopus Cuntatenis. Registrada.—Juan de Samano Ur-
bina por Chanciller. Por endé, por la presente, haciendo vos lo susodicho á vuestra costa, ó segund ó
de la manera que de sus, se contiene; ó guardando
ó compliendo lo que en la dicha provision, que de
suso va encorporada, y todas las otras instruciones
que adelante Vos mandaremos guardar y hacer para
la dicha tierra y para el buen tratamiento y conversion á nuestra Santa fee cathólica, de los naturales délla, digo y prometo, que vos será guardada
esta dicha capitulacion y todo lo enélla contenido,
en todo y por todo, segund ó como enélla se contiene; ó no lo haciendo ni compliendo, ansi, no
seamos obligados á vos mandar, guardar ó complir
lo susodicho ni cosa alguna, déllo; ante vos, mandaremos castigar ó proceder contra vos, como contra persóna que no guarda ó cumple ó traspasa los

mandamientos de su Rey ó.Señor natural; é déllo, vos mandé dar la presente, firmada de mi nombre, é refrendada de mi infrascripto secretario fecha en Granada á once dias del mes de Diciembre de mil é quinientos y veinte é seis años.—Yo el Rey.—Por mandado de Su Magestad.—Francisco de los Covos.—Señalada del Obispo de Osma, y Obispo de Canarias, y Dotor Beltran, y Obispo de Ciudad-Rodrigo.

TRESLADO DE LA POSESION QUE EN NOMBRE DE SU
  MAGESTAD TOMÓ DON JOAN DE OÑATE, DE LOS
  REYNOS Y PROVINCIAS DE LA NUEVA MEXICO; Y
  DE LAS OBEDIENCIAS Y VASALLAJE QUE LOS JUDIOS
  DE ALGUNOS PUEBLOS DE LOS DICHOS REYNOS Y
  PROVINCIAS LE DIERON EN EL DICHO NOMBRE.—AÑO
  DE 1598 (1).

En el Nombre de la Santísima Trinidad y de la
yndibidua Unidad eterna, Deydad y Magestad, Padre Hijo y Espíritu Santo, tres personas y una sola
esencia y un solo Dios verdadero que con su eterno
querer, omnipotente poder ó ynfinita sabiduria, rige,
gobierna y dispone poderosa y suavemente de mar
á mar, de fin á fin, como principio y fin de todas
las cosas, y en cuyas manos estan el eterno Pontificado y Real Sacerdocio, los Ymperios, los Reynos,
Principados y Dictados, Repúblicas mayores y menores, familias y personal como en eterno sacerdote: Emperador y Rey de Emperadores y Reyes,
y Señor de Señores, Criador de cielos y tierras, ele-
mentos, aves, peces, animales, plantas, y de toda
criatura espiritual y corporal, racional é yrracional,
desde el mas supremo cherubin hasta la mas des-
preciada ormiga y pequeña mariposa, y á honor y
gloria suya y de su Sacratissima y Benditissima
Madre la Virgen-Santa María Nuestra Señora,

(1) Archivo de Indias.—Est. 1.º—Caj 1.º

Puerta del Cielo, Arca del Testamento en quien el maná del Cielo, la vara de la divina justicia y brazo de Dios y su ley de gracia y amor, estubo encerrada como en Madre de Dios, Sol, Luna, Norte, Guia y Abogada del Género Humano, y á honra del seráfico Padre Sant Francisco, Ymagen de Cristo Dios en cuerpo y alma, su real alferez y patriarca de pobres aquienes tomo por mis patrones y abogados, guias defensores ó yntercesores para que ruegen al mismo Dios que todos mis pensamientos dichos y hechos vayan encaminados al servicio de Dios, aumento de fieles y extension de nuestra Santa Iglesia y al servicio del Cristianisimo Rey Don Phelipe Nuestro Señor, columna firmisima de Nuestra Santa fee Catholica, que Dios guarde muchos años; y Corona de Castilla y amplificacion de sus Reynos y Provincias: quiero que sepan los que agora son ó por tiempo fueren, como yó, Don Juan de Oñate, Gobernador y Capitan general y Adelantado de la Nueva Mexica y de sus Reynos y Provincias y las á éllas circunvecinas y comarcanas, descobridor, poblador y pacificador déllas y de los dichos Reynos, por el Rey Nuestro Señor, digo: que por quanto en virtud del nombramiento que en mí fué hecho y titulo que Su Magestad me dá desde luego, de tal Gobernador Capitan general y Adelantado de los dichos Reynos y Provincias, sin otros mayores que me promete en virtud de sus Reales Ordenanzas, y de dos Cédulas Reales, y otras dos sobrecédulas y capitulos de cartas del Rey Nuestro Señor, su fecha en Valencia á veinte y seis de Henero de mill y quinientos y ochenta y seis años, su fecha en Sant Lorenzo á diez y nueve de Jullio de mill y quinientos y ochenta y nueve años, su fecha á diez y siete de Henero de mill y quinientos y noventa y tres, su fecha á veynte y uno de Junio de mill y quinientos y noventa y cinco; y por otra ultima cédula Real, su fecha á dos de Abril de este año pasado de mill y quinientos y noventa y siete, en que en contradicion de partes, Su Magestad aprueba la elecion fecha en mi persona y estado, exerciendo y continuando el dicho mi oficio, y agora venido en demanda de los dichos Reynos y Provincias con mis oficiales mayores, capitanes, alferez y soldados y gente de paz y guerra para poblar y pacificar, y otra gran maquina de pertrechos necesarios, carros, carretas y carrozas, caballos, bueyes, ganado menor y otros ganados, y mucha de la dicha mi gente casada; de suerte, que me hallo oy con todo mi campo entero y con mas gente de la que saqué de Santa Bárbara, junto al Rio que llaman del Norte; y aloxado á la orilla del Rio y su ribera y lugar circunvecino y comarcano á las primeras poblazones de la Nueva Mexico, y pasa por ellas, y dexo abierto camino de carretas, ancho y llano, para que sin dificultad se pueda yr y venir por él, despues de andadas al pie de cient leguas de despoblado; y porque yo quiero tomar la posesion

de la tierra, oy dia de la Asencion del Señor, que
se quentan treynta dias del mes de Abril de este
presente año de mill y quinientos y noventa y
ocho años, mediante la persona de Joan Perez
de Donis escribano de Su Magestad y Secretario de
la Jornada y Gobernación de los dichos Reynos y
Provincias, en voz y en nombre del Cristianisimo
Rey Nuestro Señor Don Phelipe Segundo deste
nombre y de sus subcesores que séan, muchos y con
suma felicidad; y para la Corona Real de Castilla y
Reyes que de su gloriosa estirpe reynaron en élla,
y por la dicha y para la dicha mi Gobernacion,
fundandome y estribando en el único y absoluto
poder y juridicion que aquel Eterno Sumo Pontifice
y Rey Jesucristo hijo de Dios vivo, Cabeza universal de la Iglesia, y primero y único sustituydor de
sus Sacramentos, basa y piedra angular del viejo y
nuevo Testamento, fundamento y perficion dél,
tiene en los cielos y en la tierra, no solo en quanto
Dios y con sustancial á su Padre eterno que como
Criador de todas las cosas, es único, absoluto, natural y propietario Señor déllas, que como tal puede
hacer y deshacer, ordenar y disponer á su voluntad y lo que por bien tobiere; mas tambien en
quanto hombre aquien su eterno Padre como á tal
y por ser hijo del hombre y por su dolorosa y penosa muerte, y triunfante y gloriosa Resurreccion
y Ascension, y el especial titulo de Universal Redemptor, que con élla ganó, dió omnimoda potes-

tad, juridicion y dominio civil y criminal, alta y baja, orca y cuchillo, mero mixto ymperio en los Reynos de los cielos y en los Reynos de la tierra; y en cuyas manos puso él, peso y medida judicatura, premio y pena del Orbe Universo, haciendole no solo Rey y Juez, mas tambien Pastor universal de las Obejas fieles ó ynfieles, de tal que oyen su voz, le creen y siguen y estan dentro de su rebaño y pueblo Cristiano, y de las que no han oido su voz y evangelica palabra, ni hasta el dia de hoy le conoscen, las que les dise le conviene traer á su dívino rebaño y conocimiento, porque son suyas, y es su legítimo y Universal pastor; para lo qual, habiendo de subir á su Eterno Padre por presencia corporal, hubo de dexar y dexó por su Vicario y sostituto al Principe de los Apostoles Sant Pedro, y demas sus subcesores, legitimamente electos, á los quales dío y dexó el Reyno, Poder é Ymperio, y las llaves de los cielos, segund y como el mismo Cristo Dies le recibió de su eterno Padre, en él, como Cabeza y Señor Universal; y en los demas como en sus subcesores siervos y ministros y vicarios; y así no solo les dexó la juridicion eclesiástica y monarquia espiritual, mas tambien les dexó, abictualmente, su juridicion y monarquia temporal, y el uno y otro brazo y cuchillo de dos filos, para que por sí ó por medio de sus hijos los Emperadores y Reyes, quándo y cómo les paresciere convenir por urgente causa, pudiesen reducir la sobre dicha ju-

-ridicion y monarquia temporal al acto, y ponerla
en execucion, como luego que la ocasion y necesidad se ofreció, la executaren, usando de la omni·
moda potestad temporal del brazo, y poder secular,
asi por sí, con armadas y exércitos de mar y tierra
en las propias y en las distintas y bárbaras Naciones, con los pendones, banderas y estandartes ymperiales de la Cruz, subjetando las bárbaras Naciones, allanando el paso á los evangélicos predicadores, asegurando sus vidas y personas, vengando
las ynjurias que los una vez rescebidos, rescebieren,
reprimiendo y refrenando el ympetu y bestial y
bárbara fiereza de los sobredichos; y en el Nombre
del Poderoso Cristo Dios que mandó predicar Su
Evangelio á todo el mundo y por su autoridad y
derecho, ensanchando los términos de la República
Cristiana y amplificando su Ymperio por maño
tambien de los sobre dichos sus hijos, Emperadores
y Reyes, entre los quales el Rey Don Phelipe,
Nuestro Señor, Rey de Castilla y de Portugal, de
las Yndias Orientales y Occidentales descobiertas y
por descobrir, halládas y por hallar, mediante la
sobre dicha potestad, juridicion y monarquia apos-
tólica y pontifical, transfusa, concedida y otorgada,
encomendada y encargada á los Reyes de Castilla y
Portugal y á sus subcesores, desde el tiempo del
Sumo Pontífice Alexandro Sesto por divina y singular ynspiracion como la piedad cristiana enseña
ser ynfaliblemente; asi pues, Dios á su Vicario, que

representa su persona y veces en cosas tan graves
jamas falta, y la experiencia verdadera muestra y
prueba de la verdad en tan largos tiempos ha mostrado, lo qual testifica con ynfalible certidumbre el
consentimiento, permiso y confirmacion del sobre
dicho Ymperio y dominio de las Yndias Orientales
y Occidentales en los Reyes de Castilla y Portugal y sus subcesores, tranfuso y colado por manos
de la Iglesia militante de todos los demas. Sumos
Pontifices subcesores del dicho Santissimo Padre de
gloriosa memoria Alexandro Sesto., hasta el dia
presente, en cuyo sólido fundamento estribó para
tomar la sobre dicha posesion destos Reynos y Provincias en el sobre dicho nombre, á lo qual se alle-
gan como basas y pilares de este edificio, otras
muchas, graves, urgentes y notorias capsás y razones que á ello mueven y obligan y dan segura
entrada y con ayuda de Dios y de su Santisima
Madre y el estandarte de su Santa Cruz por medio
de los Evangélicos predicadores, hijos del seráfico
Padre San Francisco, daran mucho mas seguro y
próspero subceso; y la primera y no de menos consideracion para el caso presente, es la inocente
muerte de los predicadores del Santo Evangelio,
verdaderos hijos de San Francisco, Fray Joan de
Santa Maria, Fray Francisco Lopez y Fray Agus-
tin Rodriguez primeros descobridores desta tierra,
y quedieron sus vidas y sangre en Provincias,
del Santo Evangelio, en élla cuya muerte fue

ynocente y no merecida; pues siendo una vez
rescebidos destos Yndios, y admitidos en sus pueblos y cassas, y quedandose los. dichos Religiosos, solos, entre ellos, para predicarles la palabra
de Dios y mejor entender su lengua, confiados
de la seguridad del buen rostro y trato que les hacian; y habiendo acudido en todas ocasiones á hacer
bien á estos naturales, ha sido todo el tiempo que
los pocos españoles que con éllos entraron, que fueron, solos ocho, duraron, como el que despues estubieron solos contra ley nàtural, dieron mal por bien,
y la muerte á otros hombres como ellos, ynocentes,
y que no les hacian daño, y que les daban, como
entonces mejor podian, y procuraban darle la vida,
mediante la palabra de la ley de gracia mas aven-
tajadamente, capsa y razon bastante, quando otra
no hubiera para justificar la pretencion; demas de
la qual, la encomienda y castigo y correbcion de
los pecados, contra naturaleza y la humanidad que
en estas bestiales Naciones se hálla, que á al Rey
y Príncipe como á tan poderoso Señor combiene
corregir y reprimir, y en su Real Nombre dan mano
al acto presente; y sin éstas, la piadosa razon y
cristianisima opinion del baptismo y salvacion de
las almas de tantos niños como entre estos ynfieles,
al presenté, viven y nacen; que á su verdadero Pa-
dré, Dios, y mas principalmente, ni obedecen ni
reconoscen, ni pueden, moralmente ablando, reco-
noscer, sino es mediente este medio, como la larga

experiencia en todas estas tierras han mostrado; y
quando pudieran reconocerle, entrando por la puerta
del baptismo, no pueden conservar la feé, ni perseverar en su vocacion entre gente ydolatra ó ynfiel
contra cuya voluntad se ha de hazer esta obra; porque la voluntad de Dios, es, que todos se salven y
á todos llegue el fin y efectós de su palabra y pasion, y Dios debe ser obedescido, y no los hombres,
aunque sean Jueces ó Padres, ó se ynterpongan
Reynos ó Cibdades; pues sola una alma es mas preciosa que todo el Mundo, ni sus mandos, riquezas y
propiedades; y sin éstas, ay otras evidentes capsas
en que se funda para este efecto, asi del gran bien
temporal, que el espiritual no tiene prescio, que
estas bárbaras Naciones con nuestro comercio y trato, adquieren y ganan en su trato pulítico y Gobierno de sus cibdades, viviendo como gentes de
razon, en justicia y entendimiento; acrecentando
sus oficios y artes mecanicos, y algunos, las libe-
rales; augmentando sus Repúblicas, de nuevos ganados, crias, semillas y legumbres y bastimentos,
ropas y frutos; y ordenando discretamente el trato
económico de sus familias, casas y personas, bis-
tiéndose los desnudos y los ya bestidos, mejorán-
dose; y dexando otras capsas, finalmente, en ser
gobernados en paz y justicia, con seguridad en sus
casas y en sus caminos, y defendidos y amparados
de sus enemigos por mano y expensas de tan poderoso Rey, cuya subjecion es verdadero provecho y

libertad, y tener en el propio Padre que á su costa
y mediante sus gages y mercedes de tan remotas
tierras les ymbia predicadores y ministros, justicia
y amparo, con ynstruyciones verdaderamente de
Padre de paz, concordia, suavidad y amor; la qual
guardaráse, á perder de vida y mando, y siempre se
guarda, so pena della; y por tanto, fundando en el
solido fundamiento sobre dicho, se tome la sobre dicha posesion; y asi lo haciendo, en presencia del
Reverendísimo Padre Fray Alonso Martinez, Comisario Apostolico con *plenitudine potestatis* desta jornada del Nuevo México y sus provincias, y de los
Reverendos Padres de la orden del Señor Sant
Francisco, sus compañeros predicadores del Santo
Evangelio que son, Fray Francisco de Sant Miguel,
Fray Francisco de Zamora, Fray Joan de Rozas,
Fray Alonso de Lugo, Fray Andrés Corchado, Fray
Juan Claros y Fray Cristobal de Salazar; y de los
amados Padres y hermanos Fray Joan de Sant Bue-
naventura y Fray Pedro de Vergara, frayles legos
religiosos que van á esta jornada y conversion; y
del Maese de Campo General Don Joan de Zaldivar
Oñate, y de los oficiales mayores, y de la mayor
parte de los demas capitanes y oficiales del campo
y gente de paz y guerra dél, digo: que en voz y en
nombre del Cristianísimo Rey Don Phelipe Nuestro
Señor, único defensor y amparo de la Santa Madre
Iglesia, y su verdadero hijo, y para la Corona de
Castilla y Reyes que dé su gloriosa estirpe reyna-

ren en éllas, y por la dicha y para la dicha mi Gobernacion, tomo y aprehendo, una y dos, y tres vezes, una y dos y tres vezes, una y dos y tres vezes,
y todas las que de derecho puedo y debo, la Tenencia y posecion real y actual, cebil y natural en este
dicho Rio del Norte, sin exceptuar cosa alguna y
sin alguna limitacion, con los montes, riberas,
vegas, cañadas y sus pastos y abrevaderos; y
esta dicha posesion tomo y aprehendo, en voz y
en nombre de las demas tierras, pueblos, Cibdades, Villas, Castillos y casas fuertes y llanas
que agora están fundadas en los dichos Reynos y
provincias de la Nueva Mexico, y las á ellas circunvecinas y comarcanas, y adelante, por tiempo
se fundaren en éllos, con sus montes, rios y vive-
ros, aguas, pastos, vegas, cañadas, abrevaderos, y
minerales de oro, plata, cobre, azogues, estaño,
hierro, piedras preciosas, sal, morales, alumbres y
todos los veneros de qualesquier suerte calidad ó condicion que sean ó ser puedan., con todos los yndios
naturales que en éllas y en cada una déllas se yn-
cluyeren, y con la juridicion civil y criminal, alta
y baja, horca y cuchillo, mero mixto ymperio, desde la oja del arbol y monte, hasta la piedra y arenas del rio, y desde la piedra y arenas del rio,
hasta la oja del monte; ó yo el dicho Joan Perez de
Donis, escribano de Su Magestad y Secretario susodicho, certifico y doy fee, que el dicho Señor Gobernador Capitan General y Adelantado de los dichos

Reynos y provincias, en señal de verdadera y pacifica posesion, y continuando los autos, délla, puso y clavó con sus propias manos, en un arbol fixo que para el dicho efecto se aderezó, la Santa Cruz de Nuestro Redemptor Jesucristo, y bolviendose á ella, las rodillas por el suelo, dixo: Cruz, † Santa que soys, divina puerta del cielo, altar del unico y esencial sacrificio del cuerpo y sangre del hijo de Dios, camino de los Santos y posesion de su gloria, abrid la puerta del cielo á estos ynfieles, fundad la yglesia y altares en que se ofrezca el cuerpo y sangre del hijo de Dios, abridnos camino de siguridad y paz para la conservacion déllos y conservacion nuestra, y dad á nuestro Rey y á mi, en su Real Nombre, pacifica posesion destos Reynos y provincias para su Santisima gloria, amen. Y luego, yncontinente, prendió y fixó así mismo, con sus propias manos, en el estandarte Real, las armas del Crixtianisimo Rey Don Fhelipe, Nuestro Señor, que estaban bordadas de la una parte las Ymperiales, y de la otra las Reales; y al tiempo y cuando se hizo lo suso dicho, se tocó el clarin y disparó el arcabuceria con grandisima demostracion de alegria, á lo que notoriamente parezció; y Su Señoria, del dicho Señor Gobernador Capitan general y Adelantado, para perpetua memoria, mandó que se autorize y selle con el sello mayor de su oficio, y signado y firmado de mi nombre y signo, se guarde con los papeles de la jornada y Gobernacion, y se saquen

de este original uno, dos ó mas testimonios con la
dicha autoridad, asentandose en el libro de la Go
bernacion ante todas cosas. Y lo firmó de su nombre,
siendo testigos los sobre dichos Reverendisimo Padre Comisario Fray Alonso Martinez Comisario
Apostolico, Fray Francisco de Sant Miguel, Fray
Joan de Rozas, Fray Francisco de Zamora, Fray
Alonso de Lugo, Fray Andres Corchado, Fray Joan
Claros, Fray Crixtobal de Zalazar, Fray Joan de
Sant Buenaventura, Fray Pedro de Vergara y
Don Joan de Zaldivar Oñate mi Maese de Campo
general y los demas oficiales mayores, capitanes
y soldados del Exercito sobre dichos, el dicho dia
de la Asencion del Señor treynta y último de Abril
deste año de mil y quinientos y noventa y ocho
años.==Don Joan de Oñate.

E yo Joan Perez de Donis, escribano de Su Magestad Real y Secretario de la jornada y Gobernacion de la Nueva Mexico fuy presente y fize aquí
mi signo, en testimonio de verdad.—Joan Perez de
Donis.—Escribano.

Este es un treslado bien y fielmente sacado del
ynstrumento que en él se faze mencion, que queda
en el archivo de Gobernacion, y segund por él paresce, pasó ante Joan Perez de Donis, escribano Real
y Secretario de Gobernacion, firmado y signado del
susodicho.

E yo Joan Gutierrez Capitan por el Rey
Nuestro Señor y Secretario de la dicha Goberna-

eion, de mandamiento del dicho Señor Gobernador
que aquí firmo de su nombre, hize sacar el dicho
treslado el qual va cierto y verdadero y corregido;
y fueron testigos á ello, Joan Velarde y Antonio
Conte de Herrera y Crixtobal de Herrera. Y en testimonio de verdad lo firmé.—Joan Gutierrez Bocanegra.—Secretario.

Obediencia y vasallaje á Su Magestad por los indios de Santo Domingo.

En el nombre de la Santisima Trinidad padre
hijo y espíritu Santo, tres pérsonas y un solo Dios
Verdadero, que como Todo Poderoso Señor é infinitamente sabio, todo lo puede, todo lo ordena, y
como Criador y Salvador tódo lo posée y en todo
reyna para siempre, sin fin; y al honor y gloria suya
y de su Sacratisima Madre Nuestra Señora, Verdadera Madre de Jesus Dios, heredero de las Eternida-
dades, y Rey por su triunfante pasion y muerte, y
vivo despues de su muerte; y así Heredera y Reyna
de los Cielos, y á honrra del Saráfico Padre San Fran-
eisco, Ymagen corporal del mismo Chrispto—séa
notorio y manifiesto á todos quantos este presente
instrumento de fidelidad y vasallaje vieren ó oyeren ó en qualquier manera llegáre á su notícia,
cómo, estando el Señor Don Joan de Oñate Gobernador y Capitam General y Adelantado de los Reynos y Provincias de la Nueva Mexico, descobridor,
pacificador y poblador déllo, por el Rey Nuestro Se-

ñor en el Valle y Pueblo de Santo Domingo, cabecera de la Provincia de los dichos Reynos, y juntamente con Su Señoría.—El reverendisimo Padre
Fray Alonso Martinez, Comisario apostolico de Su
Santidad y de los religiosos de la Orden del Señor
San Francisco, y del muy reverendo Padre Fray
Crixtobal de Salazar predicador y lector de Teología
de la dicha orden, y el amado hermano Fray Pedro
de Vergara, fraile lego, y Vicente de Zaldivar Mendoza Sargento mayor del Campo de Su Magestad,
capitan y cabo de las compañias del Exercito de Su
Magestad, y otra mucha suma de capitanes y soldados; y estando así mismo, presente, mucha multitud de indios principalejos y maceguales, naturales de estos Reynos del Nuevo México, y entre ellos
los Capitanes y Principales de los pueblos y gente
siguiente:

Pamo, capitan que dicen ser de los Cherechos y
de los siete pueblos, llamados Tamy, Acogiya,
Cachichi, Yates, Tipoti, Cochiti, Guipui que es
este dicho pueblo de Santo Domingo.

Poquia, capitan de los Chiguas y de los pueblos
de Paniete, Piaqui, Axoytre, Piamato, Quioyaco,
Camitre.

Pistaca, capitan de los Emmes y de los pueblos
llamados Yxcaguayo, Quiamera, Fía, Quiusta,
Leeca, Poze, Fiapuzi, Triyti, Caatri.

Atequita, capitan de los Trios y de los pueblos
Comitre y Ayquiyn.

Paquuio, capitan de los pueblos Triati y Pequen.
Celi, capitan del pueblo de Cachichi.

Paloco, capitan de los pueblos de Aychini, Baguacat, Xutis, Yncaopi, Acacagua, Ytriza, Atica.

Todos los sobredichos capitanes de las diferentes Naciones llamados y congregados por el sobre dicho Señor Gobernador Don Joan de Oñate, y despues de haber oido Su Señoría, missa, los fizo parecer en su presencia en la Estrufa mayor de este sobre dicho pueblo, y ante mí Joan Perez de Donis escribano de Su Magestad Real y secretario de Gobernacion de los dichos Réynos y Provincias; y por medio y lengua de Joan del Caso, barahena en la lengua mexicana, y de las personas de Don Thomas y Don Chrisptobal, indios interpetes de las lenguas que los sobre dichos naturales usan en estas provincias; despues de haberles tomado juramento hechas las demas diligencias á la fidelidad de los dichos interpetes, Requisitas declaró y propuso á los sobre dichos capitanes, el intento y fin de su venida, diciendo:

Cómo él era imbiado del mas poderoso Rey y Monarca del Mundo llamado Don Phelipe Rey de España, el que con deseo del servicio de Dios Nuestro Señor y de la salvacion de sus almas, principalmente; y assí mismo de tenerlos por sus vasallos y ampararlos y mantenerlos en justicia como á todos los demas naturales de las Indias Orientales y Occidentales, habia hecho y hacia; y que á este fin los

habia ymbiado de tan lejas tierras á las suyas, con
excesivos gastos y grandes trabaxos; y que assí,
pues, á esto era venido como vian, les convenia
muy mucho é importaba que de su propia mera y
libre voluntad, por si y en nombre de sus Pueblos
y Repúblicas como principales Capitanes que eran
dellas, dar la obediencia y vasallaje al sobre dicho
Rey Don Phelipe Nuestro Señor, y quedar por sus
subditos y vasallos como lo habian hecho los Reynos de México, Descues, Mechoacan, Tlaxcala, Guatemala y otros, de donde se les seguiria vivir en
paz y justicia, y amparados de sus enemigos, y en
pulicia racional, y aprovechados en oficios y artes,
y en semillas y ganados; á lo qual, todos respon-
diéran mediante las dichas lenguas unanímes y de
comun consentimiento y con mucha demostracion
de alegría; á lo que notoriamente se vía y entendia
que tenian mucho contento con la venida de Su Señoría y de un Acuerdo y deliberacion espóntánea
de su voluntad, dixieron: que querian ser vasallos
del dicho crixtianisimo Rey Nuestro Señor, y como
tales, desde luego le daban la obediencia y vasallaje; y el dicho Señor Gobernador les replicó, que
mirasen y entendiesen que el dar la obediencia y
vasallaje al Rey Nuestro Señor, era sujetarse á su
voluntad y á sus mandamientos y leyes, y que sinó
los guardasen, serian castigados asperamente como
trangresores á los mandamientos de Su Rey y Señor; y que anssí, viesen lo que querian y respon-

dian á ésto; á lo qual dixeron, que ya lo entendian
y que querian dar la obediencia á Su Magestad, y
ser sus vasallos; y que éllos ablaban verdad, y que
aquéllo decian sin engaño y sin hablár otra cosa
detras; y esto habiendose ablado durante esta pla-
tica, algunas veces entre sí mismos, con sus maceguales, á los que les tornó á decir el dicho Señor
Gobernador, que él venia en nombre del sobre dicho Rey Nuestro Señor, y que pues le daban la
obediencia y vasallage de su libre voluntad y habian visto que él no les habia hecho mal ninguno
ni consentido que sus soldados lo hiciesen, que en
señal de que todos eran unos, los españoles y
éllos, y vasallos de un Rey, se incasen de rodillas
y le diesen la dicha obediencia y vasallaje en nombre de Su Magestad; y á esto tornaron á responder,
que así era verdad y lo habian visto y esperimen-
tado; y luego se levantaron y empezaron á incar
las rodillas en el suelo delante del dicho Señor Gobernador, el qual á este punto les mandó esperar, y
dixo: como la principal capsa que abia movido á su
Rey á imbiarle á esta tierra, era la salvacion de
sus almas, porque tenian almas juntamente con
aquellos cuerpos, las quales no morian aunque los
cuerpos muriesen, ante sí, se baptizasen y fuesen
buenos crixtianos, se irian al Cielo á gozar con Dios
de una vida de grande alegría para siempre jamas;
y sino fuesen crixtianos se irian al infierno á padecer grandes tormentos para siempre; y que aque-

lla ley se la declararia muy mas á larga el Reverendísimo Padre Comisario que estaba presente y
sus religiosos, el qual venia en nombre de su Santidad, del único y universal Pastor de la Iglesia
y Cabeza délla, el Padre Santo de Roma, imbiado
así mismo del sobre dicho Rey Nuestro Señor para
el bien de sus almas ; y que por tanto les convenia
reconocer á su Dios y á su santo Vicario en la tierra, en las cosas expirituales y tocantes á su salvacion, y dar la obediencia en su nombre, al sobre
dicho Reverendísimo Padre Comisario; y habiendo
respondido que ansí lo entendian y que se holga-
ban de todo aquello que fuese norabuena como lo
decian, les replicó el sobre dicho Señor Gobernador,
que pues de su voluntad querian dar la obidiencia
á Dios y al Rey, que en señal de que era ansí verdad, y de vasallaje y sugecion, se incasen de rodillas y besasen la mano al dicho Comisario en nombre de Dios, y á Su Señoría en nombre de Su Magestad ; y luego los dichos capitanes se fueron
incando de rodillas y besando la mano uno á uno
al dicho Padre Comisario, y dando la obediencia al
dicho Señor Gobernador; el qual me mandó se lo
diese por testimonio, y advertir como el Gobierno
y Repúblicas de estas tierras, á lo que se vía y alcanzaba, era todo behetría y cabeceras libres, no
sugetas á algun particular, Monarca ó Señor, las
quales de su mera voluntad, como queda dicho,
querian por su Rey á Nuestro Rey Don Phelipe

Nuestro Señor y le daban la obidiencia y vasallaje,
libremente y no de nadie compelidos; y que ansí
como lo vía y era verdad, lo aséntasen por testimonio para mayor quietud y consuelo de la Real
conciencia. Y para que constase á todos su buen
celo é industria en el servicio de Su Magestad, del
Rey é yo, sé lo dí, firmado de mi nombre y signado
con mi signo; y firmado, así mismo, del dicho Señor Gobernador, y sellado con el sello mayor de su
oficio en el dicho pueblo de Santo Domingo á siete
dias del mes de Julio de mil y quinientos y noventa y ocho años; siendo testigos, todos los suso
nombrados y Antonio Conte de Herrera y Crixtobal de Herrera y Francisco Guillen de Quesada,
criados de Su Señoría; é yo el dicho Secretario que
déllo doy fé, Don Joan de Oñate; é yo Joan Perez de
Donis, escribano de Su Magestad Real y secretario
de Gobernacion de estos Reynos y provincias de la
Nueva Mexico, fuí presente y fize aqui mi signo en
testimonio de verdad=Joan Perez de Donis.—Escribano—va textado— de decia,—el re.—no vala=
   Este es un treslado bien y fielmente sacado del
original que queda en el Archivo de Gobernacion,
del instrumento que en él se hace mencion, que
parece estar signado y firmado de Joan Perez de
Donis Escribano Real y Secretario que fué desta
Gobernacion; é yo Joan Gutierrez Bocanegra capitan por el Rey Nuestro Señor, de mandamiento
del dicho Señor Gobernador, que aqui firme de su

nombre, la saque el dicho treslado, que va cierto y verdadero, y corregido; y fueron testigos á éllo, Joan Gonzalez y Antonio Gutierrez; y en testimonio de verdad lo firmé.——Joan Bocanegra, Secretario.

Obediencia y vasallaje á Su Magestad por los indios del Pueblo de San Juan Baptista.

En nombre de la Santísima Trinidad, Padre Hijo y Espíritu Santo, tres personas y un solo Dios verdadero, poderoso, manso y fuerte, que con su poder todo lo sugeta y el Cielo manda é Ynfierno se le arrodilla y le obedece, y con su mansedumbre misericordiosamente nos sufre y espera, y con su fortaleza nos conserva, sustenta y defiende; y á honor y gloria suya y de la Reyna de los angeles María Madre de Dios y Señora Nuestra, Lirio en virginidad, azucena en castidad, huerto cerrado, puerta y fuente sellada en perpetua integridad, y en honrra del Seráfico Señor Sant Francisco, Patriarca de los pobres y Thesorero de la humanidad: séa notorio y manifiesto á todos quantos este presente instrumento de fidelidad y vasallaje vieren ó oyeren ó en cualquier manéra llegare á su noticia, como el Señor Don Joan de Oñate Gobernador y Capitan General y Adelantado destos Reynos y provincias de la Nueva México, descobridor, pacificador y poblador déllos, por el Rey nuestro Señor; por hacer mayor servicio á Su Magestad y para mayor

abundamiento y quietud de su Real conciencia, con
haber ya una vez, en siete del mes de Julio de este
año de mil y quinientos y noventa y ocho, recebido homenaje ó vasallaje de muchas provincias de
este Nuevo México, sugetandolas, voluntariamente, al servicio de Su Magestad, como por otro
instrumento semejante á este, fecho en el pueblo
y valle de Santo Domingo, el sobre dicho dia
mes y año, parescerá tornó segunda vez hacer
general junta de las provincias hasta agora descobiertas, que las tiene tan sosegadas y sugetas, que
con solo un mensagero indio y un librillo de memo-
rias suyo personal, acudieran luego todas á su mando y llamamiento; y á nueve del mes de Septiembre deste año de noventa y ocho, ayuntó los indios
capitanes de las provincias de los Chiguas y Pua-
ray de los Cherechos, de los Teguas, de los Pecos,
de los Picuries y de los Taos; y alguna cantidad
de sus Maceguales en la Estruza mayor de este
Pueblo y Valle de Sant Joan Batista; y en presencia del Reverendisimo Padre Fray Alonso Martinez
Comisario apostolico y de los Religiosos del Señor
Sant Francisco de estos Reynos y de los muy Reverendos Padres Fray Francisco de Sant Miguel,
Fray Francisco de Zampra, Fray Joan de Rocas,
Fray Alonso de Lugo, Fray Andres Corchado, Fray
Joan Claros, predicadores y sacerdotes; y Fray Cristobal de Salazar, lector de Teulogía en la dicha
orden; y de Don Joan de Zaldivar Oñate Maese de

Campo General, y de Vicente de Zaldívar Mendoza, Sargento Mayor de Campo de Su Magestad, Capitan y Cabo de las Compañias dél y de todos los demas oficiales y capitanes del dicho campo; y por ante mi, Joan Perez de Donis, escribano de Su Magestad Real y Secretario de Gobernacion de los dichos Reynos y próvincias, por medio y lengua de Joan del Casso Carahona interprete de la lengua mexicana y Don Thomas y Don Joanillo, indios naguatatos de las lenguas de esta tierra y del carisimo hermano Joan de Dios, donado del Señor Sant Francisco, interprete de la lengua de los Pecos, dió á entender Su Señoría, dé Señor Gobernador Don Joan de Oñate á los dichos indios capitanes y demas indios, el intento de su venida y lo que á ello convenia hacer, diciendo—Como él hera venido á esta tierra á darles á conocer á Dios y al Rey Nuestro Señor en lo cual consistia la salvacion de sus almas y el vivir segura y quietamente en sus Repúblicas, mantenidos en justicia con seguridad en sus Haciendas, y defendidos de sus enemigos; y no á hacerles mal ninguno; y que por tanto, supiesen, como habia un solo Dios Todopoderoso Criador de los Cielos y de la Tierra, y premiador de los buenos y castigador de los malos; y que asi tenia el Cielo para gloria de los unos adonde llevaba los buenos, y el infierno para pena de los otros, adonde iban los malos; y que este Dios y Señor de tódos, tenia dos criados, acá en el mundo, por cuya mano lo gober-

naba, el uno para las cosas del alma y espirituales,
y este hera el Papa Pontifice Romano y Gran Sacerdote Cabeza de la Iglesia cuya imagen y lugar-
teniente hera en esta tierra el Reverendisimo Padre Comisario que vian presente; y que así á él y
á todos los sacerdotes debian tener gran veneracion
y reverencia como á Ministros de Dios y hombres
de la casa de Dios; y que el otro que gobernaba el
Mundo, en lo temporal, era el Cristianisimo Rey
Don Phelipe Nuestro Señor, único y singular defensor de la Iglesia, Rey de España y de las Indias, cuya
imagen y lugar-teniente en esta tierra, héra Su
Señoría el sobre dicho Señor, Gobernador; y que así
le debian tener todo respeto y obidiencia, porque lo
que les combenia, era, dar la obidiencia y vasallaje á Dios y al Rey, y en su lugar al Reverendisimo
Padre Comisario apostolico en lo espiritual, y á el
sobre dicho Señor Gobernador en las cosas temporales y gobierno de sus Repúblicas; pues eran libres,
y á ningun Monarca subjetos; y que les estaria muy
bien sugetarse de su voluntad al Rey Don Phelipe
Nuestro Señor, gran Señor y Monarca; y que los
mantendria en páz y Justicia, defenderia de sus enemigos, aprovechandolos en muchas cosas y oficios
tocante al trato politico y económico que allí se les
declararon; y que así viesen si querian dar la obidiencia á Dios y al Rey; los cuales dichos capitanes,
habiendo oido y entendido todo lo sobre dicho, respondieran mediante las dichas lenguas, que de su

voluntad querian dar la obidiencia á Dios y al Rey;
á lo cual el dicho Señor Gobernador, les tornó á replicar que mirasen, que dar la obidiencia y vasa-
lla e á Dios y al Rey, héra sugetarse á las leyes y
mandamientos de Dios y del Rey, que premiaba á
quien los guardaba y castigaba asperamente á
quien los quebrantaba; y que mirasen si querian dar
la obidiencia; y tornaron los sobre dichos capitanes
á responder que sí, la querian dar y la daban por sí
y en nombre de sus Repúblicas; y el dicho Señor Gobernader, les dixo, que, pues ansi hera en señal de
que daban la obidiencia y vasallaje á Dios y al Rey,
se levantasen, que á todo esto habian estado sentados, y viniesen á los asientos del dicho Padre. Comisario y suyo, é hincados de rodillas, les besasen
la mano; y los dichos capitanes indios destos Reynos se levantaron é hincaron de rodillas delante
del dicho Señor Gobernador y Padre Comisario, y les
besaran la mano en señal de obidiencia y vasallaje
segund y como se les habia dicho; lo qual ansi efectuado y acabado, el Señor Gobernader les dixo,
cómo les convenia muy mucho llevar á sus tierras
y provincias á los Sacerdotes y Ministros de Dios,
para que aprendiesen su lengua y les instruyesen
y enseñasen la ley Dios y la fée en Crispto Nuestro
Redemptor, sin la cual no podian ser salvos; ó ins-
truyendo los baptizasen para que fuesen al cielo y se
librasen del infierno; y respondieran los dichos capitanes, que de muy buena voluntad los llevarian;

y el Señor Gobernador les replicó, que mirasen que
los habian de regalar y sustentar y obedecer en todo
y por todo; y ellos respondieron, que sí, harian;
y el Señor Gobernador les dixo, y esto tres veces,
que supiesen y advirtiesen, que si á qualquiera dellos, dichos Padres no les obedecian ó les hacian el
menor daño del Mundo, que supiesen que á ellos y
á sus Ciudades y Pueblos los habian de pasar á cuchillo ó abrasar vivos; y á todo respondieron, que
estaba muy bien, y que todo lo entendian y lo harian asi, como se les decia; y todos los benditos Padres del Señor Sant Francisco que héran los sobre
dichos ocho, se ofrecieran muy alegres á la suerte
de la conversion de la Nacion y lengua que les cu-
piesen, no estimando sus vidas respecto del servicio
de Dios y de su Rey. Y el sobre dicho Señor Gobernador y Reverendisimo Padre Comisario, teniendo
ya muy bien considerado y tratado de dias atras,
vista la dispusicion de la tierra y gente, repartie-
ron entre los sobre dichos Padres, las Provincias y
Pueblos hasta ahora descobiertas, en la forma si-
guiente=

Al Padre Fray Francisco de Sant Miguel, la Provincia de los Pecos con los siete Pueblos de la Cienega que le cae al Oriente, y todos los baqueros de
aquella cordillera y comarca hasta la Sierra Nevada, y los Pueblos de la Gran salina que cae tras la
Sierra del Puaráy; y mas, los Pueblos de Quarquiz
y Hohotá, Ybnalás, Xatée, Xaiméta, Aggéy, Cuzá,

TOMO XVI. 8

Cizentetpi, Acoli, Abbo, Apena, Axauti, Amaxa, Couna, Dhiu, Alle, Atuyama, Chein; y asi mismo los tres Pueblos grandes de Xumanas ó trayados, llamados en su lengua, *atripuy*, *genobey*, *quelote-trey*, *palaotrey* con sus subgetos.

Al Padre Fray Francisco de Zamora, la Provincia de los Picuries; y mas, todos los Apaches desde la Sierra Nevada hacia la parte del Norte y Poniente, y la Provincia de los Taos con los pueblos á élla circunvecinos y comarcanos; y los de la orilla del rio del Norte de aquella cordillera.

Al Padre Fray Joan de Rozas, la Provincia de los Cheres con los Pueblos de Castixes, llamados Sant Phelipe, y de Comitre, y el Pueblo de Santo Domingo y Alipoti, Chochiti; y el de la Ciénega de Carabajal, y el de Sant Marcos, Sant Chripstobal, Santa Ana, Ojana, Quipana, el del Puerto y el Pueblo quemado.

Al Padre Fray Alonso de Lugo, la Provincia de los Emmes, cuyos capitanes, aunque se hallaron en la primera junta de Santo Domingo y vinieron á esta segunda de Sant Joan, la mañana que se tuvo, estan fuera del Pueblo; y asi no asistieron á esta plática que antes y despues se les dió á entender; y hicieron lo mismo que los demas, y los Pueblos de Yjar, Guayoguia, Mecastría, Quiustá, Ceca, Petre, Trea, Guatitruti Catróe; y mas, todos los Apades y Cocoyes de sus sierras y comarcas.

Al Padre Fray Andres Corchado, la Provincia

de los Trias y los pueblos de Tamaya, Yacco, To-
jagua y Pelchiu; y mas, la provincia de Acóma con
sus pueblos circunvecinos y comarcanos; y la Provincia de Truni, y la provincia de Mohoce con todos sus Pueblos, que todos caen al Poniente del
gran pueblo de Tria.

Al Padre Fray Joan Claros, la Provincia de los
Chiguas ó Tiguas, y los pueblos de Napeya y Tu-
chiamas, y el de Pura, con los cuatro consecutivos;
rio abajo, el de Poxen, Puaráy, Trimatí y Guayo-
trí, Acacafuí, Henicohío, Vareato, con todos sus
subgetos al Puaráy, rio del Norte arriba y abajo; y,
mas, la Provincia de Xalay, la Provincia de Mohoqui con sus pueblos, y la Provincia de los Atripuy,
el rio abajo con todos sus pueblos que son Preguey,
Tuzahe, Aponitre y Vumahein, Quiápo, Trelaque-
pú, Cunquilipinoy, Calciati, Aquicabo, Encaquia-
gualcaca, Quialpo, Trelagú, Pesquis, Ayquí, Yan-
como, Teyaxa, Qualacú, Texa, Amo, de esta vanda
del rio; y de la otra los pueblos de Pencoana, Quio-
maquí, Peixolóe, Zumaque, Teeytraan, Preguey,
Canocan, Peytre, Qui-Ubaco, Tohol, Cantensapué,
Tercáo, Poloocá, Treyéy, Queelquelú, Atepúa, Tru-
la, Treypual, Tecahanqualahámo, Pilopué, Pen-
jeacú, Teypamá, y últimamente Trenaquel de la
mesilla, que es la primera poblacion de este Reyno,
hacia la parte del Sur y Nueva España.

Al Padre Fray Chripstobal de Salazar, la Provincia de los Tepúas con los pueblos de Triapí,

Triáque el de Sant Ylefonso y Santa Clara, y este
pueblo de Sant Joan Batista y el de Sant Gabriel
el de Troomaxiaquino, Xiomato, Axol, Camitría,
Quiotráco; y mas, la Cibdad de Sant Francisco de
los Españoles, que al presente se edifican==

Y hechos los dichos repartimientos, mandaron
á los sobre dichos capitanes indios naturales de estos Reynos que alli estaban, que cada Nacion y
Provincia fuese á besar la mano al Sacerdote que
les cabia en suerte y entregarse dél; y mostrando-
selos á cada uno déllos, con gran demostracion de
contento, se lebantaron y se fueron cada qual de
por si, á su Sacerdote, y les besaron el hábito, y
abrazaron; y algunos de los dichos indios dixeron
alli á sus Sacerdotes, que les habian de baptizar á
sus hijos. Y con esto dando ultimamente fin á esta
Junta de Justicia á Don Thomas y Don Cripstobal
Naguatatos, sobre dichos, se despidió toda la gente;
y el dicho Señor Gobernador me mandó lo diese
todo por fée y testimonio, segund y como queda dicho; el qual asi mismo lo firmó de su nombre y sello
con el sello mayor de su oficio. Fecho en este Valle
de Sant Joan Batista el dicho dia nueve de Septiembre de mile y quinientos y noventa y ocho
años; siendo testigos Antonio Conte de Herrera y
Chripstobal de Herrera y Alonso Nuñez de Yno-
jossa, criados de Su Señería. E yo el dicho Secretario que déllo doy fée Don Juan de Oñate. E yo Jean
Perez de Donis, Escribano de Su Magestad Real y

Secretario de Gobernacion de estos Reynos y provincias de la Nueva Mexico, fuí presente y fize
aqui mi signo en testimonio de verdad.—Joan Perez de Donis.—Escribano.

Este es un treslado bien y fielmente sacado del
original que queda en el Archivo de Gobernacion,
que segund por él, paresce, pasó ante Joan Perez
de Donis Escribano Real y Secretario que fué de
Gobernacion de este Reyno; é yo Joan Gutierrez
Bocanegra Capitan por el Rey Nuestro Señor y Secretario de la dicha Gobernacion, de mandamiento
del dicho Señor Gobernador que aqui firmó de su
nombre, saqué el dicho treslado.—Vá cierto y verdadero y corregido; y fueron testigos á éllo, Antonio Gutierrez y Antonio Conte de Herrera.—Y en
testimonio de verdad lo firmé.—Joan Gutierrez Bocanegra. Secretario.

Obidiencia y vasallaje á Su Magestad por los
indios del pueblo de Acolocú.

En el Nombre de la Santisima Trinidad Padre
y Hijo y Espiritu Santo, tres personas y un solo
Dios verdadero, Señor Universal de todas las cosas
á quien los Cielos, tierra mar é infierno se le arrodillan y obedecen, por ser solo, Señor infinito, poderoso, manso y fuerte, sin principio ni fin, y misericordioso; y á honor y gloria de la Princesa y
Reyna Soberana de los Cielos, Virgen Pura Sacratisima Maria Madre de Dios y Abogada de los pe-

cadores, y Señora Nuestra; y á honrra del Seráfico Padre Sant Francisco, imagen corporal del mísmo Christo: séa notorio y manifiesto á todos quantos éste presente instrumento de fidelidad y vasallaje vieren ú oyeren, ó en qualquier manera llegáre á su noticia, cómo el Señor Don Joan de Oñate Gobernador y Capitan General y Adelantado de estos Reynos y Provincias de la Nueva México, descobridor, pacificador y poblador déllos, por el Rey Nuestro Señor; estando en el Pueblo que llaman de Acolocú provincia de Cheálo, que es de los dichos Reynos; y juntamente con Su Señoria el Reverendisimo Padre Fray Alonso Martinez, Comissario Apostolico de Su Santidad, y de los Religiosos de la Orden del Señor Sant Francisco, y los capitanes y soldados infrascriptos; y estando ansi mismo presentes, mucha multitud de naturales, principalejos, mandones y maceguales, y entre éllos los capitanes de los Pueblos y génte siguiente:

Xaíl, Capitan del Pueblo de Paáco, Capitan que dicen sér del Pueblo de Cuzayá, Tegualpá, Capitan del Pueblo de Junétre, Ayquian, y Aguim, Capitanes del dicho Pueblo de Acolocú, todos los sobre dichos Capitanes llamados y congregados por el sobre dicho Señor Gobernador Don Joan de Oñate, que hizo parescer en su presencia y ante mi, Joàn Velarde, Secretario; y por medio y lenguas del sobre dicho Comisario y Don Thomas, indio interprete, dió á entender Su Señoria del Señor Gober-

nador, el intento de su venida á los sobre dichos
capitanes, y lo que les convenia hacer, diciendo:

Cómo él era venido á estas tierras á darles á conocer á Dios y al Rey Nuestro Señor, en lo qual
consistia la salvacion de sus almas y el vivir segura y quietamente en sus Repúblicas; mantenidos
en justicia y pulicia, con seguridad en sus haciendas; defendidos de sus enemigos, y no hacerles mál
ninguno; y que por tanto, supiésen, como habia un
solo Dios Todopoderoso Criador de Cielo y Tierra,
premiador de los buenos y castigador de los malos,
y que ansi tenia el Cielo para gloria de los buenos
y el infierno para los malos; y que este Dios y Señor de tódos, tenia dos criados acá en el Mundo,
por cuya mano le gobernaba; el uno, para las cosas
del alma y expirituales, y éste héra el Papa Pontifice Romano y Gran Pontifice y Sacerdote Cabeza
de la Yglesia, cuya imágen y Lugar-Theniente,
héra en esta tierra, el Reverendisimo Padre Comisario que vian presente; y que ansi, á él y á todos
los Sacérdotes presentes que trayan aquel hábito,
debian tener gran veneracion y reverencia como á
ministros de Dios y hombres de su casa; y que el
otro que gobernaba el Mundo en lo temporal, héra
el Rey Nuestro Señor, único y singular defensor
de la Yglesia, Rey de España y de las Yndias, cuya
Magestad, Lugar-Theniente en ésta tierra, era Su
Señoria el sobredicho señor Gobernador; y que asi
le debian de tener todo respeto y obidiencia, por-

que les convenía, dar la obidiencia y vasallaje á
Dios y al Rey y en su lugar al Reverendisimo Padre Comisario en lo espiritual, y al sobre dicho Señor Gobernador en las cosas temporales y Gobierno
de sus Repúblicas; pues eran libres, y á ningun
Monarca ó Señor subjetas; y que les estaba muy bien
subjetarse de su libre voluntad al Rey Don Phelipe
Nuestro Señor, Gran señor y Monarca; y que los
mantenia en paz y justicia y defenderia de sus enemigos, aprovechandolos en muchas cosas y oficios,
tocantes al trato pulitico y económico, como mas
estensamente adelante se les daria á entender; y
que asi, viesen si querian dar la obidiencia como
está dicho, los quales dichos capitanes, habiendo oydo y entendido y conferido entre éllos, todo
lo sobre dicho, con muestras de contento, respondieron de su acuerdo y deliberacion y espontanea voluntad, que querian ser vasallos dél dicho
Rey Nuestro Señor, y como tales, desde luego, le
querian dár y daban la obidiencia y vasallaje por
si y en nombre de sus Repúblicas; y el dicho Señor Gobernador les replicó, que mirasen y entén-
diesen que el dar la obidiencia y vasallaje al Rey
Nuestro Señor, era subjetarse á su voluntad y á
sus mandamientos y leyes, y que si no los guardaban, serian castigados como transgresores á los
mandamientos á su Rey y Señor natural; y que así
viesen lo que querian y respondian á esto; á lo que
dixieron, los dichos capitanes, que querian dár y

daban la dicha obidiencia y vasallaje, como antes
habian dado por si y en nombre de los de su República; y el dicho Señor Gobernador, les dixo: que,
pues, asi era, que en señal de que la daban, se levantasen, que á todo esto habian estado sentados,
y abrazasen y besasen la mano al Padre Comisario
y á Su Señoria; y los dichos Capitanes se levantaron y lo hicieron assi en señal de obidiencia y vasallaje, segund y como se les habia dicho. Y el dicho Señor Gobernador me mandó se lo diese por
testimonio, y yo se lo di, firmado de mi nombre,
y rubricado; y asi mismo firmado del dicho Señor
Gobernador y sellado con el sello mayor de su oficio, en el Pueblo de Alcolocú de esta Nueva México, doze dias del mes de octubre de mile y quinientos y noventa y ocho años; siendo testigos Don
Chripstobal de Oñate, el Alferez Bartolomé Romero, Antonio Conte de Herrera y Chripstobal de
Herrera y Francisco Vido y Don Joan de Oñate.
E yó, el dicho Joan Velarde, Secretario presente
fuí á todo lo que dicho es, juntamente con el dicho Señor Gobernador y de los testigos de esta carta.—En testimonio de verdad lo firmé.—Joan Velande—Secretario.—Don Joan de Oñate.—E yó, el dicho Joan Velande, Secretario, presente fuí á todo lo
que dicho es, juntamente con el dicho Señor Gobernador y con los testigos de esta carta.—En testimonio de verdad lo firmé.—Joan Velande.—Secretario.—Corregido y concertado con el original, el qual

queda en poder del Señor Gobernador que aquí firmó
de su nombre; y de su pedimento lo fize escribir en el
Pueblo de 'Sant Joan Baptista de la Nueva México á
veinte y un dias del mes de Hebrero de mill y quinientos y noventa y nueve años; siendo testigos, á
lo ver corregir, Antonio Conte de Herrera y Chripstobal de Herrera y Francisco Vido.—En testimonio
de lo qual lo firmé y sellé con el sello de Su Señoría.—En testimonio de verdad, Joan Velarde.—
Secretario.

Obidiencia y vasallaje á Su Magestad por los indios del Pueblo de Cueloce.

En el Nombre de la Santisima Trinidad Padre
é Hijo y Espiritu-Santo, tres personas y un solo
Dios verdadero que como Poderoso Señor é infinitamente fuerte y sabio, todo lo puede, posée, ordena,
gobierna y manda; cuya misericordia y bondad inmensa y incomprensible nos sustenta, fortalece,
espera y defiende como Rey universal y eterno que
es de las eternidades de Cielo, tierra, agua y demas
cosas criadas que se le sugetan, rinden y obedecen; y al honor y gloria de la sin mancilla princesa Reyna de los angeles Virgen María Madre de
Dios, Esposa y querida y escogida suya, abogada
de los pecadores y Señora nuestra; y á honra del
Seráfico Padre Sant Francisco, imagen corporal de
Christo Nuestro Redemptor. Séa notorio y manifiesto, á todos quántos éste presente instrumento

de fidelidad y vasallaje vieren ó oyeren ó en qualquier manera llegáre á su noticia como el Señor
Don Joan de Oñate Gobernador y Capitan General
y Adelantado de estos Reynos y Provincias de la
Nueva México, descobridor, pacificador y poblador
déllos, por el Rey Nuestro Señor, estando en el
Pueblo de Cuelóce que llaman de los rayados, y
juntamente con Su Señoría el Reverendisimo Padre Fray Alonso Martinez Comisario apostolico de
Su Santidad; y de los Religiosos del Señor Sant
Francisco, y los capitanes y soldados infrascriptos; y estando asi mismo presentes, muchos maceguales, naturales, principalejos, y mandones; y
entre éllos los capitanes indios de los Pueblos
siguientes.

Yolhã, Capitan que dicen sér del Pueblo y gente
deste Pueblo de Cuelóce; Pochstaquí, Capitan del
Pueblo de Xenopué; Hayé, Capitan del Pueblo de
Patasce y Chilí, Capitan del pueblo de Abo.

Todos los sobre dichos capitanes llamados y
congregados por el sobre dicho Señor Gobernador
Don Joan de Oñate, que hizo parescer en su presencia y ante mi Joan Velarde, secretario; y por medio y lenguas del sobre dicho Padre Comisario y de
Don Thomas, indio interprete del Pueblo de Santo
Domingo, dió á entender Su Señoria el Señor Gobernador, el intento de su venida, á los sobre dichos Capitanes, y lo que les conbenia hazer, diciendo.

Como él hera venido á estas tierras á darles á
conocer á Dios y al Rey Nuestro Señor, en lo qual
consistia la salvacion de sus almas y el vivir segura y quietamente en sus Repúblicas, mantenidos en justicia y pulicia, con seguridad en sus haciendas y defendidos de sus enemigos, y no hacerles mal ninguno; y que por tanto supiesen como
habia un solo Dios Poderoso Criador del Cielo y
tierra, premiador de los buenos y castigador de los
malos, y que este Dios y Señor de tódos, tenia dos
criados en el Mundo, por cuya mano lo gobernaba;
el uno para las cosas del Alma, espirituales, y éste
héra el Papa Pontifice Romano Gran Sacerdote y
Cabeza de la Yglesia, cuya Ymagen Lugar-Teniente,
era en esta tierra, el Reverendisimo Padre Comisario que vian presente, y que acia él y á todos los
sacerdotes que traian aquel hábito, debian tener
veneracion y respeto como á ministros de Dios y
hombres de su cassa; y que el otro que gobernaba
el mundo en lo temporal, era el Rey Nuestro Señor, único y singular defensor de la Yglesia, Rey
de España y de las Yndias, cuya Magestad lugar-
teniente en esta tierra, era Su Señoría el sobre dicho Señor Gobernador; y que ansi como á tal, le
debian tener todo respeto y obidiencia y que les
combenia dar la obidiencia y vasallaje á Dios y á
Nuestro Rey, y en su lugar al Reverendisimo Padre
Comisario en lo espiritual; y en lo temporal, al
sobre dicho Señor Gobernador, y en el gobierno de

sus Repúblicas, pues eran libres, y á ningun Monarca ó Señor subjetos; y que les está muy bien subjetarse de su bella y libre voluntad á Nuestro Rey, que los manternia en paz y en justicia y defenderia de sus enemigos, aprovechandolos en muchas cosas tocantes al trato pulitico y economico, como mas estensamente se les daria á entender á su tiempo; y que asi, biesen si querian dar la obidiencia; los quales dichos capitanes, habiendo oido, entendido y conferido entre éllos, todo lo sobre dicho con muestras de contento, respondieran de un acuerdo y deliberacion y expontanea voluntad, que querian ser vasallos del dicho Nuestro Rey y Señor, y como tales, desde luego le querian dar y daban la obidiencia y vasallaje, por sí y en nombre de sus Repúblicas; y el dicho Señor Gobernador, les replicó, que mirasen y entendiesen que el dar la obidiencia y vasallaje á Su Magestad, de Nuestro Rey, héra subjetarse á su voluntad, mandamientos y leyes; y que sinó los guardaban, serian castigados como transgresores á los mandamientos de Su Rey y Señor natural; y que así, viesen lo que querian y respondian á esto; á lo qual, dixeron los dichos capitanes que como tienen dicho, querian dar y daban la dicha obidiencia y vassallaje; y el dicho Señor Gobernador les dixo: que pues ansí la daban, que en señal de que la daban, se levantasen, que á todo esto habian estado sentados, y abrazasen y besasen la mano á el sobre dicho Padre Comisario, y á Su Señoría; y los dichos capitanes lo hicieron, ansi, en señal de obidiencia y vasallaje, segund y como se les habia dicho. Y el dicho Señor Gobernador me mandó se lo diese por testimonio y yo se lo di, firmado de mi nombre, y rubricado; y asi mismo firmado del dicho Señor Gobernador, y sellado con el sello mayor de su oficio en el Pueblo de Cuelóce, que llaman de los rayados, diez y siete dias del mes de Octubre de mile y quinientos y noventa y ocho años; siendo testigos Don Chripstóbal de Oñate, el Capitan Marcos Farfan de los Godos, el Capitan Cesar y el Alferez Bartolomé Romero, Antonio Conte de Herrera Caballerizo mayor de Su Señoría, y Francisco Vido su page de guion, y Chripstobal de Herrera y Don Joan de Oñate.—E yo el dicho Joan Velarde, Secretario, presente fuí á todo lo que dicho es, juntamente con el dicho Señor Gobernador, y con los testigos de esta carta.—En testimonio de lo qual, lo firmé Joan Velarde.—Secretario.

Corregido y concertado fue este treslado con el original que queda en poder del Señor Gobernador que aqui firmó de su nombre. Y de su pedimento lo fize escribir en el Pueblo de Sant Joan Batista de la nueva México á veinte y un dias del mes de Hebrero de mile y quinientos y noventa y nueve años; siendo presentes por testigos á lo ver corregir, Antonio Conte, Chripstobal de Herrera é Ysidro Xuarez. En testimonio de lo qual, lo firmé y

sellé con el sello de Su Señoria.—En testimonio de
verdad—Joan Velarde.—Secretario.

Obidiencia y vasallaje á Su Magestad por los indios del Pueblo de Acóma.

En el nombre de la Santísima Trinidad Padre é
Hijo y Espíritu Santo, tres personas y un solo Dios
verdadero, poderoso, manso y fuerte, y con su poder
todo lo subjeta, y el Cielo manda, y Ynfierno se le
arrodilla y obedece, y con su mansedumbre misericordiosamente nos sufre, y con su fortaleza nos conserva, sustenta y defiende; y á honor y gloria suya y
de la Reyna de los Angeles Vírgen María Madre de
Dios y Señora Nuestra; y en honrra del Seráfico Señor Sant Francisco, Patriarca de los Pobres, y Thesorero de la humildad: séa notorio y manifiesto á todos quantos éste presente instrumento de fidelidad y
vasallaje vieren é oyeren ó en qualquier manera llegáre á su noticia, cómo, estando el Señor Don Joan
de Oñate Gobernador y Capitan General y Adelantado de los Reynos y Provincias de la Nueva México,
descobridor, pacificador y poblador déllos, por el
Rey Nuestro Señor, al pie de una peña muy grande sobre la qual en lo alto délla está fundado y poblado el Pueblo que llaman de Acóma; y juntamente con Su Señoria el Reverendísimo Padre Fray
Alonso Martinez Comisario apostólico de su Santidad; y de los Religiosos de la orden del Señor Sant
Francisco, con muchos capitanes y soldados; y es-

tando. ansí mismo presentes, mucha suma de naturales, principalejos, mandones y maceguales, y entre ellos tres indios llamados Coómo, Chaámo, Ancúa, que dixieron sér capitanes del dicho Pueblo de Acóma; llamados y congregados allí por el dicho Señor Gobernador Don Joan de Oñate; y estando en su presencia y ante mí, Joan Velarde, Secretario; y por medio y lengua del Reverendísimo Padre Fray Alonso Martinez Comisario apostólico, y de Don Thomas, yndio interprete, dieran á entender á los capitanes y demas indios el intento de su venida y lo que á ellos convenia hacer diciendo:==

Como él era venido á estas tierras á darles á conocer á Dios y al Rey Nuestro Señor, en lo qual consistia la salvacion de sus almas y el vivir sigura y quietamente en sus Repúblicas, mantenidos en justicia y pulicia, con seguridad en sus haciendas y defendidos de sus enemigos, y no á hacerles mal ninguno; y que por tanto supiesen como habia un sólo Dios verdadero Todopoderoso Criador del Cielo y Tierra, premiador de los buenos y castigador de los malos, y que así tenia el Cielo para Gloria de los unos adonde llevaba los buenos, y el Infierno para la pena de los otros, adonde iban los malos; y que este Dios y Señor de tódos, tenia dos criados acá en el Mundo, por cuya mano lo góbernaba; el uno para las cosas del alma y expirituales, y ésta éra el Papa Pontifice Romano y

Gran Sacerdote y Cabeza de la Yglesia, cuya imagen y Lugar-Thiniente, era en esta tierra, el Reverendisimo Padre Comisario que vian presente, y que acia él y á todos los sacerdotes que traian aquel hábito, debian tener gran veneracion y reverencia como á ministros de Dios, y hombres de su cassa; y que el otro que gobernaba el Mundo en lo temporal, héra el Christianisimo Rey Don Phelipe Nuestro Señor, único y singular defensor de la Yglesia, Rey de España y de las Yndias, cuya imagen y Lugar-Thiniente en esta tierra, era Su Señoria, el sobre dicho Señor Gobernador; y que así le debian tener todo respeto y obidiencia; y lo que les combenia era dar la obidiencia y vasallaje á Dios y al Rey, y en su lugar al Reverendisimo Padre Comisario en lo expiritual y á el sobre dicho Señor Gobernador en las cosas temporales y gobierno de sus Repúblicas; pues eran libres y á ningun Monarca ó Señor subjetos, y que les estaba muy bien subjetarse de su libre voluntad al Rey Don Phelipe Nuestro Señor, Gran Señor y Monarca, y que los manternia en paz y justicia, y defenderia de sus enemigos, aprovechandolos en muchas cosas y oficios tocantes al trato pulitico y económico como mas extensamente adelante se les declararia; y que asi, viesen si querian dar la obidiencia á Dios y al Rey; los quales dichos capitanes, habiendo oido, entendido y conferido entre éllos, todo lo sobre dicho, con muestras de contento respondieron de un acuer-

do y deliberacion y espontanea voluntad, que querian
ser vasallos del dicho Christianisimo Rey Nuestro
Señor, y como tales, desde luego le querian dar y
daban la obidiencia y vasallaje por si y en nombre
de su República; y el dicho Señor Gobernador les
replicó que mirasen y entendiesen, que el dar la
obidiencia y vasallaje al Rey Nuestro Señor, era
subjetarse á su voluntad y á sus mandamientos y leyes, y que sinó los guardasen, serian castigados
como transgresores á los mandamientos á su Rey y
Señor natural; y que asi, viesen lo que querian y
respondian á esto; á lo qual dixieron, que querian
dar y daban la dicha obediencia y vasallaje como
antes habian dicho, por si y en nombre de los de su
República; y el dicho Señor Gobernador les dixo,
que pues ansí era, que en señal de que la daban se
lebantasen, que á todo esto habian estado sentados,
y abrazasen y besasen la mano al Padre Comisario
y á Su Señoria; y los dichos, tres capitanes se lebantaron y lo hicieron asi, en señal de obidiencia
y vasallaje segund y como se les habia dicho. Y el
dicho Señor Gobernador me mandó se lo diese por
testimonio, y advertia como el Gobierno y República de ésta, á lo que se sabia y alcanzaba, era todo
behetría y cabeceras libres, no subjetas á ningun
particular, Monarca ó Señor; los quales de su mera
voluntad como queda dicho, querian por su Rey á
Nuestro Rey Don Phelipe Nuestro Señor y le daban
la obidiencia y vasallaje libremente y no de nadie

compelidos; y que asi como lo vía y era verdad,
lo asentase por testimonio para mayor quietud y
consuelo de la Real conciencia, para que constase á
tódos su buen celo é industria en el Real servicio
de Su Magestad. E yo sé lo di firmado de mi nombre, y rubricado y firmado asi mismo del dicho Señor Gobernador, y sellado con el sello mayor de su
oficio en el dicho paraje del Pueblo de Acóma á veinte y siete dias del mes de Octubre de mill y quinientos y noventa y ocho años; siendo testigos Don
Chripstobal de Oñate, el Capitan Gregorio Cessar,
el Alferez Bartolomé Romero, Antonio Conte de
Herrera, Chripstobal de Herrerá y Francisco Vido,
criados de Su Señoria Don Juan de Oñate.—E yó
Joan Velarde, Secretario, presente fui á todo lo
que dicho es, juntamente con el dicho Señor Gobernador y con los testigos de esta carta.—En testimonio de lo qual lo firmé.—Joan Velarde—Secretario.

Corregido y concertado fué este treslado con el
original que queda en poder del sobre dicho Señor
Gobernador que aqui firmó de su nombre, el qual
fize sacar por su mandado en el Pueblo de Sant Joan
Baptista de la Nueva Mexico en veinte y un dias
del mes de Hebrero de mill y quinientos y noventa
y nueve años; siendo presentes por testigos, á lo
ver corregir y concertar, Alonso Nuñez de Ynojo-
sa, Chripstobal de Herrera y Diego de Castilla.—
En testimonio de lo qual, lo firmé y sellé con el

sello mayor de Su Señoria.—En testimonio de verdad—Joan Velarde—Secretario.

Obidiencia y vasallaje á Su Magestad por los indios de la Provincia de Aguscobi.

En el nombre de la Santisima Trinidad Padre y Hijo y Espiritu-Santo, tres personas y un solo Dios verdadero, Señor universal de todo lo criado á quien los Cielos, Tierra, Mar ó Ynfierno se le arrodillan y obedecen por ser solo, Señor infinito, poderoso, manso, fuerte, sin principio ni fin, y misericordioso; y al honor y gloria de la Princesa y Reyna Soberana de los Cielos, Virgen Pura Sacratisima María Madre de Dios y Abogada de los pecadores y Señora Nuestra; y á honor del Seráfico Padre Sant Francisco, imagen corporal del mismo Crispto: sea notorio y manifiesto á todos cuantos éste presenté instrumento de fidelidad y vasallaje vieren ú oyeren, ó en cualquier manera llegáre á su noticia cómo el Señor Don Joan de Oñate Gobernador y Capitan General y Adelantado de estos Reynos y Provincias de la Nueva Mexico, descobridor, pacificador y poblador déllo, por el Rey Nuestro Señor, estando en el Pueblo de Aguscobi, provincia de Zuni, y juntamente con Su Señoría el Reverendisimo Padre Fray Alonso Martinez Comisario apostolico de su Santidad; y de los réligiosos de la orden del Señor Sant Francisco, y los capitanes y soldados infrascriptos; y estando ansi mismo presentes mucha multitud de naturales, principalejos, mandones y maceguales, y entre éllos los Capitanes de los Pueblos y gente siguientes:

Negua homi y Atishoa, capitanes que dixieron ser de los seis pueblos que llaman Aguicobi, Canabi, Coaqueria, Halonagu, Macaqui, Aquinsa.

Todos los sobre dichos capitanes llamados y congregados por el dicho Señor Gobernador Don Joan de Oñate que hizo parescer en su presencia y ante mi Joan Velarde, Secretario, y por medio y lengua del sobre dicho Comisario, y Don Thomas, indio intérprete, dió á entender Su Señoría el Señor Gobernador, el intento de su venida, á los sobre dichos capitanes y lo que les convenia hacer, diciendo:

Como él era venido á estas tierras á darles á conocer á Dios y al Rey Nuestro Señor; en lo qual consistia la salvacion de sus almas y el vivir sigura y quietamente en sus Repúblicas, mantenidos en justicia y pulicia, con seguridad en sus haciendas y defendidos de sus enemigos, y no á hacerles mal ninguno; y que por tanto, supiesen cómo habia un solo Dios Todopoderoso, Criador del Cielo y tierra, premiador de los unos adonde lleva los buenos, y el Ynfierno adonde iban los otros para pena de los malos; y que este Dios y Señor de tódos, tenia dos criados acá en el Mundo, por cuya mano lo gobernaba; el uno para las cosas del alma, expirituales, y éste era el Papa Pontífice Romano Gran Sacerdote Cabeza de la Yglesia, cuya imagen y ·Lugar-Thiniente era en esta tierra, el Reverendísimo Padre Comisario que vian presente, y que acia él y á todos los sacerdotes que trayan aquel hábito, debian tener gran veneracion y reverencia como á ministros de Dios, y hombres de su casa; y que el ótro que gobernaba el Mundo en lo temporal, era el Christianisimo Rey Don Phelipe Nuestro Señor, único y singular defensor de la Iglesia, Rey de España y de las Yndias, cuya ymagen y Lugar-Thiniente en esta tierra, era Su Señoría el sobre dicho Señor Gobernador; y que asi le debian tener todo respeto y obidiencia porque les convenia dar la obediencia y vasallaje á Dios y al Rey, y en su lugar al Reverendísimo Padre Comisario en lo espiritual, y al sobredicho Señor Gobernador, en las cosas temporales y gobierno de sus Repúblicas; pues eran libres y á ningund Monarca ó Señor subjetos, y que les estaba muy bien subjetarse de su libre voluntad al Rey Don Phelipe Nuestro Señor, Gran Señor y Monarca, y que los manternia en paz y justicia, y que los defenderia de sus enemigos, aprovechandolos en muchas cosas y oficios tocantes al trato pulitico y económico como mas extensamente adelante se les declararia; y que asi, viesen si querian dar la obediencia como está dicho; los quales dichos capitanes, habiendo oydo, entendido y conferido entre ellos, todo lo sobre dicho, con muestras de contento, respondieron de un acuerdo y deliberacion y expontanea voluntad, que

querian ser vasallos del dicho Christianisimo Rey
Nuestro Señor, y como tales, desde luego le querian dar y daban la obidiencia y vasallaje por si y
en nombre de sus Repúblicas; y el dicho Señor Gobernador les replicó, que mirasen y entendiesen, que
el dar la obidiencia y vasallaje al Rey Nuestro Señor, era subjetarse á su voluntad y sus mandamientos y leyes, y que sinó los guardasen, serian
castigados como transgresores á los mandatos de su
Rey y Señor natural; y que asi, viesen lo que querian y respondian á esto, á lo que dixieron los
dichos capitanes, que querian dar y daban la dicha obidiencia y vasallaje como antes habian dicho, por si y en nombre de sus Repúblicas; y el
dicho Señor Gobernador, les dixo, que pues ansi
era, que en señal de que la daban, se lebantasen, que á todo esto habian estado sentados, y
abrazasen y besasen la mano al Padre Comisario y á Su Señoría; y los dichos capitanes se levantaron y lo hicieron, ansi, en señal de obidiencia y vasallaje segund y como se les habia dicho.
Y el dicho Señor Gobernador me mandó se lo diese
por testimonio, y yó se lo di, firmado de mi nombre, y rubricado; y ansi mismo, firmado del dicho
Señor Gobernador y sellado con el sello mayor de
su oficio, estando en la provincia de Zuní á nueve
dias del mes de noviembre de mill y quinientos y
noventa y ocho años; siendo testigos Don Chripstobal de Oñate y el Capitan Villagran y el Capitan

Cessar, Antonio Conte de Herrera, Francisco Vido
y Chripstobal de Herrera.— Don Joan de Oñate.—
E yó, el dicho Joan Velarde, Secretario, presente fuí
á todo lo que dicho es, juntamente con el dicho Señor Gobernador que aqui firmó de su nombre, y de
los testigos desta carta.—En testimonio de verdad,
lo firmé.—Joan Velarde—Secretario.

Corregido y concertado con el original que queda en poder del Señor Gobernador que aquí firmó de
su nombre, el qual de su pedimento fize escribir en
el pueblo de Sant Joan Baptista de la Nueva Mexico, en veinte y un dias del mes de Hebrero de mill
y quinientos y noventa y nueve años; siendo presentes, por testigos á lo ver corregir, Antonio Conte de Herrera, Francisco Vido, y Francisco de Vi-
llalba.—En testimonio de lo qual, lo firmé y sellé
con el sello de Su Señoría.══En testimonio de verdad—Joan Velarde—Secretario.

Obidiencia y vasallaje á Su Magestad por los indios de la Provincia de Mohoqui.

En el nombre de la Santisima Trinidad Padre
Hijo y Espíritu Santo, tres personas y un solo Dios
verdadero, que como Poderoso Señor, infinitamente
fuerte y sabio todo lo puede, posee, ordena, gobierna y manda; cuya misericordia y bondad inmensa
é incomprhensible nos sustenta, fortalece y defiende como Rey universal y eterno que es de las eternidades de Cielos, Tierra, agua y demas cosas cria-

das que se le subjetan, rinden y obedecen; y al
honor y gloria de la sin mancilla Princesa Reyna
de los Angeles Vírgen María Madre de Dios Esposa
y querida y escogida suya, Abogada de los pecadores y Señora Nuestra; y al honor del seráfico Padre
Sant Francisco, imagen corporal de Chripsto Nuestro Redemptor: sea notorio y manifiesto á todos
quantos este presente instrumento de fidelidad y
vasallaje vieren, oyeren ó en qualquier manera llegáre á su noticia, cómo el Señor Don Joan de Oñate Gobernador y Capitan General y Adelantado de
estos Reynos y Provincias de la Nueva Mexico,
descobridor, poblador y pacificador déllas, por el Rey
Nuestro Señor; estando en el Pueblo y Provincia de
Mohoquí y juntamente con Su Señoría el Reverendisimo Padre Fray Alonso Martinez Comisario Apostolico de su Santidad, y de los Religiosos de la orden del Señor Sant Francisco, y los capitanes y
soldados infrascriptos; y estando ansi mismo presentes mucha multitud de naturales, principalejos, mandones y maceguales, y entre ellos los capitanes de
los dichos Pueblos y Gentes siguientes:

Panaumá, Hoynigua, Xuynuxá, Patiguá, Agua-
tuybá; capitanes de los Pueblos de esta Provincia
que son y se llaman Naybí, Xumupamí, Cuanrabí,
Esperiez.

Todos los sobre dichos capitanes llamados y congregados por el dicho Señor Gobernador Don Joan
de Oñate, que hizo parescer en su presencia y ante

mi, Joan Velarde, Secretario; y por medio y lenguas del dicho Comisario y Don Thomas, yndio intérprete, dió á entender Su Señoria el dicho Señor
Gobernador, el intento de su venida, á los dichos
capitanes, y lo que les convenia hacer, diciendo:

Como él era venido á estas tierras á darles á
conocer á Dios y al Rey Nuestro Señor, en lo qual
consistia la salvacion de sus almas y el vivir sigura
y quietamente en sus Repúblicas, mantenidos en
justicia y pulicia, con seguridad en sus haciendas,
y defendidos de sus enemigos y no á hacerles mal
ninguno; y que por tanto supiesen cómo habia un
solo Dios Todopoderoso Criador del Cielo y tierra,
premiador de los buenos y castigador de los malos,
y que asi tenia el Cielo para gloria de los unos
adonde llevaba los buenos, y el Ynfierno para la
pena de los otros adonde iban los malos; y que este
Dios y Señor de tódos, tenia dos criados acá en el
Mundo, por cuya mano lo gobernaba; el uno para
las cosas del Alma, expirituales, y éste era el
Papa Pontifice Romano y Gran Sacerdote, Cabeza
de la Yglesia cuya imagen y Lugar-Thiniente era
en esta tierra, el Reverendisimo Padre Comisario
que vian presente y que acia él y á todos los sacerdotes que trayan aquel hábito, debian tener gran
veneracion y reverencia como á ministros de Dios
y hombres de su casa; y que el ótro, que gobernaba
el Mundo en lo temporal, era el Christianisimo
Rey Don Phelipe Nuestro Señor único y singular

defensor de la Yglesia, Rey de España y de las Yndias, cuya imagen, Lugar-Thiniente, en esta tierra, era Su Señoria el sobre dicho Señor Gobernador; y que asi le debian tener todo respeto y obediencia, porque les convenia dar la obidiencia y vasallaje á Dios y al Rey, y en su lugar al Reverendisimo Padre Comisario en lo espiritual, y al sobre dicho Señor Gobernador en las cosas temporales y gobierno de sus Repúblicas; pues eran libres y á ningund Monarca ó Señor subjetos, y que les estaba muy bien subjetarse de su libre voluntad al Rey Don Phelipe Nuestro Señor, Gran Señor y Monarca, y que los manternia en paz y en justicia, y que los defenderia de sus enemigos, aprovechandolos en muchas cosas y oficios tocantes é el trato púlitico y económico como mas extensamente adelante se les declararia; y que asi viesen si querian dar la obidiencia como está dicho; los quales dichos capitanes, habiendo oydo, entendido y conferido entréllos, todo lo sobre dicho, con muestras de contento respondieron de un acuerdo y deliberacion y expontanea voluntad, que querian ser vasallos del dicho Christianisimo Rey Nuestro Señor, y como tales, desde luego le querian dar y daban la obidiencia y vasallaje por si y en nombre de sus Repúblicas; y el dicho Señor Gobernador, les replicó, que mirasen y entendiesen, que el dar la obidiencia y vasallaje al Rey Nuestro Señor, era subjetarse á su voluntad y á sus mandamientos y le-

yes, que si no los guardasen, serian castigados como
transgresores á los mandamientos de su Rey y Señor natural; y que asi viesen lo que querian y respondian á esto; á lo qual dixieron los dichos capitanes, que querian dar y daban la dicha obidiencia
y vasallaje, como antes habian dicho, por si y en
nombre de sus Repúblicas; y el dicho Señor Gobernador, les dixo, que pues asi era, que en señal de
que la daban, se lebantasen, que á todo esto habian
estado sentados, y abrazasen y besasen la mano al
Padre Comisario y á Su Señorja; y los dichos capitanes se lebantaron y lo hicieron asi, en señal de
obidiencia y vasallaje, segund y como se les habia
dicho. Y el dicho Señor Gobernador me mandó se
lo diese por testimonio; é yo se lo di firmado de mí
nombre y rubricado, y asi mismo firmado del dicho
Señor Gobernador, y sellado con el sello mayor de
su oficio en la Provincia de Mohoqui, en quince
dias del mes de Noviembre de mill y quinientos y
noventa y ocho años; siendo presentes por testigos
Don Chripstobal de Oñate, el Capitan Villagran, el
Capitan Marcos Farfan de los Godos, el Capitan
Cessar, el Alferez Bartolomé Romero y Antonio
Conte de Herrera Caballerizo mayor de Su Señoria, Francisco Vido, su page de guion, y Chripstobal de Herrera.—Don Joan de Oñate.—E yó Joan
Velarde, Secretario, presente fui á todo lo quedi-
cho es, juntamente con el dicho Señor Gobernador
y con los testigos de esta carta.—En testimonio

de lo qual, lo firmé.—Joan Velarde, Secretario.

Corregido y concertado fué este treslado con el original que queda en poder del Señor Gobernador, que aqui firmó de su nombre; y de su pedimento lo fize escrebir en el Pueblo de Sant Joan Baptista de la Nueva México á veinte y un dias del mes de Hebrero de mill y quinientos y noventa y nueve años; siendo testigos á lo ver corregir, Antonio Conte de Herrera, Chripstobal de Herrera é Ysidro Xuarez.=En testimonio de lo quál, lo firmé y sellé con el sello de Su Señoria.—En testimonio de verdad, Joan Velarde, Secretario.

ORDENANZAS DE SU MAGESTAD HECHAS PARA LOS NUEVOS DESCUBRIMIENTOS, CONQUISTAS Y PACIFICACIONES.—JULIÓ DE 1573 (1).

.Don Felipe por la gracia de Dios, Rey de Castilla, de Leon, de Aragon, de las dos Sicilias, de Jerusalen, de Navarra, de Granada, de Toledo, de Valencia, de Galicia, de Mallorca, de Sevilla, de Cerdeña, de Algecira, de Cordoba, de Córcega, de Murcia, de Jaen, de los Algarbes, de Gibraltar, de las Yslas de Canarias, de las Yndias, Yslas y Tierra firme del mar Océano; Conde de Barcelona, Señor de Vizcaya y de Molina, Duque de Atenas y de Neopatria, Conde de Ruisellon y de Cerdania; Marques de Oristan y de Gociano, Archiduque de Austria, Duque de Borgoña, Brabante y Milan, Conde de Flandes y, de Tirol, etc. A los Virreyes, Presidentes, Audiencias y·Gobernadores de las Nuestras Yndias del Mar Océano y á todas las otras personas á quien lo infra-escrito toca y atañe, y puede tocar y atañer en cualquier manera. Sabed, que para que los descobrimientos, nuevas poblaciones y pacificaciones de las tierras y provincias que en las Yndias estan por descobrir, poblar y pacificar, se hagan con mas facilidad y como conviene al servicio de Dios y Nuestro, y bien de los naturales; entre otras cosas hemos mandado hacer las ordenanzas siguientes:

(1) Archivo de Indias. *Patronato*, Est. 1.ª, Caj. 1.ª

Ninguna persona de cualquier estado y condicion que sea, haga por su propia autoridad nuevo descobrimiento por mar ni por tierra, ni entrada nueva poblacion, ni rancheria en lo que estobiere descobierto, ó se descobriere, sin licencia y provision Nuestra ó de quien tobiere nuestro poder para la dar, so pena de muerte y de perdimiento de todos sus bienes para nuestra Cámara. Y mandamos á los Nuestros Virreyes, Audiencias y Gobernadores y otras Justicias de las Yndias, que no den licencia para hácer nuevo descobrimiento, sin imbiarnos lo primero, á consultar, y tener paréllo licencia Nuestra; pero permitimos, que en lo que estobiere ya descobierto, puedan dar licencia para hacer las poblaciones que conbengan, guardando la órden que en el hacerlas se manda guardar por las leyes deste libro, con que de la poblacion que se hiciere en lo descobierto luego nos imbien relacion.

Los que tienen la Gobernacion de las Yndias, asi en lo espiritual como en lo temporal, se informen con mucha diligencia, si dentro de su distrito en las tierras y provincias que confinaren con él, haya alguna cosa por descobrir y pacificar, y de la substancia y cálidades déllas y de las gentes y Naciones que las habitan, sin imbiar á éllas, gente de guerra ni otra que pueda capsar escandalo; sino informandose por los mejores medios que pudiere; y asi mismo se informen de las personas que serán conbinientes para hacer los dichos descobrimientos;

y con las personas que les parecieren conbinientes
tomen asiento y capitulacion, ofreciendoles las honras y aprovechamientos que justamente y sin inju-
ria de los naturales se pudieren ofrecer, y sin exe-
cutarlo, de lo que hubieren capitulado y de lo que
averiguaren; y de la relacion que tobieren la den al
Virrey y á las Audiencias, é imbien al Consejo;
y habiéndose visto en él y dado licencia paréllo,
puedan hacèr el descobrimiento déllas guardando la
orden siguiente:

Habiendose de hacer el descobrimiento por tierra en los confines de la provincia pacífica y subgeta
á Nuestra obidiencia, en lugar conbiniente, se pueble lugar de españoles si hobiere dispusicion para
ello; y sinó, sea de indios vasallos, de manera que
sean siguros.

Desde el pueblo que estobiere poblado en los
confines por via de comercio y rescate, éntren indios vasallos, lenguas, á descobrir la tierra y religiosos y españoles, con rescate y con dádivas, y de
paz; procurando saber y entender el subjeto, substancia y calidades de la tierra y las naciones de
gentes que las habitan, y los señores que las gobiernan; y hagan discrecion de todo lo que se pudiere
saber y entender, y vayan imbiando siempre relacion al Gobernador, para que la imbié al Consejo.

Miren mucho por los lugares y puestos. en que
se podiese hacer poblacion de españoles, sin perjuicio de indios.

En los descobrimientos que se sirvieren de hacer por mar, se guarde la instrucion siguiente.

El que con licéncia ó provision Nuestra ó de quien tobiere nuestro poder, hobiere de ir á hacer algun descobrimiento por mar, se obligue de llevar por lo menos, dos navios pequeños, carabelas ó bagéles que no pasen de sésenta toneladas, que se puedan engolfar y costear, y entrar por cualesquiera rios y barras sin peligro de los bajos.

Los dichos navios vayan siempre de dos en dos por quél uno pueda socorrer al otro, y si alguno faltáre, se pueda recoger la gente al que quedáre.

En cada uno de los navios del dicho porte, vayan treinta personas entre marineros y descobridóres, y no mas, por que puedan ir bien abituallados, ni menos, por que puedan ser bien gobernados.

Vayan en cada uno de los dichos navios dos pilotos si se podieren haber, y dos clerigos ó religiosos para que éntiendan en la conversion.

Vayan abituallados por lo menos por doce meses desde el dia que partieren, bien proveidos de velas, anclas, cables y las demas jarcias y aparejos necesarios para la navegacion, con los timones doblados.

Para contratár y rescatar con los indios y gentes de las partes donde llegaren, se lleven en cada navio algunas mercaderias de poco valor, como tigeras, peines y cuchillós, hachas, anzuelos, bonétes de colores, espejos, cascabeles, cuentas de vidrio y otras cosas desta calidad.

Los pilotos y marineros que fueren en los dichos navios vayan echando sus puntos mirando muy bien las derrotas, las corrientes, aguages, vientos, crecientes y aguadas que en ellas hobiere, y los tiempos del año; y con la sonda en la mano, vayan notando los bajos ó arracifes que topáre descobiertos y debajo del agua, las islas, tierras, rios y puertos y ensenadas, ancones y bayas que topáre; y en el libro que para ello cada navio llaváre, lo asienten todo en las alturas y puntos que lo hallaren, consultandosé los del un navio con los del otro las mas veces que podieren y el tiempo diere lugar, para que lo que hobiere entréllos de diferencia, se concorden si podieren y se averigüe lo mas cierto; y sino se quede como lo hobieren primero escrito.

Las personas que fueren á descobrimientos por mar ó por tierra, tomen posesion en Nuestro Nombre de todas las tierras y de las provincias y partes á donde llegaren y saltarón en tierra, haciendo la solenidad y autos necesarios; de los cuales traeran fée ó testimonio en pública forma y en manera que haga fée.

Luego que los descobridores lleguen á las provincias y tierras que descobrieren, juntamente con los oficiales, pongan nombres á toda la tierra, á cada provincia, por si; á los montes y rios mas prencipales quenéllas hobiere, y á los pueblos y ciudades que hallaren en la tierra y ellos fundáren.

Procuren llevar algunos indios para lenguas á las provincias donde fueren, de donde les pareciere ser á mas proposito, y lo mismo puedan hacer en las provincias que descobrieren de unas tierras á otras, haciendoles todo buen tratamiento; ó por medio de las dichas lenguas ó como mejor podieren, hablen con los de la tierra y tengan pláticas y conversacion conéllos, procurando entender las costumbres calidades y manera de vivir de la gente de la tierra y comarcanos, informandose de la religion que tienen, ydolos que adoran, con que sacrificios y manera de culto, si hay entre ellos alguna dotrina ó género de letras, como se rigen y gobiernan, si tienen reyes y si estos son por elecion ó derecho de sangre, ó si se gobiernan como república ó por linages; que rentas y tributos dan y pagan, y de que manera y á que personas y que cosas son los que ellos mas precian que son las que hay en la tierra, y cuales traen de otras partes quéllos tengan en estimacion; si en la tierra hay metales y de que calidad; si hay especeria, alguna manera de drogas y cosas aromáticas, para lo cual lleven algunos géneros de especias asi como pimienta, clavos, canela, gengibre, nuez moscada y otras cosas por muestra para amostrarselo y preguntarles por ello; y asi mismo sepan si hay algun género de piedras, cosas preciosas de las que en Nuestros Reynos se estiman; y se informen de la calidad de los animales domesticos y salvajes, de la calidad de las plantas y árboles cultivados ó incultos que hobiere én la tierra, y de los aprovechamientos que dellas se tiene; y finalmente, de todas las cosas conteni- das en el titulo de las discreciones.

Infórmense de las comidas y bituallas que hay en la tierra, y de las que fueren buenas se provean para su viage.

Si vieren que la gente es domestica y que con siguridad puede quedar algun religioso entréllos, y hobiere alguno que huelgue de quedar para los doctrinar y poner en buena pulicia, lo dejen, pro- metiendole de volver por él, dentro de un año y antes, si antes podieren.

Los descobridores no se detengan en la tierra, ni esperen en su viage aquellas bituallas se les aca- ben en ninguna manera ni por alguna capsa, sino quen habiendo gastado la mitad de la provision con que hobieren salido, den la vuelta á dar razon de lo que hobieren hallado y descobierto y alcan- zado á entender asi, de las gentes con quien hobie- ren tratado, como de otras comarcanas de quién pueden haber noticia.

Si para descobrimiento por mar aliende de los navios del porte questá dicho que se han de llevar, fueren algunos navios de mucho porte, llévese mu- cho aviso, que en comenzando á costear, se le bus- que puerto siguro y dejandolos en él á buen recaudo, los navios menores, y bagéles pasen costeando, descobriendo y sondeando hasta que hallen otro puerto siguro, y de alli vuelvan por los navios gruesos llevandolos á la parte sigura que hobieren descobierto, al puerto siguiente; y asi subcesivamente vayan pasando adelante.

Los descobridores por mar ó tierra no se empachen en guerra ni conquista en ninguna manera, ni ayudar á unos indios contra otros, ni se revuelvan en quistiones ni contiendas con los de la tierra por ninguna capsa ni razon que sea, ni les hagan daño ni mal alguno, ni les tomen contra su voluntad cosa suya si no fuere por rescate, dandoseléllos de su voluntad.

Habiendo hecho el descobrimiento ó viage, los descobridores vuelvan á dar cuenta á las Audiencias y Gobernadores que los hobieren despachado.

Los descobridores por mar ó por tierra, hagan comentario ó memoria por dias, de todo lo que vieren y hallaren y les aconteciere en las tierras que descobrieren; é todo lo vayan asentando en un libro, y despues de asentado, se léa en público cada dia, delante los que fueren al dicho descobrimiento, porque se averigüe mas lo que pasare y pueda constar de la verdad de todéllo, firmandolo de algunos de los principales, el cual libro se guardará á mucho recabdo para que cuando vuelvan le traigan y presenten ante la Audiencia, con cuya licencia hobieren ido.

Las personas que hicieren cualesquier descobrimientos por mar ó por tierra vuelvan á dar cuenta
á las Audiencias de lo que hobieren descobierto ó
hecho en los dichos descobrimientos, los cuales nos
imbien relacion de todello larga y complida al
nuestro Consejo de las Yndias para que se provéa
sobrello lo que convenga al servicio de Dios Nuestro Señor y Nuestro, y al descobridor se le encargue
la poblacion de lo descobierto, teniendo las partes
necesarias paréllo ó se le haga la gratificacion qué
mereciere por lo que hobiere trabajado y gastado ó
se compla lo que con él se hubiere asentado habiendo él de su parte complido su asiento.

Los que hicieren descobrimientos por mar ó por
tierra no puedan traer ni traygan indio alguno de
las tierras que descobrieren aunque digan que se
los venden por esclavos, ó ellos se quieran venir
conéllos ni de otra manera alguna, so pena de
muerte; eceto hasta tres ó cuatro personas para lenguas, tratandoles bien y pagandoles su trabajo; aunque segund el celo y deseo que tenemos de que todo
lo questá por descobrir de las Yndias, se descobriese,
para que se publicase el Sancto Evangelio, y los
naturales viniesen á conocimiento de nuestra Sancta
Fée cathólica. Terniamos en poco todo lo que se podiese gastar de nuestra Real Hacienda para tan
Santo efeto; pero atento que la espiriencia ha mostrado en muchos descobrimientos y navegaciones qué
se han hecho por nuestra cuenta, se hacen con mucha

costa y con mucho menos cuidado y diligencia de los
que lo van á hacer, procurando mas de se aprovechar
de la Hacienda Real, que de que se consiga el efeto á
que van, mandamos que ningun descobrimiento nuevo, navegacion ni poblacion se haga á costa de Nuestra Hacienda, ni los que gobiernan puedan gastar
en esto cosa alguna délla aunque tengan nuestros
poderes é instruciones para hacer descobrimientos y
navegaciones si no tubieren poder especial para lo
hacer á nuestra costa, habiendo frailes y religiosos
dé las ordenes que se permiten pasar á las Indias
que con deseo de semplear en servir á Nuestro
Señor quisieren ir á descobrir tierras é poblicar en
éllas el Sancto Evangelio; antes á éllos que á otros
se encargue el descobrimiento y se les dé licencia
para éllo y sean favorecidos y proveidos de todo lo
necesario para tan sancta y buena obra á Nuestra
costa.

Las personas á quien se hobieren de encargar
nuevos descobrimientos, si procuré que sean apro-
badas en cristiandad y de buena conciencia, y ce-
losas de la Honra de Dios y Servicio Nuestro, ama-
dora de la paz y deseosa de la conversion de los indios; de manera que haya entera satisfacion que no
les harán mal ni daño; y que por su virtud y bondad satisfagan á Nuestro deseo, y á la obligacion
que tenemos de procurar quésto se haga con mucha devocion y templanza se puedan encargar descobrimientos á estrangeros, de Nuestros Reynos,

ni á personas prohibidas de pasar á las Yndias, ni las personas á quien se encargaren los puedan llevar.

Los descobrimientos no se den con titulos y nombre de conquista; pues habiendose de hacer con tanta paz y caridad como deseamos, no queremos quel nombre, dé ocasion ni color para que se pueda hacer fuerza ni agravio á los indios.

Los descobridores guarden las ordenanzas deste libro, y especialmente las hechas en favor de los indios, y las instruiciones particulares que se le dieren; y estas se les den convinientes y acomodadas á la calidad de la provincia y tierra á donde han de ir.

Ningun descobridor ni poblador pueda entrar á descobrir ni poblar en los términos que á otros estobieren encargados ú hobieren descobierto; y en caso que haya duda ó difirencia sobre los limites déllos por el mismo caso, los unos y los otros cesen de descobrir y poblar en la parte ó partes sobre que hubiere la duda y compitencia y den noticia á la Audiencia en cuyo distrito cayeren los términos; y si fuere la duda y difirencia en término de difirentes Audiencias, se dé noticia en entrambas y en el Consejo de las Yndias; y hasta haberse determinado en las dichas Audiencias, siendo conformes, ó en el Consejo, no se conformando las Audiencias; y proveido lo que convenga, no pasen adelante en el descobrimiento ó poblacion y guarden lo que se de-

terminàre en el Consejo ó en las Audiencias, so
pena de muerte y perdimiento de bienes.

Nuevas poblaciones.

Antes que se concedan descobrimientos ni se
permita hacer nuevas poblaciones, asi en lo descobierto como en lo que se descobriere, se dé orden
como lo questá descobierto, pacífico y debaxo de
Nuestra Obidiencia, se pueble, asi de españoles
como de indios; y en lo poblado se dé asiento y perpetuidad de entrambas Repúblicas, como se dispone
en el libro cuarto y quinto, especialmente, á donde
se trata de las poblaciones y asiento de la tierra.

Habiendose poblado y dado asiento en lo questá
descobierto, pacífico y debaxo de Nuestra Obidiencia, se trate de descobrir y de poblar lo que con
éllo confina y de nuevo se fuere descobriendo.

Para haber de poblar, asi lo questá descobierto,
pacífico y debaxo de Nuestra Obidiencia, como en
lo que por tiempo se descobriere y pacificáre, se
guarde el orden siguiente: elíjase la provincia, comarca y tierra que se ha de poblar, teniendo consideracion á que sean saludables; lo cual se conocerá
en la copia que hubiere de hombres viejos y mozos
de buena complesion, dispusicion y color, y sin en-
fermedades, y en la copia de animales sanos y de
competente tamaño y de sanos frutos y mantenimientos; y que no se crien cosas ponzoñosas y no-
civas; de buena y felice costelacion, el cielo claro y

benigno, el aire puro y suave, sin impedimento ni alteraciones y de buen temple, sin exceso de calor ó frio; y habiendo de declinar, es mejor que séa frio.

Y que séan fértiles y abundantes todos frutos y mantenimientos, y de buenas tierras para sembrarlos y cogerlos, y de pasto para criar ganados, de montes y arboledas para leña, y materiales de casas y edificios, de muchas y buenas aguas para beber y para regadios.

Y que séan pobladas de indios y naturales á quien se pueda predicar el Evangelio queste el prencipal fin para que mandamos hacer los nuevos descobrimientos y poblaciones.

Y tengan buenas entradas y salidas por mar y por tierra, de buenos caminos y navegacion, para que se pueda entrar facilmente y salir, comerciar y gobernar, socorrer y defender.

Elexida la Region, Provincia, Comarcana y Tierra por los descobridores espertos, elíxanse los sitios para fundar los pueblos cabeceras y subgetos, sin perjuicio de los indios, por no los tener ocupados, ó por quéllos lo consientan de su voluntad.

Los sitios y plantas de los pueblos se elixan en parte, en donde tengan el agua cerca y que se pueda desviar, para mejor se aprovechar della en el pueblo y heredades cerca dél; y que tenga cerca los materiales que son menester para los edificios y las tierras que han de labrar y cultivar; y las que séan

de pastár para que se escuse el mucho trabajo y
costa que en cualquiera déstas cosas se habia de poner, estando lexos.

No se elixan en lugares muy áltos, por que son
molestados de los vientos; y es dificultad el servicio y acarreto; ni en lugáres muy bajos, por que
suelen ser muy enfermos.

Elixanse en lugares medianamente lebantados
que gocen de los aires libres, especialmente de los
del Norte y del Medio dia, y si hobieren de tener
sierras ó cuestas, sean por la parte del Poniente y
del Levante; y si por alguna causa se hobieren de
edificar en lugares áltos, sea en parte á donde no
esten subgetos á nieblas, haciendo observacion de
los lugares y accidentes; y habiendose de edificar
en las riberas de cualquier rio, sea de la parte de
Oriente, de manera, que en saliendo el Sol, dé primero en el pueblo que en el agua.

No se elixan sitios para pueblos, en lugares ma-
rítimos, por el peligro que en ellos hay de corsa-
rios; y por no ser tan sanos, y por que no se dá la
gente en ellos á labrar y cultivar la tierra, ni se
forma en ellos tan bien las costumbres sino fuere á
donde hobiere algunos buenos y principales puertos; y déstos solamente se pueblen los que fueren
necesarios para la entrada, comercio y defensa de
la tierra.

Elexidos los sitios para lugares cabeceras, se
elixan en su Comarca los sitios que podiere haber

para lugares subgetos; y de la jurisdicion de la cabecera para estancias, chacaras y granjas, sin perjuicio de los indios y naturales.

Elexida la tierra, provincia y lugar en que se ha de hacer nueva poblacion, y averiguada la comodidad de aprovechamientos que pueda haber, el Gobernador en cuyo distrito estebiere ó con cuyo distrito confinare, decláre el pueblo que se ha de poblar, si ha de ser, Ciudad, Villa ó Lugar; y conforme á lo que declaráre, se fórme el Concejo, República y oficiales y miembros délla, segun se declara en el libro de la República despañoles; de manera, que si hobiere de ser Ciudad Metropolitana, tenga un Juez con titulo y nombramiento de Adelantado ó Gobernador, ó Alcalde mayor ó Corregidor, ó Alcalde ordinario que tenga la jurisdicion *insolidum;* y juntamente con el regimiento, tenga la administracion de la República tres oficiales de la Hacienda Real, doce regidores, dos fieles executores, dos jurados de cada parroquia, un procurador general, un mayordomo, un escribano de Concejo, dos escribanos públicos, uno de minas y registros, un pregonero mayor, un corredor de lonja, dos porteros; y si diocesana ó sufragánea, ocho regidores, y los demas dichos oficiales perpetuos para las villas y lugares, alcalde ordinario, cuatro regidores, un alguacil, un escribano de Concejo y público, y un mayordomo.

Habiendo formado ó instituido el Concejo y República de la poblacion que se hobiere de hacer, encargue á una de las ciudades, villas ó lugares de su Gobernacion, que saquen délla una República formada por via de Colonia.

Dando cargo al Justicia y Regimiento délla, que por ante el escribano de Concejo hagan escrebir todas las personas que quieren ir á hacer la nueva poblacion, admitiendo á todos los casados, hijos y descendientes de los pobladores de la ciudad de donde hubiere de salir la Colonia; que no tengan solares ni tierras de pasto y labor, y á los que lo tobieren, no se admitan, porque no se despueble lo que está poblado; estando lleno el numero de los que han de ir á poblar, elixan de los mas suficientes déllos, justicias y regimientos, y la Justicia y Regimiento asi elexido, mandé que cada uno registre el caudal que tiene, para ir á emplear en la nueva poblacion; y obliguese de irlo á emplear en la nueva poblacion.

Conforme al caudal que cada uno tobiere para emplear en la misma proporcion, se le dé repartimiento de solares y tierras de pasto, y labor y de indios ó otros labradores á quien pueda mantener y dar pertrechos para poblar, labrar y criar.

Los oficiales de oficios necesarios para la República, vayan salariados de público.

A los labradores, lleven los nobles á su costa con obligacion de los mantener y dar tierras en que labren y crien, y ganados, y los labradores á ellos costa de los frutos que cogieren.

Para labradores y oficiales de nueva poblacion, puedan ir indios de su voluntad con que no sean de los que estan poblados y tienen casas y tierras por que no se despueble lo poblado; ni indios de repartimiento, porque no se haga agravio al encomendero, eceto si de los que sobran en algun repartimiento por no tener en que labrar, quisieren ir con consentimiento del encomendero.

No habiendo ciudad ó otro lugar despañoles en las Yndias que pueda sacar Colonia entera, y habiendo lugar compitente para hacer nueva poblacion, el Concejo dé orden, como se saque de alguna ciudad de las principales de España ó de alguna provincia délla.

No habiendo ciudad en las Yndias ni en éstos Reynos de España que comodamente pueda sacar de si, Colonia, para nueva poblacion, tome asiento con personas particulares que se encarguen de ir á hacer las nuevas poblaciones para quéstubieren señalados lugares, con titulos de Adelantado ó de Alcalde mayor, ó de Corregidor ó de Alcalde ordinario.

El Adelantado, haciendo capitulacion en que se obligue, que dentro del tiempo que le fuere señalado, tendrá erigidas, fundadas, edificadas y pobladas, por lo menos, tres ciudades; una provincial y dos sufragáneas.

El Alcalde mayor, haciendo capitulacion en que se obligue, que en cierto tiempo erigirá, fundará y

poblará, por lo menos, tres ciudades; la una dióce-
sana y las dos sufragáneas.

El Corregidor, haciendo capitulacion en que se
obligue, que dentro de cierto tiempo tendrá erigida,
fundada y poblada una ciudad sufragánea, y los lugares con su jurisdicion que bastaren para la labranza y crianza de los términos de la dicha ciudad.

Al Adelantado que compliere la capitulacion de
nuevo descobrimiento, poblacion y pacificacion que
con él se tomare, se le concedan las cosas siguientes: titulo de Adelantado y de Gobernador y Capi-
tal general por su vida, y de un hijo ó heredero ó
persona que él nombráre.

A él ó su hijo heredero por todo el tiempo que
fuere Gobernador, Capitan general y Justicia mayor,
se le dará salario compitente en cada un año, de
la Hacienda Real que en aquella provincia nos per-
teneciere.

Puedan encomendar los indios vacos y que vacaren en los distritos de las ciudades despañoles que
ya estobieren pobladas, por dos vidas; y en lo de las
que se poblaren, por tres vidas; dejando los puertos
y cabeceras para Nos.

Concédasele el Alguacilazgo mayor de toda la
Gobernacion, para él y un hijo ó heredero; y que
puede poner y quitar los alguaciles de los lugares
poblados y que se pobláren.

El ó su hijo ó heredero, puedan hacer tres fortalezas, y habiendolas hecho y sustentadolas, tenga

la Tenencia, él y sus subcesores, perpetuamente; y se le dará conéllas salario compitente de Nuestra Hacienda, y frutos de la tierra que en aquélla provincia nos pertenecieren.

Pueda escoger para si, por dos vidas, un repartimiento de indios en el distrito de cada pueblo despañoles questan poblados ó se pobláren; y habiendo escogido, mejorandose, dejando aquel ó tomando otro que vacare, pueda dar y repartir á sus hijos legitimos ó naturales, solares, caballerias de tierras y estancias; y los repartimientos de indios que hobiere tomado para si, dejarlos á su hijo mayor, ó repartirlos entre él y los demas legitimos ó entré los naturales no teniendo legitimos, con que cada repartimiento quede entero para el hijo que los señaláre sin dividirse; y dejando muget ligitima se guarde la ley de la subcesion.

Pueda tener los indios que le estobieren encomendados en otra provincia, ó se le encomendáren, poniendo en éllos, escudero que por él haga vecindad, al cual no se le puedan remover.

El y su hijo ó heredero ó subcesor en la Gobernacion, puedan abrir marcas y punzones, y ponerlos en los pueblos despañoles que estobieren poblados y se poblaren, con que se marquen los metales.

No habiendo oficiales de Hacienda Real, los pueda nombrar y proveer, entre tanto que los proveemos ó que van los por Nos proveidos.

El y su hijo heredero, primero subcesor, con

acuerdo de los oficiales de la Hacienda Real ó la mayor parte, puedan librar de Nuestra Hacienda Real lo que fuere menester para reprimir cualquier rebelion.

Pueda hacer ordenanzas para la Gobernacion de la tierra y labor de las minas, con que no sean contra derecho y lo que por nos está ordenado; y que se confirmen dentro de dos años, y entre tanto se guarden.

Puedan dividir su provincia en distritos de alcaldias mayores y corregimientos y alcaldias ordinarias, y poner alcaldes mayores, corregidores, y señalarles salarios de los frutos de la tierra, y confirmar los alcaldes ordinarios que elixieren los Concejos.

El y su hijo ó heredero subcesor en la Gobernacion, tengan la jurisdicion cevil y criminal en grado de apelacion del Teniente de Gobernador y de los alcaldes mayores, corregidores y alcaldes ordinarios que no hobiere de ir ante los Concejos.

El y su hijo ó heredero subcesor en la Gobernacion y Juridicion, séan inmediatos al Concejo de las Yndias; de manera que nenguno de los Virreyes ni Audiencias comarcanas se puedan entremeter en el distrito de su provincia, de oficio ni á pedimento de parte, ni por via de apelacion, ni proveer jueces de comision. El Consejo de las Yndias pueda conocer de las cosas de Gobernacion de oficio ó á pedimento de parte ó por via de apelacion; y en caso de justicia, entre partes, conozca por via de apelacion de las capsas ceviles de seis mil pesos arriba, y en capsas creminales de las sentencias en que se pusiere pena de muerte ó mutilacion de miembros.

Los jueces que estobieren proveidos en la Provincia y Gobernacion del Adelantado antes que se la concediesemos, luego que entre en élla y proveyóre, otros no usen mas juridicion, y se salgan de la tierra, y se la dejen libre; eceto si habiendo dejado la juridicion, se quisieren avencindar en la tierra y quedar en élla por pobladores.

Puedan dar exídos, abrevaderos, caminos y sendas á los pueblos que nuevamente se poblaren, juntamente con los cabildos déllos.

Puedan nombrar regidores y otros oficiales de República de los pueblos que de nuevo se pobláren, no estando por Nos, nombrados, con tanto que dentro de cuatro años, los que nombraren, lleven confirmacion y provision Nuestra.

Dénsele cédulas para que puedan lebantar gente en cualquiera parte déstos Nuestros Reynos de la Corona de Castilla y de Leon, para la poblacion y pacificacion, y nombrar capitanes.

Paréllo, que puedan enarbolar banderas y tocar á tambores, y publicar la jornada; sin que á éllos ni á los que en élla hobieren de ir, se les pida alguna cosa.

Los corregidores de las dichas ciudades, villas y lugares donde los capitanes hicieren la dicha gen-

te, no les pongan impedimento ni estorben; antes
les ayuden y favorezcan, para que la lebanten, y
á la gente que se asentáren , para que vayan con
éllos y que nos les lleven intereses ninguno por
éllo.

Los que una vez se hobieren asentado para ir á
la jornada y nuevas poblaciones que el Adelantado
hobiere de hacer, obedézcanle y no se derroten ni
aparten de su obidiencia, ni vayan otra jornada sin
su licencia, so pena de muerte.

Dénseles cédulas para que las Justicias de las
tierras comarcanas, de la de adonde hobiere de salir á hacer la jornada y por las donde hobiere de
pasar, le den todo favor y ayuda, y no le pongan
impedimento, y le hagan dar los bastimentos y
provision que hubieren menester á justos y mode-
rados precios; y habiendo de salir destos Reinos de
Castilla, se la den para los oficiales de la contratacion de Sevilla, para que le favorezcan, apresten y
acomoden, y faciliten su viage, y que no le pidan
informacion de la gente que lleváre, conforme á su
asiento; y él procure de llevar gente limpia, y que
no sea de los prohibidos por la ordenanza.

Ytem. Se le den cédulas para que las Justicias
comarcanas no le impidan el meter el ganado que
hobiere menester para la poblacion de su Provincia
que estobiere obligado á llevar por su asiento y capitulacion, y para que las Justicias no estorben á la
gente que quisiere ir, ora sean indios ó españoles,

aunque hayan cometido delitos, no habiendo parte, no puedan ser castigados por ello.

Pueda llevar los esclavos conforme al asiento, libres de todos derechos; para lo cual se le dé cédula.

Pueda llevar cada año dos navios con arinas y provision para la tierra, y labor de las minas, libre de almojarifazgo de lo que se ha de pagar en las Yndias con que salgan con las flotas que déstos Reynos fueren á tierra firme ó Nueva España, estando prestas ó cuando paréllo se le diere provision.

El Adelantado y su hijo ó su heredero, primero subcesor en la Gobernacion, y los pobladores, no paguen mas de la décima de los metales y piedras preciosas por tiempo de diez años, ni paguen alcabala por tiempo de veinte años, ni el almojarifazgo que se paga en las Yndias, de todo lo que llevaren, para proveimiento de sus casas por tiempo de diez años; y el Adelantado y su hijo ó primer subcesor en la Gobernacion, no lo paguen por tiempo de veinte años.

Cuando se hobiere de tomar residencia al Adelantado, se tenga consideracion á como ha servido, para ver si ha de ser suspendido de la Juridicion ó dejarle en élla el tiempo que durare la residencia.

Con el Adelantado que hobiere hecho bien su jornada y complido bien su asiento, tendremos cuenta para le dar vasallos con perpetuidad y titulo de Marques ó otro.

DEL ARCHÍVO DE INDIAS.

Asi mismo, tenemos cuenta de favorecer y hacer merced á los nuevos descobridores, pobladores y
pacificadores, y con sus hijos y descendientes, man-
dandoles dar solares, tierras de pasto y labor, y estancias; y con que á los que se hobieren dado y hobieren poblado y residido tiempo de cinco años, los
tengan en perpetuidad; y á los que hobieren hecho
y poblado ingenios de azucar y los tobieren y man-
tobieren, no se les pueda hacer execucion en éllos
ni en los esclavos, herramientas y pertrechos con
que se labraren; y mandamos que se les guarden
todas las preheminencias, previlegios y concesiones
de que disponemos en el libro de la República de
los españoles.

Descobrimientos, poblaciones y pacificaciones
con titulo de Adelantado, solamente se dé y conceda, de las provincias que no confinan con destrito
de Próvincia de Virrey ó Audiencia Real de donde
cómodamente se pueda gobernar y hacer el descobrimiento, nueva poblacion y pacificacion; y para
á donde se pueda tener recurso por via de apelacion
y agravio.

Descobrimiento, poblacion y pacificacion de la
provincia ó provincias que confinaren ó estobieren
inclusas en provincias de Virrey ó de Audiencias,
se den y concedan con titulo de Alcaldia mayor ó
Corregimiento, por via de Colonia de alguna ciudad
de las Yndias ó déstos Reynos, ó por via de asiento,
con titulo de Alcaldia Mayor ó Corregimiento y

·Alcalde mayor ó Corregidor; y á su hijo heredero y
á la persona que él nombrare, se les conceda lo mismo que de suso está dicho, se conceda al Adelantado ó su hijo heredero ó persona que nombrare, eceto que han de estar sub-ordenados en lo que toca á
Gobernacion al Virrey ó Audiencia en cuyo destrito
estobiere inclusa ó con cuyo destrito confináre; y
en lo que toca á la justicia que por via de apelacion
y querella se ha de tener recurso á la Audiencia
como se tiene de los otros alcaldes mayores y corregidores y se le haya de tomar residencia y el salario, se le dé conforme á los otros alcaldes mayores
y corregidores.

No habiendo dispusicion para nueva poblacion,
se haga por via de Colonia ó asiento de Adelantamiento ó Alcaldia mayor ó Corregimiento; y habiendo dispusicion para poblar alguna Villa, Concejo de alcaldes ordinarios y regidores y oficiales
añales, y hobiere persona que quiera tomar asiento
para la poblar, se tome con la capitulacion siguiente:

Al que se obligáre á poblar un pueblo despañoles dentro del término que le fuere puesto en su
asiento, que por lo menos tenga treinta vecinos y
que cada uno déllos tenga una casa, diez vacas de
vientre, cuatro bueyes ó dos bueyes y dos novillos,
y una yegua de vientre, cinco puercas de vientre y
seis gallinas y un gallo, veinte obejas de vientre de
Castilla; y que terná clerigo que administre los

sacramentos y provéa la Yglesia de ornamentos y cosas necesarias al servicio del culto divino, y diere fianzas que lo complirá dentro del dicho tiempo; sino lo compliere, que pierda lo que hobiere edificado, labrado y grangeádo, y que sea para Nos; y mas, que incurra en pena de mil pesos de oro,•se le den cuatro leguas de término y territorio en cuadro ó prolongada segund la calidad de la tierra acaeciere, á ser de manera, que en cualquiera forma que se deslinde, vengan á ser cuatro leguas én cuadro con que por lo menos disten los limites del dicho tirritorio cinco leguas de cualquiera Ciudad, Villa ó Lugar despañoles que antes estobiere poblado, y con que sea en parte á dónde no pare perjuicio á cualesquier pueblos despañoles ó de indios que antes estubieren poblados, ni de ninguna persona particular.

El dicho término y territorio se reparta en esta forma; sáquese primero lo que fuere menester para los solares del pueblo y exído compitente, y dehesa en que pueda pastar abundantemente el ganado questá dicho que han de tener los vecinos; y más, otros tantos para los propios del lugar, el dicho tirritorio y término se haga cuatro partes, la una déllas que escogiere séa para el que está obligado á hacer el dicho pueblo, y las otras tres se repartan en treinta suertes para los treinta pobladores del dicho lugar.

Territorio y término para nueva poblacion no se puede conceder ni tomar en puerto de mar ni en parte que en algund tiempo pueda redundar en perjuicio de Nuestra Corona Real ni de la República, por que los tales queremos que queden reservados para Nos.

Declaramos que se entienda por vecino el hijo ó hija del nuevo poblador ó sus parientes dentro ó fuera del cuarto grado, teniendo sus casas y familias distintas y apartadas, y siendo casados, y teniendo cada uno, casa de por sí.

Si por caso fortuito los pobladores no hobieren acabado de complir la dicha poblacion en el término contenido en el asiento, no hayan perdido ni pierdan lo que hobieren gastado, ni incurran la pena, el que gobernare la tierra lo pueda prorrogar segund el caso se ofreciere.

Los pastos del dicho termino sean comunes alzados, los frutos, eceto la dehésa boyal y concexíl.

El que se obligare á hacer la dicha poblacion tenga la juridicion cevil y creminal en primera instancia por los dias de su vida, y de un hijo ó heredero, y pueda poner alcaldes ordinarios, regidores y otros oficiales de Concejo, de los vecinos del dicho pueblo; y en grado de apelacion vayan las capsas antél Alcalde mayor ó Audiencia en cuyo destrito cayére la dicha poblacion.

Al que hobiere complido con su asiento y hecho la tal poblacion conforme á lo que estobiere obligado, le damos licencia y facultad para hacer mayorazgo ó mayorazgos de lo que hobiere edificado, y de la parte que del término se le concede y en ello hubiere plantado y edificado.

*Ytem. Le concedemos las minas de oro y plata y otros mineros y salinas y pesquerias de perlas que hobiere en el dicho término tirritorio, contanto que del oro, plata, perlas y todo lo demas que sacáren de los dichos metales y mineros, el tal poblador y los moradores del dicho pueblo ó otra cualquier persona, dén y paguen para Nos y para nuestros subcesores, el quinto de todo lo que sacáren oro de toda costa.

Ytem. Le concedemos al dicho poblador y á los vecinos de la poblacion, que de todo lo que lleváren para sus casas y mantenimientos en el primero viage que pasáren, no nos paguen derechos de almojarifazgos ni otros algunos que nos pertenezcan.

A los que se obligáren de hacer la dicha poblacion y la hobieren poblado y complido con su asiento por honra sus personas y de sus decendientes, y que déllos como de primeros pobladores quede memoria loable, los hacemos hijosdalgo de solar conocido, á ellos y á sus decendientes ligitimos, para que en el pueblo que poblaren y en otras cualesquiera partes de las Yndias, sean hijosdalgo y personas nobles de linage y solar conocido, y por tales sean abidos y tenidos, y gocen de todas honras y preheminencias, y puedan hacer todas las cosas que todos los hombres hijosdalgo y caballeros destos Reynos,

segund fueros, leyes, y costumbres de España, puedan y deban hacer y gozar.

E habiendo quien quiera obligarse á hacer nueva poblacion en la forma y manera dicha, de mas
vecinos de treinta ó de menos, con que no sea de
menos de diez, se le conceda el término y tirritorio
al respeto y con las mismas condiciones.

No habiendo personas que hagan asiento y obligacion para hacer nueva poblacion á donde le fuere señalado, con que no sean menos de diez casados,
lo puedan hacer y se les dé termino y tirritorio al
respeto de lo questá dicho; y éllos puedan elexir,
entre si, alcaldes ordinarios y oficiales del Concejo,
añales.

Habiendose tomado asiento para nueva poblacion por via de Colonia, Adelantamiento, Alcaldia
mayor, Corregimiento, Villas ó Lugares, Concejo y
los que gobernaren las Yndias, no se contenten con
haber tomado y hecho el dicho asiento, sino que
siempre los vayan gobernando y ordenando como
los pongan en execucion, tomandoles cuenta de lo
que fueren haciendo.

Habiendo hecho el Gobernador asiento de nueva
poblacion con Ciudad, Adelantado, Alcaldes mayores ó Corregidor de nueva poblacion, la ciudad ó
persona con quien se tomáre el dicho asiento, to-
mará, asi mismo, asiento, con cada uno de los particulares que se hobieren registrado ó vinieren á
registrar para la nueva poblacion; en el cual asien-

to, la persona á cuyo cargo estobiere la dicha población se obligará de dar á la persona que con él quisiere poblar el pueblo designado, solares para edificar casas, y tierras de pasto y labor, en tanta cantidad de peonías y caballerias, en cuanta cada uno de los pobladores se quiera obligar de edificar, con que no excedan, ni se den á cada uno, mas de cinco peonías, ni de tres caballerias á los que se dieren caballerias.

Es una peonía, solar de cincuenta pies en ancho y ciento en largo, cien hanegas de tierra de labor de trigo ó cebada, diez de maiz, dos huebras de tierra para huerta, y ocho para plantas de otros arboles, desecadas, tierra de pasto para diez puercas de vientre, veinte vacas y cinco yeguas, cien obejas y veinte cabras.

Una caballeria ó solar para casa de cien pies de ancho y ducientos de largo, y de todo lo demas, como cinco peonías que seran como quinientas hanegas de labor para pan de trigo ó cebada ó cincuenta hanegas de maiz, diez huebras de tierra para huertas, cuarenta para plantas de otros arboles, de secadas, tierra de pasto para cincuenta puercas de vientre, y cien vacas, veinte yeguas, quinientas obejas y cien cabras.

Las caballerias, asi en los solares como en las tierras de pasto y labor, se den deslindadas y alzadas en termino cerrado, y las peonías, los solares y tierra de labor y plantas, se den deslindadas y dividas; y el pasto se le dé en comun.

Los que acetaren asiento de recebir las caballerias y peonías, se obliguen de tener edificados los solares, y poblada la casa, y hechas y repartidas las ojas de las tierras de labor y haberlas labrado y haberlas puesto de plantas y poblado de ganados; las de pasto dentro de tanto tiempo, repartido por sus plazos, y declarando lo que en cada uno de los plazos ha de estar hecho, con pena de que pierda el repartimiento de solares y tierras y maiz, cierta cantidad de maravedis de pena para la República; y ha de hacer obligacion en forma pública confianza llana y abonada.

Los que hobieren hecho asiento y se hobieren obligado de edificar labrar y pastar caballeria, puedan hacer y hagan asiento con labradores que les ayuden á edificar y labrar y pastar conforme á como se concertaren, obligandose los unos á los otros para que con mas facilidad se haga la poblacion y se labre y paste la tierra.

El Gobernador que concediere la Nueva Poblacion y la Justicia del pueblo que de nuevo se poblare de oficio ó á pedimiento de partes, haga complir los asientos de todos los que estobieren obligados por las nuevas poblaciones, con mucha diligencia y cuidado; y los regidores y Procurador de Concejo, hagan instancias contra los pobladores que á sus plazos en questan obligados no hobieren complido, y se compelan con todos remedios para que com-

plan; y á los que se ausentaren, se proceda con-
tréllos y se prendan y traigan á las poblaciones,
para que complan su asiento y poblacion; y si estobieren en juridicion agena, se den requisitorias, y
todas las justicias las complan, so pena de la Nuestra Merced.

Habiendose hecho descobrimiento, elexidose la
provincia, comarca y tierra que se hobiere de poblar, y los sitios de los lugares adonde se han de
hacer las nuevas poblaciones; y tomandose el asiento sobréllo, los que los fueren á complirlos, executen en la forma siguiente:

Llegado al lugar donde se ha de hacer la poblacion, el cual mandamos que séa de los que les tobieren vacantes y que por dispusicion Nuestra se
pueda tomar sin perjuicio de los indios y naturales
ó con su libre consentimiento, se haga la planta
del lugar, repartiendola por sus plazas, calles y solares, á cordel y regla, comenzando desde la plaza
mayor, y desde allí sacando las calles á las puertas
y caminos prencipales, y dejando tanto compas
abierto, que aunque la poblacion vaya en gran cre-
cimiento, se pueda siempre proseguir en la misma
forma; y habiendo dispusicion en el sitio y lugar
que se escogieré para poblar, se haga la planta en
la forma siguiente:

Habiendo hecho la elecion del sitio adonde se ha
de hacer la poblacion, que como está dicho ha de
ser en lugares lebantados adonde haya sanidad, for-

taleza, fertilidad y copia de tierras de labor y de pasto, leña y maderas y materiales, aguas dulces, gente natural, comodidad de acarretos, entrada y salida, questé descobierto el viento Norte, siendo en costa, téngase consideracion al buen puerto y que no tenga el Mar al Medio dia ni al Poniente, si fuere posible; no tenga cerca de sí, lagunas ni pantanos en que se crien animales venenosos y·corrucion de aires y aguas.

La plaza mayor de donde se ha de comenzar la poblacion, siendo en costa de mar, se debe hacer al desembarcadero del puerto, y siendo en lugar mediterraneo, en medio de la poblacion; la plaza sea en cuádro, prolongada, que por lo menos tenga de largo, una vez y media de su ancho; por que desta forma es mejor para las fiestas de acaballo y cualesquiera otras que se hayan de hacer.

La grandeza de la plaza sea proporcionada á la cantidad de los vecinos, teniendo consideracion que en las poblaciones de indios como son nuevas, se van con intento de que han de ir en aumento; y asi se hará la elecion de la plaza teniendo respeto á lo que la poblacion puede crecer, no sea menor que ducientos pies de ancho y trecientos de largo, ni mayor que de ochocientos pies de largo y quinientos y treinta y dos de ancho, la mediana; y de buena proporcion es de seiscientos pies de largo y cuatrocientos de ancho.

De la plaza salgan cuatro calles principales, una

por medio de cada costado de la plaza, y dos calles por cada esquina de la plaza; las cuatro esquinas de la plaza, miren á los cuatro vientos prencipales; por que désta manera, saliendo las calles de la plaza, estarán expuestas á los cuatro vientos prencipales que sería de mucho inconviniente.

Toda la plaza á la redonda y las cuatro calles prencipales quedélla salen, tengan portales, por que son de mucha comodidad para los tratantes que aqui suelen concurrir; las ocho calles que salen de la plaza por las cuatro esquinas, salgan libres sin encontrarse con los portales, retrayendolos de manera, que hagan acera derecha con la calle y plaza.

Las calles en lugares frios seán anchas, en los salientes sean angostas; pero para defensa adonde hay caballos son mejores anchas.

Las calles se prosigan desde la plaza mayor, de manera, que aunque la poblacion venga en mucho crecemiento, no venga á dar en algun inconviniente que sea capsa de afear lo que se hobiere reedificado, y prejudique su defensa y comodidad.

A trechos de la poblacion, se vayan formando plazas, menos en buena proporcion adonde se han de edificar los templos de la Yglesia Mayor, parrochias y monasterios, de manera, que todo se reparta en buena proporcion para la doctrina.

Para el templo de la Yglesia mayor, parrochia ó monasterio, se señalen solares, los primeros despues de las plazas y calles, y séan en isla entera,

de manera, que ningun otro edificio se les arrime
si no fuere el perteneciente á su comodidad y ornato.

Para el templo de la Yglesia Mayor, siendo la
poblacion en costa, se edifique en parte que en saliendo de la Mar se vea, y su fabrica, que en parte
séa, como defensa del mismo puerto.

· Señálese, luego, sitio y solar para la Casa Real,
Casa de Concejo y Cabildo, Aduana y Atarazana;
junto al mesmo templo y puerto, de manera que en
tiempo de necesidad se puedan favorecer las unas á
las otras. El hospital para pobres y enfermos de enfermedad que no sea contagiosa, se ponga junto al
templo; y por claustro dél, para los enfermos de
enfermedad contagiosa, se ponga el hospital en
parte que en ningun viento dañoso pasando por él,
vaya á herir en la demas poblacion; y si se edifi-
cáre en lugar levantado, será mejor.

El sitio y solares para carnecerias, pescaderias,
tenerias, otras oficinas que de sí capsan inmundicias, se den en parte que con facilidad se puedan
conservar sin éllas las poblaciones que se hicieren
fuera de puerto de mar en lugares mediterráneos,
si podieren ser en ribera de rio navagable seran de
mucha comodidad; y procúrese que la ribera que dé
á la parte del cierzo y que á la parte del río y mas
baja de la poblacion, se pongan todos los oficios
que capsan.

El templo en lugares mediterráneos no se ponga en la plaza sino distante délla y en parte questé

separado de edificio que á él se llegue, no sea tocante á él; y que de todas partes séa visto por que se pueda ordenar mejor y tenga mas autoridad; áse de procurar que séa algo lebantado del suelo, de manera, que se haya de entrar en él por gradas y cerca dél entre la plaza mayor; y se edifiquen las Casas Reales del Concejo y Cabildo, Aduana, de manera, que no den embarazo al templo, sino que lo autoricen. El hospital de los pobres que no fueren de enfermedad contagiosa se edifique par del templo y por claustro dél, y el de enfermedad contagiosa á la parte del cierzo, con comodidad suya, de manera, que goce del Medio dia.

La mesma planta se guarde en cualquier lugar mediterráneo en que no haya ribera con que se mire mucho, que haya las demas comodidades que se requieren.

En la plaza no se den solares para particulares; dénse para fabrica de la Yglesia y Casas Reales y Propios de la Ciudad, y edifíquense tiendas y casas para tratantes, y séa lo primero que se edifique; para lo cual contribuyan todos los pobladores y se imponga algun moderado derecho sobre las mercadurias para que se edifiquen.

Los demas solares se repartan por suerte á los pobladores, continuandolos á los que corresponden á la Plaza mayor; y los que restáren, queden para Nos, para hacer merced déllos á los que despues fueren á poblar, á lo que la Nuestra Merced fuére;

y para que se acierte mejor, llévese siempre hecha
la planta de la población que se hobiere de hacer.

Habiendo hecho la planta de la población y repartimiento de solares, cada uno de los pobladores
en el suyo, asienten su toldo si lo tobiere; para lo
cual, los capitanes les persuadan que los lleven y
los que no los tobieren, hagan su rancho de materiales que con facilidad pueda haber adonde se puedan recoger; y todos con la mayor presteza que podieren, hagan alguna palizada ó trinchéa en cerco
de la población, de manera, que no puedan recebir
daño de los indios naturales.

Señálese á la población, exído en la compitente
cantidad, que aunque la población vaya en mucho
crecemiento, siempre quede bastante espacio adonde
la gente se pueda salir á recrear; y salir los ganados, sin que hagan daño.

Confinando con los exídos, se señalen dehésas
para los bueyes de labor, y para los caballos y para
los ganados de carneceria, y para el numero ordinario de ganádos que los pobladores por ordenanza
han de tener, y en alguna buena cantidad mas,
para que se acojan, para propios del Concejo; y lo
restante se señale en tierras de labor de que se hagan suertes en la cantidad que se ofreciere, de manera, que sean tantas como los solares que puede
haber en la población; y si hobiere tierras de rega-
dio, se haga déllas, suertes, y se repartan en la misma proporcion á los primeros pobladores por sus

suertes, y las demas, queden para Nos, para que hagamos merced á los que despues fueren á poblar.

En las tierras de labor repartidas, luego inmediatamente, siembren los pobladores todas las semillas que lleváren y podieren haber, para lo cual, conviene que vayan muy proveidos; y en la dehésa, señaladamente, todo el ganado que lleváren y podieren juntar, para que luego se comience á criar y multiplicar.

Habiendo sembrado las poblaciones y acomodado el ganado en tanta cantidad y con tan buena diligencia de que esperen haber abundancia de comida, comiencen con mucho cuidado y calor á fundar sus casas y edificarlas de buenos cimientos y paredes; para lo cual vayan apercebidos de tapiales ó tablas, para los hacer, y todas las otras herramientas para edificar con brevedad y á poca costa.

Dispongan los solares y edificios que en éllos hicieren, de manera, que en la habitacion déllos se pueda gozar de los aires del Medio dia y del Norte, por ser los mejores; dispónganse los edificios de las casas de toda la poblacion, generalmente, de manera, que sirvan de defensa y fuerza contra los que quisieren estorbar ó infestar la poblacion; y cada casa en particular, las labren, de manera, que en élla puedan tener sus caballos y bestias de servicio, con patios y corrales con la mas anchura que fuere pusible, por la salud y limpieza.

Procuren en cuanto fuere pusible, que los edificios séan de una forma, por el hornato de la poblacion.

Tengan cuidado de andar viendo como esto se comple, los fieles executores y alarifes, y las personas que para esto diputáre el Gobernador, y que se den priesa en la labor y edificio, para que se acabe con brevedad la poblacion.

Si los naturales se quisieren poner á defender la poblacion, se les dé á entender, como se quiere poblar allí, no para hacerles algun mal ni tomarles sus haciendas, sino por tomar amistad conéllos y enseñarlos á vivir puliticamente, y mostrarles á conocer á Dios y enseñarles su ley, por la cual se salvarán; dandoselo á entender por medio de los religiosos y clerigos y personas que para éllo diputáre el Gobernador, y por buenas lenguas; y procurando por todos los buenos medios pusibles, que la poblacion haga con su paz y consentimiento; y si todavia no lo quisiere consentir habiendoles requerido por los dichos medios, diversas veces, los pobladores, hagan su poblacion sin tomar de lo que fuere particular de los indios y sin hacerles mas daño del que fuere menester para defensa de los pobladores, y para que la poblacion no se estorbe.

Entre tanto que la Nueva poblacion se acaba, los pobladores en cuanto fuere posible, procuren de evitar la comunicación y trato con los indios, y de no ir á sus pueblos, ni divertirse, ni derramarse por la tierra; ni que los indios entren en el circuito de la poblacion, hasta la tener hecha y puesta en defensa; y las casas, de manera, que cuando los indios las vean, les capsen admiracion y entiendan que los españoles pueblan allí de asiento y no de paso, y los tenan para no osar ofender, y respeten, para desear su amistad. En comenzandose á hacer la poblacion, el Gobernador reparta alguna persona que se ocupe en sembrar y cultivar la tierra de pan y legumbres de que se puedan socorrer para sus mantenimientos; y que los ganados que metieren, se apacienten en parte donde estén seguros y no hagan daño en heredad ni cosa de los indios; para que asi mismo de los susodichos ganados y sus crias, se pueda servir, socorrer y sustentar la poblacion.

Pacificaciones.

Habiendose acabado de hacer la poblacion y edificios délla, y no antes, el Gobernador y pobladores, con mucha diligencia y sancto celo, traten de traer de paz al gremio de la Santa Yglesia, y á nuestra obidiencia á todos los naturales de la provincia y sus comarcas por los mejores medios que supieren y entendieren y por los siguientes:

Infórmense de la diversidad de naciones, lenguas y setas y parcialidades de naturales que hay en la provincia, y de los señores á quien obedecen; y por via de comercio y rescates, traten amistad conéllos, mostrandoles mucho amor y acariciandolos, y dandoles algunas cosas de rescates á que éllos se aficionaren; y no mostrando codicia de sus cosas, asientese amistad y alianza con los señores y prencipales que pareciere ser mas parte para la pacificacion de la tierra.

Habiendose asentado paz y alianza conéllos y con sus Repúblicas, procuren que se junten; y los predicadores, con la mayor solenidad que podieren y con mucha caridad, les comiencen á persuadir, quieran entender las cosas de la Sancta Fée catolica, y se las comiencen á enseñar con mucha prudencia y discrecion por el orden questá dicho en el libro primero, en el Titulo de la Sancta Fée catolica, usando de los medios mas suaves que podieren para los aficionar á que la quieran aprender; para lo cual, no comenzarán reprhendiendolos sus vicios ni idolatrias, ni quitandoles las mugeres ni sus idolos, porque no se escandalicen ni tomen enemistad con la doctrina cristiana, sino enséñensela primero, y despues que estén instruidos en élla, les persuadan á que de su propia voluntad dexen aquello que es contrario á nuestra Sancta Fée catolica y doctrina evangelica.

Désele á entender el lugar y poder en que Dios nos ha puesto, y el cuidado que por servirle habemos tenido de traer á su Sancta Fée catolica, todos los naturales de las Yndias Occidentales y las flotas y armadas que á éllo habemos imbiado é imbiamos, y las muchas provincias y naciones que se han juntado á nuestra obidiencia, y los grandes bienes

y provechos que déllo han recebido y reciben, especialmente, que les hemos imbiado quien les enseñe
la doctrina cristiana y fée en que se puedan salvar;
y habiéndola recebido en todas las provincias questán debaxo de Nuestra obidiencia, los mantenemos
en justicia, de manera, que ninguno pueda agra-
viar á otro; y los tenemos en paz para que no se
maten ni coman, ni sacrifiquen, como en algunas
partes se hacia; y pueden andar siguros por todos
caminos, tratar y contratar y comerciar; háseles
enseñado pulicia, visten y calzan, y tienen otros
muchos bienes que antes les eran prohibidos; háseles quitado las cargas y servidumbres; háseles
dado el uso de pan y vino y aceite y otros muchos
mantenimientos; paño, seda, lienzo, caballos, ganados, herramientas y armas, y todo lo demas que
Despaña ha habido y enseñado los oficios y artifi-
cios con que viven ricamente; y que de todos estos
bienes, gozarán los que vinieren á conocimiento de
nuestra Sancta Fée católica y Nuestra obidiencia.

Aunque de paz quieran recebir y reciban á los
predicadores y su doctrina, váyase á sus pueblos
con mucha cautela, recato y siguridad, de manera
que aunque se quieran descomedir, no se puedan
desacatar á los predicadores, por qué no les pierdan
el respeto, y desacatandose contra éllos, obliguen á
hacer castigo en los culpados, por que seria gran
impedimento para la pacificacion y conversion; y
aunque se haya de ir con este aviso á les predicar y

doctrinar, séa con tan buena disimulacion, que no entiendan se recatan déllo, por que no esten con sobresalto; lo cual se podrá hacer, trayendo primero á la poblacion despañoles los hijos de caciques y prencipales, y dejandoles enélla como por rehenes, so color de los enseñar bestir y regalar, y usando de otros medios que parezcan convinientes; y asi se procederá en la predicacion por todos los pueblos y comunidades de indios que la quisieren recebir de paz.

En las partes y lugares adonde no quisieren recebir la doctrina cristiana de paz, se podrá tener el orden siguiente en la predicar. Conciertese con el Señor prencipal que estobiere de paz, que confinare con los que están de guerra, que quieran venir á su tierra á se holgar ó á otra cosa á que los podieren traer, y para entonces estén alli los predicadores con algunos españoles ó indios amigos, secretamente, de manera questén siguros; y cuando séa tiempo, se descobran á los questán llamados y á ellos juntos con los demas, por sus lenguas ó interpretes comiencen á enseñar la doctrina; y para que la oigan con mas veneracion y admiracion, estén revestidos á lo menos, con albas ó sobre pellices y estolas, y con la cruz en la mano, yendo apercebidos los cristianos, que la oigan con grandisimo acatamiento y veneracion, para que á su imitacion los infieles se aficionen á ser enseñados; y si para capsar mas admiracion y atencion en los infieles, les pareciera cosa convi-

niente, podran usar de musica de cantores y de me-
nestriles altos y baxos para que provoquen á los indios á se juntar, y usen de los otros medios que les
pareciere para amansar y pacificar á los indios que
estobieren de guerra, y aunque parezca que se paci-
fican y pidan que los predicadores vayan á su tierra,
séa con la misma cautela y prevencion questá dicho,
pidiendoles á sus hijos so color de los enseñar, y á
que queden como por rehenes en la tierra de los amigos, y entreteniendolos, persuadiendoles que hagan
primero iglesias á donde se los puedan ir á enseñar,
hasta tanto que puedan entrar siguros; y por este
medio y otros que parecieren mas convinientes, se
vayan siempre pacificando y doctrinando los naturales, sin que por ninguna via ni ocasion, puedan
recebir daño; pues todo lo que deseamos es su bien
y conversion.

Estando la tierra pacifica, y los señores y naturales délla, reducidos á Nuestra obidiencia, el Gobernador con su consentimiento, trate de la repartir entre los pobladores, para que cada uno déllos se
encargue de los indios de su repartimiento, de los
defender y amparar, y proveer de ministro que les
enseñen la doctrina cristiana y administre los sacramentos, y les enseñen á vivir en pulicia, y hagan con éllos todo lo demas questán obligados á
hacer los encomenderos con los indios de su repartimiento, segund que dispone en el titulo que désto
trata.

A los indios que se reduxieren á Nuestra obidiencia, y se repartieren, se les persuada que en reconocimiento del Señorio y Juridicion Universal que tenemos sobre las Yndias, nos acudan con tributos en moderada cantidad de los frutos de la tierra, segund y como se dispone en el titulo de los tributos que désto trata; y los tributos que asi nos dieren, querémos que los lleven los españoles á quien se encomendaren, por que complan con las cargas á questán obligados, reservando á Nos, los pueblos cabeceras; y los puertos de mar y de los que se repartieren, la cantidad que fuere menester, para pagar los salarios á los que han de gobernar la tierra y defenderla, y administrar Nuestra Hacienda.

Si para que mejor se pacifiquen los naturales, fuere menester concederles inmunidad de que no paguen tributos por algund tiempo, se les conceda, y otros previlegios y exenciones; y lo que se les prometiere, se les compla.

En las partes que bastáren los predicadores del Evangelio, para pacificar los indios y convertirlos y traerlos de paz, no se consienta que entren otras personas que puedan estorbar la conversion y pacificacion.

Los españoles á quien se encomendáren los indios, soliciten con mucho cuidado que los indios que les fueren encomendados, se reduzgan á pueblos, y en ellos edifiquen iglesias para que sean doctrinados y vivan en pulicia.

Porque Vos mandamos que veáis las dichas ordenanzas, segund que de suso van incorporadas, y
las guardéis y complais, y hagáis guardar y complir, segund y como en éllas se contiene; y contra
el tenor y forma déllas, no vais, ni paséis, ni consintais ir ni pasar, so pena de la Nuestra Merced.
Fecha en el Bosque de Segovia á trece de Jullio de
mil y quinientos y setenta y tres años. Yo el Rey.
Yo Antonio de Heraso, Secretario de Su Magestad
Catolica, la fice escrebir por su Mandato.—El Licenciado Joan de Ovando.—El licenciado Don Gomez Zapata.—El Licenciado Botello Maldonado.—
El Doctor Gomez de Santillan.—El Licenciado
Alonso Martinez Espadero. — Registrada.—Ochoa
de Aguirre.—Chanciller Arias de Reynosa.=Va
testado=do decia=les en ella puedan tener=no
vala; y enmendado, dó dice y bien=es or pres-
teza=vala=Sacado del libro de Gobernacion y Corregimiento = Martin de Pedrosa. = Hay una rúbrica.

MEMORIAL SOBRE EL DESCUBRIMIENTO DEL NUEVO MÉXICO Y SUS ACONTECIMIENTOS.—AÑOS DESDE 1595 á 1602 (1).

Vicente de Zaldivar Mendoza Maestre de Campo de Don Joan de Oñate, Adelantado Gobernador y Capitan General de los Reynos y Provincias del descobrimiento del Nuevo México, por si y en nombre del mismo Adelantado sobre que se prosiga el nuevo descobrimiento que hizo desde donde está poblado al Norte; pagando Su Magestad trescientos soldados y los pertrechos de guerra necesarios á la expedicion, y dandoles religiosos para la doctrina de los naturales; obligandose el Adelantado á pagar otros soldados, cuyo numero de cuatrucientos, basta para acabar el descobrimiento comenzado.

Casso.

En 21 de Setiembre de 1595. Don Joan de Oñate vecino de la Ciudad de Nuestra Señora de los Zacatecas del Nuevo Reyno de Galicia en la Nueva España, ante el Visrey Don Luis de Velasco, por peticion, ofreció servir á Su Magestad con su persona para el descobrimiento del Nuevo México y llevar de ducientos hombres para arriba, aderezados de todo lo necesario, y bastimentos, hasta haber llegado á las poblaciones; todo á su costa y de los

(1) Archivo de Indias. *Patronato*, Est. 1.ª, Caj. I.

dichos soldados, sin que Su Magestad diese sueldo
á nenguno, mas de el que Don Joan de Oñate quisiere darles de su voluntad, de su hacienda; y asi
mismo llevaria bastimentos, armas, pertrechos y
municiones, caballos, mulas, carretas, carros y otras
cosas. El Visrey aceptó el ofrecimiento á las marge-
nes de los capitulos, en 15 de Diciembre de 1595. El
Tesorero Luis Perez Nuñez y Don Cripstobal de Oñate, vecinos de México, aceptaron en nombre y por
poder de Don Joan de Oñate, las capitulaciones hechas con el Visrey, y se obligaban en forma al com-
plímiento, en tal manera, que guardarán en todo
y por todo, la provision quel Visrey dió para la entrada y instrucion en 21 de Octubre de 1595.

Por carta del Visrey Don Luis de Velasco, de 14
de Octubre de 1595, dice tiene asentada la pacificacion del Nuevo México con Don Joan de Oñate vecino de Zacatecas, hijo de Cripstobal de Oñate, que
fué uno de los prencipales hombres y mas ricos de
aquel Reyno; y su edad, suerte y buenas partes,
las que el negocio pide, y mas á propósito que las
de los que antes dél lo han pretendido etc.; y se le
respondió al Conde de Monte Rey y encargó, que
entendido el estado en que lo dexaba el Visrey Don
Luis, lo procurase favorescer para que se continuase
como cosa que se habia deseado é importaba.

Por otra carta del Visrey Don Luis de Velasco,
de 23 de Diciembre de 1595, dice: que teniendo hechos los titulos y demas recabdos para esta jornada,

le escribió el Conde de Monte Rey desde el camino
antes de llegar á México, que le habian dado noticia del estado en que los tenia; y pues no habia peligro en la tardanza, lo entretobiese hasta que se
viesen, para quedar enterado déllo; y quel Visrey
lo hizo asi, y habiendole hecho relacion de todo, le
respondió que lo concluyese, aunque queria veer los
papeles, y se los dió, y no lo quiso concluir hasta que
los viese.

Por otra carta del Conde de Monte Rey de 28 de
Febrero de 1596, dice: que la jornada del Nuevo
México la tenia asentada el Visrey Don Luis de Velasco con Don Joan de Oñate, y aunque estaba efec-
tuada antes que llegase á veerse con el Visrey Don
Luis, de manera, que con entregar á Don Joan de
Oñate sus recabdos, se hacia negocio de justicia, y
en que el Conde no podia alterar todabia, el Visrey
Don Luis, deseó su aprobacion, y no podiendo re-
solverse á darla sin llegar á México é informar de
las coalidades del subgeto de Don Joan de Oñate y
de las condiciones del asiento, le pareció entregar
á la parte de Don Joan de Oñate las Patentes y recabdos, tomando el Visrey Don Luis, para su cargo
y cuenta, el acertamiento de la elecion; y con esta
condicion, tubo por muy debido, permitirlo, por no
detener con nota lo que su antecesor tenia acordado
y hecho. Prosigue cerca de la reformacion de algunos capitulos del asiento en que hay determinacion
del Consejo, y dice, que con cierta moderacion que

hizo, consentida por parte de Don Joan de Oñate, le dió licencia para usar de sus patentes y lebantar gente en México, como en la Nueva Galicia lo habia comenzado.

Seis de Junio de 1596. El Conde de Monte Rey dió comision á Don Lope de Ulloa y Lemos para visitar la gente, armas, caballos, municiones y pertrechos que Don Joan de Oñate tenia junto para la jornada en Zacatecas; y otra comision para que sacase la gente fuera de lo poblado, corregida, sin que hiciese daño; y Don Lope nombró para sacar la gente á Francisco de Esquivel, y le dió comision en virtud de la suya.

Don Lope comenzó la visita en 20 de Julio de 1596, y dió auto para tasar quinientos escudos de medicinas que Don Joan de Oñate se obligó á llevar; y tasadas, y estando en Zacatecas en este estado, parece le llegó é imbió el Visrey por ocasion de una carta del mismo Conde de Monte Rey de 20 de Dicienbre de 1595.

Cédula Real de 8 de Mayo de 1596; para que Don Joan de Oñate no prosiguiese la jornada si la hobiese comenzado, y se entretobiese, hasta que se proveyese lo que parescia convenir.

Comision del Conde Visrey 12 Agosto de 1596. Al mismo Don Lope de Ulloa para que notificase á Don Joan de Qñate la cédula de *supra*, y en su complimiento hiciese alto y no pasase de donde se le notificase, ni consintiese pasar la gente que tenia lebantada, ni bastimentos, municiones ni otra cosa; y en su defeto, (caso que pasase, sino fuese algunas pocas leguas cón expresa orden de Don Lope, por escripto, para mejor entretener la gente) reboca y anula los titulos y otros recabdos dados á Don Joan de Oñate y los que él dió á sus capitanes y oficiales etc. con penas y apercebimientos.

Notificósele á Don Joan de Oñate en 9 de Setiembre de 1596 y obedesce la cédula en forma, y dice: que aunque por los grandes y notables daños que á él y á sus soldados se le seguirán de la suspension de la jornada, ansi en bastimentos; perdidas de caballos, bueyes, mulas, ganados mayores y menores, que estaba todo junto, como que se ausentarian y huirian muchos soldados, si lo entendiesen ó sospechasen. Pudiera suplicar de la Cédula Real y no lo hace.

En 22 de Octubre de 1596, dió el Conde Visrey otro mandamiento para notificar á Don Joan de Oñate, que por ocasion de no haber ido la flota aquel año, no pretendiese alguna dubda en lo que habia de hacer; antes hiciese alto como le estaba mandado etc. Notificósele en las minas del Caxco del Nuevo Reyno de Vizcaya donde estaba sito el Real de la jornada, y respondió lo que al mismo mandamiento primero.

En 28 Noviembre de 1596. Don Joan de Oñate hizo un requirimiento á Don Lope de Ulloa en que dijo que estaba con su Real y Campo en las minas del Caxco, y tenia mucha parte en Sancta Bárbara, y para poner la jornada en aquel punto habia gastado y consumido mucha suma de hacienda; por que habiendo capitulado quel sustento del Campo fuese á su costa, desde Santa Bárbara hasta llegar á las poblaciones del Nuevo México, habia mas de seis meses que sustentaba el Campo y gente de paz y guerra, de que se le seguia notable desavío, por que los bastimentos se le acababan y consumian, y los soldados y gente de servicio se le huyan; y los vestidos y calzado se gastaban; y los caballos, mulas, ganados mayores y menores, se perdian y huyan; que le pedia y requeria hiciese luego cala y cata de la gente, pertrechos y otras cosas que capituló, y fuese á Sancta Bárbara á hacer lo mismo, para que se viese y entendiese habia complido con lo capitulado con muy crescidas ventajas; y protestó lo que le convenia y los daños etc. Notificósele á Don Lope de Ulloa y dijo que lo oia.

En el mismo 28 de Noviembre de 1596. Don Joan de Oñate hizo el mismo requirimiento á Don Lope de Ulloa y respondió que lo oia.

En 2 Diciembre de 1596. Don Joan de Oñate hizo otro requirimiento á Don Lope de Ulloa sobre que respondiese á los dos requirimientos que le habia hecho; y respondió que lo oia.

En 5 Diciembre de 1596. Don Joan de Oñate hizo otro requirimiento á Don Lope de Ulloa sobre que todabia hiciese la visita, cala y cata; y protestó en forma, y respondió que lo oia, y respondería en el tiempo que era obligado.

En 27 de Enero de 1597. Don Joan de Oñate hizo otro requirimiento á Don Lope de Ulloa, atento que queria hacer ausencia para México, para que fuese á Sancta Bárbara á tomar visita, muestra, cala y cata de lo que allí tenia; y respondió que si tenia que manifestar otra cosa en aquel parage de las minas del Caxco lo hiciese luego, que estaba presto de hallárse presente; y que para lo de Sancta Bárbara subdelegaría su comision en Francisco de Esquivel Comisario de la Visita, por no poder ir él á éllo.

En 30 de Enero de 1597. Don Lope de Ulloa dió comision al dicho Francisco de Esquivel para que en Sancta Bárbara hiciese la visita, cala y cata, atento á la ausencia que hacia á México.

El mismo dia, Don Joan de Oñate, hizo otro requirimiento á Don Lope de Ulloa para que le recebiese informacion de como en los parages de Sancta Catalina, Rio de las Nasas y minas del Caxco, se habia hallado con mas de ducientos cincuenta soldados armados y abiados de todo lo necesario; y mas de ducientos caballos de armas y servicio, y mas de cuatrucientos bueyes, y mas de sesenta mulas, sin otra mucha machima de cosas y pertrechos; y que habia gastado desde el Rio de las Nasas hasta las minas del Caxco, mas de ocho mill escudos en bastimentos, y mas de otros ocho mill en otras cosas y generos para el abío del Campo; sin mas de

dos mil caballos de particulares, seiscientas mulas
y ochocientos bueyes; y que por haberle detenido, no pasase adelante, se habia huydo mucha
parte de la gente y habia subcedido en los ganados,
hurtos, perdidas y menoscabos en mucha suma de
millares de pesos de oro etc. Y Don Lope de Ulloa
respondió, que no habia ido á recebir tales informaciones.

En el mismo dia 30 de Enero de 1597. Don
Lope de Ulloa proveyó auto para que Don Joan de
Oñate no inovase por ocasion de la ausencia que
hacia á México. Notificósele á Don Joan de Oñate
y respondió lo compliria.

En 9 de Diciembre de 1596. Don Lope de Ulloa
respondiendo á los requirimientos de Don Joan de
Oñate, dice: que está presto de tomar visita y hacer cala y cata, sin perjuicio del daño que se podria seguir á la Real Hacienda, por estar dividida
y separada la jornada, gente, bastimentos y otras,
cosas tan distantes unas de otras; y sin que por tomar la dicha muestra, fuese visto alterar la Cédula
de Su Magestad, autos y mandamientos del Visrey,
para que no prosiga la jornada; y mandó se le notificase. Notificósele y consintiólo.

En las minas del Caxco á 9 de Diciembre de
1596. Don Lope de Ulloa proveyó auto para que Don
Joan de Oñate hiciese juramento de hacer la visita
y dar la muestra, fielmente, y se hecháse bando para
que si alguna persona le hobiese prestado alguna

cosa para ella, lo digese so ciertas penas. Hiechóse el bando; y juró Don Joan de Oñate en forma.

En el mismo 9 de Diciembre de 1596. Comenzó Don Lope de Ullóa á tomar la visita, cala y cata, conforme al asiento; y de los generos que se ofreció á llevar, parece le sobraron dos mil ciento cuarenta ó ocho escudos, cinco tomines y nueve granos.

En 17 de Febrero de 1597. El Comisario Francisco de Esquivel prosiguió en las minas del Caxco la visita de la gente y halló ciento treinta ó un soldados; y en el Valle de Sancta Bárbara, treinta ó nueve; y en el Valle de la Puama, en 24 Febrero de 1595, treinta ó cinco soldados, que por todos son, duscientos ó cinco soldados; cinco mas del ofrecimiento y asiento.

En 28 del dicho Febrero. Francisco de Esquivel Comisario, proveyó auto para que Don Joan de Oñate, por razon de haber dado la muestra, no inovase ni prosiguiese la jornada. Notificósele y dijo, lo compliria.

En 19 Febrero de 1597. Don Joan de Oñate hizo requirimiento al Comisario Francisco de Esquivel, para que demas de la Visita que le habia tomado conforme á la obligacion de sus capitulaciones, se la tomáse asi mismo de mas de otros cuarenta mil pesos que llevaba de esclavos negros y chichimecos, vestidos, ropa, plata labrada y otros muchos generos; y de mas de otros ciento cincuenta mil escudos

que llevaban sus capitanes y gente, de cosas importantes á la jornada, como el Visrey mandaba en sus
comisiones, y el Comisario, respondió, que aunque
le constaba, lo mandaba el Visrey, no lo podia hacer por ser subdelegado de Don Lope de Ullóa y no
le haber dado órden paréllo.

En 18 de Septiembre de 1597. El Visrey dió comision á Joan de Frias de Salazar para tomar muestra y visita á Don Joan de Oñate, atento Cédula Real
de 2 de Abril de 1597, que dice tiene para que si
entendiere que Don Joan de Oñate tubiess la gente
y demas necesario á la jornada, en ser, diese orden
para que la prosigiese; y que Don Joan de Oñate le
habia escripto que estaba y se hallaba muy proveido y prevenido; y habiendo proveido Joan de Frias
Salazar ciertos autos de apercebimiento, bandos y
otras cosas, comenzó la visita y muestra en 22 Diciembre de 1597; (quince meses. y medio despues
que se mandó detener Don Joan de Oñate) por donde parece hubo de faltas, quitadas las sobras conforme al ofrecimiento y capitulacion, mill ciento cincuenta é cuatro escudos, seis tomines, y un grano;
y cuatro quintales y libra y media de pólvora, menos veinte quintales de greta que sirve de plomo;
la cual falta reguló el dicho Joan de Frias de Salazar
á que á costa de Don Joan de Oñate y sus fiadores,
lebantase y armase el Visrey (si quisiese) ochenta
hombres que fuesen en demanda del Campo; de que
otorgaron escriptura en 27 de Enero de 1598. Y

para la lista de gente parece que hobo ciento é treinta hombres.

En primero de Octubre de 1599. El Visrey dió comision á Joan de Gordejuela, para la visita, cala y cata del socorro que Don Joan de Oñate imbiaba á pedir, y se le imbió Joan Guerra de Ressa, de artilleria, armas, municiones, pertrechos, bastimentos y otras cosas, y setenta é una personas, capitanes oficiales y soldados, que juntos con los ciento é treinta de *supra*, son duscientos é un soldados, los que metió Don Joan de Oñate en la jornada, últimamente.

Parece que con este aparato entró hasta el asiento y Villa que llamó de San Gabriel, tierra que está en treinta é siete grados donde se pobló y asentó el Real, y está poblado, y pacífica mucha cantidad de indios, algunos baptizados; en que ha gastado mucha hacienda.

Desde este parage, por noticias que tubo de un indio nombrado Joseph, de Nacion Méxicano, que había entrado con los capitanes Leyva y Umaña, que dijo habia llegado con ellos á una poblacion de mas de dos y medio y tres dias de camino; y habia sabido de los indios, que adelante habia otras mayores, y oro. Un año despues de poblada, Don Joan de Oñate se determinó á entrar hacia debajo del Norte, por Junio, con cient hombres con caballos, armas, carros, artilleria y todo lo necesario á la jornada; y habiendo caminado dusóientas leguas al Norte, se verificaron las noticias del indio Joseph, por ser tierra llana, abundantisima de pastos, rios, fuentes, frutas, caza de aves y animales de todo genero, cobiertos los campos de vacas de Cibola de buena carne, mucha lana de labor y beneficio, y buenos cueros, y una rancheria de hasta seis mill indios que se dió por amiga; dió noticia que adelante habia grandes poblaciones, y caminando á ellas, dieron con un pueblo que andubieron por él un dia, y segun la relacion, pudieran andar tres en cuarenta grados; y viendo que la gente de esté pueblo se retiró y que tubo aviso Don Joan de Oñate, que la rancheria de atras hacia lo mismo con ánimo de cogerle en medio, (como hicieron al Capitan Umaña que le mataron) se retiró, que le fué fuerza, por no ser su gente bastante para tanta infinidad; y fuera temeridad hacer otra cosa.

Y los mismos indios dixiron que las poblaciones al Norte eran mayores y no estaban lejos; y habia mucha cuantidad de oro, y con esto los capitanes y gente pidieron á Don Joan de Oñate se volviese á dar noticia y por socorro de gente.

Y á la vuelta la rancheria que dejaron de paz, los recebió de guerra; con que salió cierto lo que se dijo de su mal intento, y tubo con ellos una porfiada refriega; de que salió herida la mas gente y se cogió en esta ocasion el indio Miguel que trajo el Maestre de Campo.

En diez de Abril de mill seiscientos é dos, el

Maestre de Campo, Vicente de Zaldivar, por si y en nombre de Don Joan de Oñate, pidió por petición en la Audiencia de México trecientos soldados de socorro pagados, y ofreció otros ciento á su costa, y se le recibiese información de las capsas que podian justificar esta su pretension. Hicieronse ciertas informaciones de parte y oficio (como se porná adelante) y el Visrey y Audiencia den su parecer.

Vicente de Zaldivar Mendoza Maestre de Campo de Don Joan de Oñate, Adelantado Gobernador y Capitan General de los Reynos y Provincias del descobrimiento del Nuevo México. Por si y en nombre del mismo Adelantado.

Sobre.

Que se prosiga el nuevo descobrimiento que hizo desde donde está poblado al Norte, pagando Su Magestad trecientos soldados y los pertrechos de guerra necesarios á la expedicion, y dandole religiosos para la doctrina de los naturales, obligandose el Adelantado á pagar otros cient soldados cuyo numero de cuatrocientos basta para acabar el descobrimiento comenzado.

Carta y parecer del Visrey y Audiencia á catorce de Mayo. Dicen no conviene se prosiga el descobrimiento con tanta costa; pero tienen por conviniente que se sustente lo pacificado, aunque séa con alguna costa, por ser poca la que bastará y por lo que importaria perpetuarse alli, si fuese posible, alguna poblacion despñoles por el buen natural y mansedumbre de los indios y la conversion de aquellas almas, y tener puerta para la noticia que se desea de las poblaciones que dicen hay al Norte, tanta y tan larga tierra, que se puede decir con verdad es una gran parte del mundo; por lo cual puede el Consejo ver si converná aventurar por una vez algun gasto conforme á lo que propone el Visrey en unos discursos á modo de carta, con las condiciones que dice que tiene la Audiencia por necesarias.

Hay los discursos tres cuatro y cinco que tratan de este propósito.

Carta del fiscal de la Audiencia de catorce de Mayo. Dice que para que la jornada no se prosiga á costa de Su Magestad, caso que se haya de hacer, advierte que no tiene mejor estado la jornada, ni hay mejores noticias que cuando la cosa estaba entera; antes entonces habia mas esperanzas de riqueza y poblaciones.

Y que si está mandado no se hagan descobrimientos á costa de Su Magestad, y se guarda aun cuando no se sabe, si lo que se quiere descobrir es rico, ahora que se sabe que este descobrimiento es pobre, no hay nueva capsa que obligue á derogar lo prevenido ó dispensar por esta vez.

Que la conservacion de lo poblado, ha parecido muy conviniente; asi por que sea escalon andado, como por algunas almas que hay baptizadas, que aunque no son muchas, seria cosa durisima dexarlas perdidas.

Que el Maestre de Campo Vicente de Zaldivar, viene á que se haga merced al Adelantado, y aunque la merece por su cualidad, muchos años de trabajos en este ministerio y gran cuantidad de hacienda suya y de sus deudos que ha gastado, para que mejor se pueda considerar la que debe hacersele, (respeto de que todo lo que tiene pacifico y descobierto há muchos años que lo estaba y tomada posesion por Su Magestad) imbia testimonios autorizados de algunos capitulos tocantes á esta jornada, de un libro antiguo impreso sin principio, y de otros papeles que se hallaron entre los de un Francisco Dominguez, cosmógrafo; y de otro libro de mano que estaba en poder del Tesorero de México, para que se pueda cotejar como es todo uno, el descobrimiento del Adelantado con los descobrimientos antiguos.

Testimonio sacado y todos los demas de pedimiento del fiscal, con citacion del Maestre de Campo, de los capitulos que se hallaron en el libro impreso sin principio, del viage y entrada que hizo Francisco Vazquez Coronado año de treinta é ocho, hacia el Nuevo México, por donde parece cuan grandisima tierra es la Nueva España, hacia el Norte.

Que entró primero Fray Marcos de Niza año de treinta é ocho á convertir indios, y andubo trescientas leguas hasta Cibola, de donde volvió diciendo maravillas de siete ciudades de Cibola, y que no tenia cabo la tierra, y cuanto mas al Poniente era mas poblada y rica de oro, turquesas y ganado de lana.

La tierra de Quivira es pobre y hay en esta provincia, vacas corcobadas y carneros muy grandes.

Otro testimonio de la entrada que hizo al Nuevo México Francisco Sánchez Chamuscado con ocho soldados y tres frailes, año de ochenta é uno, por donde parece, que halló muchas diferencias de gente hasta veinte é nueve grados, de mucha afabilidad.

Que la Nacion Cabrí, dió noticia, que muy lejos adelante habia mucha gente valiente, poblada, bestida y bastecida.

Que dos caciques viejos dixeron, que la gente de su lengua y tierra eran mas de cient leguas; y habia otra mucha mas gente adelante, y tenian noticia que hacia el Norte habia otra mucha gente bestida y bastecida y de grandes casas.

Que es gente dócil, aunque desnuda y alárabe, y imprimirá cualquier cosa en éllos; pero será dificultoso reducirlos á poblacion por ser alárabes.

Que vieron entre los indios que salian á recebirlos, coral blanco y colorado aunque no fino, y turquesas, y por señas dixeron que traian de hacia la mar.

Que la tierra adentro habia mucha gente vestida, que sembraba y cogia, hilaba y texía mantas; y que habia casas muy grandes con escaleras, y la gente era mucha y muy valiente.

Que cuanto mas la tierra adentro, hay mas gente, mayores pueblos y casas cuadradas.

Que en lo que vieron, hay cient pueblos, y púsosele nombre á la provincia, Sant Phelipe, de que se tomó posesion; y cuando bebe la gente, dice, Jesús; es jente domestica y los mejores labradores de la Nueva España, docil y entendida y de delicado juicio, y si llevaran lenguas se baptizaran.

Que traxeron los indios muchos metales diferentes, uno de ley que terná cada quintal veinte marcos, y los demas á menos, y que los traian cerca; y fueron los españoles y descobrieron muchas minas.

Que hallaron montones, manadas y atajos de á mas de quinientas vacas, y toros grandes corcobados de mucha lana, y pesaran de cuarenta arrobas arriba de carne muy delicada y gustosa.

Que hobo dias que vieron tres mill toros juntos, linda lana, y cueros los mejores que se han descobierto.

Que les dieron noticia los indios, que adelante andaba la gran suma de ganado que cobre los campos.

Que no fueron á su descobrimiento por ir faltos de bastimentos, y se volvieron á dar noticia.

Que desde donde salieron que fué el Valle de

Sant Gregorio, termino de las minas de Sancta Bárbara, hasta veer las vacas, caminaron como cuarenta leguas.

Que en éstas cuarenta leguas, hay sesenta pueblos, con seis mill ciento ó cuarenta é ocho casas, de dos hasta siete altos, encaladas y pintadas por dentro y fuera puertas y ventanas, con plazas y calles, y relacion de sus nombres.

Que hallaron unas salinas famosas, mejores que Cristianos han descobierto.

Que descobrieron seis puestos y reales de muy buenas minas, y tobieron noticia de otros muchos que no vieron por falta de gerramientas.

Otro testimonio de la entrada que hizo Anton de Espexo año de ochenta ó dos á estas provincias, con trece compañeros y dos frailes, por donde parece que dieron con minas de buen parecer, que no tomaron, por no haber monte cerca déllas.

Que vieron muchas naciones de gente desnuda y vestida, afable y amorosa, y poblada; y que les ofrecieron de lo que tenian.

Que vieron de la otra banda de un rio, mucha serrania de metales; y no fueron allá por no poder pasar el rio.

Que vieron otra serrania de grandes vetas de minas, las cuales no ensayaron.

Que vieron otra serrania llena de muchas vetas de platas, que corre mas de diez ó doce leguas.

Que todas las sierras y québradas estan llenas

de cedro, que es bueno para el beneficio de la plata.

Que vieron una provincia que no vió Chamuscado, de gente belicosa y poblada de muchos pueblos y de montes de pino y cedro y muchas minas.

Que dieron con trece pueblos, uno nombrado Paula (donde fué el martirio de los frayles de tiempo de Coronado) y no pudieron reducirlos; y los nombres de los demas.

Que les dió noticia la gente de paz que les salió al camino, que diez jornadas adelante habia una provincia muy rica y gente mexicana.

Que dieron eon una muy principal Ciudad de mas de mil casas y cuatro mill hombres de quince años arriba, y mugeres y niños, al respeto, nombrada Deziaquabos, con tres caciques de Gobierno, cinco plazas grandes, muchas pequeñas, gente vestida y calzada. Tomóse posesion por Su Magestad.

Que se les puso + y dió á entender su misterio, y dieron gallinas y maiz; y son las casas de tres ó cuatro altos, bien puestas y altas en demasia, y es gente limpia.

Que dieron con el pueblo de Acóma donde los recebieron con fiesta y regocijo y dieron muchas mantas, camuzas, gallinas y maiz, y tenian muchas sementeras de riego con sus acequias y presas como despañoles.

Descobrieron la provincia de Zuni ó Sumi, como la nombra Chamuscado con los seis postreros pueblos de su relacion, de gente pobre, grandes traba-

jadores y domesticos; y en todos los pueblos † † muy
bien hechas por haber estado allí Coronado y Chamuscado; viven en casas de tres y cuatro altos de
piedra, las mas, de amolar.

Que hay en esta provincia mas de doce mill indios de arco y flecha, y muchos chichanecos, y todos temblaron de diez hombres; y por su mandado
hicieron en un dia un fuerte de piedra.

Que tomaron posesion del gran pueblo de Agua-
to, y apenas habia parado el Real un cuarto de legua
adelante, cuando vinieron mill indios cargados de
bastimentos y mantas.

Que en el pueblo de Gaspe tomaron posesion
por Su Magestad, donde los recebieron de paz, con
bastimentos, y estaba en la plaza una † encalada
con una plana á nuestro uso, sembrada la peana y
suelo. Es tierra fertil de todo lo que se siembra, por
ser templada, y la gente es sana.

Que tomaron posesion de los pueblos nombrados
Comupaví y Majananí que los salieron á recibir, y
hallaron dos † † como las pasadas.

Que tomaron posesion del pueblo de Olalla que
es el mayor de la provincia donde los recebieron
bien, y dieron comidas y mantas.

Que dieron con gente serrana de guerra que
huyó al principio, y despues ofreció la paz, en un
camino junto á una † grande pintada y cuatro pequeñas á los cantos, y con ellos † † en las cabezas.

Que no se prosiguió la jornada por que se volvió un fraile y le siguieron algunos compañeros.

Que volvieron por los trece pueblos de Puála, referidos que dexaron al pasar, de guerra, y se hizo con ellos diligencia para que viniesen de paz, y no quisieron; y aunque decian que eran amigos pidiendoles de comer, se burlaban.

Que por lo dicho y que no los matasen, se determinaron á hacer castigo y se hicieron en Puála, poniendo fuego y dando garrote á diez ó seis indios.

Que corrió la voz del castigo y temblaron todas las provincias.

Que dividido el campo, tomó la parte obediente nueva derrota y fueron en demanda de las minas de Sancta Catalina, (que puso nombre Chamuscado) y aunque hallaron algunas, no se corrió la tierra por ser pocos los descobridores, salvo que en pocas partes hay mejor dispusicion de minas.

Que no se hallaron mas minas en mucha tierra que andobieron donde habia diferencias de gente de paz y guerra, desnuda y bestida, poblada y rancheada.

Otra carta del Visrey de catorce de Mayo, dice: que importa la breve determinacion de lo que tiene á cargo Don Joan de Oñate, con que se han mezclado unas noticias que de nuevo le trajo el Maestre de Campo, Vicente de Zaldivar, que obligado á hacer papeles y juntas y conferir la materia.

La copia del memorial de las noticias que el
Adelantado tubo para la entrada, discurso y subceso
délla, quel Visrey refiere en la carta precedente y
en su primero discurso que vino á sus manos sin
firma y no se pudo averiguar el autor, y la parte
que le tiene, dice no carece de sospecha.

Por auto del Adelantado se encomendó hacer
memorial y relacion de su entrada á persona de fidelidad y confianza, (y de la contextura de la scriptura, parece fué fraile) y habiendola hecho, mandó
que se leyese á los frailes y soldados de la jornada
para veer si excedia ó faltaba de lo que pasó, para
informar mejor á Su Magestad, y se les leyó.

Una informacion que por comision del Visrey
hizo en México el factor Don Francisco de Valverde
con cinco testigos, despues que llegó el Maestre de
Campo, de las noticias que tubo el Adelantado para
hacer la entrada donde asiste, que hizo al Norte, y
lo que vió y descobrió; y hízoles algunas preguntas, como se sigue:

Pregunta.==Que noticias tubo el Adelantado
para hacer la nueva entrada desde donde está poblado, dicen que un año despues de como se pobló
el Adelantado vino á su Real un indio mexicano
nombrado Joséph que habia entrado con los capitanes
Leyva y Umaña; y dijo, que habia llegado con ellos
á una poblacion de mas de dos y medio y tres dias
de camino, de mucha gente, donde supo de los indios, que adelante habia otras mayores; y uno de

los testigos dice que tambien oro, y que con esto se determinó el Adelantado á entrar.

Pregunta.==Que gente habrá poblada y pacifica en lo que gobierna el Adelantado.

Hay los mismos cinco testigos; uno dice que diez ó seis mill indios; otro, doce mill, para guerra y trabajo; otro treinta mill ó cuarenta mill; y otro treinta mill; y todos dicen, sin mugeres y niños al respeto.

Pregunta.==Qué calidad de gente traxo, y bastimentos tiene la poblada y pacifica.

Hay los cinco testigos que dicen, es gente bien dispuesta y agestada, vestida de mantas y cueros y camuzas de Cibola, y anda calzada. Coge maiz y otras semillas, bastantemente; es gente dócil y afable, y reciben la doctrina facilmente.

Pregunta.==Que en lo poblado y pacifico no hay oro ni plata, ni se sabe que lo conozcan los indios, y es gente pobre y hay grangerias. Hay un testigo que lo dice y no se les preguntó á los demas.

Pregunta.==La salida que hizo el Adelantado y por que rumbo y camino.

Hay los cinco testigos; dicen que entre el Norte y Oriente, que se llama Nordeste.

Pregunta.==Que traza y hechura tiene el monstruoso ganado de Cibola; véase un testigo.

Pregunta.==Si un genero de indios les dió noticia de muchisima gente á adelante.

Dícenlo cuatro testigos; y al otro no se le preguntó.

Pregunta.==Que traza tiene la gran poblacion que vieron desde donde se volvieron.

Hay los mismos cinco testigos.

Pregunta.==Cuanto subió el Adelantado mas arriba de la poblacion grande y que simenteras se vieron.

Hay cuatro testigos.

Pregunta.==Que capsas tubo el Adelantado para no pasar adelante.

Hay cinco testigos.

Pregunta.==Que utilidad se puede esperar del nuevo descobrimiento.

Hay cuatro testigos.

Pregunta.==Donde se prendió el indio Miguel que traxo á México el Maestre de Campo.

Hay un testigo y no se le preguntó á los demas.

Pregunta.==Si son ciertas las noticias que el indio Miguel dá, y lo que se entiende déllas.

Hay cinco testigos.

Pregunta.==Lo que se trata entre los soldados, del nuevo descobrimiento, sobre volver á él.

Hay tres testigos, y no se les preguntó á los demas.

Pregunta.==Que gente baptizada háy en lo pacifico y poblado.

Hay cinco testigos; uno dice que sesenta varones y hembras; y los demas, setenta de servicio de los españoles, y no se han baptizado mas. Un testigo dice que por que les parece á los frayles que la tierra no es permanente; y los demas testigos por que no saben las oraciones, ni los frailes se las muestran.

Pregunta.==Que habrá menester cada soldado que vuelva á la jornada para un año.

Hay cuatro testigos; dice uno que quinientos; otros dos, seicientos; y otro cuatrocientos ó cincuenta escudos de oro comun.

Pregunta.==Que altura tiene lo poblado y pacifico, y la poblazon grande donde llegaron.

Hay un testigo marinero portugués que solo supo decirlo; dice que está lo pacifico en treinta é seis grados y medio; y la poblazon grande en treinta é nueve ó cuarenta.

La diligencia que hizo el factor Don Francisco de Valverde con el indio Miguel á quien los testigos se refieren sobre las noticias que tráxo á México el Maestre de Campo.

Informacion fecha en la Audiencia de México por parte del Adelantado Don Joan de Oñate en Abril, sobre la entrada y descobrimiento que tiene poblado y pacifico, en virtud de sus capitulaciones y nueva entrada al Norte, y sus servicios y gastos; y sobre el socorro que pide para proseguir el nuevo descobrimiento, con citacion de fiscal.

Pregunta.==Que en virtud de lo capitulado salió al descobrimiento, año de 1596, y pacificó y puso en la Corona Real muchas poblazones en mas cuantidad de treinta mill indios que están comenzados á baptizar, en que gastó mas de trescientos mill escudos.

Hay cinco testigos oficiales y soldados de la jornada; todos dicen como salió al descobrimiento y pacificó y puso en la Corona Real; dos dicen mas de treinta mill indios; otro, mas de veinte é nueve mill; otro, veinte é seis mill; y otro, mas de veinte é cinco mill; y todos, que se dispunian á recebir el evángelio; y cuanto al gasto, que fué mucha cuantidad.

Pregunta.=Quel Adelantado, un hijo suyo, dos sobrinos y los demas, pasaron grandes trabajos en la jornada, con mucho valor.

Dicen lo mismo cinco testigos.

Pregunta.=Que se reveló el pueblo de Acóma, de la paz que habia dado, y fué muerto el Maestre de Campo Don Joan de Zaldivar con otros capitanes y soldados, y se cometió el castigo al Maestre de Campo, Vicente de Zaldivar y le hizo, y en él, hechos famosos, por ser la fortaleza de Acóma de las mayores que se han visto.

Hay cinco testigos que lo dicen, conforme á la pregunta; los cuatro de vista, y uno de oidas.

Pregunta.=Que un indio nombrado Joseph, que los años pasados entró en la tierra adentro con los capitanes Leyva y Umaña, dió noticia de muy grandes poblazones de á seis é díez leguas y grandes riquezas de oro, y pulicia de gente, y con el indio por guia salió el Adelantado en la demanda por Junio, llevando un hijo y al Maestre de Campo, y cient hombres con caballos, armas, carros, artilleria y todo lo necesario á la jornada.

Dícenlo todos cinco testigos, conforme á la pregunta.

Pregunta.==Que habiendo caminado duscientas leguas al Norte, se verificaron las noticias del indio Joseph, por ser tierra llana, abundantisima de pastos, rios y fuentes, frutas, caza de aves y animales de todo genero; cobiertos los campos de vacas de Cíbola, de mucha lana y buenos cueros.

Dícenlo cinco testigos con mucha particularidad.

Pregunta.==Que una rancheria de hasta seis mill indios que se dió por amiga, dió noticia que adelante habia grandes poblazones, y caminando á ellas, dieron con un pueblo que andobieron por él, un dia, y segund la relacion, pudieran andar tres; y viendo que la gente deste pueblo, se retiró y que tobo aviso el Adelantado que la rancheria de atras hacia lo mismo con animo de cogerle en medio (como hicieron al capitan Umaña que le mataron) se retiró que le fué fuerza, por no ser su gente bastante para tanta infinidad; y fuera temeridad hacer otra cosa.

Dícenlo cinco testigos, conforme á la pregunta.

Pregunta.==Que los mismos indios dixeron que las poblaciones al Norte eran mayores y no estaban lexos y habia mucha cuantidad de oro, y con esto los capitanes y gente pidieron por scripto al Gobernador, que se volviese á dar noticia y por socorro de gente.

Dícenlo cinco testigos.

Pregunta.==Que á la vuelta, la ranchería que dexaron de paz, los recebió de guerra; con que salió cierto, lo que se dijo de su mal intento, y tubo con ellos una porfiada refriega, de que salió la mas gente herida; y se cogió en esta ocasion el indio Miguel que traxo á México el Maestre de Campo.

Dícenlo cinco testigos.

Pregunta.==Que seria de grande importancia al servicio de Dios y de Su Magestad que el Adelantado fuese socorrido con los trescientos soldados que pide, suficiente número con los ciento que ofrece.

Dícenlo cinco testigos.

Otra informacion de servicios del Maestre de Campo Vicente de Zaldivar, fecha ante el Adelantado. Diez de Diciembre de mill seiscientos uno.

Pregunta.==Que fué á un descobrimiento de minas con solos doce compañeros, sesenta leguas del Real, y mucha gente que halló, la puso de paz, y allanó; en que pasó mucho trabajos.

Dícenlo cinco testigos públicos; uno que estaba en el Real cuando salió al descobrimiento, y volvió y lo oyó decir á los compañeros.

Pregunta.==Que fué elegido para el castigo de los indios jumánes, por haber muerto á dos soldados, y le hizo sin perder un hombre y sacó muchas heridas. Dícenlo seis testigos.

Pregunta.==Que en cinco meses que duró la entrada del Adelantado al Norte, acudió á su oficio de Maestre de Campo y á muchas cosas fuera dél, teniendo de noche y de dia su persona y caballos armados.

Dícenlo seis testigos.

Pregunta.==Que en la guerra de los jumánes y jornada, gastó muchos pesos de oro en mulas y caballos que se le murieron y cansaron, y con que abió y socorrio soldados. Dícenlo cinco testigos

Pregunta.==Que siempre ha sido el primero en las ocasiones de guerra y demas riesgos que se han ofrecido con mucho peligro de su persona.

Dícenlo cinco testigos.

Pregunta.==Que los indios que ha encontrado por donde ha ido, los ha hecho de paz y amistad, dandoles de lo que llevaba y no consintiendo hacerles agravio; y asi le estiman y quieren mucho.

Otra informacion de servicios del mismo Maestre de Campo, siendo sargento mayor, fecha ante el Adelantado.

Pregunta.==Que Vicente de Zaldivar su padre fué Teniente de Capitan General del Visrey Don Martin Enriquez en tiempo de paz y guerra, y de Don Luis de Velasco y Conde de Monte Rey; y cuando lo fué Don Martin, gastó mas de cient mil ducados; por que á él y á mas de ducientos soldados que tenia á su cargo, no les dió Su Magestad sueldo, ni de comer en mas de dos años; y en los tiempos de Don Luis de Velasco y Conde de Monte Rey, no ha girado mas de mill pesos de minas de salario; y así está alcanzado.

Dícenlo once testigos; los seis del tiempo de Don Martin; y todos, de los tiempos de Don Luis de Velasco y Conde de Monte Rey.

Pregunta.==Que el Maestre de Campo fué el primero que lebantó gente en México para la jornada, y fué nombrado por sargento mayor délla y cabo de todas las compañias para que las traxése de diferentes partes, á donde estaba el Gobernador mas de ciento é veinte leguas de México, y hizo muchos viages á prevenir la gente para la lista, y lo estaba cuando llegó el Comisario.

Dícenlo diez testigos; los ocho conforme á la pregunta, y los dos, parte délla.

Pregunta.==Que fué á prender y castigar á Andres, Martin y otros, por que sin orden juntaban gentes para entrar en el Nuevo Mexico, y lo hizo con mucho riesgo de su persona.

Dícenlo ocho testigos.

Pregunta.==Que fué á prender y castigar unos soldados que habian desamparado el estandarte real, y lo hizo con mucho riesgo, por ser gente belicosa; en que se ocupó un año.

Dícenlo seis testigos.

Pregunta.==Que fué con diez é ocho compañeros

á descobrir camino de carretas, y andobo muchos
dias padesciendo trabajos insufribles de hambre y
sed, que hobo vez que les faltó el agua tres dias; y
otras, dos y mas; y se cansaron los caballos y le
obligó la necesidad á volver á imbiar al Real la mitad de los compañeros y matar caballos para comer;
y sobre todo llevando los caballos cansados les salió
gente de guerra y pasó adelante, hasta hallar camino y aguages. Vuelto al Real, salió otra vez en
busca de mejor camino con nueve compañeros, en
que padesció nuevos trabajos, y dió con una rancheria de mas de quinientos indios de la misma Nacion, con quien peleó; y con su buen proceder y
darles de lo que llevaba hasta sus vestidos, le dieron guias y descobrió el Rio del Norte y buenos
caminos.

Dícenlo once testigos, los mas de los compañeros que fueron con él, ambas veces.

Pregunta.=Que habiendo llegado el Real al Rio
del Norte para asigurar mas la gente dél (que es
mucha) salió con cinco compañeros desarmados y
tráxo de paz muchos indios con buen tratamiento
que les hizo y dandoles sus vestidos.

Dícenlo trece testigos.

Pregunta.=Que caminando el exercito demas de
acodir á las cosas de su oficio, veló por su persona.

Dícenlo trece testigos.

Pregunta.=Que descobrió nueve ó diez pueblos
y unas salinas de sal blanca, cerca de las minas de

la Anunpciacion, y otros descobrimientos de minas.

Dícenlo doce testigos.

Pregunta.==Que descobrió la infinidad de ganado de Cibola, en que pasó muchos trabajos por ser muchas leguas las que andobo; y por su buen modo que tobo con los vaqueros dandoles de lo que llevaba, hizo paz la tierra y vienen á rescatar con los indios pacificos

Dícenlo once testigos, cinco de los que fueron con él, y los demas que le vieron salir al descobrimiento, y volver; y lo oyeron y fué público.

Pregunta.==Que con veinte é cinco hombres, fue á descobrir el Poniente, y en mas de ducientas leguas, pasó por muchas naciones belicosas que hizo de paz, dándoles muchas cosas; por lo cual se guiaban y daban razon de la tierra.

Dícenlo cuatro testigos de los veinte é cinco, y otros muchos que le vieron salir y volver, y lo oyeron y fué publico.

Pregunta.==Que en las salidas que ha hecho no ha consentido hacer agravio á los indios, y por el buen trato y dádivas, le estiman y quieren mucho, y gustan que asista en sus pueblos, por el amparo que hallan en él.

Dícenlo doce testigos.

Pregunta.==Que descobrió las minas de Sanc. Mateo y de la Anunpciacion, y es el primero que ha sacado plata y labrado minas y ha hecho otros descobrimientos déllas.

Dícenlo trece testigos.

Pregunta.=Questando en el Real y haciendo salidas y descobrimientos, ha socorrido muchos soldados, de caballos, mulas, ropa, calzado y armas.

Dícenlo once testigos.

Pregunta.=Que por acodir á lo que se le ha encomendado, se le han huido sesenta piezas de esclavos que valían mas de diez mill pesos de oro.

Dícenlo doce testigos.

Pregunta.=Que todos los negocios de importancia de la jornada se le han encomendado y han tenido muy buen subceso.

Dícenlo doce testigos.

Pregunta.=Que en las ausencias del Gobernador, ha quedado por su Teniente General, y no ha hecho agravio á naide; antes los ha conservado en paz y amistad.

Dícenlo trece testigos.

Pregunta.=Que en el Real, salidas y descobrimiento, siempre ha tenido su persona y caballo armados de dia y noche, asi por dar exemplo como por guarda de su persona; con lo cual nunca se han atrevido ni ha subcedido desgracia.

Dícenlo trece testigos.

Pregunta.=Que siempre ha servido á su costa, en que ha gastado mas de veinte ó cinco mill pesos de oro, sin los diez mill de la otra pregunta.

Dícenlo trece testigos.

Informacion de oficio, fecha por la Audiencia

en diez ó ocho de Abril de mill seicientos ó dos.

Pregunta.=Si complió el Gobernador Don Joan de Oñate con las capitulaciones de su jornada y por que capsa se detubo sin hacerla.

Hay la visita, cala y cata que por comision del Visrey le comenzó á tomar Don Lope de Ulloá en las minas del Caxco, nueve de Diciembre de 1596, de los bastimentos armas, municiones y pertrechos de guerra; y de los generos que visitó, conforme al asiento y capitulacion que está en los autos, parece le sobraron dos mill ciento cuarenta ó ocho escudos, cinco tomines y nueve granos.

Prosiguió Francisco de Esquivel la visita de la gente por comision y absencia de Don Lope de Ulloa y faltó alguna para los ducientos hombres del ofrecimiento; y Don Joan de Oñate requirió al Comisario, fuese por el Valle de la Puana donde estaba la demas gente que no venia aunque habia imbiado por élla por ser la mas casada y estarse aprestando y vendiendo su hacienda; y el Comisario dixo que no habia lugar.

Otro requirimiento que Don Joan de Oñate hizo al dicho Francisco de Esquivel, Comisario, para que demas de la visita que le habia tomado conforme á la obligacion de sus capitulaciones, se la tomase asi mismo demas de otros cuarenta mill pesos que llevaba de esclavos negros y chichemecos, vestidos, ropa, plata labrada y otros muchos generos; y demas de otros ciento cincuenta mill pesos que lleva-

ban sus capitánes y gente, de cosas importantes á
la jornada, como el Visrey mandaba en sus comisiones; y el Comisario respondió, que aunque le constaba, lo mandaba el Visrey, no lo podia hacer por
ser subdelegado de Don Lope de Ulloa y no le haber dado orden para éllo.

Hay mas cédulas de Su Magestad en Azeca ocho
de Mayo de 1596, para que Don Joan de Oñate no
prosiguiese en la jornada, en el estado que la tobiese; y mandamiento del Visrey. Notificacion en
nueve de Septiembre de 1596, obedecimiento y respuesta.

Requirimiento que hizo Don Joan de Oñate para
que se le tomase muestra de lo que tenia en ser,
porque se le consumia.

Otra visita, cala y cata que por comision del
Visrey, diez ó ocho de Septiembre de 1597, le tomó
Joan de Frias Salazar, para proseguir la jornada diez
ó siete meses y dias despues que se mandó detener,
donde parece que hobo de faltas, quitando las sobras mill ciento cincuenta ó cuatro escudos y seis
tomines y un grano; cuatro quintales de polvora,
menos veinte quintales de greta que sirve de plomo; la cual falta reguló el dicho Joan de Frias
Salazar, á que á costa de Don Joan de Oñate y sus
fiadores, lebantáse y armase el Visrey, si quisiese
ochenta hombres que fuesen en demanda del campo; de que otorgaron scriptura en forma, en veinte
ó siete de enero de 1598.

Otras dos visitas, calas y catas que por comisiones del Visrey hicieron los capitanes Sotelo y Gordejuela, una por Octubre de 1599, y otra por Agosto de 1600, en el parage de donde comenzó á marchar el Campo; y no resulta dellas cosa alguna.

Hay mas cuatro testigos; y cuanto asi complió se remiten al asiento, calas y catas; y que se detobo el Gobernador sin hacer jornada un año y mas, por orden del Visrey, hasta que diese muestra.

Pregunta de oficio.==Que oficios llevó en la jornada Vicente de Zaldivar y en que riesgos y trabajos se vió.

Hay cuatro testigos. Todos dicen que entró por capitan y sargento mayor y cabo de todas las compañias; y despues fué Maestre de Campo, y refieren diferentes hechos de valor.

Pregunta.==Qué pasó en la guerra de Acóma y por que se reveló, y quien murió en la refriega, y que castigo se hizo.

Hay cuatro testigos; dicen todos, que por haber ido el Maestre de Campo Don Joan de Zaldivar con gente á pedir á los indios de Acóma que estaban de paz, bastimentos, por no querer darlos, se rebelaron y acometieron mucha cuantidad de indios, peleando; y mataron al Maestre de Campo y once soldadeos; y á pedimento de todo el exercito y religiosos, se cometió el castigo al Maestre de Campo Vicente de Zaldivar que con su gente tomó el alto de Acóma que parece inexpugnable; y peleó con los indios, tres dias, y los venció, subjetó y castigó, deszocando algunos con que quedaron en obidiencia.

Pregunta.=Que pasó en la nueva entrada al Norte por la noticia que dió Joseph, indio, que se hizo por Junio de 1601; y que gente, armas y pertrechos llevó.

Hay cuatro testigos. Dicen que por las noticias que dió Joseph, indio, entró el Gobernador desde donde está poblado entre el Norte y Oriente, por Junio de 1601, con ochenta hombres y llevó dos testigos, dicen, ocho carros, otro seis y otro siete, de artilleria, bastimentos, armas, municiones y pertrechos; y el primero, dice, que ademas de los carros, llevó cient bestias cargadas de bastimentos.

Pregunta.=Que tierra vieron en la jornada y su fertilidad, y que hicieron los indios de la rancheria antes de la poblazon grande, y como recibieron el exercito; y como habiendo estado un dia en la poblazon grande, se retiró el Gobernador sin efetuar el fin á que iba.

Hay cuatro testigos; dicen que las duscientas veinte leguas de los llanos de Cibola, son fertilisimas, de mucho ganado vacuno de mejor carne que carnero, y la lana de labor y beneficio, y de pastos arboledas, rios de mucho pescado, fuentes, caza de liebres, conejos y perdices, fructas de Castilla, etc.; y que la rancheria los recebió bien y dió noticia de la poblazon grande, y fueron en su demanda, y habiendo llegado y imbiado gente que entrase dentro

y la viese, volvió diciendo que corria la poblazon
mas de doce leguas, y se retiraban los indios; por
lo cual y tener noticia el Gobernador que los de la
rancheria hacian lo mismo con ánimo de venir todos
sobre el exercito, los capitanes y soldados, dél, pidieron por scripto al Gobernador, se volviese á dar noticia y por socorro de gente, y que por ser poca la
que llevaba lo permitió el Gobernador.

Pregunta.—Qué capsa hobo para que la rancheria que al pasar los recebió de paz, estobiese de guerra á la vuelta.

Hay cuatro testigos; dicen que la capsa fué haberse ido algunos indios tras del exercito á la poblazon grande de quien eran enemigos, y comenzando
á quemar algunas casas y á hacer daño, prohibirlo
el Maestre de Campo y la gente que llevaba; por
lo cual peleáron con todo el exercito desde las diez de
la mañana hasta la noche, de que salieron heridos
treinta soldados.

Pregunta.—Si será servicio de Dios y augmento de la corona Real, proseguir el nuevo descobrimiento dando Su Magestad el socorro que se pide;
y si con la industria y traza del Gobernador, Maestre de Campo y soldados y sus servicios, se conse-
guirá; y cuando no se diese el socorro en que pudieran ser remunerados de los trabajos y gastos que
han tenido.

Hay cuatro testigos; dicen que Dios Nuestro
Señor será servido de la prosecucion de la jornada

por ser mucha cuantidad de gente, y la Corona de Su Magestad muy acrecentada, dando el socorro que pide el Gobernador; y caso que no se diese, merecen Gobernador y Maestre de Campo ser muy remunerados por lo mucho que han gastado y trabajado con tanto riesgo de sus personas.

Veanse dos descripciones, una de la que tiene poblado y pacifico el Adelantado, hasta treinta ó siete grados; y otra del nuevo descobrimiento hasta cuarenta grados.

Cartas del Visrey al Consejo, y de frailes y otras personas, de lo poblado del Nuevo México, al Visrey; y papeles hechos en el Real, sobre retirarle á tierra de paz, estando el Adelantado ausente en el nuevo descobrimiento; ó informacion de oficio, fecha por comision del Visrey en México, y las dubdas que se ofrecieron sobre el castigo de la gente que se vino del Real, sin orden; y conservar lo poblado; y resolucion que se tomó por theologos en México sobre ello, en que parece por decreto del Consejo, tiene dada órden al Visrey de lo que ha de hacer.

Carta del Visrey Don Luis de Velasco y Conde de Monte Rey, y papeles sobre la reformacion que hizo el Conde, de los capitulos del asiento de Don Joan de Oñate, tocantes á la independencia del Visrey en Guerra y Hacienda; y de la Audiencia en Justicia y Gobierno que le concedió el Visrey Don Luis de Velasco en el asiento que con él hizo, en que parece hay determinacion del Consejo, por Cédula de ocho de Julio de 1602.

Carta del Visrey, Mayo de 1596, y Memorial que le dió sobre pretender el Obispo de Guadalaxara que por caer las provincias del Nuevo México en confines de su Obispado, le pertenece la fundacion y ereccion de las iglesias, y imbiar clerigos para administrar los sacramentos etc.

DISCURSO DE LAS JORNADAS QUE HIZO EL CAMPO DE SU MAGESTAD DESDE LA NUEVA ESPAÑA Á LA PROVINCIA DE LA NUEVA MÉXICO. — AÑO DE 1526 (1).

Ytinerario de las minas del Caxco, de la Gobernacion de la Nueva Vizcaya, que tomada su altura en veinte del mes de Junio de noventa y seis años, están en veinte y siete grados hasta el Nuevo México, con los aguajes y leguas de su distancia, camino todo de carretas, asi por la estancia de Rodrigo de Rio, como por Avino. Fecho por testigo de vista y experiencia, y que trata verdad, y es sacerdote.

FECHAS.	LEGUAS.
A las dichas minas se viene desde Avino por Sant Joan del Rio; ay seis leguas, de alli á lo de Ontiveros; otras seis, de alli al Rio de las Nasas al paso de Cacapa; cinco, y se pasa en medio déste camino, el arroyo de Coneto de las Nasas, á las minas del Caxco; quatro, son de mal camino para carretas, aun-	

(1) Archivo de Indias. *Patronato*, Est. 1.°, Caj. 1.°

que le han pasado algunas;
de manera, que ay veinte
y una leguas por esta der-
rota.   21

Por la Hacienda de Ro-
drigo de Rio, se viene por las
Peñuelas, ay cinco leguas, y
al Titiritero ó Fuente del Sacramento, otras cinco; de alli
al Aguaje de la Vieja, tres;
de alli al rio de las Nasas,
al paso de Renteria, cinco;
de alli al Ojo del Gallo, siete;
de alli á La Ciéneguilla,
dos; al Aguaje de Brondate,
media; de alli al Caxco, dos
y media, lindo camino de
carretas; de manera que ay
treinta leguas por esta der-
rota.   30

Salimos de las minas del
Caxco á primero de Agosto
del año de noventa y siete,
y habiamos entrado en ellas,
Noviembre. á primero de Noviembre de
1   noventa y seis años. Del Caxco al Carrical por la derrota
del Norte, y de quarta al

	Noruéste, la cual procuramos llevar siempre que podimos;	
2	andobimos tres leguas, del Carrical á la Carca; tres leguas.	3
	Aqui estobimos honce dias, aderezando carretas; y enterramos un niño, hijo de Herrera.	
14	Partimos á catorce, y fuimos á los Patos, quatro leguas; aqui enterramos un mozo que mató un potro	4
15	De los Patos al Cerro gordo, quatro leguas.	4
16	A diez y seis, del Cerro gordo á la Parida; quatro leguas.	4
17	De Bauz al Rio florido, dos buenas, y una al Rio de enmedio, y otra al húltimo Rio, que llaman de los Buñuelos, por las obas grandes que cria; ay quatro leguas,	4
18	de la Parida al Aguaje de Bauz, tres leguas grandes, jornada ántes de la de arriba.	3

19	Andobimos del Rio de los Buñuelos, al pueblo y Valle de Sant Bartolomé provincia de Sancta Bárbara; quatro leguas.	4
	Aqui llegamos á diez y nueve de Agosto, dia de San Luis Obispo, y nos detubieron para tomar segunda visita al Señor Gobernador Don Joan de Oñate, hasta diez y siete de Diciembre; está este Rio de Sant Bartolomé en véinte y siete grados y medio. Tomamos su altura en veinte Noviembre; corre de Sudeste á Norueste.	
Diciembre.	Partimos del dicho Valle á diez y siete de Diciembre, y fuimos á la estancia de Fuensalida; tres leguas.	
17		3
18	Gastamos Jueves y Viernes, diez y ocho y diez y	
19	nueve del dicho, en pasar el Rio y recoger ganados, y juntar todo lo necesario; y á	
20	veinte del dicho, fuimos al	

FECHAS.		LEGUA
	arroyo de Sant Geronimo; dos leguas y media.	2 ¹
Henero.	Aqui fué la segunda visita, y nos mandaron hacer alto; hasta tomarla duró un mes y seis dias; y asi salimos deste arroyo, á veinte y seis de Enero.	
26	mos deste arroyo, á veinte y seis de Enero.	i
27	Y pasando por el Torrente de la Cruz, dormimos en la busa de las minas de Todos Santos.	1
28	A veinte y ocho fuimos al Ojo del agua hondo; dos leguas.	2
29	De alli al arroyo lamosso; legua y media.	1 ¹
30	De alli al rio de Conchas legua y media; corre de Poniente á Levante, algo inclinado á la parte de Sueste; está en veinte y ocho grados y medio; tomamos su altura en primero de Hebrero, y hasta siete dél, estobimos eneste dicho Rio, asi en pásar el Exercito, como en el húltimo despacho de la vis-	

sita y jornada, despedido el
Hebrero. Vissitador. 1 ¹/₂

7 ... Partimos á siete de Hebrero de noventa y ocho, y
pasamos el Portecuelo, siguiendo nuestra derrota del
Norte hasta el agua de la
Tentacion, por llegar Do-
mingo de la Tentacion á
ella; ay tres leguas. 3

8 — A ocho fuimos por el pi-
zarral, al agua del incen-
dió; dos leguas. 2

9 . De alli fuimos á las bar-
rancas del Rio de Sant Pedro, donde se dió agua, á
casi media legua, en el mismo Rio; ay tres leguas. 3

10 . A diez de Hebrero llegó
el Real, otras tres leguas
adelante, al mismo Rio de
Sant Pedro, y su pasaje corre
de Poniente á Levante y
está en veinte y ocho grados
y tres quartos; tomamos el
altura á quatro de Marzo de
noventa y ocho años. .

.En este Rio se hizo alto

por un mes justo, hasta diez
del siguiente mes de Marzo,
por aguardar á los religiosos
del Señor Sant Francisco y
su Comissario y Perlado; los
quales llegaron al dicho Real
á tres de Marzo; y en este
tiempo despachó el Señor
Gobernador al Sargento mayor á descobrir camino de
carretas hasta el rio del Norte, el qual salió del Rio de
Sant Pedro á catorze de Hebrero, con diez y siete compañeros, y volviéron al Real,
descobierto yá camino, la
mitad déllos, á siete de Marzo; y el Sargento mayor y
los demas, á diez; y despues
de venidos los religiossos

Marzo.

10
11   A diez, salimos á los tanques de Sant Pedro, tres leguas; y á las dos, están los
Charcos de las moxárras, que
son ondos y ay muchos.   3

12   A doce, al Rio del Nombre de Dios, otras cinco
cóbre este Rio de Penisrite á

Levante, hasta en veinte y
nueve grados y una quarta;
tomámos la altura á catorce
de Marzo, y duran sus charcos y cienegas, legua y me-
dia rio arriba.   5

14   A catorce, al encinar de
Sant Buenaventura, cinco
leguas, paraje antes que el
de arriba.

Desde este paraje del Rio
de Nombre de Dios, se despachó á Diego Landin, con
cartas á México, y en ésto
y en pasar el Rio sobre mano
izquierda, casi la próa al
Sueste para entrar en el Valle de Sant Martin, junto á
un cerro solo, pelado y re-
dondo, se gastaron quatro
dias.

18   A diez y ocho fuimos á
la Sierrezuela de las ogeras,
tres leguas, en cuya punta
sobre mano izquierda, está
un Aguaje mediano.   3

19   A diez y nueve andobimos una legua al agua de

20	Sant Juseph, donde encerramos el Santissimo Sacramento; año de noventa y ocho, á veinte de Marzo.	1
21	A veinte y uno fuimos al decendimiento de la Cruz y Sancto Sepulcro; tres leguas.	3
22	A veinte y dos, al encinar de la Resurreccion y Ojos milagrossos, por que fuera de un ojo de agua que tiene grande, al pisar de un caballo en un pantano, manó cassi una naranja de gruesso, un caño de agua	
23	que luego subió casi un estado de alto, y quedó como en una quarta, siempre manando; aqui tobimos la pascua de Resurreccion; ay tres leguas.	3
24	A veinte y quatro fuimos á la Alameda de la Asumpcion de Nuestra Señora; ay dos leguas; todos grandes y buenos aguajes.	2
25	A veinte y cinco, fuimos	

á la Laguna de Sant Benito
y Ojuelos del Norte, una legua, laguna grande de box,
de dos leguas como la me-
xicana, en olor y sabor en
agua.   1

26   A veinte y seis, fuimos
al Aguaxe de la Cruz; ay
tres leguas.   3

27   A veinte y siete á las
28 bocas del Peñol de Velez y
29 remate de las sierras de Levante y de Oñate, que están
al Poniente y cercan el Valle de Sant Martin; ay una
legua, es agua remaniente
del sobredicho aguaxe; aqui
estobimos dos dias, y tomamos la altura en treinta
grados, punctualmente. A
30 treinta de Marzo fuimos al
Ancon del Recelo; tres le-
guas.   3

        A postrero, á la fuente
de Sant Francisco de Paula;
Abril. ay dos leguas pequeñas.   2
1   A primero de Abril par-
timos para una jornada de

nueve leguas, sin agua; y á
las tres fué tan grande el
aguacero con que Dios nos
socorrió, que se hicieron
grandissimos charcos, en
que desuncimos, y bebieron

2 mas de cinco mille cabezas
de todo ganado, y despues
otras dos mill que venian
atras de ganado mayor y
yeguas; y asi le llamamos
el paraje del Socorro del
Cielo.

3

3 A tres de Abril partimos
del dicho paraje y caminá-
mos aquél y otro dia, y llegamos al Rio de la Menti-
ra, llamado asi, porque llevando grande Madre y ar-
boleda, no lleva gota de
agua; y dos tiros de arcabuz,
despues dél, está la cienega
de los baños de Sant Isidro,
que corre tres leguas y mas,
hácia el Oriente, y mana de

4 ojos de agua, casi calientes;
está en treinta grados y casi

5 medio; ay seis leguas esca-

Fechas		Leguas
6	sas desde el dicho paraje del celestial socorro; aqui estobimos cinco y seis de abril,	6
7	A siete, fuimos á Alchicubite de Sant Vicente, sierra y cienega, bien conocidas y de muy buena agua; dos leguas.	2
8 9	A ocho, fuimos á la cienega de la Concepcion, tres leguas, y empezaron los medanos.	3
10	A diez, á la fuente de Sant Leon, legua y media, aguaje pequeño un poco desbiado del camino; á mano derecha están estos dos parajes en treinta y un grados, punctualmente.	1 ½
11	A honce, al manantial de Sant Emenegildo, principe de España y martir; tres leguas.	3
12	A doce, á las Bocas de los medanos, tres leguas; alli estobimos hasta diez y nueve, por que los dos aguaxes sobredichos no heran	

bastantes para los bueyes y
ganados; y asi hobieron de
bajar al Rio del Norte; enterramos un indio mozuelo.

A diez y nueve de Abril,
descabezamos los medanos y
andobimos tres leguas; dormimos sin agua con sola la
mitad de la quadrilla, poco
mas; y las demas carretas
quedaron esperando, boyada
reforzada en las dichas bocas
de los medanos.

A veinte, andobimós
tres leguas hasta el Rio del
Norte, y punctualmente le
cogimos en treinta y un
grados y medio de altura;
es Rio mayor que el de las
Conchas, y aun de mas agua
que el de las Nasas, aunque
no de tanta Madre; vá oci-
nado enestos parajes, y tur-
bio por pasar por tierra
muerta; es de grandes fres-
curas y alamedas; muchissi-
mo pescado, bagre, mocho-
te, robalo, armado, apujas;

3

5

y un pescado blanco de cassi
media vara, paresce jurel y
matalote; ay algunos sau-
ces, mesquite grande y pequeño, jarales espesos y algunas salinas de muy buena
sal como las del Guadalqui-
vir; y es muy semejante á
él. Sale y corre del Norte,
y désto toma nombre y dá
vuelta hácia el Levante,
hasta que cobra nombre de
Rio Bravo, con el de Con-
chas y otros que se le jun-
tan; aqui estobimos hasta
veinte y seis, qué se juntó
todo el Real y se despachó
al capitan Aguilar á expo-
lar el camino; vino con buenas nuevas; andadas diez y
seis leguas. 16

27 A veinte y siete, cami-
namos legua y media Rio
arríba. 1 ½

28 A veinte y ocho, ando-
bimos media legua. ½

29 A veinte y nueve, an-
dobimos una legua; y en es-

tos parajes ay salinas de
Grano y Costra que el Rio
y la tierra por dó pasa, es-
cupe.

                                              1

30

    A treinta de Abril, dia
de la Asencion del Señor,
año de mill y quinientos y
noventa y ocho, tomó el Señor Gobernador Don Joan
de Oñate, ante Joan Perez
de Donis, escribano real y
secretario désta Goberna-
cion y Jornada, la posecion
de todos los Reynos y Provincias del Nuevo México,
eneste Rio del Norte, en
nombre del Rey Don Phe-
lipe Nuestro Señor; hobo
sermon, gran solenidad
eclesiastica y seglar, gran
salva y alegria, y á la tarde
comedia; bendíxose el es-
tandarte Real, y entregóse
á Francisco de Posa y Peña-

Mayo.
1

losa, alférez real.

    A primero de Mayo, an-
dobimos rio arriba, dos leguas.

                                              2

2	A dos, andobimos legua y media.	1 ½
3	A tres, andobimos dos leguas; y aqui se truxeron al Real los primeros indios del Rio por mano del Sargento mayor, y bestidos los imbiaron á avissar y llamar á sus compañeros; y vinieron aquel dia como ocho indios de su voluntad, que llamamos harreadores, porque para decir, *si*, arréan con la lengua en el paladar, como nosotros á las bestias.	2
4	A quatro de Mayo, no andobimos mas del passo del Rio y el vado; y vinieron al Real quarenta de los dichos indios, arco turquesco, cabelleras cortadas como porrillas de milan, copetes hechos ó con sangre ó con color para atesar el cabello; sus primeras palabras fueron *manxo*, *manxo*, *micos*, *micos*; por decir mansos y amigos; y hacen la cruz con	

el dedo, y la levantan en
alto; dieron relacion con señas bien claras, que á seis
dias estaban las poblazones,
y que á ocho de camino; el
dia señalan por el curso del
Sol; estaban españoles como
nosotros; regalamoslos mucho y ayudáronnos á passar
las obejas por el Rio, el que
se passó este dia por el vado
que llamamos de los Puer-
tos, porque ellos le dan en
este paraje para entrar la
tierra adentro, y en muchas
leguas no ay otro camino
para carretas; el vado está
en treinta y un grados,
punctualmente, de suerte,
que desde veinte de Abril
que llegamos al dicho Rio
hasta quatro de Mayo, en
los dias que fuimos cami-
nando las ocho leguas y media sobre dichas, poco mas ó
menos, decaimos de altura
medio grado; este dia se pasaron las Ródadas de las

	diez carretas, que Castaño y Morlete, sacaron del Nuevo México.	
5	A cinco, andobimos una legua, entre los puertos, de camino dificultosso para tiempo de aguas, y de secano muy bueno.	
6	Alli olgamos á seis; y	
7	otro dia, siete, andobimos como media legua, todabia, de algun portezuelo y mal camino; y paramos á ocho, por quebrarse algunas carretas, hasta medio dia; y aquella tarde andobimos casi una legua.	½
8		
		1
9	A nueve, andobimos dos leguas, vispera de pascua de Espirictu Sancto, y el dia parámos por la solenidad de la fiesta.	
10		
		2
11	A honce, andobimos dos leguas y parámos en casi el mismo paraje donde dicen haorcó el Capitan Morlete, quatro indios, porque les hurtaban unos caballos.	
		2

FECHAS.		LEGUAS.
12	A doce, andobimos casi tres leguas; despachóse al capitan Aguilar por expolador, y andobimos estas tres leguas, el dicho rio arriba.	3
13	A trece, andobimos dos leguas el rio á mano izquierda, y la sierra del Olvido á mano derecha; llamóse asi, porque ninguno de los que habian pasado por élla, se acordó délla.	2
14 15	A catorce y quince caminamos legua y media; dividióse la quadrilla, por el mal camino.	1 ½
16	A diez y seis, parámos, por perdidas de bueyes; y á	
17	diez y siete, andobimos casi una legua dia de la Santissima Trinidad, y enterramos un niño.	1
18	A diez y ocho, se haogaron dos caballos en el Rio del Norte; y no caminamos por perdidas de bueyes; y á	
19	diez y nueve, andobimos una legua.	1

FECHAS.	LEGUAS.
20	A veinte, andobimos media, poco mas; vino el Capitan Aguilar.	¹/₂

20   A veinte, andobimos media, poco mas; vino el Capitan Aguilar.   ¹/₂

21   A veinte y uno, dia del Santissimo Sacramento, enterramos á Pedro Robledo.

22   A veinte y dos, partimos el Señor Gobernador, nuestro Padre Comissario y Fray Cripstobal de Salazar, el Sargento mayor y el Maese de Campo, á las poblazones que distaban como veinte y dos leguas del dicho parage; asi por proveer el Real de bastimentos, como por asegurar la tierra y no alborotar los indios, con tanta maquina; y andobimos dos leguas, dormimos sin agua; las bestias fueron cassi una legua al Rio.   2

23   A veinte y tres, andobimos quatro leguas, y todos lo pasamos mal, por falta de agua, por que ibamos fuera del rio, cinco ó seis leguas desviados, hácia el

Oriente á la mano derecha.   4

Este dia, con ocasion de
un perro que vino, enlodades
los pies y manos, se buscaron
aguaxes; y el capitan Villagran halló uno, y Cripstobal
Sanchez, otro, no lejos de nosotros, hácia el Rio; y empezó á enfermar de gota
nuestro Padre Comissario.

A veinte y cuatro, ando-
bimos otras cuatro leguas por
la misma derrota, siempre
al Norte y sin agua, hasta
llegar á unos charcos pequeños junto á unas piedras de
afilar, donde todos bebimos
y descansamos; y nuestra
caballada bajó al Rio, que estaba mas de seis leguas apartado, sobre mano izquierda;
y toda aquella su orilla, vá
de muy aspera y grande lo-
meria, casi de peña tajada;
y asi por poco perescieran
de sed nuestros caballos y los
que los llevaban, y despues
el Real y carretas.   4

Este dia se perdió Joan del Casso, Elena y su Marido, y ál fin despues de algunos dias, vinieron á parar al Rio, do toparon parte de la gente de nuestra Compañia.

25 A veinte y cinco, bajamos al arroyo de los Muertos ó de las Parras, dos leguas; ay agua que corre, aunque no buena; y asi, no parámos alli, y pasamos una legua al sobre dicho Rio del Norte, todo camino que ibamos descobriendo de nuevo y atiento; y asi padecimos mucho por no saberle. **3**

26 A veinte y seis, andobimos poco mas de dos leguas, sin carrozas, porque no hera posible pasar, dotra manera. **2**

27 A veinte y siete, andobimos siete leguas hasta la cienega de la mesilla de guinea, por ser de piedra negra. **7**

28

A veinte y ocho por la mañana, se dixo missa y comulgamos, por entrar con buen pie en las primeras poblazones; andobimos cassi quatro leguas, y dormimos frontero del segundo pueblo, llamado Qualacú, hacia la banda del Rio por donde nosotros ibamos.

4

Estaba sin indios, los indios recelosos y alborotados, sosegaronlos con dixes, y por no ponerles miedo pasamos á la orilla del rio donde estobimos en Tendexónes un mes; y asi proveyendo el Real de maiz, como por la enfermedad del dicho padre Comissario, que passó muy adelante, llevó el bastimento el proveedor General Diego de Cubia.

Junio.

12

En este tiempo padecian las carretas, asi en disensiones de los que las traian á cargo, como en falta de agua, que hobo de volver á ellas el

Señor Gobernador y todo lo
hallanó con su prudencia;
tornó al dicho puesto, á doce
de Junio; hizo socorro de
bastimentos, en que se per-
dieron los dos negros, Luis
y Manuel, y su ida les dió
la vida.

14   A catorce, andobimos
tres leguas, parando siempre en campaña. Dormimos
frontero de Teipana, pueblo
que llamamos del Socorro
porque nos dió mucho maiz;
y su Capitan llamado Lec-
toc nos dió noticia de los
pueblos de la tierra, muy
verdadera y cierta, como lo
hallamos despues por expi-
riencia; solo el dicho pueblo y el primero y segundo,
hallamos con gente; los demás hallámos despoblados.   3

15   A quince, andobimos
cuatro leguas, y siempre parámos á la orilla del Rio.   4

16   Andobimos tres leguas
al pueblecillo que llamamos

	la Nueva Sevilla, por su sitio, y este fué el primero donde dormimos, pareciendo mas acertado tener ganada la fuerza de las cassas, por si los indios de la tierra nos quisieren dar contraicion; alli estobimos hasta veinte y uno, por el socorro de maiz que hizo Villagran, y el	
22	descobrimiento de los pueblos de abo, que hicieron el Maese de Campo y Sargento mayor. Andobimos quatro leguas al pueblo de Sant	
23	Joan Baptista, nuevo, y despoblado por nuestra ida, donde habia gran cantidad de maiz, y muchos idolos pintados, tantos, que en solas dos piezas, conté sesenta.	4
24	Aqui estobimos el dia de Sant Joan Baptista, y vinieron diversos indios de diversas partes avernos, y entre ellos, que héran como espias, vino, el que llamamos Don Lope, imbiado por	

Thómas y Xúpal, indios
que se quedaron del tiempo
de Castaño.

25   Andóbimos seis leguas
por la misma derrota, en
demanda del Puaráy, de-
xando á la una y otra banda
del Río, en todo este camino, muchos pueblos, gran-
jas y heredades, las mas,
desamparadas de miedo.   6

26   Andóbimos cinco leguas;
llóvionos este dia muy bien;
dormimos orilla del Río.   5

27   Andóbimos otras cinco
leguas, átolló el Señor Gobernador en una millpa,
aunque salió luego y llegamos al Puaráy, pueblo donde mataron á Fray Augustin
y á Fray Francisco, primeros descobridores y padres
del Nuevo México; desde
allí partió aquella noche el
Señor Gobernador y Maese
de Campo, á prender á To-
mas y Xupal, en Santo Do-
mingo, seis leguas de allí;

y así al Puaráy, se le dió
por Patron á Sant Antonio
de Padua.   5

28   A veinte y ocho, les dieron al bázo y los truxeron
al Puaráy dicho; donde á

29   veinte y nueve, se descobrió Tria, y fueron á ella el
Maese de Campo, Sargento
mayor y el Padre Salazar;
y así son sus patrones Sant
Pedro y Sant Pablo.

30   Pasamos á Sant Phelipe,
casí tres leguas.   3

A Santo Domingo, casi
quatro leguas, en cuya provincia se elixió convento
de la advocacion de Nues-
tra Señora de la Asump-

Jullio.   cion.   4

4   A quatro de Jullio del
dicho año de noventa y ocho,
por la gran tardanza de las
carretas, las quales no llegaron á las poblazones hasta veinte y seis de Junio
dia de Sant Pedro y Sant
Pablo, desde el mes de Mayo

que las dexámos en el se-
pulcro de Robledo.

Ymbió el Señor Gober-
nador á su Maese de Campo
Don Joan de Zaldivar, por
éllas, para que las truxese
hasta el Valle de Sant Joan,
como lo hizo en diez y ocho
de Agosto, vispera de Sant
Luis Obispo, Fraile de Sant
Francisco; que este dia, á
visperas, acabaron su última jornada en este Pueblo y
Valle, y convento de Sant
Joan Baptista, habiendo andado desde el Valle de Sant
Bartolomé á este dicho pueblo, ciento y sesenta y una
leguas, á la quenta de las
carretas, con pocos bueyes
y bien cansados; y de ochenta y tres carretas y carros
que empezaron la dicha jornada, llegaron sesenta y
una, que las veinte y dos
que se fueron desembarazan-
do de bastimentos, se dexaron en el camino, por alivio

de los bueyes y el trabajo
que capsaban y la poca necesidad déllas.

7   A siete del dicho, sé hizo
junta general en Santo Domingo, de siete capitanes
indios, de diversas provin-

8   cias deste nuevo México, y
todos éllos en nombre déllas;
dieron de su voluntad la
obidiencia á su Magestad.

9   Partimos de Beve, que
llamamos Sant Ylefonso, á
devocion del Padre Comissario apostólico, llamado Fray
Alonsso Martinez; ay casi
ocho leguas y algun mal
camino y no de carretas,

10   quéllas vinieron mas arriba, por el pueblo de Sant
Marcos, rodeando otras seis
leguas.   8

11   A honce, andobimos dos
leguas, al pueblo de Cáypa,
que llamamos Sant Joan,
donde paró el Real y carretas, como hemos dicho, y se
cumplen las sesénta y una

leguas, ó sesenta y siete,
con todo el rodeo de carretas por el pueblo de Sant
Marcos. 2

13 A treze, pasó adelante el
dicho Señor Gobernador, al
Gran pueblo de los Picuríes,
y estubo allí dia de Sant
Buenaventura, y asi se le dió
por Patron; ay largas, seis 6
leguas; en este camino se
halló cantidad de metal bien
quaxado en los derramade-
ros de un arroyo. Este dia,
despues de missa, pasamos á
la provincia de los Táós, que
tambien llaman Tayberon,
y otras; ay seis leguas por 6
por ser mal camino; llamóse
Sant Miguel; y por aquel
rumbo qués Norte, quarta
del Norueste, no pasamos,
adelante, más; desde alli
bolvimos á los Picuríes, á
diez y ocho; y á diez y nueve, al Valle de Sant Joan;
y á los veinte, á Sant Ylefonso; y á veinte y uno, su-

bimos hácia el Oriente, al pueblo de Sant Marcos; cinco leguas.   5

22   A veinte ó dos, al pueblo de Sant Xupal, de do es natural Doña Ynes, india que traximos de México en vez de otra malinzi; y ni aquella lengua ni otra ninguna del Nuevo México sabe ni aun aprende; éran yá muertos sus padres y cassi todo el linaje, y apenas hobo quien se acordase de como la llevó Castaño.

24   Fuimos á Glistéo, qué llamamos Santa Ana, y otro dia.

25   Al gran pueblo de los Peccos, y es el que Espejo llama la provincia de Tamos, de donde hera natural Don Pedro Orez, que murió en Hanepantla; y asi Joan de Dios, donado, que dél aprendió la lengua, ha sido intérprete délla, y al presente doctrina aquel pueblo en compañia del Padre Fray Francisco de Sant Miguel, y es su Patron el gloriosso Santiago.

26
A veinte y seis, dimos buelta á Sant Xpoval, á comer, y dormimos en Sant Marcos, que ay como cinco leguas; alli se sacó metal de las minas llamadas, de Escalante.

27
Bolvimos al Valle de Santo Domingo, y este propio dia y casi ora, llegó el Maese de Campo alli, con todas las carretas y Cuerpo del Exército; y estobimos juntos hasta primero de Agosto.

Agosto.
2
Y á dos del dicho, dia de la Porcingula, despues de ganado el Santo Jubileo en la Yglessia de los frayles de Sant Francisco que siempre la llevaron consigo; y se decian cada dia muchas missas por todos los parajes del camino; partió el Señor Gobernador á la provincia de

los Emmes; durmió aquel dia en el gran pueblo de Tría, ya dicho.

3   A tres de Agosto, fuimos al gran pueblo de los Emmes; en este camino nos salieron con socorro de agua y pan, en una dificultossisima questa, y nos ayudaron á subir las armas de caballo, rodaron dos caballos poco antes de subir. Fué la Ymbencion, y hallamos la patena de los padres, primeros descobridores, antiguamente muertos, habia diez y ocho años; traíala al cuello un Capitanejo de los emmes, hecho un agujerillo enmedio, trocóla por caxcavéles, y aunque no los tomára, no la llevára esta oy en el sagrario de este Convento de Sant Joan; héradía de la Ymbencion de Sant Esteban quando la hallamos.

4   A quatro, bajamos á otros pueblos de los emmes, que

por todos, dizen, son honce; vimos los ocho; fué tan aspera la bajada, que se despeñaron tres caballos, y los dos, murieron, y casi todos caimos, con ir á pie; con arto tiento, andariamos quatro leguas ... 4

5 A cinco, bajamos al húltimo pueblo de la dicha provincia, y vimos los maravillosos baños calientes que manan en muchas partes y tienen singulares maravillas de naturaleza, en aguas frias y muy calientes; y muchas minas de piedra azufre y de piedra alumbre, que cierto es, mucho de ver, como mas largamente dirá, la discrepcion desta tierra, que éste solo es itinerario de lo que andobimos; ay una legua. ... 1

6 Dia de la Transfiguracion, que quedó por vocacion á aquel Combento, salimos despues de missa y dormi-

mos, de vuelta para nuestro
Real.

7   A Santo Domingo, y
8   dormimos en la Asumpcion.
9   A Sant Ylefonso, donde
estobimos á nueve.

10   A diez, dia de Sant Lorenzo.

11   A honce, se empezó la
saca del agua para la ciudad
de nuestro Padre Sant Francisco, á quien toman por
Patron los españoles y los
indios, en su capilla, al Señor San Pablo, en la fiesta
de su combersion, y queda
por Patron de toda la tierra
del Nuevo México, como lo
es Sant Joséph en la Nueva
España; y asi se llaman estas provincias, la conbersion ebángelica, y tienen la
conbersion de Sant Pablo
por sello; juntáronse este
dia, como mill y quinientos
indios barbaros, á ayudarnos
en la obra.

18   Aguardamos las carre-

tas, hasta diez y ocho de
Agosto del dicho año de noventa y ocho, y este dia á
las bisperas del gloriosso
Sant Luis Obispo, llegaron,
en cuyo dia habian llegado
á Sant Bartolomé.

19   Un año antes, despues
de la larga espéra del Caxco,
en prosecucion desta bendi-
ta jornada, perseguida tanto
de hijos déste siglo.

20   A veinte, se acabó de descobrir la libiandad de ciertos soldados, que hicieron
metin y junta.

21
22   A veinte y uno, fué el
castigo piadosso y la famosa
plática de las lagrimas, y
paz universal.

23   A veinte y tres, se empezó el edificio de la Yglesia, y se acabó á siete de
Septiembre, capaz para la
Setiembre. gente del Real.

8   Dia de Nuestra Señora,
fué la gran fiesta de la de-
dicacion de la dicha Yglessia.

de Sant Joan Baptista, ben-
díxola nuestro Padre Co-
missario, y consagró las aras
y calices; predicó el Padre
Salazar, y á la tarde hizo
todo el Real, fiesta, con una
buena escaramuza de moros
y cristianos, éstos á pie y
con arcabuzes, y aquellos á
caballo con lanzas y adargas.

9   Fué la universal Junta
de toda la tierra, hasta alli
descobierta, é hízose el Repartimiento de las Provincias délla, entre los ocho religiossos sacerdotes, del Señor Sant Francisco; dióse la
obidiencia á Su Magestad;
de su voluntad, recibiendo-
10   le por Rey y Señor; y dió
el Señor Gobernador, baras
11   de alguaciles, á Tomás y
Cripstobal, indios que alló
en la tierra, de los de Castaño.

12   A doze, se huyeron el
menor Manuel, portugues y
Juan Gonzalez. Partieron

para su castigo, el capitan
Márquez, el capitan Villagran y Pedro de Ribera
Araúxo; degollaron á los
dos postreros, y el ótro es-
capára á uña de caballo.

15   A quince, se fué el Padre Fray Francisco de Za-
mora, á su provincia de los
Picuríes y Táos.

16   A diez y seis, se fué el
Padre Fray Francisco de
Sant Miguel, á su provin-
cia de los Pécos; y este dia
salió el Sargento mayor con
cinquenta soldados, al descobrimiento de las bacas.

17   A diez y siete, bolbió
nuestro Padre Comissario de
los Picuríes, dejando los re-
liglosos, y partió con los
otrosquatro para ponellos en.

18   La Provincia de los Ho-
res; al Padre Fray Joan de
Rocas; en la de los Emmes;
al Padre Fray Alonsso de
Lugo; en la de Tría, al Padre Fray Andrés Corchado;

y en la de los Chiguas, al
Padre Fray Joan Claros; y
dexó enel Valle de Sant
Joan, provincia de los Teguas, al Padre Fray Cripstobal de Salazar, con cargo
del Real, y de los indios
délla, y á Fray Joan de
Sant Buenaventura, frayle
lego, por su compañero.

23 A los veinte y tres, bolvió al Real con su compañero, Fray Pedro, frayle lego,
que son los diez que á la jornada vinieron; y luego llegó
el indio de mentillo, de
quien supimos la muerte de
Otubre. Léyva.

6 A seis de Otubre, martes, partió el Señor Gobernador y nuestro Padre Co-
missario, á las salinas de
los Pecos, que son de mu-
chas leguas ó infinita sal,
muy linda y blanca; y á los
pueblos de los Xumáses ó
rayados, que son tres; uno
muy grande; y visto lo uno

y lo otro, determinaron
atravesar hácia el Poniente,
al descobrimiento de la mar
del Sur, como lo hicieron; y
para este fin.

23   A veinte y tres de Otubre, salieron del Puaráy para
la dicha jornada, de la mar
Noviembre. del Sur.

4   A quatro de Noviembre,
vino el Capitan Márquez,
de Tierra de paz, y pasó desde el Puaráy, tras el Señor
Gobernador, hácia Acóma.

8   Volvió el Sargento mayor, de las Vacas de Cibola;
trúxo mucha carne, mante-
ca y sebo; aunque no las
pudo traer vivas, ay infinitas, y su cuero es lana, y
tiene mucha.

    Andobo setenta leguas
la tierra adentro, hasta el
pueblo de las nueve leguas
de largo. Topó, Rostro de
Humáyna algunas veces.

18   A diez y ocho de Noviembre, partió el Maese

de Campo para la mar del
Sur en seguimiento del Se-
ñor Gobernador, miercoles
Diciembre. á medio dia.

4.   A quatro de Diciembre,
lo mataron en Acóma, los
indios de aquella fortaleza,
que es la mejor en sitio de
toda la cristiandad; y conél
al capitan Diego Nuñez,
al capitan Phelipe de Escalante, al alferez Pereyra,
á Araúxo, á Joan Cama-
cho, á Martin Ramirez, á
Joan de Segura, á Pedro Robledo, á Martin de Riveros,
á Sebastian Rodriguez, y á
dos mozos de servicio; un
mulato de Damiero; y un
indio cochuelo, hirieron á
Leon Zapata, á Joan de Ola-
gue, á Cavanillas, y dieron
dos pedradas al Alguacil
Real.

5   A cinco, fué el dicho Alguacil Real con tres com-
pañeros á dar avisso del casso, al Señor Gobernador,

que estaba en las provincias de Juni y Mohoqui; perdió el rastro y volvió á seis.

7   A siete, fué el alferez Bernabé de las Cassas á dar el mismo avisso con seis compañeros, y se le dió diez leguas mas alla de Acóma, que fué total remedio de la jente que Su Señoria traia, por la seguridad con que bolvian al dicho Acóma, inocentes del daño que habian hecho los indios.

21   A veinte é uno, despues de haber rescebido este avisso, bolvió el Señor Gobernador á este pueblo de Sant Joan, dó está el Cuerpo de su Real, con nuestro Padre

Henero. Comissario.

12   A doce, salió el Sargento mayor á hacer el castigo de Acóma, con setenta compañeros, y titulo de Thiniente de Gobernador y cabo de las Compañias.

21   A veinte y uno, dia de

la Señora Sancta Ynés, llegó el dicho Sargento mayor con su exercito y con los carros y artilleria á poner cerco á Acóma, á cuyos moradores hallaron de guerra y rescebieron á los nuestros, con tiralles flechas y otras armas arrojadizas, y con muchas injurias, mostrándose con algunas armas de los cristianos que alli mataron; y no quisieron consentir á los requirimientos que se les hicieron, segun la istrusion de Su Señoria.

22 Y asi, Viernes á veinte y dos, dia del Señor Sant Vicente, á las quatro de la tarde, todos confesados y puestos con Dios, dieron el primer asalto al Peñol de Acóma, de falso, por un lado; y acudiendo alli la gente del Peñol, subieron á él por el lado contrario los españoles, y con valerosso esfuerzo

ganaron el Peñolcillo primero, y otras rocas y peñas,
hasta ponerse rostro á rostro con el enemigo; y sus-
tentaron aquel dia y noche
aquel lugar, con mucha vela
y diligencia.

23   Otro dia, que fué el del
Señor Sant Ylefonso; desde
que amaneció, empezaron
batalla campal, en que duró
hasta las quatro y mas de
la tarde, y fué milagrossa
en la mucha muerte de enemigos, sin con ninguna de
los nuestros, en un favora-
bilissimo ayre tan frio, que
jamas se calentaron los arcabuzes con disparar todo el
dicho tiempo sin cessar, y
ser tan pocos que no llega-
ban á cinquenta los que estaban arriba en el Peñol,
que los demas, á compli-
miento de setenta que fueron á esta guerra, guardaban el dicho Peñol á caballo, al pie dél; y habia de

diez enemigos arriba para
cada español; y este dia se
vió por los dichos indios, el
Señor Santiago ó el Señor
Sant Pablo; sucedió la desgracia de Lorenzo Salado,
por descuido de Asencio.

24   Este dia se rindieron;
aunque no entraron al pueblo, hasta el Domingo veinte
y quatro del dicho, que asen-
taron el Real en una de las
plazas; empezaron á pren-
der la gente, y alguna se
hizo fuerte en las estufas y
minas del dicho Peñol, el
qual tenian todo contrami-
nado por muchas partes; hízose la matanza y castigo
de los mas déllos, á fuego y
sangre; y de todo punto se
asoló y quemó el pueblo.

A este dicho Peñol, se
va desde el Puaráy por los
aguaxes y jornadas siguientes; la derrota al Poniente,
al Torrente de los alamos,
quatro leguas; está en me-

dio el arroyo de los mimbres.   4

Al Manantial de la Barranca, desde alli, ay siete leguas; del manantial al dicho, cecomados.   7

Del Peñol de Acóma, caminando á Juni y Mohóce, provincias de muy buenos indios, ay quatro leguas al nacimiento del Rio de la Mala nueva.   4

Al agua de la Peña, ocho leguas.   8

Al manantial que va á Juni, quatro leguas.   4

Alli ay tres pueblos arruinados.

Al primer pueblo de Juni, tres leguas.   3

Alli rescibieron muy bien á los nuestros, con todo lo necessario; es tierra de mucha caza, ay cruces de dias atrás, á quien los indios tienen devocion, y ofrescen lo que á sus idolos; allí se hallaron hijos de los in-

dios mexicános que alli dexó
Coronado.

Desde alli, se descobrió,
nueve leguas. hácia Oriente, la salina de Grano, fa-
mossa.   9

Aqui llegó el capitan
Márquez, Procurador gene-
ral de Tierra de la Nueva
España, casi muerto de hambre, á pié y traspasado de la
nieve, por la trampa de
Acóma, en que cayó.

Desde el primer pueblo
désta provincia de Juni, que
tiene seis, al húltimo, ay
tres leguas.   3

De aqui, caminando á la
provincia de Mohóce, ay seis
leguas á la Cieneguilla.   6

A los Manantialejos,
otras seis.   6

Al primer pueblo de Mo-
hoce, hay cruces; derraman
arina en señal de amistad;
ay cinco leguas.   5

Al segundo pueblo, ay
tres leguas.   3

	LEGUAS
Al quarto, pasando por el tercero, ay quatro; es toda muy buena gente, viste mantas, en universal de istle, y muy buena ropa, y lindissima de algodon y pintada, y cueros de Cibola y de otros animales; hasta aqui se ha llegado á poblazones, por la parte del Oriente; hasta hoy veinte de Diciembre de noventa y ocho años.	4
De aqui, teniéndose noticia de las minas Ricas, fueron por mandado del Señor Gobernador á su descobrimiento, el Capitan de la guarda Marcos Farfan y el Capitan Alonsso de Quesada, y el Capitan Bartolomé Romero y Francisco Vido, y otros.	
Seis leguas hácia el Poniente, á la fuentecilla de los medanos.	6
De alli tres leguas, al Rio de la Alameda.	3

	LEGUAS.
Tres leguas á la falda de la Sierra sin agua.	3
Dos leguas al estanque del Pinal.	2
Dos leguas y média, á la Rancheria de los Gandules.	2 ¹/₂
Seis leguas por la Serrania, al agua del Valle.	6
A la Rancheria de los Cruzados, dos leguas.	2
Al Valle de las perdices castellanas y magueys mexicanos, y á su Rancheria y rio muy bueno, tres leguas.	3
Quatro leguas al tercero, y dos leguas al cuarto; rios ambos caudalossos.	6

Y muy lindos pastos y llanos; tierra muy apacible.

A las lomas de las minas, y ojos de agua casi caliente, y alli los hallaron; son de infinitas betas muy anchas, de lindíssima ley, y su dispusicion, ensayes y riqueza, tiene singular informacion, á que me remito.

ASIENTO CON CRIPSTOBAL MARTIN POR EL QUE SE OFRECE Á IR EN PERSONA AL DESCOBRIMIENTO, PACIFICACION Y POBLACION DEL NUEVO MÉXICO, BAXO LAS CONDICIONES QUE EXPONE.—MÉXICO Á 26 DE OCTUBRE DE 1583 (1).

Chripstobal Martin vecino de la ciudad de México, dice: que como consta por este Testimonio de que hace presentacion, él fué el primero que capituló ó asentó en virtud de una Real Cédula de Vuestra Alteza, el negocio de la poblacion y descobrimiento del Nuevo México, y fué remitido á Vuestro Real Consejo de Yndias.

A Vuestra Alteza pide y suplica, atento á su ofrecimiento, se le mande encargar la dicha jornada conforme á sus capitulaciones, por las cuales se ofrece de nuevo acomplir ó de servir á Dios y á Vuestra Alteza, en la jornada; que enéllo recibirá bien y merced.

En la Ciudad de México de la Nueva España á veinte y seis dias del mes de Octubre de mill é quinientos é ochenta é tres años, estando en el Real Acuerdo de Gobernacion los Señores Presidente é oydores de la Audiencia Real de la Nueva España, fué presentada por parte de Chripstobal Martin vecino de esta dicha ciudad, la peticion siguiente:

Muy Poderoso Señor: Cripstobal Martin, vecino

_____

(1) Archivo de Indias. *Patronato*, Est. 1.ª, Caj. 1, Leg. 3.

de esta Ciudad de México, digo: que á mi noticia
es venido, que por una real persona seá cometido á
esta Real Audiencia de asunto y concierto con la
persona que se quisiere encargar del descobrimiento, pacificacion y poblacion de las provincias del
Nuevo México, que estan á lo que se entiende mas
de seiscientas leguas de esta Nueva España; y porque y movido con celo de servir en el dicho descobrimiento á Dios Nuestro Señor y á Vuestra Alteza, y acrecentar Vuestra Real Corona como vuestro
leal vasallo español, quiero gastar en Vuestro Real
servicio de mi propia hacienda y de mis parientes
y amigos que me an socorrido conéllo, treinta ó
cuarenta mil pesos, por que de lo hacer, entiendo
que Dios Nuestro Señor y Vuestra Alteza, án deser
muy servidos; y el Sancto Evangelio y Vuestra Religion cristiana, aumentada y complida; yo me
ofresco de ir en persona con numero de gente bastante á hacer el dicho descobrimiento, pacificacion
y poblacion del dicho Nuevo México, concediendo-
seme para éllo por Vuestra Alteza, las condiciones
y capitulaciones siguientes:

Primeramente que se medé la Gobernacion de
aquellas provincias con título de Gobernador y Capitan general délla, por tres vidas; y quiero, quedando hijo legitimo en quien aya de susceder, pueda nombrar en su lugar á la persona que quisiese
que succeda en la dicha Gobernacion, y el tal nombrado, sostituir otro; y que los asi nombrados, la

tengan y gozen por las dichas tres vidas, enteramente, como dicho es; y todo esto á de confirmar Su Magestad.

Ytem. Que todas las poblaciones y provincias de yndios que conquistarse, capaciguarse y descobrirse, los pueda encomendar y encomiende en nombre de Vuestra Alteza; y á los caciques prencipales y Gobernadores, Señores ó indios naturales déllas, en los soldados y personas que me las ayudasen adescobrir, conquistar y poblar, dando acada uno la cantidad de indios epueblos que me pareciere que meresca, conforme á lo que ocurre, trabajando, y á su calidad, justamente con la tasasion de los que buenamente se obieren de dar los naturales, como sea de aquellas cosas que ellos criaren y coxieren y tobieren entre si; haciendoles la dicha encomienda por dies vidas, durante las cuales, no le puedan ser quitadas ni removidas las dichas encomiendas sin que gozen de éllas los dichos conquistadores y primeros pobladores; y despues de sus dias déllos, sus hijos ó mugeres, por la orden dada en las nuevas leyes, cédulas y ordenanzas de Su Magestad.

Ytem. Que se medé licencia para que todas las ciudades, villas, minas, pueblos y poblaciones de esta Nueva España, Reyno de Galicia y Nueva Vizcaya, puedan por mi y mis capitanes, hacer ciento ó cinquenta hombres y los que mas me paresciere, para que con éllos pueda ir á hacer el dicho descobrimiento, pacificacion y poblacion de las dichas provincias del Nuevo México, á las quales me ofrezco de mi costa, llevar ayudar y favorecer para la dicha jornada, dandoles armas, caballos, vestidos, y la comida y lo demas que fuere necesario ó obieren menester cada uno, conforme á su calidad.

Ytem. Que para la dicha jornada, nombrar y nombre Maestre de Campo, sargento, capitanes y alferez, escribano de Gobernacion y Alguacil mayor, cabos de esquadra y los demas ministros ó oficiales que convinieren y fueren menester, y que cada y quando que viere convenir al servicio de Vuestra Alteza y al bien de la dicha jornada, los pueda remover y quitar y poner otros de nuevo á mi voluntad como me paresciere.

Ytem. Que en todas las provincias que descobriere y pobláre y apaciguare y en qualquiera déllas y en las partes que me paresciere mas comodas y de mejor temple, aire, suelo, cielo y mas aproposito, pueda poblar las ciudades, villas y poblaciones que me paresciere, y hacer enéllas, qualesquier fuerzas y fortalezas, casas de Gobernacion, y las llanas; y nombrar de los nombres que quisiere y me paresciere y poner enéllas, y nombrar alcaldes y regidores, mayordomos, escribanos públicos y del cabildo, y alguaciles, y los demas ministros y oficiales de justicia que conviniere y señaláre; y dar propios y lo demas que para su ornato y perpetuidad obieren menester; lo qual todo aya de comfirmar y confirme Su Magestad.

Ytem. Que pueda dar y repartir entre los conquistadores y pobladores, estancias de ganado mayor y menor, caballerias de tierras, molinos, ventas, caleras, vacas, carneros y todos los demas aprovechamientos que la tierra tobiere y en élla halláre, usando del oficio de Gobernador en todo lo que se ofresciere con pleno poder y facultad, segund lo usan los demas Gobernadores que por Su Magestad están y an sido proveidos en estas partes de las Yndias; y en todos los demas casos y cosas y cada una déllas que se ofrescieren y vieren que conviene, asi de justicia como de gobierno.

Ytem. Que todas las minas del dicho oro y plata y otros metales que se descobrieren y halláren en las dichas provincias, se ayan de registrar é manifestar ante el dicho Gobernador, y que todo el oro y plata, perlas y piedras y otros metales que Dios diere y se sacáre en la dicha provincia, no ayan de pagar ni paguen los mineros déllas, á Su Magestad, de sus reales quintos, dentro de cient años, mas de la veintena parte; y que esta merced la aya de confirmar y confirme Su Magestad.

Ytem. Quel dicho Gobernador aya de poner y nombrar y nombre y ponga de su mano en las dichas provincias los oficiales de Su Magestad, como son Thesorero, Contador y factores y Vehedor, que sean personas de confianza y quales convengan, los

quales tengan en su poder los libros de Su Magestad, y la quenta cierta, leal y verdadera de todo
aquello que por Real Hacienda recibiere y cobrare y
obiere de recebir y cobrar, y á los quales pueda señalar y señale salario competente con los dichos cargos
y oficios, teniendo consideracion á que las dichas provincias estan tan remotas y apartadas desta Nueva
España y á la carestia que en ellas obiere, los quales dichos sus salarios los pueda mandar pagar y pague de los aprovechamientos que en aquella tierra
obiere y Dios enélla diere ó á la Real Hacienda
de Su Magestad, y que por sus vidas no se les pueda
quitar los dichos oficios; y que conque muertos aquellos, el dicho Gobernador pueda nombrar y nombre
otros ó la persona que por las dichas tres vidas en
en la dicha Gobernacion succediere; lo qual aya de
confirmar y confirme Su Magestad.

Ytem. Que por quanto los soldades y primeros
conquistadores que obieren de ir con el dicho Gobernador al dicho descobrimiento, pacificacion ó poblacion de las dichas provincias del Nuevo México, an
de arresgar y aventurar sus vidas en servicio de Dios
y de Vuestra Alteza, para que el Sancto Evangelio
sea extendido y promulgado en aquellas provincias
y los naturales déllas vengan en conocimiento de
nuestra Sancta Fée catholica y Religion Cristiana,
y an de pasar por muchos ó inumerables trabajos,
hambres, frios, heridas y desnudez; y conviene para
animállos y esforzállos, á que procuren como bue-

nos y leales españoles, hazer y emprehender las afrentas y trabajos qué se les ofrescieren con mayores ánimos, conociendo que se les á de dar el premio y galardon de sus trabajos, y todo lo que buenamente obiere lugar y paresciere á dicho Gobernador; y porque podria ser que algunos de los dichos primeros conquistadores y pobladores se les hobiese dado y repartido repartimiento y encomiendas de indios, y fuesen merescedores de otro mayor galardon y satisfacion; por tanto que el dicho Gobernador pueda dar y de los dichos repartimientos y encomiendas de indios á los dichos primeros conquistadores y pobladores, los quales ayan de tener y tengan, y gozar y gozen déllas, no embargante que sean Maestres de campo, Alferez, Sargento, Escribano mayor de Gobernacion, Alguacil mayor, capitanes, oficiales de guerra y de justicia; y que si le paresciere convenir al servicio de Su Magestad, el dicho Gobernador, que á estos mismos pueda nombrar y nombre por oficiales de Su Magestad y no por esto ayan de perder ni pierdan, ni dexar ni dexen los dichos sus oficios y repartimientos de indios, sino que gozen y usen de lo uno y lo otro; pues con deramamiento de su sangre y su sudor y trabajo conquistaron y apaciguaron la tierra, y la ganaron para su Magestad; lo quál se les ayn de confirmar y confirme.

Ytem. Que atento al zelo y voluntad conque el dicho Gobernador y los dichos primeros conquista-

dores que con él, fueren, se ofrecen á servir á Su
Magestad en la dicha jornada y los innumerables trabajos que an de pasar enéllo y á que an de derra-
mar su sangre en Servicio de Su Magestad, les haga merced de les dar y conceder á todos éllos, pri-
vilegio y esencion de hijosdalgo y executorias déllo
con sus armas y nobleza, las quales les ayan de
valer y valgan para en todos sus Reynos y Señorios, y déllas gozen y ayan de gozar sus hijos y
hérederos descendientes, para siempre jamas; pues
con esto se animará y dará avilantez á sus fieles
leales españoles, para que en las demas ocasiones
que se ofrescieren, hagan obras dignas de remuneracion, viendo como Su Magestad con su larga y
poderosa mano, honrra y gratificacion, y amplia-
mente, á los que bien y lealmente le sirven.

Ytem. Que atento á que las dichas provincias
se van á descobrir y poblar, y para que ayan de venir y vengan en acrescentamiento, y los conquistadores y pobladores déllas, resciban de Su Magestad,
beneficio, que Su Magestad les haga y conceda, de
que dentro de cient años, como se empezáre el dicho descobrimiento, no mandar que se pague en
éllas, ni dé las cosas que se vendiéren criaren ó co-
xéren y truxéren á vender de fuera, parte asi de los
Reinos de Castilla como de los demas de su Real
Corona, albalá ni pecho, ni otro derecho alguno,
sisa ni impusicion.

Ytem. Que las salinas que en la dicha tierra se

halláren y descobrieren, los dichos primeros conquistadores puedan usar y se aprovechar déllas, libremente, los dichos conquistadores ó sus hijos y
nietos, por sus vidas; y gastar la dicha sal, asi en
el uso y aprovechamiento de sus personas, casas y
hacienda, como en el beneficio de sus metales si los
tobieren, sin que por la dicha sal ayan de pagar
cosa ninguna por las dichas tres vidas de la dicha
Gobernacion, las quales pueda repartir y reparta el
dicho Gobernador.

Ytem. Quel dicho Gobernador aya de cónoscer
y conozca en las dichas provincias de todas aquellas
cosas y cada una déllas que fueren de gobierno, y
succedieren y acaescieren en éllas, ó fuere menester proveer y mandar y poner corregidores, alcaldes mayores y juezes de residencia y otras justicias
en las ciudades, villas y lugares y minas déllas,
escribanos y otros oficiales y quitar aquellos y poner otros de nuevo, y lo mismo las personas que
en las dichas tres vidas succedieren; quedando él,
como tal Gobernador en las cosas de justicia, por
superior y justicia mayor sobre todos, y antél,
ayan de ir ó vayan en primera instancia en grado
de apelacion todos los pleitos, capsas y negocios
ceviles ó criminales que en cualquier manera en
todas las dichas provincias succedieren y acaescieren, asi de oficio como á pedimento de partes; y él
aya de conoscer y conozca en el dicho grado de apelacion, de las dichas capsas; y llamadas ó oidas las

partes, les haga justicia conforme á derecho; y que
las apelaciones que del dicho Gobernador se inter-
posieren, ayan de venir y vengan á esta Real Audiencia de la Nueva España, conque en las cosas
que como dicho es, fueren de gobierno, no se entro-
meta ni pueda entrometer persona alguna.

Ytem. Que el dicho Gobernador y sus capitanes puedan descobrir y poblar mil leguas de tierra
desde las primeras poblaciones que entraren en el
Nuevo México, asi en largo como en ancho si lo
obiere y pueda descobrir y poblar, asi á la banda
del Sur como del Norte qualesquier puertos que halláre y los poblar de españoles y naturales para mejor trato y comercio de las dichas provincias y hacer enéllas, qualesquier fuertes y fortalezas á costa
de Su Magestad, y poner enéllos alcaldes, capitanes y justicias, y lo demas que convenga.

Ytem. Que abiendo descobierto el dicho Gobernador y sus capitanes algun puerto que sea razonable en la dicha mar del Norte, tenga licencia el dicho Gobernador y los demas, por las tres vidas, de
cargar para él, de qualesquier puertos y partes de
todos los Reinos y Señorios de Su Magestad, dos
navios, con qualesquier mercadurias, vinos, armas,
municiones, pertrechos y otras cosas, para que vengan con ello á las dichas provincias cada un año,
una vez, sin que de las dichas mercadurias, ropas,
armas, ni de cosa que de los dichos dos navios truxéren ni volvieren de retorno de las dichas provin-

cias, asi por cuenta del dicho Gobernador para el provehimiento déllas, como de los dichos conquistadores y pobladores por las dichas tres vidas, se les aya de pedir ni llevar en qualesquier puertos donde las cargáren y sacáren y entraren y metieren el dicho retorno, derechos ni cosa alguna; sino que ande ir y venir los dichos dos navios en cada un año, libres y exéntos de todos y qualesquier derechos, para que mejor se pueblen y perpetuen las dichas provincias.

Ytem. Que cada y cuando quel dicho Gobernador ó las personas que le sucedieren en las dichas tres vidas, le paresciere enviar desde las dichas provincias del Nuevo México á algunos de los oficiales de Su Magestad, Escribano mayor de Gobernacion ó capitanes ú otra qualquier persona, asi para esta Nueva España como para los Reinos de Castilla, á negocios que al dicho Gobernador y al bien de aquellas provincias, lo pueda hacer y haga ó darles para ello las licencias que fueren menester; y sí fuere caso que las personas que asi enviáre, tobieren salarios de Su Magestad ó encomiendas de indios, les pueda dar y dé licencia, para que por el tiempo que les paresciere, puedan ir ó vayan á los dichos negocios y cosas quales enviáre y fuere menester, sin que por hacer la dicha ausencia de los dichos sus cargos y oficios ó indios de encomienda, pierdan los dichos sus salarios y oficios ó indios; y que en las dichas licencias, ni en cosa ni parte déllas, no se le pueda poner ni ponga estorbo ni contradicion por ninguna persona, sino que les ayan de valer y valgan.

Ytem. Que Vuestra Alteza me haga merced de me prestar por el tiempo que fuere servido de la Real Sala de las armas, cinquenta cotas de malla gruesa para la dicha jornada, las quales volveré ó su justo valor, para el tiempo que Vuestra Alteza mandáre y fuere servido; que déllo daré fianzas.

Ytem. Que para la dicha jornada se me haga merced de favorecerme con veinte quintales de polvora del almacen de Su Magestad.

Ytem. Para que mejor se acierte á servir á Dios y á Vuestra Alteza en esta jornada, se trate con el Ylustrisimo Arzobispo desta ciudad, dé poder y comision de cura y vicario, á dos clerigos que van conmigo en la dicha jornada, para que conozcan de los casos y cosas que en las dichas provincias acaescieren y succedieren, y lleven para todo ello, comision en forma.

Ytem. Que se trate con el Comisario de la Orden del señor Sant Francisco, de seis frailes religiosos de su orden, que vayan con migo á la jornada de las dichas provincias, para que mediante doctrina y exemplo, los naturales déllas séan mejor y mas brevemente atraidos ó inducidos al conoscimiento de Dios Nuestro Señor, y enseñamiento de Nuestra Sancta Fée Catholica.

Ytem. Que si durante las vidas de los primeros

conquistadores y pobladores, acaesciere que entre ellos se hagan algunos trueques y cambios de las dichas sus encomiendas, que con licencia y parescer del dicho Gobernador la puedan hacer, y el dicho Gobernador los dé, sobre éllo, los titulos y recaudos que convengan y sean necesarios.

Ytem. Si succediere que algunos de los dichos conquistadores, por aber servido bien y lealmente á Su Magestad, y lo aber merecido y trabajado, se le obiere dado por el dicho Gobernador alguna buena encomienda, y este tál, por tener dos ó tres hijos ó hijas no las pudiere remediar ni casar; tambien por haber de suceder la mayor déllos en la dicha encomienda conforme á lo. que Su Magestad tiene proveido y mandado; y si al dicho Conquistador le pareciere y tobiere por bien, para casar y remediar las dichas sus hijas ó hijos, de partir y dividir entréllos, la dicha su encomienda, que para el dicho efecto con licencia y parecer del dicho Gobernador, lo pueda hacer y haga, y el dicho Gobernador lo consienta y apruebe, y les dé y despache los títulos y recaudos que convengan, para que dende en adelante, cada uno goze y tenga la parte que de la dicha encomienda le perteresciere por las nueve vidas que restaren, y Su Magestad sea servido de así lo confirmar y aprobar.

Ytem. Que habiendo hecho qualesquier descobrimientos de minas en las dichas provincias y sacandose déllas plata ú oro esta Real Audiencia y el

Exelente Visorey de esta Nueva España, ayan de enviar y envien al dicho Gobernador y á los dichos juezes oficiales reales de Su Magestad, los hierros de los quintos reales conque se quintan, ó marque la dicha plata, con los quales se quinten y señalen, pagando ante todas cosas la veintena á Su Magestad, y con esto pueda pasar y pase la dicha plata y oro por todos los Reinos y Señorios de Su Magestad.

Item. Que si para la dicha jornada, despues de aber visto y entrado el dicho Gobernador en las dichas provincias, le paresciere que conviene al servicio de Dios Nuestro Señor y al de Su Magestad, é enviar por mas gente de soldados y otras personas que vayan y entren en las dichas provincias, demas de la quél metiere en éllas para que mejor se pacifiquen y pueblen, y enviar sobre éllo á suplicar á esta Real Audiencia á al Exelente Visorey que aqui estobiere á la sazon, se provean de los dichos soldados y gente, y dé municiones y bastimento y de las demas cosas que fueren menester, acosta del dicho Gobernador se les aya de enviar y envien y provean de lo que enviare á pedir y le favorescer y ayudar en todo ello, para que mejor se consiga ya y á efecto el dicho descobrimiento y pacificacion, y quedén llanamente licencia á todos los que con sus casas y familias se quisieren ir á poblar las dichas provincias, para que libremente lo puedan hacer, sin les poner sobrélle estorbo ni impedimento alguno.

Ytem. Que Vuestra Alteza me haga merced de quatro verzos ó tiros de campaña para llevar la dicha jornada, los quales volveré á su valor cada y quando que se me mande, y para ello daré fianzas.

Y porque segund los grandes gastos que yo el dicho Cripstobal Martin, de mi propia voluntad me pongo y ofrezço de querer á mi costa conquistar, pacificar y poblar las dichas provincias de Nuevo México, y á los muchos peligros y trabaxos en que me he de ver, demas de vender como vendo para hacer la dicha jornada, mis casas, heredades y posesiones que tengo en esta Ciudad de México, y del socorro que tambien he buscado entre mis parientes y amigos, en lo qual todo se tiene cierta esperanza que Dios Nuestro Señor y Vuestra Alteza an de ser muy servidos, y Vuestros Reinos y Señorios y Vuestra Real Hacienda, an de ser muy acrecentados; asi es justo y razonable, que para perpetuidad nombre y linaxe, yo instituyo un mayorazgo con renta competente para el en que succedan mis herederos, y no los teniendo, la persona que yo nombrare con títulos honrrosos y de dignidad, que por Vuestra Real persona, atento mis servicios, me fueren fecho, para que otros, vista la larga mano de Vuestra Alteza, se animen á ganar, descobrir y conquistar tierras de nuevo, para lo qual de lo mejor y en lo mejor que en las dichas provincias se ganáre, descobriere y apaciguáre, y en los mejores pueblos déllas, en donde yo nombráre y señaláre,

Vuestra Alteza me á de hacer merced de me mandar, dar y conceder, perpetuamente, de renta en cada un año, para siempre jamás, cinquenta mil pesos de oro común para mí y para mis succesores, con la juridiccion cevil ó criminal, mero mixto imperio de los dichos pueblos; lo qual en nombre de Su Magestad, se me á de conceder y prometer, teniendo consideracion á lo bien y lealmente que me ofrezco á le servir en el descobrimiento, pacificacion y poblacion de las dichas provincias, y al acrescentamiento que por ello á de venir á Vuestra Real Corona.

Por tanto á Vuestra Alteza, pido y suplico, atento á lo suso dicho y á la fée y lealtad con que me ofrezco á hacer la dicha jornada, mande tomar con migo el dicho asiento y concierto, concediendome lo que pido por las dichas capitulaciones, pues son tan justas y razonables, dandome los recaudos que convengan para que yo me apreste y vaya luego á hacer la dicha jornada; y en lo necesario el Real Oficio imploro y pido se me mande dar por testimonjo deste mi ofrecimiento.—Cripstobal Martin.

E vista la dicha peticion por los dichos Señores Presidente ó oidores, dixieron que se remiten al Señor Licenciado Sanchez Parédes, oidor semanero, para que lo vea y haga relacion.—Ante mi: Joan de Cuevas.

En la Ciudad de México seis dias del mes de

Noviembre de mil y quinientos y ochenta y tres años, estando en el Real Acuerdo de Gobernacion los Señores Presidente é oidores de la Audiencia Real de la Nueva España, por parte de Cripstobal Martin vecino desta ciudad se presentó esta peticion.

Muy poderoso Señor: Cripstobal Martin, vecino desta Ciudad de México, digo: que por otra mi peticion que di en este Real Acuerdo, me ofreci de que á mi costa y minsion, sin que Su Magestad gaste su Real Hacienda, cosa ninguna, poblaria, descobriria y apaciguaria las provincias del Nuevo México que están destintas y apartadas desta Nueva España á la banda del Norte mas de quatrocientas leguas; y porque pretendo que Vuestra Real persona sea informado de mi deseo y del asiento y concierto que con migo toma Vuestra Alteza, agora de nuevo ratifico y apruebo lo que tengo dicho; y me ofrezco de llevar á mi costa doscientos soldados para la dicha jornada, y de gastar en élla, cinquenta mil pesos, y de poblar las ciudades y villas que Vuestra Alteza mandáre, y me ofrezco á que daré en esta ciudad, fianzas bastantes, llanas y abonadas, en contia de cient mil pesos; de ir y hacer la dicha jornada y hacer las dichas poblaciones atento á lo qual.

A Vuestra Magestad pido y suplico se tome luego con migo el dicho asiento y concierto para que yo me apreste luego y busque la dicha gente para la dicha jornada; y pide se me dé, deste ofrecimiento y del primero, juntandose testimonio.—Cripstobal Martin.

Y por los dichos Señores, vista, dixieron que se verá y proveerá.—Ante mi; Joan de Cuevas.

En la Ciudad de México en catorce dias del mes de Noviembre de mill é quinientos é ochenta é tres años, estando en el Real Acuerdo de Gobernacion los Señores Presidente é oidores de la Audiencia Real de la Nueva España, por parte de Cripstobal Martin vecino de esta Ciudad, se presentó esta peticion.

Muy poderoso Señor: Cripstobal Martin, vecino desta Ciudad de México, digo: que por otras mis peticiones que yo he dado en este Real Acuerdo, me he ofrescido de servir á Vuestra Alteza á mi costa, sin que Vuestra Alteza gaste cosa alguna en ir y poblar las provincias del Nuevo México, de que estoy cierto y satisfecho que Dios Nuestro Señor y Vuestra Alteza an de ser muy servidos, y Nuestra Religion Cristiana y Vuestro Real Patrimonio muy acrescentado; para que como tengo referido, Vuestra Real persona sea informada de mi deseo y del zelo y lealtad conque me ofrezco á su Real servicio. Agora y tercera vez hago el mismo ofrescimiento de llevar en mi compañia trescientos soldados, y proveéllos de lo que obieren menester y de gastar en la dicha jornada, nuestros y de mis amigos que me dan y prestan cinquenta mil pesos; de poblar las ciudades y villas que Vuestra Alteza mandare, y que daré fianzas bastantes llanas y abonadas en esta Ciudad, de cient mil pesos, de ir y hacer el dicho viaxe y poblar las dichas poblaciones; y pues por Su Magestad está remitido á esta Real Audiencia y es cosa que tanto conviene á su Real servicio.

A Vuestra Alteza pido y suplico se tome luego con migo el asiento y concierto que Vuestra Alteza mandáre, conforme á mis capitulaciones, para que yo me apreste luego para ir á servir á Su Magestad en la dicha jornada; y pido se me dé testimonio de mi ofreeimiento.—Cripstobal Martin.

Y por los dichos Señores, vista, mandaron que se junte con lo demas, para que se vea y provéa.— Ante mi; Joan de Cuevas.

En la ciudad de México á veinte y tres dias del mes de Noviembre de mil y quinientos y ochenta y tres años, se presentó esta peticion para el acuerdo de la Gobernacion por Cripstobal Martin vecino desta Ciudad.

Muy poderoso Señor: Cripstobal Martin vecino destá Ciudad sobre los ofrecimientos que tengo hechos cerca de que sin que de Vuestra Real Hacienda se gaste cosa alguna á mi costa y mincion, descobrir y conquistar y apaciguar las provincias del Nuevo México, y hacer enéllas las poblaciones de villas y ciudades que con migo se capituláre, y quedaré fianzas bastantes de lo complir, digo: que por Cédula Real de Vuestra Real persona, se encarga y

manda al Visorey désta Nueva España ó á la persona á cuyo cargo estóbiere el Gobierno desta tierra,
que con toda diligencia y cuidado procure dar asiento sobre el dicho descobrimiento y poblacion de las
dichas provincias y lo que sobréllo se hiciere é asentare se enbie á Vuestro Real Consejo de las Yndias;
y pues yo me ofrezco á ello y es en tanto servicio
de Vuestra Alteza y en acrescentamiento notorio de
Vuestro Real Patrimonio.

A Vuestra Alteza pido y suplico, que en complimiento de la dicha Vuestra Real Cédula, se tome luego con migo el dicho acierto y concierto, que
yo ofrezco de dar luego, fianzas, de complir lo que
tengo prometido; y pues el negocio requiere brevedad y su calidad ser preferido á otros, se determine
luego, y de lo que se proveyere y de mis ofrecimientos, suplico se me dé testimonio en forma.

Otro si: pido y suplico á Vuestra Alteza, se me
mande dar un treslado authorizado de la Cédula
Real, y pido justicia.—Cripstobal Martin.

É vista en el Real Acuerdo de Gobernacion por
los dichos Señores Presidente é oidores mandaron
que se le dé al dicho Cripstobal Martin un treslado
authorizado de la dicha Cédula de Su Magestad,
que pide.—Ante mi; Joan de Cuevas.

Este es un treslado bien y fielmente sacado de
una Cédula Real de Su Magestad, firmada de su
Real Nombre y refrendada de Amtonio de Heraso,
su Secretario, con seis rúbricas á las espaldas della,

que á lo que paresce, son de los Señores del Real Consejo de las Yndias, segun porélla parescia, su tenor, de la qual, es este que se sigue:

El Rey. Conde de Coruña.=Pariente Nuestro Virrey Gobernador y Capitan General de la Nueva España, y en vuestra ausencia á la persona ó personas á cuyo cargo fuere el Gobierno délla, por la carta que nos escribistes en primero de Noviembre del año pasado de ochenta y dos, y las relaciones, que conéllas nos imbiásteis, se á entendido el descobrimiento nuevo que se abia hecho en esa tierra por la parte de la Nueva Vizcaya y Rio de las Conchas, de abernos recebido contentamiento; y porque tenemos voluntad de quaquéllo se pueble despañoles y se pacifique para que se pueda predicar alli el Sancto Evangelio, y los naturales que en aquella tierra abitan, vengan al verdadero conocimiento de nuestra Sancta Fee Catholica y se puédan salvar, Os mandamos, que sobréllo hagáis asiento y capitulacion conforme á las ordenanzas, de nuevos descobrimientos, con la persona mas conviniente y de quien tengais mas satisfacion que se ofresciere á hacerlo, sin que Nuestra Hacienda se gaste cosa alguna; y fecha la capitulacion antes que se ponga en execucion ninguna cosa de lo que poréllo se capituláre, la imbiaréis al Nuestro Consejo de las Yndias, para que en él se véa y provéa lo que convenga; y de lo quenéllo hiciéredes, nos avisareis. Fecha en Madrid diez y nueve de Abril de mil y quinientos y ochenta y tres años.==Yo el Rey.== Por mandato de Su Magestad.==Antonio de Heraso.

En la Ciudad de México á veinte y siete dias del mes de Agosto de mil y quinientos y ochenta y tres años, los Señores Presidente é oidores de la Audiencia Real de la Nueva España, recebieron esta Real Cédula, gobernando por muerte del Virrey Conde de Coruña, y fué obedecida con la reverencia y acatamiento debido; y en quanto al complimiento, dixeron, que se hará y complirá lo enélla contenido, como Su Magestad lo manda.

Fecho y sacado, corregido y concertado fué este dicho treslado de la dicha Cédula de Su Magestad, original que de suso va incorporada, con la qual se corrigió y concertó y sacó, de pedimento de la parte de Cripstobal Martin, y de mandamiento de los Señores Presidente é oidores désta Real Audiencia, en la ciudad de México á dos dias del mes de Diciembre de mil y quinientos y ochenta y tres años. Testigos que fueron presentes á lo ver sacar, corregir y concertar por el dicho original; Diego Jarrique y Pedro de Espinosa y Pedro Carrillo, vecinos de México. Sancho Lopez de Agurto.

En la Ciudad de México siete dias del mes de Diciembre de mil y quinientos y ochenta y tres años, estando en el Real Acuerdo los Señores Presidente é oidores de la Audiencia Real de la Nueva España, por parte de Cripstobal Martin vecino desta Ciudad, se presentó esta peticion con el testimonio de la Cédula Real de Su Magestad, de suso contenida.=Muy poderoso Señor: Cripstobal Martin, vecino desta ciudad, dijó: que como consta y paresce por esta Cédula Real de Su Magestad, authorizada de que hago presentacion, Su Magestad encarga á esta Real Audiencia á cuyo cargo al presente está el Gobierno desta Tierra, que porque tiene voluntad de que el descobrimiento nuevo que se á empezado á hacer de las provincias del Nuevo México se continúe y pueble de Españoles y pacifique para que alli se pueda predicar el Sancto Evangelio, y los naturales que en aquellas provincias abitan, vengan al verdadero conoscimiento de nuestra Sancta Fée Cathólica, para que se salven, manda que sobréllo se haga asiento y capitulaciones que convengan con las personas que se ofrescieren á lo hacer, sin que de su Real Hacienda se gaste cosa alguna; y porque yo me hé ofrescido de hacer la dicha jornada á mi costa y mincion, y de gastar enélla cinquenta mil pesos, y de llevar trescientos hombres, y de hacer las poblaciones de villas y ciudades que conmigo se concertáre, y que daré fianzas de lo complir; y al servicio de Su Magestad conviene se ponga en execucion y efectúe lo suso dicho, para que conforme á lo que Su Magestad manda, se le dé aviso déllo.

A Vuestra Alteza pido y suplico: mande que el Licenciado Paredes, oidor semanero á quien está

remitido, tome el dicho asiento y concierto, con
migo para que yo me apreste para la dicha jornada,
que compla por mi parte lo que tengo prometido, y
que de mis ofrecimientos y de lo que se proveyére,
se me dé de tódo, testimonio en forma, sobre que
pido justicia y en lo necessario &. Cripstobal Martin.

E por los dichos Señores, vista, mandaron que
se le dé al dicho Cripstobal Martin, el testimonio
que pide en publica forma, de los dichos sus ofres-
cimientos y capitulaciones.—Ante mi; Joan de
Cuevas.

En la Ciudad de México en catorce dias del mes
de Diciembre de mil y quinientos y ochenta y tres
años, estando en el Real Acuerdo los Señores Presidentes é oidores de la Audiencia Real de la Nueva
España, el Señor Licenciado Sanchez Paredes, oidor désta Real Audiencia como Semanero á quien
se cometió, hizo relacion de lo pedido y ofrescido
por parte del dicho Cripstobal Martin, en la jornada del descobrimiento de las provincias del Nuevo
México, y por los dichos Señores, visto, mandáron
se dé testimonio de tódo al dicho Cripstobal Martin como le está mandado dar.—Ante mi; Joan de
Cuevas.

El qual dicho Treslado se sacó de las peticiones
y autos originales, y vá cierto y verdadero; en la
Ciudad de México á veinte y quatro dias del mes de
Diciembre de mil y quinientos y ochenta y tres
años,—Testigos que fueron presentes á lo ver sacar,

corregir y concertar.=Francisco Salzedo y Francisco Rüano, escribanos de Su Magestad, estántes en esta dicha Ciudad.=Va entre renglones-avilantez-y testado-alas.

En fée de lo qual, fize aqui mi signo, ques atal.=En testimonio de verdad.=Hay un signo.=Joan de Cuevas.

Nos, los escribanos de Su Magestad que aqui firmamos nuestros nombres, damos fé, como Joan de Cuevas de quien va firmado y signado este testimonio, es escribano mayor y de Gobernacion désta Nueva España; y á las escrituras y autos que ante él pasan, se á dado ó dá entera fé y crédito en juicio ó fuera dél. En testimonio de lo qual, lo firmamos de nuestros nombres. Fecho en México á veinte é quatro dias del mes de Diciembre de mil y quinientos y ochenta é tres años.=Sebastian Vazquez; escribano y notario.=Entre rúbricas.=Diego Tarrique escribano de Su Magestad.=Hay una rúbrica.=Joan Serrano, escribano de Su Magestad.=Hay una rúbrica.

COPIA DE CARTA ESCRIPTA AL VIRREY CONDE DE
MONTERREY, DON JUAN DE OÑATE, DE LA NUEVA
MÉXICO, Á 2 DE MARZO DE 1599 AÑOS. (CORRES-
PONDE AL CAPÍTULO PRIMERO DE MATERIA DE
GUERRA, FECHA EN MÉXICO Á 4 DE OCTUBRE
DE 1599 (1).

Del Rio de Nombre de Dios screbi últimamente
á Usia Yllustrisima, dando quenta de mi partida,
y del descobrimiento de camino carretero para el
Rio del Norte, y las ciertas esperanzas que del buen
subcesso de mi viaje tenia, las quales, ha sido Dios
servido. Él séa bendito por siempre, que muy en
servicio suyo y de la Real Magestad han llegado á
posesion tal y tan buena, que ninguna de las que
Su Magestad tiene en estas Yndias, le hace ventaja, juzgandola por solo lo visto por mi, y por cosas
de cierta noticia, y algunas de casi experiencia,
por haberlas visto personas de mi Real, que al presente sé; no entrando en esta quenta, las grande-
zas de poblazones y riquezas, que hácia el Poniente
los naturales predican, ni la certidumbre de per-
leria que la Mar del Sur, en las muchas conchas
déllas, que estos indios poseen, promete; ni las
muchas poblazones que el nacimiento destos indios, que es el del Rio del Norte, llamado las siete
quebas, publican; sino solas las provincias que yo

_____

(1) Archivo de Indias. *Patronato,* Est. 1.º, Caj. 1.º

he visto y andado, y la gente désta parte del Oriente y los apachés, y la nacion de Cocoyes y otros
muchos quen estos términos y vecindad, cada dia
se descobren, como en particular enesta carta refi-
riré. Y quiero empezar dando á Usia quenta del
porqué, ha sido sola, despues que de esa Nueva España partí.

Salí Señor Ylustrisimo, del Rio de Nombre de
Dios, á diez y seis de Marzo, con la gran maquina
de carretas, mugeres y niños, que Usia sabe bien,
desauciado de todos mis contrarios y con artos pro-
nosticos, conformes á sus desseos y no á la bondad
de Dios, fué Su Magestad servido complir los mios
y dolerse de mis grandes trabajos, afliciones y gastos, trayendome á estas provincias del Nuevo México, con entera salud en todo el Exercito de Su
Magestad; y aunque yó llegué á éllas á veinte y
ocho de Mayo, adelantandome con hasta sesenta
soldados á sosegar la tierra é librarla de traidores si
en élla los hobiese, prendiendo á Humaña y los suyos, á tomar entera noticia por vista de ojos, del
sitio y dispusicion de la tierra, ser y trato de la
gente, para ordenar lo que mas conviniere al Exercito, que dexé como veinte y dos leguas de los primeros pueblos, pasado yá el Rio del Norte, en el
qual, tomé posicion por Su Magestad, de todos estos Reynos y pueblo, que antes que dél me partiese
con espias expoladores, tobe descobiertos, no llegó el
dicho Exercito á darme alcance, al sitio y lugar don-

-de le asenté y tengo asentado, en esta provincia de
los de Teguas, hasta diez y nueve de Agosto deste
año pasado; y en este tiempo corrí sesenta y una
leguas de poblazones, via recta hácia el Norte, y
otras treinta y cinco de travesia de Oriente á Po-
-niente; que todo esto está lleno de pueblos muy
continuados y juntos, grandes y pequeños, de manera, que á fin de Agosto empecé á acomodar la
gente de mi Real, para el riguroso inbierno, con
que los indios y dispusicion de la tierra nos ame-
nazaban; y el demonio que siempre ha pretendido
escusar la gran perdida, que con nuestra venida le
ha venido, urdió de las que solia, amotinandose
mas de quarenta y cinco soldados y capitanes, que
con color de no hallar luego las planchas de plata
sobre el suelo, y quexosos de no dexarlos yo mal-
tratar á estos naturales, ni en personas ni en haciendas, se desgustaron de la tierra ó por mejor decir, de mí, pretendieron hacer gavilla para huirse
á esa Nueva España, como publicaron, aun que sus
intentos, á lo que despues ha parecido, mas tiraban
á saco de esclavos, y ropa y otras insolencias no
permitidas, tobe á dos capitanes y un soldado, que
decian éran culpados, para dar garrote sobre esta
capsa; y por averiguar no fué tanta su culpa, por el
tiempo en que me hallaba y por los importunos
ruegos de los religiosos y de todo el Exercito, hobe
de dexar el castigo y cesar con el hecho hasta alli;
y acabé de sosegar y apaciguar de todo punéto, mi

Real, mediado Septiembre; aun qué deste gran fuego no dexó de quedar una centella, á escondida debajo dé la ceniza, de disimulados rostros, en quatro soldados de los de la dicha quadrilla; los quales á ese tiempo, se me huyeron, llevandome hurtada parte de la caballada, yendó no solo contra uno, sino contra muchos bandos, que en esta capsa y en otras, para el bien de la tierra, tenia puestos en nombre de Su Magestad; y por ir contra sus Reales mandatos, me paresció no déxarlós sin castigo; y asi por la posta, despaché al momento al Capitan y Procurador General Gaspar Perez de Villagran, y al capitan de artilleria, Geronimo Marques, con expreso mandato, de que los siguiesen y alcanzasen é hiciesen justicia déllos; entendiendo les darian luego alcance, partieron mediado Septiembre como he dicho, y su viaje se dilató mas de lo quéllos ni yo pensamos; y tobo el éfecto que ya Usia sabe por carta que me dicen, escribieron desde Sancta Bárbara, en dos de los malhechores y en los ótros dos que se lés huyeron, le ábrá tenido por mano de Usia como es razon.

Aguardé su vuelta y subceso algunos días, y enéllos despaché á mi Sargento mayor, al descobrimiento y beneficio de las bacas de Cibola, hácia el Oriente, donde halló infinita multitud déllas, y le subcedió lo que en singular relacion avisó; él y éllos tardaron tanto, que por no perder tiempo, luego, en princípio de Otubre, fundada esta primera Yglesia en que se dixó la primera misa á ocho de Septiembre, y repartidos los Religiosos en diversas provincias y doctrinas, fuí en persona á la provincia de Abo, y á la de los Xumanás, y á las grandes y famosas salinas désta tierra, que estarán de aqui como veinte leguas á la parte de Oriente; y de alli atravesé al Poniente por la provincia del Puaráy, al descobrimiento de la Mar del Sur, por poder dar á Usía noticia; venido el capitan Villagran á quien trúxe para esté efecto, de todó lo demas que en tan buen tiempo, un humano trabajo pude alcanzar, que en suma es lo que en el Capitulo siguiente diré; y á esta capsa de dia en dia, y de subceso en subceso, especialmente por el de la muerté dé mi sobrino y Maése de Campo, que iba como por mi retaguardia, en mi seguimiento á la Mar del Sur, cuyo processo con otros muchos papeles, imbio á Usia, sea forzosamente dilatado el despachar antes; tengo pues, descobiertas y vistas hasta hoy, las provincias siguientes.

La provincia de los Piguis, ques la Provincia déllas, viniendo desa Nueva España, la provincia de los Xumanás, la provincia de los Cheguas, que los españoles llamamos Puaráy; la provincia de los Cheres, la provincia de Trías, la provincia de los Emmes, la provincia de los Teguas, la provincia de los Picuríes, la provincia de los Taos, lá provincia de los Peccos, la provincia de Abbo, y las salinas; la provincia de Juni, y la provincia de

Mohóce; éstas dos, postreras, están algo apartadas
de los demás, hácia el Poniente, y son donde agora
descobrimos las minas ricas, que los papelles que
Usia allá verá, testifican; las quales, no puede labrar ni beneficiar por la muerte de mi Maese de
Campo Don Joan de Zaldivar, y poner remedio á
lo que délla resultaba, que acabé de poner á fin
deste mes pasado, ni acabar mi viaje del Mar del
Sur, que era el intento con que fui á las dichas
provincias, dexando mi Real enesta de los Teguas,
de donde al presente escribo; y en ella y en las
demas sobredichas, abrá, acortandome en mi quenta, setenta mill indios poblados á nuestro husso,
casa con casa, y plaza quadrada; no husan de calles, y en los pueblos de muchas plazas ó quarteles,
se sale de una á otra por callejones; son de dos y
tres altos destado y medio y destado y tercia el que
menos en comun; y de quatro, cinco, seis y siete
altos, algunas casas; y aun pueblos enteros bestir
mantas de algodon muy pintadas, blancas ó negras, y algunas de illo, muy buena ropa; y otros
bisten pellejeria de Cibola, que ay grande abundancia y es de lindisima lana, de cuyo beneficio imbio
alguna muestra; es tierra abundante en carnes de
bacas de Cibola, carneros de disformes llaves, gallinas de la tierra; y en Mohóce caza de toda suerte;
ay muchas salbajinas y fieras, leones, osos, lobos,
tigres, penicas, hurones, puerco espin y otras; y
adoban y usan sus cueros; ay abejas y miel bien

blanca hácia el Poniente, de que imbio muestra;
demas ay, de legumbres, de salinas las mejores y
mas quel mundo tiene, ay grande abundancia, grán-
dissima diferencia de metales y muy ricos, los que
arriba dixe, que algunos descobiertos de por aqui
cerca, no paresce lo son, aunque no está empezado
á ver, casi cosa de lo mucho que ay; lindissimas
parras, rios, montes de mucha encina y algun al-
cornoque, de frutas, melones, uvas, zandias, cirue-
las de Castilla, capuli, piñon, bellota, nueces de la
tierra, y el coralejo que es fruta regalada, y otras
silvestres; pescado mucho y muy bueno en este Rio
del Norte; y otros de los metales de aqui, resultan
todas las colores que nosotros usamos finissimas;
las personas son bien dispuestas en comun; el color
de los desa tierra y casi en trato y traje, molienda
y comida, baile, canto y otras muchas cosas, sim-
bolizan mucho, salvo en las lenguas, que son muchas y diferentes de las de allá; su religion es adorar idolos que tienen muchos, y en sus templos, á
su modo los reverencian con fuego, cañas pintadas,
plumas y ofrenda universal, casi de todas las cosas
que alcanzan, animalejos, aves, legumbres, &. Su
Gobierno, behetria, que aunque tienen algunos ca-
pitancillos, obedécenlos muy mal y en muy pocas cosas; visto emos otras naciones, como son los
Quereches, ó baqueros que viven en tiendas de
cueros adobado, entre el ganado de Cibola; es infinita gente los Apiches, de que tambien hemos

visto, algunos; y aunque tobe noticia, vivian en
rancherias; de pocos dias á esta parte he averi-
guado viven como estos en pueblos, y tienen
uno, diez y ocho leguas de aqui, de quinze plazas, es gente que aun no ha dado por instru-
mentos públicos, la obidiencia á Su Magestad como
á todas las demas provincias dichas; he hecho
que la den, que me ha cestado notable trabajo,
diligencia y cuidado; las armas acuestas en largos
caminos, no con poca vela y recato, y por no lle-
varle tanto como conviniera, á mi Maese de Campo
le mataron con otros doce compañeros en un gran
pueblo y fortaleza, llamado Acóma que seria de tres
mill indios, poco mas ó menos, al qual en castigo
de su maldad y traicion á Su Magestad, á quien
habia dado ya la obidiencia por público instrumento; y para escarmiento á los demas, lo asolé y abra-
sé todo, en la forma que Usia por el proceso desta
capsa verá de todas estas provincias, pueblos y gente, soy de testigo de vista.—Otra nacion ay de los
Cocóyes, infinita gente de xacal y siembra, de la
qual y de las grandes poblazones del nacimiento del
Rio del Norte y de las del Norueste y Poniente, y
hácia el Mar del Sur, tengo infinitas noticias; y de
la dicha Mar, conchas de perlas de notable grandeza, y certidumbre que ay infinitas en la Costa desta tierra, y á la parte de Oriente, persona en mi
Real, ques un indio ladino de los que vinieron con
Humaña que ha estado en pueblo de los dichos ba-

queros, de nueve leguas continuado de largo, y dos
en ancho, de calles y casas, de xacal, que tiene su
su sitio entre la multitud de las bacas de Cibola,
que estas son tantas que mi Sargento mayor, que las
baqueó y trajo déllas cueros, carne, manteca y sebo,
afirma quen solo un atajo, vió mas que ay de las
nuestras, en las estancias de Rodrigo del Rio Sal-
vago y Jeronimo Lopez, todas tres juntas, ques la
fama de por allá; y seria nunca acabar tocar en particular cada una de las muchas cosas que se ofrecen, solo digo, que las he de ver todas con ayuda
de Dios, y dar nuevos mundos pacificos nuevos, y
ganados á Su Magestad, mayores que el buen Marques le dió, con haber hecho tanto, dandome Usía
Ylustrisima el socorro, favor y ayuda que de tal
mano espero; y aunque confieso que estoy amilana-
do, viendome tan desfavorecido, quanto desa tierra
salí, y que un ánimo acobardado con disfavor, suele decaer de la esperanza y desesperar de la posesion;
es cierto, asi, que ni la he perdido ni xamas la per-
deré, de recebir muchas y muy grandes mercedes de
mano de Usía, en especial en cosas de tanto servicio
de Su Magestad; y para que Usía Yllustrisima se
incline á hacermelas, le suplico advierta el grande
acrecentamiento que la Real Corona y Rentas de Su
Magestad, en esta tierra tienen y han de tener, en
tantas y tan diversas cosas, y que cada una déllas
promete muy grande tesoro; y solo apunto estas
quatro, dejando las demas por sabidas y ordinarias.

La primera, la grande riqueza que las minas han empezado á descobrir, y en las muchas que en la tierra ay, de do resultan los Reales quintos y aprovechamientos; la segunda, la certidumbre de la cercana Mar del Sur, cuyo contrato de Pirú, Nueva España y China, no es de menospreciar, pues ha de parir, andando el tiempo, provechosos y continuados portazgos, por la mucha cercania, enespecial á la China y á esa tierra; y lo que enésto pongo por destimas es la contratacion de las perlas, cuya noticia es tan cierta, como he referido, y experiencia en sus conchas de que acá la tenemos hecho por vista de ojos; la tercera, el acrecentamiento de vasallos y tributos, en los quáles, juntamente, con crecer las rentas, cresce el nombre y Señorio, si yá en Nuestro Rey puede crecer; la quarta, las riquezas de las abundantes salinas y montes de piedra azufre, de que ay mas cantidad que en ninguna otra provincia; y es la sal, contratacion universal de todos estos bárbaros y su ordinaria comida, tanto, que aun sola la comen ó chupan, como nosotros el azúcar; questas quatro cosas parescen á solo Su Magestad dedicadas, dexo la fundacion de tantas Repúblicas, los muchos oficios, sus quitas y vacaciones y provisiones &. Las riquezas de las lanas y cueros de Cibola y otras muchas cosas por claras y conocidas, y en la dispusicion de la tierra, la siguridad de los vinos y aceites. Miradas, pues, Señor Yllustrisimo, cosas de tanto honor, interés y precio, con la gran prudencia, magnanimidad y nobleza de Usia, que en todo ha de posperar y vencer el mal clima de mi desgracia, pido y suplico, humildemente, pues tanto importa al servicio de Dios y de Su Magestad, se me imbié el mayor socorro posible, asi para poblar como para pacificar, dando Usia con su favor, alma, calor y vida, á la conservacion, progreso y augmento desta tierra, en la predicacion del Sancto Evangelio, y fundacion desta República; dando licencia y favor á todos, abriendoles ancha puerta, y aun si menester fuese, mandándoles vengan á servir á Su Rey, en cosa tan honrosa y provechosa; y á tierra tan abundante y de tantos y tales prencipios de riqueza, que los llamo asi, porque aunque hemos visto mucho, no hemos empezado respecto de lo que ay que ver y gozar; y quando pasasen de quinientos los hombres, todos serian necessarios, especialmente casados, que es piedra sólida sobre que se funda muy perpetua, una nueva República; gente noble de la mucha que álla, sobra, y en especial, suplico á Usia, dé licencia á mi hija Mariquita, por la qual imbio, y á los que de mis deudos quisieren dar tan honrrosso fin á su vida, que con esto he dado de mi parte barreno á los navios y exemplo á todos, de como deben gastar sus haciendas y vidas y las de sus hijos y deudos, en servicio de Su Rey y Señor, á cuya quenta y nombre suplico á Usia me mande imbiar seis piecezuelas pequeñas ó esmerilejos, y

alguna polvóra, que todo estará siempre por de Su
Magestad, como lo es ésto y lo demas; y aunque
en semejantes ocasiones crescen las necesidades, y
en el tiempo en que yo me veo otros muchos los
suelen representar, yo quieró mas padecerlas que
ser cargoso á Su Magestad ni á Usia, con esperanza
cierta de suplir las de muchos pobres, que de mi se
quieran valer, haciendome Usia la merced que pido,
de imbiarmelos; y para pedirla á Usia Yllustrisima
van las personas mas calificadas que en mi Real,
tengo, como es razon vayan tales, á cosa tan importante al servicio de Dios y de Su Magestad, por
el qual arriesgan su salud y vidas y menosprecian
los grandes trabajos que han de padecer, y han padecido. El Padre Fray Alonsso Martinez, Comissario apostólico destas provincias del Nuevo México,
que es la persona de mayores meritos que yo he
tractado, y qual tan grandes Reynos han menester
para su espiritual gobierno, sobre lo qual escribo á
Su Magestad, y rescebiré gran merced en que Usia
haga lo mismo, á que creo ay amorosa obligacion
de parte de Usia, asi por ser el dicho Padre Comissario, su hechura, como por la autoridad de su
persona y meritos de su buena vida, de que imbio
á Su Magestad singular informacion, que Usia
verá si fuere servido, á que me remito; y en su
compañero mi Padre y Primo, Fray Cripstobal de
Salazar, de quien podrá dar testimonio su Perlado, que por no parecer interesado testigo en

capsa propia, cállo lo que con mucha razón y
verdad podria decir, y en todo lo espiritual á los
dichos Padres me remito, á quienes suplico á Usía
dé en todo y por todo, el crédito que á mi persona, y
digo muy poco déselle Usía como asacerdotes y verdaderos de mi Padre Sant Francisco; y destos tales
inche Usia, estos sus Reynos que bien tienen en que
ocuparse; y para lo temporal van tan honradas personas, comó las del Capitan y Procurador General
Gaspar Perez de Villagran y el Capitan de la Guardia, Marcos Farfan de los Godos, y el Capitan Joan
Piñero, á quienes, y muchos papeles que llevan, me
remito, en los quales hallará Usía, autentico, todo
lo que désta su tierra deseare saber; teniendome
por tan suyo como á los mias allegados de Usía Yllustrisima, cuyas cosas todas serán para mi; siempre
propias, que la siguridad y confianza questa mi
fidelidad me dán, tiene cierto quen los negocios
pasados abré tenido en Usía, verdadero amparo y
amor; que yá que no merecí quando me partí, res-
cibir la Cédula de mi Rey, su fecha de dos de Abril,
meresceré recebirla aora que tanto entiendo le he
servido, y por descargo de su Real conçiencia y siguridad de las criaturas que de Acóma quedaron,
las imbio á Usía, con el fin santo quel Padre Comissario dirá, que entiendo ques un gran servicio
de Dios, y tal, que doy por muy bien empleado el
trabajo y gasto que enésto me ha cabido, y no
espero menor corona en Usía, por las oraciones

desa breves dias; hónrela Usía Yllustrisima pues
vá á la casa de Dios, á quien en mayores estados
prósperos y aumente, por cuyo divino servicio,
qües lo último y mas qué puedo allegar, torno á
suplicar la merced pedida del socorro, mucho bueno y breve, así de sacerdotes, como de pobladores
y soldados.

DON ALONSO DE OÑATE PIDE SE CONFIRME LA
CAPITULACION QUE HIZO EL VIRREY CON DON JOAN
DE OÑATE SOBRE EL NUEVO MÉXICO: Y QUE SE
DECLARE ABER CUMPLIDO LAS CAPITULACIONES Y
SE LE DÉ TITULO DE ADELANTADO Y OTRAS COSAS,
EN ORDEN AL CUMPLIMIENTO DE LO QUE AL PRIN-
CIPIO SE ASENTÓ CON ÉL.—MAYO DE 1600 (1).

SEÑOR.

Don Alonso de Oñate, hermano de Don Joan
de Oñate Gobernador y Capitan General, descobridor de las Provincias y Reynos de la Nueva México: suplica á V. M. se sirva de mandar confirmar las capitulaciones que con él hizo el Virrey
Don Luis de Velasco en virtud de las Cédulas Reales que para ello tubo; pues todas las cosas que le
concedió, lo están por Ordenanzas Reales fechas en
el Bosque de Segovia á trece de Julio de mill y
quinientos y setenta y tres años, á los que hiciesen nuevas poblaciones, como lo fué esta, y con
nuevos descobrimientos que cada dia prometen otros
de nuevo, como se vé, por la relacion y recaudos
auténticos que imbia.

Que V. M. se sirva de declarar por su Real
Cédula como Don Joan de Oñate complió con las
capitulaciones, como consta de la visita, cala y

_____

(1)   Archivo de Indias. *Patronato*, Est. 1.ª, Caj. 1.ª

cata que hizo Don Lope de Ullóa, por mandado del Conde de Monterrey á que se remite.

Y pues la Real Cédula de nuevas poblaciones, inclusa y contenida en sus capitulaciones, le concede el título de Adelantado que ya tiene ganado y adquirido, se sirva V. M. de mandalle despachar en forma, Título de Adelantado.

Que V. M. se sirva de conceder todo lo que el dicho Don Joan de Oñate pidió al Virrey Don Luis, en que él ofreció de escrebir á V. M. para que se sirviese de hacerlo; no obstante que el Conde de Monterrey moderó y estrechó en algo estas capitulaciones, y Don Cripstobal de Oñate consintió la moderacion, por que ni tubo particular poder de su hermano Don Joan, como era necesario para cosa tan esencial, ni dexó de declarar que habia de pedir á V. M. confirmacion de todas las capitulaciones, por entero, declarando como declaró, que si entónces era visto consentir en nombre de su hermano, era por que no sé perdiese la ocasion que con la dilacion pudiera tener riesgo, ni él dexáse de servir á V. M., continuando lo que sus padres y abuelos hicieron, mayormente, instando el Exercito que estaba junto y haciendole grandes gastos á causa de la detencion que capsó el Conde Virrey, en cuya satisfacion declaró, luego, que era cóntento que recurriesemos á V. M. á pedir enteramente complimiento de las capitulaciones y con el favor que V. M. se sirviere de hacer merced al di-

cho Don Joan, se veran grandes frutos de mayores
servicios que á V. M. hará en la empresa que sigue
como prometen sus principios con tantas gentes
rendidas á la obidiencia de la Yglesia y de V. M., por
su órden ó industria, sin la violencia de armas, ni
opresiones de conquistas.

Y para que mejor se consiga el intento de
V. M., suplica se le dé cédula para que los religiosos de todas órdenes puedan ir á predicar y fundar, sin que se perjudiquen por esto los Padres de
Sant Francisco que allá esten, los cuales será
V. M. servido de mandar se queden con los pueblos
que tienen; pues la tierra y gente, admite muchos,
sin perjuicio de los primeros.

Y para que V. M. séa enterado de lo mucho que
Don Joan de Oñate ha padecido y gastado por la
detencion que se le hizo de mas de año y medio en
campaña rasa á él y su Exercito, será necesario que
en particular se vea la visita, cala y cata que Don
Lope de Ullóa por mandado del Conde de Monterrey le hizo; y no obstante que conforme á las capitulaciones tenia bastantemente complido, con ella,
se le hizo otra, por Joan de Frias de Salazar con
tanto rigor, que fué misericordia de Dios el dálle
sufrimiento para poder tolerar tan gran avenida de
sin razones, que por todas, atrancó, porque conoció
el intento que fué querelle imposibilitar para que
no podiese hacer la jornada, previniendose de hacer
protestaciones á tiempo para presentallas en el de

agóra; y todo se ha de servir V. M. de mandar que
se vea para que en la primera ocasion se le despachen á Don Joan, los recaudes necesarios con que
los medios y fines de su conquista sean tan prosperos como lo han sido los principios.

Lo acordado en Madrid á veinte y cuatro de
Mayo de seiscientos años.=El Licenciado Diego
Lorenzo Navarro.=Hay una rúbrica.

DON ALÓNSO DE OÑATE, Á 5 DE MAYO 1600.—AL PRESIDENTE DEL CONSEJO DE YNDIAS.

MUY PODEROSO SEÑOR.

Don Alonso de Oñate, en nombre de Don Joan de Oñate, mi hermano, Gobernador y Capitan General, descobridor y pacificador de las Provincias y Reynos de la Nueva México, con su poder que presento, digo: que el Virrey Don Luis de Velasco, despues de haber nombrado el dicho Don Joan, para que hiciese la dicha jornada en conformidad de las ordenanzas reales, fechas en el Bosque de Segovia sobre los descobrimientos y conquistas como lo es ésta, capituló y tomó asiento con el dicho Don Joan, como se verá por las capitulaciones autorizadas que presentó, y todas fueron sin esceder ni alterar de lo que las dichas ordenanzas conceden, y con orden espresa, que S. M. que está en el cielo, dió al dicho Virrey Don Luis, para que nombrase persona que hiciese el dicho descobrimiento; y el Conde de Monterrey moderó las dichas capitulaciones, como asi mesmo se verá por un traslado autorizado que presentó, y Don Cristobal de Oñate su hermano consintió la moderacion sin tener particular poder de Don Joan, como era necesario para cosa tan esencial; antes protestó que habia de pedir á V. M. confirmacion de todas por entero, declarando como declaró, que si entonces era visto consentir en nom-

bre de su hermano, era por que no se perdiese la
ocasion que con la dilacion pudiera tener riesgo, ni
el dexarse de servir á Vuestra Alteza, continuando
lo que sus padres y abuelos hicieron, mayormente,
instando el Exército y haciendole grandes gastos á
capsa de la detencion que capsó el Conde Vírrey;
en cuya satisfacion, declaró luego, que era contento
que ocurriese á Vuestra Alteza á pedir enteramente complimiento de las capitulaciones como agóra
lo hago en el dicho nombre de mi hermano, y como
lo tiéne merecido; respecto de lo mucho que trabajó
y padesció, hasta que se le dió licencia para poder
entrar y por los prosperos principios de su conquista, valiendole para esto la visita, cala y cata que
hizo y tomó Don Lope de Ullóa por orden del dicho
Conde de Monterrey, en que complió enteramente
con lo prometido en sus capitulaciones y con mucha
sobra en los mas generos y sin que le perjudique
la que despues hizo Joan de Frias de Salazar en des-
autoridad del dicho Don Joan de Oñate y de su jornada, esparciendole el mucho numero de soldados
que tubo conducidos y juntos en su Exército, echando bandos tan rigurosos que fué ventura que hobiese
algunos tan poco temerosos y tan honrrados, que se
quedasen y ayudasen á sus rigores y modo de proceder tan trasordinario, que fué misericordia de Dios el
podéllos tolerar el dicho Don Joan y su Exército, que
por sola esto, tiene merecido que Vuestra Alteza le
haga merced de confirmarle dichas capitulaciones

que es el principio y primicia de las grandes mercedes que de Vuestra Alteza espera. Y pues la Real Cédula de nuevas poblaciones inclusa y contenida en sus capitulaciones, le concede el titulo de Adelantado que tiene ganado y adquirido, de aquellas provincias, y se sirva Vuestra Alteza de mandalle despachar titulo de tal Adelantado, en forma. Y todo lo que Don Joan de Oñate pidió en sus capitulaciones al Virrey Don Luis de Velasco en que él ofreció de escrebir á Vuestra Alteza, suplicandole se sirviese de hacerlo, atento á sus grandes servicios y trasordinarios gastos y á lo mucho que tiene hecho en su conquista. Suplica á Vuestra Alteza se sirva de hacerle merced como lo merecen sus servicios, para animar y alentar á los conquistadores que con él estan y los muchos movidos para servirle en este descobrimiento y conquista en que es tan cierto el servicio de Dios Nuestro Señor y el de Vuestra Alteza, con tantas gentes rendidas á la obidiencia de la Yglesia y de Vuestra Alteza por su orden é industria, sin la violencia de armas ni opresion de malos tratamientos.

En el primer capitulo de sus capitulaciones, suplica el dicho Don Joan de Oñate, que demas de lo que la ordenanza 56 le concede, de que por dos vidas séa Gobernador de aquellas provincias, le haga merced de otras dos, para que sean cuatro; y el dicho Virrey Don Luis, prometió de escrebirlo asi á Vuestra Alteza; é yo en su nombre lo suplico; pues lo merecen sus servicios.

RELACION CIRCUNSTANCIADA DE LA PROVINCIA DE
COSTA-RICA; QUE ENVIÓ JUAN DÁVILA.—AÑO
DE 1566 (1).

S. S. C. M.

Como los vasallos de Vuestra Alteza seámos
obligados á mirar por las cosas tocantes á Vuestro
Real Servicio, y déllas dar aviso, en especial, en
negocios y coyunturas semejantes como la que agora al presente se ofrece, pareciendome que en hacerlo hacía conforme á lo que tengo profesado,
acordé dar cuenta á Vuestra Alteza del estado de
Costa-Rica, protestando como protesto á ley de
cristiano ó hijo-dalgo, de decir en el negocio, mera
verdad, conforme á lo que ví, entendí y tube noticia, el tiempo que enélla estube; para que siendo
Vuestra Alteza informado, provéa enéllo conforme
al descargo de Su Real conciencia y aquello que
mas á Su Real Servicio convenga.

Ante todas cosas; quiero dar á Vuestra Alteza
noticia, de quién soy, representando con éllo algunos pequeños servicios que conforme á mi deseo á
Vuestra Alteza, he hecho, para que se entienda que
lo que digere conforme á mi calidad y al deseo que
de servir á Vuestra Alteza, he tenido, me obligue
á no decir conbicion ni aficion, cosa que no deba;
antes obligandome, lo dicho, teniendo alguna pe-

(1) Archivo de Indias. *Patronato*, Est. 1.°, Caj. 1.°.

queña espiriencia, estaré obligado á mi Rey y Señor, decirle entera verdad, la cual protesto.

Vuestra Alteza sabrá que yo soy hijo de Benito Dávila natural de Alburquerque, y de Catalina Martin de Baro-betacor, natural de la Gran Canaria, hijos-dalgo, notorios; fué mi padre uno de los primeros conquistadores destas partes, y mi madre una de las primeras mugeres que en las Yndias entraron; nací en la Ciudad de Granada provincia de Nicaragua, año del Señor de mill ó quinientos ó treinta, siendo mi padre, Vuestro Alcalde ordinario. En la dicha Ciudad de Granada, andando una noche rondando la Ciudad, fué muerto á gran traicion, siendo acometido sobre hecho·pensado, de ciertos soldados que al presente en aquella ciudad residian, el cual muerto, quedando yo en poder de mi madre, residí en la dicha ciudad hasta tener cumplidos diez y siete años, teniendo como yo tenia en los terminos de la dicha ciudad, los pueblos de Yndios llamados Salteba y Masaya; los cuales, Vuestro Gobernador Rodrigo de Contreras encomendó, en mi, atento á los servicios que mi padre, á Vuestra Alteza habia hecho, en el cual tiempo procuré mediante mis fuerzas, servir á Vuestra Alteza, en todo lo que se ofreció; porque enel interin, viniendo el capitan Palomino en nombre de Gonzalo Pizarro con mano armada al realejo, treinta leguas de donde yo residia, luego quelo supe, fui por la posta á la ciudad de Leon, y con la

gente que de la dicha ciudad salió á le resistir, fuí
y estobe defendiendole, que no saltase en tierra;
lo cual visto por el dicho capitan Palomino, se
hizo á lo largo, dejando libre la tierra; despues de
lo cual fuí con vuestro capitan Francisco del Barco
á la conquista y pacificacion de la Nueva Segovia,
que en aquel tiempo los naturales délla se habian
rebelado; en la cual pacificacion, como en el descó-
brimiento del rio llamado Maribichicoa, serví á
Vuestra Alteza como leal vasallo; de donde redun-
dó descobrirse en la dicha ciudad de la Nueva Segovia y su comarca, muchas minas de oro con que
Vuestra Real Hacienda ha sido muy acrecentada;
despues de lo cual fuí con vuestro capitan Diego de
Castañeda en demanda de una provincia llamada
la Tabizgalpa, de la cual jornada, saliendo perdidos, á causa de que las guias nos metieron en tierra
de muchos manglares y ciénagas, fuimos en demanda del desaguadero, tierra que confina con Costa-Rica, á donde el dicho vuestro Capitan pobló la
ciudad de la Nueva Jaen; despues de lo cual, sa-
liendose de la dicha tierra el dicho Diego de Castañeda, yo quedé en su lugar sirviendo á Vuestra
Alteza en la dicha poblacion, y en traer á los naturales de la dicha provincia al dominio de Vuestra
Alteza, como lo hice, sin les hacer agravio ni mo-
lestia ninguna.

Despues de lo cual, viniendo un tirano llamado Joan Gaytan con mano armada á la ciudad de

Leon, salí de la ciudad de Granada, por vuestro alférez, á le restituir, donde serví como leal vasallo; despues de lo cual, sabiendo que en los Reynos del Pirú se habia alterado contra Vuestro Real Servicio Francisco Hernandez Giron, deseando serviros, pasé á los dichos Reynos donde serví como leal vasallo en todo aquello que se ofreció; y vuestros capitanes en Vuestro Real Nombre, me mandaron, hasta que el dicho Francisco Hernandez fué desbaratado y muerto. Para hacer éste viage á las provincias del Pirú, fué necesario llevar licencia de Vuestra Real Audiencia que en los confines residia, la cual me diéron, con que me mandaron que dentro de dos años fuese obligado á volver á residir en la dicha provincia, donde nó, que los indios que yo poseia quedasen bacos para los encomendar libremente; lo cual hicieron luego que me embarqué, por relacion, que tubieron falsa de que yo habia dicho cuando me embarqué, que yo hacia la cruz á la provincia de Nicaragua y que no pensaba volver mas á élla; la cual encomienda hicieron en un Francisco de Bañuellos con aditamento que casase con Doña Ines Pacheco, persona á quien segun se decia, Vuestra Real persona habia imbiado á mandar se le diese con que se pudiese sustentar. Yo estobe en ir y venir á la dicha provincia, tiempo y espacio de los dos años menos cinco dias; y como viniese dentro del termino y hallé encomendados los dichos indios que yo tenia en encomienda, ocurrí á la real Audien-

cia, agraviandome del negocio y llevando certificacion de que volví dentro del término, fueron servidos de me volver los dichos indios, y por mí, les
fué pedido que se me volviesen los frutos y rentas
que los dichos indios habian rentado durante los dos
años; á lo cual se me respondió que lo remitian al
primer oidor que á visitar viniese á la provincia de
Nicaragua; y hasta hoy está por averiguar este
negocio, por que volviendo yo á la dicha ciudad de
Granada y habiendome casado, me fué mandado
por Vuestra Real Audiencia, con provision que para
éllo me imbiaron, que fuese á descobrir la Tabizgalpa, lo cual visto por mi y viendo que á Vuestro
Real Servicio convenía, me dispuse á hacer la dicha jornada, la cual hice, sirviendo á Vuestra Alteza con toda la mayor parte de mi hacienda y rentas; despues de lo cual serví á Vuestra Alteza en
la jornada que hizo vuestro presidente el licenciado
Pedro Ramirez de Quiñones á las provincias de la
Candon, Pochultra, Catanu y Tofilte pequeña, donde en la dicha jornada, habiendo sido nombrado por
vuestro capitan, serví pasando muy grandes trabajos y peligros de muertes.

Despues de lo cual, la compañia de Joan Vazquez de Coronado, vuestro Capitan, entré en Costa-
Rica, donde luego que entré, fuí nombrado por
vuestro Alcalde Ordinario; y habiendo sido nombrado por vuestro Capitan, hice muchas entradas
en la dicha tierra, por lo cual y por la espiriencia

que tengo de lo que tengo dicho, podré, dandome
Dios ayuda para élla, la cual le pido, informar á
Vuestra Alteza de lo que tengo prometido.

Vuestra Alteza sabrá que yo salí con Joan Vazquez de Coronado de la provincia de Nicaragua,
con el cual vine hasta Nicoya, un pueblo de indios
que está en Vuestra Real Cabeza, donde el General
estubo esperando un barco para en él pasar á la
villa de Landecho, la cual pobló el licenciado Cavallon al principio y entrada de Costa-Rica. Esperar el barco era la causa, que como esto era en la
fuerza de invierno, no se podia ir por tierra á la
dicha villa, á causa de los grandes rios que hay y
muchas ciénagas; venido el barco y habiendo imbiado los caballos por tierra con gente suelta y que
sabia nadar, comenzamos á pasar á la dicha Villa,
donde pasados que fuimos, habiendo llegado los
caballos, el dicho General, mandó todos se apresta-
sen para ir al castillo de Garci-Muñoz, Ciudad que
el licenciado Cavallon habia poblado. La Villa de
Landecho, sepa Vuestra Alteza, que está cuatro
leguas de la mar del Sur, el temple de la cual es
caliente, es tierra á mi parecer que el que la pobló
allí, mas lo hizo por ponerle el nombre que le puso
que por otra cosa; por que de mas de que á la redonda no tiene poblacion ninguna de naturales
con que poderse sustentar, élla es tierra de muchas
ciénegas y rios, y la tierra alta que á la redonda
tiene, es tierra muy esteril toda llena de piedras y

guijarros. El puerto es muy malo y peligroso;
costa brava, en especial en tiempo de vendabales;
y sino es barco muy pequeño, no puede entrar en
el puerto, que es la boca de un rio y que por aquella parte sale á la mar, es tan peligroso, que de
dos que en aquella sazon entraron, se perdió el
uno. Desta villa de Landecho, marchamos para
Garci-Muñoz, que hay tres jornadas, donde llegados, el General fué bien recebido de los soldados
que enélla habia dejado el Licenciado Cavallon, y
luego comenzó á dar órden en que se hiciesen ciertas jornadas en comarca de la dicha ciudad, para,
enteramente, saber y descobrir lo que enélla habia; lo cual poniendolo en efecto para la provincia
de los Botos, provincia que decian era muy viciosa,
fertil y de muchos indios; y donde se tenia noticia
que estaba retirado Garabito, Señor de la mayor
parte de aquellas provincias, nombró por capitan á
Francisco de Marmolejo, el cual con cuarenta sol-
dos fué á la dicha provincia; no la asaltó como le
fué mandado, porque antes de llegar allá, los indios fueron avisados. Dijo haber llegado á la dicha
provincia y lo mas que enélla pudo ver, fueron
dos casas, la una grande y la otra no tanto; la
mayor, dijo, tener, doscientos pies de largo y cuarenta de ancho, informandome yo de ciertos mochachos é indias que de la dicha provincia trugeron; algunos soldados me dijeron residir en aquellas dos casas, como hasta noventa ó cien indios,

y que la mayor era la casa del Señor. Preguntéles si habia mas casas, y dijeronme, que si, mas que estaban muy lejos y que en cada casa habia un cacique. Es la gente desta provincia y la de todas las que estan, cuenta, gente pobre, y que no tienen mas de lo que traen encima; que es, los principales caciques unos cosetes sin mangas y tan cortos, algunos, ó los mas, que no pasan del ombligo; las indias y los demas indios andan desnudos, que sino son algunas pampanillas de corteza de arboles con que se tapan sus vergüenzas, no tienen otra cosa; y algunos andan como su madre los parió.

Para la provincia de Garabito que es la provincia que mas forma tiene de gente y la que mas alborotada estaba, nombró por Capitan á Joan de Yllanes de Castro, el cual salió y andubo en la dicha provincia algunos dias, y la razon que truxo, fué decir, que la gente toda, estaba alzada, y que no habia podido verse con Garabito ni con ningun principal suyo. Truxo algunas indias y mochachos, de los cuales, siendo yó informado, entendí no haber en aquella tierra y provincia de Garabito, tanta gente como el licenciado Cavallon habia publicado; por que demas désto, teniendo noticia el dicho General, que cuatro principales de Garabito estaban retirados al pie de una montaña, me mandó que fuese á los traer de paz, lo cual hice con guias que me llevaron á donde los principales estaban; los cuales eran los mismos de que habiamos tenido noticias,

con los cuales estaban hasta veinte indios, treinta
mugeres y hasta quincé ó diez y seis mochachos;
estaban aposentados en dos casas no muy grandes;
preguntéles que dónde estaba Garabito, los cuales
me digeron, se habia ido á la provincia de los Botos;
importunéles me llevasen á dónde estaba, á lo cual
me respondieron, que seria muy gran trabajo irle
á buscar, por que él andaba con treinta indios, ano-
che y meson, sin pará segunda noche en una parte;
y que á esta causa, entendian, que si él no se queria mostrar, que era cosa imposible hallarle, pedi-
les me diesen, por cuenta, los indios que habia en
la poblacion de Garabito; los cuales se resumieron
que serian hasta trecientos indios; á lo cual respon-
diendoles yo, que no lo creia, por que otros caciques
me habian dicho que eran mas de dos mil, se ad-
miraron y me tornaron á decir que no creyese tal,
por que éllos lo sabian mejor que ninguno de los
que me habian informado; que verdad era, que si
en la cuenta entrasen los Tices y la provincia de
los Botos, las cuales eran tributarias al dicho Garabito, que serian por todos, quinientos ó seiscientos;
traidos estos prencipales, al General, luego los imbió á que fuesen por toda la tierra á dar noticia de
que era venido, y que les hacia saber, que venia á
les hacer todo buen tratamiento y no á tratarlos
como el capitan que se habia salido; por que por
los malos tratamientos que á algunos caciques habia hecho el Licenciado Cavallon ó sus tenientes,

sepa Vuestra Alteza, estaba la tierra alterada; mandóles que todos viniesen á dar el dominio á Vuestra Real Corona, apercibiendoles, que el que estobiese rebelde lo castigaria dentro de quince dias; que estos prencipales fueron con este despacho, vinieron á la dicha Ciudad diez ó doce caciques de diferentes provincias, entre los cuales vino uno que á todos ecedia en autoridad, el cual dijo ser cacique de la provincia de Auzarri; con el cual por estar la provincia dicha, camino de la mar del Norte por donde el dicho General llevaba intento de entrar la tierra adentro, consultó muchas cosas, entre las cuales, fué decirle, que él habia venido en nombre de Vuestra Alteza á descobrir y poblar aquella tierra; que pues él la sabia, que le rogaba que fuese con el dieho General, á se la mostrar, que él le prometia de la hacer en nombre de Vuestra Alteza muchas mercedes; el cual le respondió, que él lo haria y que él daba su palabra de llevar al dicho General á lo mas poblado de toda élla; pidióle el General le ayudase con tamemes indios de carga para que llevasen la ropa, armas y matalotage de los soldados, á ld cual respondió, que sí haria que le diesen por cuenta cuántos habian de ser, y el dicho General le dió cuatrocientos granos de maiz, de lo cual el cacique se espantó mucho, y dijo que Garabito con todo su poder no podia dar tantos; á lo cual le fué respondido que no alterase mas sobre aquel negocio, que llevase los dichos granos y que

se fuese á su casa, y que para tal dia, el cual le
fué señalado, tobiese los dichos indios aparejados;
el cual ido, habiendo el General dado órden en lo
de la Ciudad y su comarca, dejando á Joan de Yllanes de Castro por su Teniente, partió de la dicha
Ciudad con setenta soldados y con hasta cien indios que le dieron la provincia de Garabito y la provincia de Pacaca, El Guarco, Abra, Tices y los
Botos. Salió de la dicha Ciudad para ir á la provincia de Auzarri, muchos soldados, con esperanza de
que en la dicha provincia se les daria todo recaudo;
llevaron mas fardage del que se requeria, llevandolos en caballos cargados; los cuales, por ser la tierra doblada, pasaron gran trabajo; habia dende la
dicha Ciudad á la provincia dicha, tres jornadas;
las jornadas se entenderá de aqui adelante, que
cada jornada tiene cuatro leguas, donde llegados,
yo no vide mas de una casa, la cual, dixeron, ser
del Cacique, en la cual el General se aposentó, y
luego el Cacique salió á hablar al dicho General, y
le dijo, que Su Merced fuese bien venido, y que le
hacia saber, que todo estaba aparejado, que viese
cuando queria comenzar á marchar; el General despues de le haber abrazado, le dijo, que él se holgaba
mucho de verle, y mas, de que tambien compliese
su palabra, y que su deseo, era luego marchar, que
mandase apercebir los tamemes para que á cada
soldado se le diesen los que obiese menester; venido el dia que habiamos de marchar, que fue dende

á dos dias, comenzaron á juntarse los indios; y habiendose juntado como hasta ochenta y tantos indios, el cacique dijo al General, que él no tenia mas indios de aquellos que alli estaban, que con ellos y con su persona podria ayudar y seguir en aquella jornada; lo cual visto por el General, mandó que lo aprisionasen, y se lo mandó notificar de parte del General, que compliese los tamemes á cuatrocientos, sino que le mandaria matar; á lo cual el cacique respondió, que se podia egecutar en él la muerte que le significaban, porque él no podia dar mas indios de los que alli estaban, yendo yo á ver al dicho Cacique por mandado del General, le dije, que me pesaba do lo sucedido y que le hacia saber eran breves sus dias si no daba buen despacho al General; el cual, diciendome que él no podia mas, dando un sospiro, llamó á un prencipal y le dijo al oido lo que despues yo supe, que fué decirle, que ya via el aprieto en questaba, que le rogaba fuese al Cacique del Abra, y le dijese y rogase, de su parte, le ayudase con algunos tamemes, por que el General no ejecutase en él su furia, mandandole matar; el prencipal fué luego al General, y le dijo, que no tobiese enojo, ni mandase matar á su Cacique, que él iba por los indios; fué y volvió otro dia con treinta indios, con los cuales y con los que al principio se habian juntado, del cacique, acordó el General hacer la jornada, conformandose con el Cacique y diciendole que pues no le habia dado buen

recaudo de tamemes, que procurase con la brevedad
posible llevarlo á donde podiese proveérse déllos; lo
cual, el cacique le prometió, y llevando el cacique
siempre guardia, partimos de la dicha provincia
para la de Quepo, provincia, que decia el cacique,
tenia muchos indios; y habiendo andado dos jornadas, el dicho cacique, dijo al General, que dos leguas de allí á una mano del camino, estaba un
prencipal suyo, el cual se le habia rebelado con otros,
que por la tierra adentro se habian metido, solo por
que el dicho Cacique habia dado el dominio y se habia proferido de llevar al dicho General la tierra
adentro, dando á entender, que ésta habia sido la
prencipal causa por que no habia podido complir en
lo de los tamemes, conforme á su deseo; mandó el
General parase allí el Real, é imbió veinte soldados
á donde el prencipal estaba, al cual hallaron que
habia espirado aquella noche; truxeron los indios,
que fueron siete ú ocho; otro dia marchamos, y sin
este, otros cuatro, por la tierra mas aspera que creo
hay en el mundo, todo montaña muy espesa; y al
sesto llegamos á la provincia de Quepo á donde teniendo noticia el cacique de la dicha provincia, que
eramos llegados, salió con hasta veinte indios y
rogó al General que mandase á los soldados que no
les hiciesen mal ni fuesen á les robar sus casas,
que él prometia de dar al General todo recaudo,
porque de indios de la provincia de Pacaca habia
sido informado; el General iba en demanda de mu-

cho oro, que él nos llevaria allá y iria en persona; el General mandó no se le hiciese daño ninguno, y dandole las gracias por lo ofrecido, tomó cuatrocientos granos de maiz y le dijo que tantos tememos habia menester para ir bien aviados los soldados, que los mandase apercebir, el cual los tomó, y apartando ciento y treinta, dijo, que aquellos podria dar y no mas, los cuales el General le mandó apercebirse; y habiendo estado cinco ó seis dias alojados en la orilla de un rio frontero de las casas del dicho cacique, salimos para la provincia de Cotú á donde el Cacique dijo al General, hallaria todo recaudo de lo que iba á buscar y deseaba; desta provincia se volvió el Cacique de Auzarri con todos los indios que nos habia dado el Cacique de Quepo; antes de marchar presentó al General ciertas piezas de oro labradas que todas valdrian como hasta ciento y cincuenta pesos, las cuales dijo haber habido en rescate de la tierra, aguas vertientes á la mar del Norte; donde á dos dias que marchamos, salimos á la mar del Sur, y yendo por la playa cuatro jornadas, tornamos á entrar la tierra adéntro; y habiendo andado la vuelta de la mar del Norte, tres jornadas, dimos con camino, seguido; por lo cual y porque el cacique dijo estar el fuerte de Botú, cerca, el General mandó apercebir treinta hombres para que fuesen de noche y sin ser sentidos asaltasen el dicho fuerte y le prendiesen los caciques; fué por Capitan des-

esta gente, Francisco de Marmolejo, el cual tobo
tanto descuido, que habiendo dejado las armas, los
más de los soldados, por llevar las manos desocupa-
das para ranchear, habiéndolas dado á criados que
llevában, estando ya dentro en el fuerte, diéron los
indios enéllo; y como los tomaron sin rodelas, que
es la principal defensa para contra indios, hiriéron
á los veinte déllos de muy malas heridas, con barras
arrojadizas y lanzas; por lo cual, les convino reti-
rarse ó imbiar á decir al General con la brevedad
posible los socorriese, porque como las heridas se
iban resfriando y ellos se comenzaban á tullir, no
esperaban menos que la muerte, si el socorro no
venia; en el ínter, con algunos arcabuces que habian llevado, comenzaron los que no estaban heridos, al tirar al fuerte, con lo cual cobraron los indios mucho temor, viendose matar de tan lejos, por
que de los arcabuzazos que tiraron, fueron muertos
veinte y siete indios y cinco mugeres, las cuales
se habian subido encima de sus casas á dar grita á
los nuestros; entre estos indios fueron muertos dos
caciques de siete que en el fuerte habia; siendo el
General avisado, vino por la posta, lo cual visto por
los indios sin les hacer otro daño, desmampararon
el fuerte y casas que enél habia, las cuales dijeron
algunos soldados, que serian sesenta y cinco, por
que según decian antes de quemarse, que luego en
llegando el General á ellas, comenzaron arder, las
habían contado.

Luego el dia siguiente me mandó el General, que con treinta soldados fuese á correr la tierra y viese si podia tomar algun indio para imbiar á llamar los caciques; lo cual hice; y siendome la fortuna favorable, antes de medio dia volví al Real, trayendo dos indios, con los cuales, el General imbió á decir á los caciques, que el daño que se les habia hecho no habia sido por su mandado, y que el capitan que lo habia hecho estaba bien castigado ansi con las heridas que ellos le habian dado, como con haberle él reñido mucho; que les rogaba viniesen á le ver, y á dar el dominio, como habian hecho los demas caciques que atras quedaban; que él les prometia todo buen tratamiento; los cuales fueron, y volviendo otro dia el uno déllos con una patena, en la mano, de oro, dijo, que los caciques vernian otro dia á dar el dominio, y que en señal de paz y amor, imbiaban aquella patena al General, la cual recebió; otro dia binieron los caciques, los cuales trugeron al General ciertas piezas de oro; y habiendose informado de éllos, de la poblacion que adelante habia, le digeron, que á cuatro jornadas estaba la provincia, Decia; y á otras cuatro, la vuelta de la mar del Norte, estaba la de Cabra; lo cual sabido por el General, pareciendole que no las podria ver todas segun que deseaba, acordó volverse á la Ciudad; y la prencipal causa desta endeterminacion, fué que algunos soldados se le desvergonzaron á decir, que no hacia la guerra como éllos

deseaban, que era á fuego y á sangre; tobo eneste
pueblo noticia, que aguas vertientes á la mar del
Norte, habia rios y quebradas, de adonde los indios
sacaban oro, de adonde decian, habian habido aquellas piezas que allí le presentaron, que á mi parecer, las que yo vide, valdrian trescientos pesos;
tambien tobo, el General, noticia, que pasado de
Cabra, aguas vertientes á la mar del Norte, habia
muchos pueblos, los cuales yo tengo entendido y
segun lo que vi en la dicha tierra y tambien en la
Nueva Jaen, tierra que confina con esta de la mar
del Norte, una parentela de padres é hijos é nietos,
llaman un pueblo y tambien provincia, segun son
los parientes pocos ó muchos; déste pueblo y fuerte
de Cotú, llevé un indio á la provincia de Nicaragua, del cual fué, enteramente, informado de lo
que digo; por, que diciendole yo que cómo en un
pueblo tan pequeño como era, el fuerte, habia tantos
caciques, me respondió que tantos pueblos habia
en el fuerte como caciques habia, y que ansi era en
todo lo demas de aquella tierra, aguas vertientes á
la mar del Norte á donde hay la fama de las muchas poblaciones y pueblos; queriendome yo informar de personas que por la mar del Norte han entrado en aquella tierra, me han dicho lo mismo,
en especial un suegro mio me ha certificado, que en
todo lo que en aquella tierra andobo, que fué mucho, nunca vido tres casas juntas; por lo cual tengo
entendido, y Vuestra Alteza sepa, que en aquella

tierra no hay tantos indios como algunos han dicho y á Vuestra Alteza han informado; esta tierra, aguas vertientes á la mar del Norte, es tierra de muchos y grandes rios, toda la mas montaña, y que lo mas del año llueve enélla. Esos pocos indios que hay, son muy belicosós á causa de que como la tierra no se puede andar á caballo, nos tienen muy gran ventaja, á pie, tierra muy aparejada para que los indios, sino quieren dar el dominio, no haya quien les vaya á la mano, sino es haciendoles la guerra á fuego y á sangre; lo cual si ansi se hiciese, en breve serian acabados ó se pasarian de la otra banda del desaguadero, como hicieron los de la otra á estotra, cuando el capitan Castañeda pobló la Jaen, queriendoles apremiar á que tributasen en esta tierra; volviendo segunda vez Joan Vazquez de Coronado, dijo haber descobierto un rio muy caudaloso, al cual llamó el Rio del Estrella, donde dijo haber sacado cantidad de oro, lo cual descobierto, luego se embarcó y fué á dar noticia á Vuestra Alteza; y segun yo he sabido de personas que de Vuestra Real Corte han venido á esta tierra, el dicho Joan Vazquez, informó á Vuestra Alteza, en grandisima cantidad, mas de lo que ella es; de donde pudiera redundar, á lo que á mi me parece, si el llegar á Costa-Rica con tanto caballero ó hijo dalgo como traia, fuera causa de que vistose perdidos y que los habia engañado, le mataron ó hicieron algun desatino de los que enéstas partes contra Vuestro

Real Servicio se han hecho. La tierra que yo llamo
Costa-Rica, donde agora está poblada la Ciudad que
llaman Nuevo Cartago, es tierra de buen temple,
fría y muy fertil, y que enélla se daran todas las
frutas y legumbres de España; y tierra donde se
cógerá mucho pan de trigo; están á la redonda
délla las provincias de Garabito, Auzarri, Pacaca,
El Guarco, los Tices, el Abra y otros muchos pueblos y provincias, que al presente no tengo memoria de sus nombres; los Botos estan treinta leguas
de la Ciudad, Quepo otras treinta, Cota y Burruca,
cincuenta leguas; en todas las cuales dichas provincias no hay tantos indios como á Vuestra Alteza,
habran informado. Preguntandole yo á Joan Vazquez de Coronado, estando de camino para ir á informar á Vuestra Alteza, del estado de la tierra, que
cuántos naturales le parecia que podria haber en la
provincia que llaman de Costa-Rica, me dijo, que
habia pasados de treinta mil indios, y que aguas
vertientes á la mar del Norte, habia cuarenta mil;
por lo cual, créo informó á Vuestra Alteza, como
tengo dicho. Yo, Señor, conforme á lo prometido,
digo: que en la provincia que llaman de Costa-Rica,
habrá en toda élla, cinco mil indios; y aguas vertientes á la mar del Norte, en todo lo que Joan Vazquez, andobo, no háy pasados de dos mil.—Joan
Dávila.—Entre dos rúbricas.

ASIENTO Y CAPITULACION DE COMPAÑIA QUE CELE-
BRARON DON ANTONIO DE MENDOZA VIREY DE
NUEVA ESPAÑA, Y EL ADELANTADO DON PEDRO
DE ALVARADO, SOBRE EL DESCUBRIMIENTO QUE
ESTE OFRECIÓ HACER EN EL MAR DEL SUR, EN
LA PROVINCIA DE GUATEMALA; DANDO LA TERCERA
PARTE AL VIREY. HECHA EN EL PUEBLO DE TIRI-
PITIO DE NUEVA ESPAÑA Á 29 DE NOVIEMBRE
DEL AÑO DE 1540 (1).

En el Nombre de Dios Amen. Manifiesto sea á
todos los que la presente carta de compañia, asiento y concierto, vieren, como en el pueblo de Tiripitio de la Nueva España, lunes veinte é nueve dias
del mes de Noviembre año del Nacimiento de Nuestro Salvador Jesucristo, de mill é quinientos é cuarenta años, estando presente el muy Ylustre Señor
Don Antonio de Mendoza Visorey é Gobernador por
Su Magestad en esta Nueva España, é Presidente en
el Audiencia Real que reside en la Ciudad de México;
y al muy Magnifico Señor Adelantado Don Pedro
de Alvarado Gobernador por Su Magestad, de las
provincias de Guatemala y Honduras; y en presencia de Nos, Juan de Leon y Diego de Robledo,
escribanos de Sus Magestades, y de los testigos yn-
frascritos que á ello fueron presentes, los dichos Señores dixeron: que por cuanto Su Magestad mandó

(1) Archivo de Indias.—*Patronato*, Est. 1.º Caj. 1.º

tomar y tomó asiento y concierto con el dicho Señor Adelantado Don Pedro de Alvarado, sobre el descobrimiento que se ofreció hacer en la Mar del Sur hacia el Poniente, y en la vuelta que hace la tierra desta Nueva España, y para saber los secretos de la costa délla, como se contiene en el dicho asiento y capitulacion délla, á que digeron que se referian, é habian é obieron aqui, por insertos y escritos, como si de *verbo adverbum* fuesen aqui insertos y escritos; en la cual, por un capítulo délla, Su Magestad manda, que en el dicho descobrimiento, conquista y pacificacion, el dicho Señor Visorey, tenga la tercera parte, conforme á la dicha capitulacion, en compañia con el dicho Señor Adelantado Don Pedro de Alvarado; y en complimiento délla, el dicho Señor Adelantado ha hecho y comenzado á hacer el dicho viage con nueve naos que al presente tiene surtas en el puerto de Santiago de buena esperanza de Coliman, y una galera, y una justa con ellas, y una fragata questá barada en el Puerto de Acapulco; las cuales dichas naos, han nombre, la Capitana, Santiago; otra nombrada San Francisco, otra nombrada San Jorge, otra nombrada San Anton, otra nombrada Diosdado, otra nombrada Joan Rodriguez, otra nombrada Albarnuñez, otra nombrada de Anton Hernandez, otra nombrada de Figueroa, otra nombrada la Galera, otra la Justa, que son todas doce velas prestas para seguir su viage con la buena ventura, marinadas, con génte

de pie y de caballo, en prosecucion del dicho descobrimiento ó asiento que Su Magestad así dió, y el
dicho Señor Visorey ha enviado á Francisco Vazquez de Coronado, Gobernador é Capitan General de
la Nueva Galicia, en nombre de Su Magestad, por
tierra, con gente de pie y de caballo, y pertechos y
bastimentos, á traer al servicio de Dios y de Su Magestad, las tierras ó provincias, y gentes, que el
padre Fray Marcos de Niza, y otros, por su Señoría,
enviados, descobrieron; é ansi mismo ha descobrir
todo lo que mas podiesen, y ponéllo debaxo del dominio y señorio de Su Magestad; é ansi mismo imbió
por mar, al capitan Hernando de Alarcon, con tres
navios, y gente bastante en éllos, á descobrir; el
cual, es ya venido del dicho descobrimiento, en que
ha gastado mucha suma de pesos de oro; por lo cual
y para lo que enéllo ha servido y sirviere, Su Magestad le ha escrito, que le hará gratificacion y merced
conforme á sus servicios, y encargado la prosecucion
de la pacificacion y descobrimiento délla; por tanto
los dichos Señores Visorey y Adelantado, dixeron:
que por que ansi convenia al servicio de Dios y de
Su Magestad, y por evitar algunos inconvinientes,
que se podrian seguir, sino obiese acuerdo y concierto entréllos, é hiciesen compañia, facian é ficie-
ron la dicha compañia, asiento y concierto entréllos, en la forma siguiente, é con los capitulos y
condiciones que de yuso se hará mincion.

    Primeramente, que el dicho Señor Visorey dá al

dicho Señor Adelantado, la cuarta parte de todos
los aprovechamientos; que en lo que ansí es ido á
pacificar y descobrir el dicho Francisco Vazquez
de Coronado y capitanes y gente, obieren, ansí
por mercedes de Su Magestad ú Oficios é Tenencias,
como de los aprovechamientos que en cualquier manera obiere é tobiere, de todo lo quél dicho Francisco Vazquez de Coronado obiere descobierto por su
persona ó por sus capitanes ó gente, en la conquista de la dicha tierra Nueva hasta el dia de hoy; é
ansí mismo el dicho Señor Visorey, dá al dicho Señor Adelantado, la cuarta parte de todos los aprovechamientos y mercedes que de Su Magestad ó de
la tierra, en cualquier manera obiese, de lo que
mar é por tierra descobrió el dicho capitan Hernando de Alarcon, con los tres navios y gente, quél
dicho Señor Visorey imbió, que al presente están
en el Puerto de Acapulco.

-   Ytem. Que de lo que hoy dia en adelante descobrieren ó conquistaren, ó poblaren ó pacificaren,
el dicho Francisco Vazquez de Coronado é capitanes ó gente de su armada, fuera de lo que hasta el
dia de hoy tobieren descobierto, ú otro cualquier
capitan ó gente por mandado del dicho Señor Visorey, ó en su nombre, demas de lo que tienen descobierto ó poblado ó pacificado hasta el dia de
hoy, como dicho es, en la dicha tierra, el dicho
Señor Visorey, há por bien, de dar, ó dá al dicho
Señor Adelantado, la mitad de todos los aprove-

chamientos que enélla obiere, y de las mercedes
que Su Magestad enéllo le hiciere, en cualquier
manera, segund arriba es dicho, sin quel uno tenga
mas quel otro, ni el otro mas quel otro, ansi en
los oficios y tenancias y mércedes, como de los
demas aprovechamientos que en cualquier manera
obiere; é ansi mismo el dicho Señor Visorey, dá al
dicho Señor Adelantado, la mitad de todo lo que
descobrieren, de hoy dia de la fecha desta carta, en
adelante, cualesquier navios suyos, en los parages
y derrotas contenidas en la capitulacion quel dicho
Señor Adelantado tomó con Su Magestad. De todo
lo susodicho, el dicho Señor Don Antonio de Mendoza Visorey, dixo: que de su propia voluntad hace
donacion al dicho Señor Adelantado Don Pedro de
Alvarado é á sus herederos é subcesores, é á quien
dél ó déllos obiera causa y razon, donacion pura é
perfecta é no revocable, por agora é para siempre,
jamas, por buenas obras, que del dicho Señor Adelantado ha recebido, ansi de la cuarta parte, que
ansi le dá de lo de la dicha Tierra Nueva, como de
la mitad, segund que enestos dos capitulos se hace
mincion; é ansi mismo, en los gastos que én lo susodicho el dicho Señor Visorey ha hecho, le hace
la dicha donacion de todo ello, y en recompensa
de la armada y parte de capitulacion quel dicho
Señor Adelantado dá al dicho Señor Visorey, y
gastos délla como paresce por los capitulos que de
yuso se hará mincion, y le cede y traspassa, desde

agora, la posesion ó señorio ó propiedad déllo, con todas las fuerzas y firmezas que puede y de derecho debe.

Y atento lo susodicho, é teniendo respeto quel dicho Señor Visorey dá al dicho Señor Adelantado la dicha cuarta parte, de lo que ansi Su Magestad le hiciere merced, y de los aprovechamientos é intereses que obiere en la dicha Tierra Nueva, y en lo que asi descobrió el dicho capitan Alarcon, y la mitad de los aprovechamientos y mercedes que en cualquier manera obiere, de lo que descobrieren dende hoy dia de la fecha désta, en adelante, el dicho Francisco Vazquez ó sus capitanes ó gente ó navios, segund se contiene en los capitulos antes deste, que en recompensa de lo susodicho el dicho Señor Adelantado Don Pedro de Alvarado, há por bien, y le place, que ansi como el dicho Señor Visorey, tiene por merced de Su Magestad, la tercera parte de su conquista ó descobrimiento, por la presente le dá al dicho Señor Don Antonio de Mendoza, Visorey, la mitad de la dicha capitulacion ó contratacion ó asiento que con Su Magestad tomó ó le hizo merced de dar, sobre el dicho descobrimiento de las dichas tierras firmes, Yslas ó Costas, segun mas largamente se contiene en la dicha capitulacion; y en todas las demas provisiones y poderes que Su Magestad le dió, á que dijo, que se referia y refirió, y habian aqui, por espresadas, como si de *verbo ad verbum*, fuesen escritas; ó que hayan, ó gocen, igualmente, en todo lo que se descobriere, ó conquistare ó pacificare en las dichas Tierras firmes, Yslas ó Costas, en el dicho asiento ó capitulacion contenidas, sin quel uno tenga mas quel otro, ni el otro mas quel otro, ansi en los oficios, tenendias y mercedes contenidas en la dicha capitulacion, como de los demas aprovechamientos que en cualquier manera obiere en lo que descobriere con la Armada que tiene fecha el dicho Señor Adelantado, ó con los navios délla ó de fuera délla quel dicho Señor Adelantado y el dicho Señor Visorey, imbiare á descobrir por las demarcaciones, conforme á la dicha capitulacion.

Ytem. El dicho Señor Adelantado Don Pedro de Alvarado, en recompensa de lo susodicho, dá más, al dicho Señor Don Antonio de Mendoza, Visorey, y la mitad de todas las dichas naos, galera ó fusta ó fragata, que de suso van nombradas, con todos los pertechos, velas ó aparejos, armas ó aderezos, á ellas pertinecientes, con los bastimentos, marineadas, segund ó de la manera quel dicho Señor Adelantado las tiene en el dicho Puerto de Coliman ó Acapulco, ques la propia suya, como los del dicho Señor Adelantado Don Pedro de Alvarado, el cual, de su propia, libre y espontánea voluntad, sin ser inducido ni apremiado para éllo, sino por que asi dijo que le estaba bien, y le convenia, dijo: que hacia, ó hizo gracia ó donacion al dicho Señor Visorey ó á sus herederos ó subcesores, ó á quien dél ó déllos,

obiera causa é razon, ansi de la mitad de la dicha
Armada, como de lo que dicho es, de suso, en el capitulo antes deste, donacion pura é perfecta é no
revocable para agora é para siempre, jamas, por
cargos en que dijo, ser, al dicho Señor Visorey, é
muchas y buenas obras, que dél habia recebido, que
son dinas de mayor remuneracion; y por razon
déllo, susodicho, y le cedia é cedió, é traspasaba é
traspasó, desde agora, al dicho Señor Visorey, la
posesion é señorio é propiedad de toda la dicha mitad de sus naos é Armada, qué como dicho es, tiene,
ni mas ni menos, quél la tiene, como si por mandamiento de juez competente le fuese dada la posesion délla; por cuanto él, desde agora, se la cede
ó traspasa ó dá, por lo susodicho, segund ques declarado, con todas las firmezas que puede y de derecho debe, para que de por medio, esté, toda la dicha Armada, é sea de entrambos, sin quel uno tenga
mas quel otro enéllo, para en la dicha compañia,
en complimiento de la dicha capitulacion, imbialla
donde les paresciere é mas combenga, dividida ó
junta.

Ytem. Es concierto entre los dichos Señores
Visorey é Adelantado, que los gastos que hasta el
dia de hoy se han hecho en las dichas sus Armadas,
y en aderezállas y bastecellas, ansi por parte del
dicho Señor Visorey, en lo de la dicha tierra Nueva, y en los navios que imbió con el dicho capitan
Hernando de Alarcon, y gastos que hizo con la,

génte que imbió por tierra, como los gastos quel dicho Señor Adelantado há fecho en faeer ó comprar,
los dichos navios ó marineallos ó bastecellos, ó
con toda la dicha su Armada y gente délla hasta
hoy dicho dia, se vayan, unos por otros, de manera
quel uno al otro, ni el otro al otro, sea obligado á
pagar ninguna cosa ni parte déllos; syno que los
unos se compensen con los otros, y se vayan unos
por otros; sin quel dicho Señor Visorey pida ninguna cosa al dicho Señor Adelantado, ni el dicho
Señor Adelantado al dicho Señor Visorey; ó hasta
el dia de hoy, como es dicho.

Ytem. Que los gastos que dende hoy, dicho dia,
en adelante se hicieren, ansi por mar como por
tierra, por parte de los dichos Señores Visorey ó
Adelantado, sean de por medio ó comunes de entrambas partes, ó que cada uno haya de pagar ó
page la mitad déllos; y la orden que en esto se ha
de tener, sea conforme al concierto ó orden ó
asiento, que sobréllo se diere entréllos.

Ytem. Es condicion, quésta dicha compañia,
asiento y capitulaciones, délla, haya de durar
y dure por espacio ó tiempo de veinte años com-
plidos, primeros siguientes, los cuales corran
ó se cuenten dende hoy dia de la fecha desta compañia; y quenéste tiempo, los dichos Señores
Visorey y Adelantado, ó los dichos sus herederos ó quien déllos obiere causa ó razon, lo han de
complir ó guardar, ó complan ó guarden, segund

ó de la manera está especificado y declarado.

Ytem. Es condicion, qué si alguino de los dichos Señores Visorey ó Adelantado é sus herederos, ó quien déllos obiera causa ó razon, quisiere disponer por cualquier via de la dicha compañia, ó de lo que enélla tiene ó tobiere, toda ó de alguna parte délla, sea obligado á requerir al compañero si la quisiere, por el tanto; ó si la vendiere sin lo requerir al dicho compañero, que la tal venta sea ansi, ninguna, é la otra parte lo pueda tomar por el tanto, dentro de dos meses primeros, siguientes, que viniere á su noticia.

Ytem. Quenésta dicha compañia, ninguna de las dichas partes pueda meter, ni meta, otro ningund compañero, sin consentimiento de ambos á dos.

Ytem. Que se nombre, y por la presente se nombra, el Puerto de Acapulco, para el cargo y descargo de lo que fuere necesario para la dicha compañia, hasta que otra cosa parezca.

Ytem. Quel cargo y descargo de lo susodicho, no pueda ser en otra parte sino en el dicho Puerto de Acapulco, y conforme á esto, se dén la ynystraicion ó ynystraiciones á los capitanes que por los dichos Señores fueren nombrados en la dicha Armada.

Ytem. Quel astillero donde se han de hacer los navios, han de ser en el Puerto de Xirabaltique, ques en la provincia de Guatemala.

Ytem. Quel dicho Señor Adelantado fará las casas necesarias para el dicho astillero, en el dicho

Puerto; y terná cargo déllo, y terná en él, los oficiales que Su Magestad manda en el asiento que tomó con el dicho Señor Adelantado.

Ytem. Quel dicho Señor Adelantado dará pez y alcritan y jarcia y carretas, y estopa ó belas; y desto terná cargo de hacer ó sará.

Ytem. Quel dicho Señor Visorey proveerá y mandará proveer de clavazon ó anclas ó cables; ó botaraen ó artillería, para el dicho efecto.

Ytem. Que ansi mismo, el dicho Señor Visorey, ha de mandar ó mandará hacer las casas necesarias, para el cargo y descargo en el dicho Puerto de Acapulco.

Ytem. Que todos los gastos, ansi los quel Señor Visorey hiciere en hacer ó mandar hacer, lo susodicho, como los que ansi hiciere enéllo, el dicho Señor Adelantado, sean ó han de ser, de por medio.

Ytem. Que los dichos Señores puedan gastar ó gaste cada uno déllos, en cada un año, hasta mill castellanos de mina, enesto, sin consultallo el uno con el otro; ó si mas obieren de gastar, que sea con consulta y parecer delotro; y de lo quel uno y el otro gastare, haya libros, cuentas ó razon, con dia ó mes ó año; ó que cada un año por el mes de Diciembre, dél, sea obligado á fenecer cuenta de lo que obieren gastado, ó pagar lo que debiere la una parte á la otra.

E desta manera, ó con estos dichos capitulos, asiento ó condiciones, los dichos Señores Don Antonio de Mendoza Visorey, é Adelantado Don Pedro de Alvarado, prometieron como caballeros, é se obligaron, de lo, ansi, cómplir é thener é guardar, esta dicha compañia, asiento é concierto, capitulos é condiciones, en élla contenidas, segund é de la manera que de suso va declarado y especificado; y en esta escritura se hace mincion é de no ir ni venir, élles, ni otro por éllos, contra élla, agora ni en tiempo alguno, ni por alguna manera, durante el tiempo dela dicha compañia, só pena de cincuenta mile ducados de buena moneda de Castilla, la mitad para la Cámara é Fisco de Su Magestad, é la otra mitad para la parte obidiente que por ello estobiere é lo guardare é mantobiere; é la pena pagada, ó non, que todavia, sean obligados de guardar é complir lo conthenido en este dicho asiento é compañia, segund dicho es; é para lo ansi tener é guardar é cumplir, é haber por firme, dixeron que obligaban é obligaron sus personas é bienes, é ansi mismo, las personas é bienes de los dichos sus herederos é subcesores, muebles é raices, habidos é por haber; é demas desto, si lo ansi no tobieren é guardaren é complieren, como dicho es, dieron poder complido á todos é cuales-quier jueces é justicias de Sus Magestades, ansi de la su Casa é Corte é Chancilleria, como de todas las ciudades, villas é lugares de los sus Reinos é Señorios ante quien esta escritura paresciere, é délla, é delo enélla, contenido, fuere pedido é demandade com-

plimiento de justicia, para que por todos los remedios ó rigores del derecho, les constriñjan, compelan ó apremien, á lo ansi thener ó guardar, ó complir ó pagar, hasta que lo susodicho hayara complido ó debido efeto; bien ansi, como si ansi fuese
juzgado por sentencia definitiva, de juez competente, la cual fuese por ellos pedida ó consentida, ó
á su pedimento dada ó pasada en cosa juzgada, en
razon de lo cual dixeron: que rechazaban cualesquier
leyes, fueros ó derechos, ó ordenamientos reales ca-
nónicos ó ceviles, comunes ó municipales, espe-
ciales ó generales, ó cualesquier libertades ó pre-
minencias ó exénciones, que por ser caballeros de
la horden del Señor Santiago les pueden aprovechar, como en otra cualquier manera que les, non
vala enesta razon, en juramento ni fuera dél; ó otro
si dixeron: que renunciaban y renunciaron su propio fuero ó juredicion, domecilio, y como dicho es,
se sometieron al fuero ó Jurédicion Real de Sus Magestades, y especialmente, dixeron: que renunciaban ó renunciaron la ley ó regla del derecho en
que diz que general renunciacion de leyes, fecha
non vala; ó demas désto, para mayor abundamiento ó validacion ó firmeza de lo susodicho, los dichos
Señores Don Antonio de Mendoza Visorey ó Adelantado Don Pedro de Alvarado, prometieron ó jura-
ron, á Dios ó á Santa Maria, ó á las palabras de los
Sanctos Evangelios, do quier que mas largamente
son escritos ó por el habito del Señor Santiago que

en sus pechos tenian, donde pusieron sus manos derechas é hicieron pleito menage como caballeros hijos dalgo, una, dos é tres veces, una dos ó tres veces, una dos é tres veces, segund uso é costúmbre é fuero de España, en manos dé Don Luis de Castillo, caballero hijodalgo de la horden del Señor Santiago, que del receblo de lo ansi manthener, guardar é complir esta dicha compañia é asiento é con cierto, capitulos é condiciones, enella contenidos, segund que aqui va espacificado é declarado; é dixeron que consentian é consintieron que désta escritura y compañia, se saque un treslado, ó dos ó mas, en publica forma para las dichas partes; é signados é abtorizados, de Nos, los dichos escribanos, lo cual otorgaron ante Nos, como dicho es, ques fecho, é pasó en el dicho dia, mes é año susodicho, estando en el dicho pueblo de Tiripitio. Testigos que fueron presentes á lo que dicho es; el Reverendísimo Señor Don Francisco Marrón primer obispo de Guatemala, é el Señor licenciado Alonso Maldonado, é el Veedor Per Armildes Cherino é Gonzalo Lopez, é Hernan Perez de Bocanegra é Antonio de Zárate vecinos de la Ciudad de México y estantes en este dicho pueblo.—Don Antonio de Mendoza. El Adelantado Alvarado. Por testigo. *Pus lucis Utimalencis*. Por testigo, el Licenciado Maldonado; Don Luis de Castilla.

TRADUCCION CASTELLANA DE LA BULA DE ALEJAN-
DRO VI SOBRE LA PARTICION DEL MAR OCEA-
NO.—MAYO 4 DE 1493 (1).

Alejandro, Obispo, Siervo de los siervos de Dios,
á los ilustres carisimos en Cristo, hijo Rey Fernando, ó muy amada en Cristo, Hija Ysabel, Reina de
Castilla, de Leon, de Aragon, de Sicilia y de Granada: Salud y bendicion Apostolica. Lo que mas entre todas las obras agrada á la Divina Magestad
ó nuestro corazon desea, es que la Fée Catholica y
Religion Cristhiana, sean exaltadas, mayormente en
nuestros tiempos, ó que en toda parte sea ampliada
ó dilatada ó se procure la salvacion de las almas,
ó las barbaras naciones sean deprimidas y reduci-
das á esa mesma Fée; por lo cual, como quiera que
á esta Sacra Silla de San Pedro, por favor de la Divina
Clemencia (aunque indignos) hayamos sido llamados, conociendo que Vos que sois Reyes ó Principes
Catholicos verdaderos, cuales sabemos que siempre
habeis sido, ó vuestros preclaros hechos (de que
ya casi todo el mundo tiene entera noticia) lo ma-
nifiestan, ó que no solamente lo deseais, mas con
todo conato, esfuerzo, fervor ó diligencia, no perdo-
nando á trabajos, gastos ni peligros, ó derramando
vuestra propia sangre, lo haceis; ó que habeis dedi-
cado desde atrás á ello todo vuestro ánimo y todas
vuestras fuerzas, como lo testifica la recuperacion

(1) Política indiana.—Archivo de Indias.

del Reino de Granada, que ahora con tanta gloria
del divino Nombre hicisteis, librandoles de la tira-
nía sarracénica: dignamente somos movidos (no
sin causas) é debemos favorablemente; é de nuestra voluntad concederos aquello mediante lo cual,
cada dia, con mas ferviente ánimo, á honra del mesmo Dios é ampliacion del Ymperio cristhiano, podais
proseguir este santo y loable proposito, de que Nuestro inmortal Dios se agrada. Entendimos que desde
atrás habíades propuesto en vuestro ánimo de buscar ó descobrir algunas islas ó tierras remotas é
incógnitas, de otras hasta ahora no halladas, para
reducir los moradores é naturales déllas al servicio
de Nuestro Redemptor, é que profesen la Fée Ça-
tholica; ó que por haber estado muy ocupados en la
recuperacion del dicho Reino de Granada no pudis-
teis hasta ahora llevar á deseado fin este vuestro
santo y loable proposito; é que finalmente, habiendo por voluntad de Dios cobrado el dicho Reino,
queriendo poner en ejecucion vuestro deseo, pro-
veisteis al dilecto hijo Cripstobal Colon, hombre apto
é muy conveniente á tan gran negocio é digno de
ser tenido en mucho, con navíos é gente para semejantes cosas, bien apercebidos, no sin grandísi-
mos trabajos, costas ó peligros, para que por la mar
buscase con diligencia las tales tierras-firmes ó islas remotas ó incognitas, adonde hasta ahora no se
habia navegado; los cuales despues de mucho trabajo, con el favor divino, habiendo puesto toda di-

ligencia, navegando por el Mar Océano hallaron ciertas islas remotísimas ó tambien tierras firmes que hasta ahora no habian sido por otros halladas, en las cuales habitan muchas gentes que viven en paz, é andan, segun se afirma, desnudas ó que no comen carne. E á lo que los dichos vuestros mensageros pueden colegir, estas mesmas gentes que viven en las susodichas islas ó tierras-firmes, creen que hay un Dios Criador en los cielos, é que parecen asaz aptos para recebir la Fée Catholica, ó ser enseñados en buenas costumbres; é se tiene esperanza que si fuesen dotrinados se introduciría con facilidad en las dichas tierras ó islas el nombre del Salvador ó Señor Nuestro Jesucristo. E que el dicho Cripstobal Colon hizo edificar en una de las prencipales de las dichas islas, una torre fuerte, ó en guarda della puso ciertos cristhianos de los que con él habian ido, ó para que desde allí buscasen otras islas ó tierras-firmes remotas ó incognitas; ó que en las dichas islas ó tierras ya descobiertas se halla oro ó cosas aromáticas, ó otras muchas de gran precio diversas en genero ó calidad; por lo cual teniendo atencion á todo lo susodicho con diligencia, prencipalmente á la exaltacion ó dilatacion de la Fée Catholica como conviene á Reyes ó Principes Catholicos, ó á imitacion de los Reyes vuestros antecesores, de clara memoria, propusisteis, con el favor de la Divina Clemencia, sujetar las susodichas islas ó tierras-firmes ó los habitadores ó naturales déllas, ó reducirlos á la Fée Catholica.

Así que, Nos, alabando mucho en el Señor este vuestro santo, é loable proposito; ó deseando que séa llevado á debida ejecucion ó que el mesmo nombre de Nuestro Salvador se plante en aquellas partes, os amonestamos muy mucho en el Señor, ó por el sagrado Baptismo que recibisteis, mediante el cual, estais obligados á los mandamientos apostólicos, ó por las entrañas de misericordia de Nuestro Señor Jesucristo, atentamente os requerimos, que cuando intentáredes emprender ó proseguir del todo semejante empresa, querais ó debais con ánimo prento ó zelo de verdadera fée, inducir los pueblos que viven en las tales islas y tierras, que reciban la Religion Cristhiana, á que en ningun tiempo os espanten los peligros ó trabajos, teniendo esperanza ó confianza firme, que el Omnipotente Dios favorecerá felicemente vuestras empresas; ó para que siendoos concedida la liberalidad de la Gracia Apostolica, con mas libertad é atrevimiento tomeis el cargo de tan importante negocio, motu propio, ó no á instancia de peticion vuestra, ni de otra que por vos no lo haya pedido, mas de nuestra mera liberalidad ó de cierta ciencia ó de plenitud de poderío apostholico, todas las islas ó tierras-firmes halladas ó que se hallaren, descobiertas ó que se descobrieren hacia el Occidente ó Mediodia, fabricando ó componiendo una linea del Polo ártico, que es el Setentrion, al Polo antártico, que es el Me-

diodia, ora se hayan hallado islas é tierras-firmes,
ora se hayan de hallar hacia la India ó hacia otra
cualquier parte, la cual linea diste de cada una de
las islas que vulgarmente dicen de los Azores é
Cabo-Verde, cien leguas hacia el Occidente y Mediodía; asi que todas sus islas é tierras-firmes, halladas é que se hallaren descobiertas é que se descobrieren desde la dicha linea hacia el Occidente é
Mediodia, qué por otro Rey ó Príncipe cristhiano no
fueren actualmente poseidas hasta el dia del Nacimiento de Nuestro Señor Jesucristo procsimo pasado, del cual comienza el año presente de mil é
cuatrocientos é noventa é tres, cuando fueron por
vuestros mensageros é capitanes halladas algunas
de las dichas islas por la autoridad del Omnipotente
Dios, á Nos en San Pedro concedida, é del Vicariato de Jesucristo, que egercemos en las tierras, con
todos los Señorios déllas, Ciudades, Fuerzas, Lugares, Villas, Derechos, Juresdiciones é todas sus pertenencias, por el tenor de las presentes, las damos,
concedemos é asignamos, perpetuamente, á vos é á
los Reyes de Castilla é de Leon, vuestros herederos
é sucesores: é hacemos, constituimos é deputamos
á vos é á los dichos vuestros herederos é sucesores,
Señores déllas; con libre, lleno é absoluto poder,
autoridad é juredicion, con declaracion que por
esta nuestra donacion, concesion é asignacion no
se entienda ni pueda entender, que se quite ni haya
de quitar el derecho adquirido á ningun Príncipe

cristhiano que actualmente obiere poseído las dichas
islas ó tierras-firmes, hasta el susodicho dia de Navidad de Nuestro Señor Jesucristo. E allendo desto
os mandamos, en virtud de Santa obediencia, que
asi como tambien lo prometeis, é no dudamos
por vuestra grandísima dovocion é magnanimidad
Real, que lo dejareis de hacer; procureis enviar á
las dichas tierras-firmes ó islas, hombres buenos,
temerosos dé Dios, doctos, sabios é expertos para
qué instruyan los susodichos naturales é moradores
en la Fée Católica é les enseñen buenas costumbres,
poniendo enéllo toda la diligencia que convenga.
E del todo inhibimos á cualesquier personas de
cualquier dignidad, aunque sea Real é Imperial,
estado; grado, órden ó condicion, só pena de exco-
munion *latæ sententiæ*, en la cual por el mismo
caso incurran si lo contrario hicieren; que no pre-
suman ir, por haber mercaderias ó por otra cualquier causa, sin especial licencia vuestra y de los
dichos vuestros herederos é sucesores, á las islas ó
tierras firmes halladas ó que se hallaren descobiertas é que se descobrieren hacia el Occidente é Mediodia, fabricando é componiendo una linea desde
el Polo ártico al Polo antártico, ora las tierras-firmes ó islas sean halladas, é se hayan de hallar hacia la India ó hacia otra cualquier parte; la cual
linea disté de cualquiera de las lineas que vulgarmente llaman de los Azores é Cabo-Verde cien
leguas hacia el Occidente é Mediodia como queda

dicho; no obstante constituciones é ordenanzas
apostholicas, é otras cualesquiera que en contrario
sean, confiando en el Señor, de quien proceden
todos los bienes, Imperios é Señorios, que encami-
nando vuestras obras, si proseguis este santo é loable proposito, conseguirán vuestros trabajos é empresas en breve tiempo, con felicidad é gloria de
todo el pueblo cristhiano, prosperisima salida. E
porque seria dificultoso llevar las presentes letras á cada lugar donde fuere necesario llevarse,
queremos é con los mismos motu é ciencia, mandamos que á sus trasumptos, firmados de mano de
notario publico, para ello requerido é corroborados
con sello de alguna persona constituida en dignidad
eclesiastica ó de algun Cabildo Eclesiastico, se les
dé la misma fée en juicio é fuera de él, é en otra
cualquier parte que se daria á las presentes si fuesen exhibidas é mostradas. Asi que á ningun hombre sea licito quebrantar ó con atrevimiento teme-
rario ir contra esta nuestra Carta de encomienda,
amonestacion, requerimiento, donacion, concesion,
asignacion, constitucion, deputacion, decreto, mandado, inhibicion, voluntad. E si alguno presumiere
intentarlo, sepa que incurrirá en la indignacion del
Omnipotente Dios é de los bienaventurados Após-
tholes Pedro é Pablo. Dada en Roma en San Pedro
á cuatro de Mayo del año de la Encarnacion del
Señor mil cuatrocientos é noventa é tres, en el
año primero de nuestro Pontificado.

YNFORMACION SOBRE LOS ACAECIMIENTOS DE LA GUERRA, QUE HACE EL GOBERNADOR NUÑO DE GUZMAN, Á LOS INDIOS, PARA CON LOS PARECERES DE LAS PERSONAS EXÁMINADAS, TOMAR RESULUCION.=AÑO DE 1531 (1).

Ynformación tomada por el muy noble Señor Licenciado Salmerón para el efecto en enella contenida.

El dicho Cripstobal de Barrios habiendo jurado en forma debida de derecho, ó siendo preguntado por el dicho Licenciado Salmeron en la dicha razon, dijo lo siguiente:

Preguntado qué tanto há que vino de donde está el Presidente Nuño de Guzman, ó qué siente de la guerra que se hace por el dicho Presidente ó gente que con él anda, ó qué provecho le paresce que podrá redundar de la dicha guerra, ó qué razon hay para la hacer á los naturales de aquellas partes; ó si seria mejor que la dicha guerra cesase ó no se prosiguiese, ó qués lo que le paresce cerca déllo.

Dijo quél fué con el Presidente é con él exercito que llevó, de pie é de caballo, que serian los de caballo ciento é cincuenta, poco mas ó menos, é dos cientos de pié, poco mas ó menos, gente muy aderezada é lucida; é de los naturales de la tierra, irian hasta diez ó doce mil indios, poco mas ó me-

_____

(1) Archivo de Indias.—*Patronato*, Est. 1.ª Caj. 1.ª

nos, é partieron de aqui tres dias antes de la Pascua de Navidad, esta que agora pasó hubo un año;
é quéste testigo, estubo allá hasta la vispera dé Nuestra Señora de Setiembre, que se partió para ésta
Ciudad, dixo: quéste testigo tiene por muy util é
provechoso la dicha guerra, porque la tierra donde
se hace, que le han puesto nombre la Mayor España, confina con Mechuacan é Colima é Panuco, que
son provincias questán á obediencia de Su Magestad; é por la vecindad de las dichas tierras, los cristhianos é las tienen pobladas, recebian mucho daño é
muertes de algunos españoles, é no eran tan bien
obedescidos en las tierras pacificas, como era razon,
por el favor que tenian de los vecinos questában de
guerra; é que la tierra que se ha descobierto é pacificado, qués mucha cantidad de tierra, é qués muy poblada é muy abastada de mantenimientos, é escesiva-
mente; é que en este testigo, en la gente de guerra
vió mucho oro é plata, lo cual se coxe en la dicha
tierra, segund que tobieron por relacion de los naturales délla; é quel dicho Nuño de Guzman lleva
tanta moderacion en hacer la dicha guerra, que aunque la hiciesen religiosos, no iria con mas concierto
é moderacion; porque á los naturales se les hacen
los requerimientos é amonestaciones en tal caso necesarias, é los que quieren venir de paz, les hacen
muy buenos tratamientos; é que le paresce á este
testigo que es justo que la dicha guerra se prosiga, porque se ensanche la Feé Catholica é el Seño-

río de Su Magestad; ó porque le paresce que pues se justifica enviar Su Magestad capitanes á descobrir tierras nuevas, como es notorio que por ventura habrá pocas, ó no ninguna' de donde se espere mas utilidad questas, ansi por la calidad de la dicha tierra que dicho tiene, como por el buen concierto con que se hace, ó tambien por el grande aparejo que la dicha gente lleva para la poder hacer, podria ser que se siguiese déllo saber nueva de Pánfilo de Narvaez, que entró en la dicha tierra con trescientos hombres de guerra por la parte de la mar del Norte, como es publico, há tres ó cuatro años, ó no se sabe dél; ó que de mandar cesar la dicha guerra ó deshacer el dicho exercito, le paresce á este testigo que se siguiria mucho daño ó enconveniente, ansi porque cesarian los provechos que tiene dicho, cómo porque en volviendose la gente, no quedando poblacion de cristhianos que sustubiesen la tierra, se tornaria de guerra, ó los dichos cristhianos que la hacen, pasarian muy grand trabajo ó nescesidad; porque entréllos no fueron treinta personas, pocas mas ó menos, que tengan repartimientos de indios; ó todos ellos fueron adeudados en mucha cantidad, por ir bien aderezados ó lucidos ó bastecidos para la dicha guerra, de las cosas necesarias délla; ó que si agora se volviesen, ni podrian pagar lo que deben, ni se podrian mantener, ó todos los dichos aparejos se habrian hecho en balde; ó quésta es la verdad para el juramento que hizo, ó firmólo de su nombre. Fuéle encargado que guarde el secreto de su dicho.—Cripstobal Barrios.—Hay una rúbrica.

Testigo.—El dicho Don Frai Julian Garcés, Obispo de Tascala, habiendo prometido de decir verdad por las órdenes que rescebió é dijo lo siguiente:

Preguntado que pues Su Señoria tiene noticia de la guerra en que entiende Nuño de Guzman, que si le paresce que se debe proseguir ó que se debe de deshacer é mandar volver la gente; é qué provechos podrian redundar de lo uno, é qué enconveniente de lo otro, dijo: que le paresce que aunque en los principios della haya habido herror en algunas cercunstancias, ansi del capitan como de la calidad é modo con que la gente para la dicha guerra se hizo ó se llevó; pero que ya que el negocio está comenzado tanto tiempo há, é estan tan adelante en la tierra, lugar é conquista, que ninguna manera deban de retroceder, ni dejarse la empresa, enmendandose los aviesos é torcidos fines que hasta aquí haya podido haber, soldandose é reformandose con sanos propositos é saludables fines é convenientes medios no prejudiciales al servicio de Dios é del Rey, ni á los cristhianos ó naturales de la tierra, para ser forzados á la dicha guerra é gastos della como hasta aquí; é desta manera puestos en adelante los provechos que se siguirán é daños que se escusarán por contra; pero hallámos que ve-

nia muy justa la balanza: cuanto al primero provecho que le ocurre, es que siendo la guerra con
las condiciones que por los drs.º—é dotores santos,
se hallan entreveniendo en élla personas eclesiasticas, de consejo ó conciencia, ó poniendo adelante
las condiciones que en tal guerra contra infieles,
que nunca fueron cristhianos ni tobieron conoscimiento de la Cathólica Fée, ni ocuparon tierras de
cristhianos, ni fueron jamas sugetas á cristhianos;
é guardandose las tales condiciones estrechamente,
con el fin bueno que vaya adelante, cual prencipalmente la conversion de aquella gente, para la
cual el Señor nos ha abierto el camino; é tomando
por accesorio la dilatacion de nuestra Fée ó lo que
los infieles turcos, por otra parte, cada dia mas
ocupan de la cristhiandad, podemos é debemos proseguir tan santa empresa, sin escrúpulo de conciencia; é por eso, el Señor determinó darnos el
conoscimiento désta tierra é vitoria á nuestros
capitanes, para que estubiese en el estado que agora
está, ansi en lo espiritual de los eclesiásticos como
en lo temporal, é tanta gente, caballos é armas,
para que yendo adelante el exercito, los predicadores ó religiosos, seguramente, puedan sostener la
empresa de la conversion á los infieles ó de la
ynistruicion á los capitanes para que no se des-
manden, lo que no conviene al propósito que lleva-
mos; é el Sumo Pontífice ordenó al principio,
cuando esta tierra se descubrió é por su autoridad

fueron los Reyes Catholicos exortados, é les fué dada facultad para la dicha guerra, en especial, que los tales infieles á quien se hace, son idólatras sacrificadores de carnes humanas; abominables de vicios connatura, ansi en el hato carnal como en el comer de carne humana; lo segundo, que volviendose el exercito, se perderá el aparato é gastos hechos, é habrá menester mucho tiempo para tornarse en aquel estado, é la vuelta del exercito acá, seria dañosa, ansi para que la tierra de los indios amigos que en medio están, fuese desolada, é los indios de guerra é contrarios cobrasen favor para impunar á los indios que tenemos sugetos é de paz, é aun á los cristhianos tambien; lo tercero, pues los mas que van en el exercito no tienen repartimientos acá, es razon que los hayan allá, pues para la tierra de acá sobran los questán acá, é cada dia vienen de Castilla con las calidades que Su Magestad quiere é manda, para que acá se les distribuya los bastimentos que hay é hubiere en los dichos repartimientos; lo cuarto, que hay muchas personas baldias, viciosas, vagamundas, tahúres, que no quieren tomar amo, con la abundancia de la tierra, que á donde quiera hallan de comer, é ocasion para ociosidad é vicios; éstas tales, deben ser enviadas é aun forzadas, para que la tierra se purge desta gente inutil, é vaya á la guerra; el cual provecho se escusaria si la guerra cesase; lo quinto, que con el tal exercito, seguramente, pue-

den ir algunas personas á descubrir puertos de mar
ó tierra nueva, é buscar alguna gente é capitanes,
que nó parescen de algunos años acá; que para la
justificacion désta conquista y necesidad en los
cristianos, siempre vayan adelante, en defensa ó
amparo de los religiosos é pedricadores que fueren
para la conversion de los infieles, está aparejádo y
fuere menester, por escrito ó por palabra, de dar
larga razon é cuenta.—Fray Julian Episcopus Ca-
rolentis.—Hay una rúbrica.

El dicho eleto de México, habiendo prometido
por su profesion de decir verdad en lo que alcan-
záre, siendo preguntado &;—en la razon, dijo lo
siguiente:

Testigo.—Preguntado Su Señoria qué siente de
la dicha guerra que se hace por el dicho Presidente
Nuño de Guzman é gente que con él anda; ó qué
provecho le paresce que podria redundar de la dicha
guerra, ó qué razon hay para la hacer á los naturales de aquellas partes; ó si seria mejor que la
dicha guerra cesáse ó no se proseguiese; ó qués lo
que le paresce cerca déllo.

Dijo á lo primero, que antes quel dicho Presidente comenzase la guerra, dió el dicho eleto su
parescer, por escrito, por testimonio de Alonso
Lucas, secretario, en presencia del dicho Presidente é oidor, licenciado Matienzo é Delgadillo,
por nueve ó diez razones, la guerra ser injusta, haciéndose como se hacia y sin guardar las condi-

ciones que Su Magestad en sus ordenanzas y provisiones reales, manda, ni á los nombrados enéllas, se prometió el exámen conforme á la provision de la guerra quel dicho electo presentó, ni que de lo subcedido despues tiene noticia para poderlo aprobar; que se remite á los que lo saben, ó querran decirlo cierto.

A la segunda, que hay algunas de aquellas razones, fundada ser benisimeles, que los daños fuesen mayores que los provechos, prencipalmente por el peligro en que quedaba la tierra, saliendo desta Ciudad ó comarcas tantos caballos, con tanta gente; lo cual paresce que cesa agora con la presencia del Señor Marqués ó su gente ó caballos ó armas; ó que piensa, que aunque de los veinte mil indios, que dicen que llevó, que volverán pocos déllos vivos todabía, redundaría mas provecho de la guerra que daño; ó quel provecho será el de las almas y dilatacion destos sus reynos á Su Magestad, á lo menos.

Lo tercero, que ninguna otra causa sabe por que aquellos naturales deban ser impunados, sino destarse en su infidelidad ó idolatrías ó ritos gentiles.

En lo cuarto, que pues la costa está hecha, ó la gente allá, y de desamparar la gente la guerra ternia muchos enconvenientes, que le paresce que no debe cesar; y su voto es que se prosiga, con tal que sea por otra persona y no por la del dicho Pre-

sidente Nuño de Guzman, por no tener esta esperiencia y haber llevado á muchos, forzosamente,
en grillos; y otros, que allá están, lo estarán de
mejor voluntad con otro capitan; é porque segund
la relacion se tiene de su gobernacion de Panuco,
el dicho eleto no podria acabar con su conciencia,
de le dar voto para tener cargo de indios, ni para
su conquista; mayormente, que la intencion del
catholico Principe, prencipalmente es su conversion, con lo que menos fuere posible, de su destru-
cion; é porque venga á hacer su residencia, ó pagar
las muchas deudas que aqui dejó, á personas nece-
sitadas; é porque los señores oidores que agora Su
Magestad nuevamente envió, podian enviar tal
persona para proseguir la dicha guerra; y que su
voto dá al que los dichos señores cuatro oidores
eligieren ó mandaren ir, porque segund su reta
intencion ó prudencia ó gana que de querer acertar muestran, aquello se debe de tener por lo mas
acertado; y quéste es su parescer en Dios y su conciencia.—Fray Joan de Zumárraga, eleto protec-
tor &.—Hay una rúbrica.

Magnificos y devotos Señores.

En cuanto á lo primero, digo; que al prencipio
dije, antes que se fuesen á la guerra al señor eleto,
que no me parescia que se debiese proseguir, ni ir á
élla, porque me parescia que la tierra quedaba en
mucho peligro; mas cuanto á esto, paréceme que

ya no hay peligro, por la mucha gente que después ha uenido de España.

Cuanto á lo segundo, digo, que con la gracia del Señor Dios cesará la idolatria y podria venir el conocimiento de nuestra Santa Fée, y el Señor Emperador podrá haber provecho y aumento de vasallos.

Cuanto á lo tercero; por lo ya dicho, que cese la idolatria.

Cuanto á lo cuarto, digo; que se prosiga por lo ya dicho, ó que vaya una persona tal cual conviene al dicho efeto, no siendo Nuño de Guzman; é las razones no las escribo aqui por no ser prólijo; mas si Vuestras Mercedes me lo demandaren, lo diré en secreto; ó lo que tengo dicho me pesa en Dios y mi conciencia.==Fray Martinez de Valencia Custodius.==Hay una rúbrica.

Magníficos y devotos Señores.

A lo primero, que Vuestras Mercedes quieren saber qué sentimos de la guerra de Nuño de Guzman, Vuestras Mercedes sabrán mejor, por derecho que se requiere, *ni bello justo autoritas principes*, el animo, *fideque sit es sentator cordius*, por algunos indicios esteriores, ni infórmaciones; pódran congeturar, cual pudo ser su intincion, ó qué motivo pudo tener; é por eso yo no hablo en este punto.

Al segundo punto, que es qué fruto puede haber, pueden ser los frutos; el primero la destruicion de la idolatria, que es el supremo fruto que se debe desear; asi como la primera peticion de siete peticiones de la oracion del *pater noster*, es esta santificacion *nomen tuum*, que es cuando haya *oblita suy transit efectum honorem divini est, asoló ortu, husque ad ocasu, sit lautdabile nomen Domine.* Ytem. La salud de muchas criaturas que se salvarán. Ytem. La dilatacion temporal del señorio de nuestro Emperador y Señor.

La razon justificante es la idolatria de los que han de ser conquistados, si primero fueren requeridos ó buscados; primero, todas las maneras humanas, ó que la divina ley escrita nos enseña y la instruicion del Emperador, con deseo, siempre que venga de paz, ó no ocasionandolos para que los tome de guerra, no dandoles tiempo de deliberar, ó por otras vias, por tener titulo de robarlos y hacerlos esclavos; ó á mi me parece que los tales mas son tiranos que conquistadores, quitando á Dios las ánimas é al Emperador Nuestro Señor sus vasallos, ó á la iglesia militante sus hijos, é á las criaturas la gloria, é condenando sus propias ánimas por tan abominable délito.

Si es mejor que cese ó se siga por algun tiempo, esto está ó depende de las informaciones que Vuestras Mercedes habrán de personas fidedignas que lo hayan visto; habiendo respeto á la coyuntura de parte del exercito ó de parte de las tierras que

se han de conquistar, bien me paresceria, si lo sobre
dicho no lo impide, que primero se viese como se
perdidó en lo conquistado, ó que si alguna exorbi-
tancia ha habido, que se enmiende primero que se
prosiga.

Quién proseguirá esta guerra, habido respeto
al santo celo de Vuestras Mercedes, según lo ve-
mos por esperiencia, que el que Vuestras Mercedes
señalaren, será el que Dios quiere que lo haga prehet°.
predia Domini; ó que Nuño de Guzman venga
á hacer su residencia; y todo esto digo, dejandolo
todo al sano y santo parecer de Vuestras Mercedes
como sabios de casa; ó yo quiero ser reputado como
ignorante en casa agena, *que multa sunt judice ell
prelatus ut tates que nulque supientisimu potest;* ó
tiemplen ó enmiendan Vuestras Mercedes mi simple
respuesta, la cual doy por obedecer sus mandamientos, ó resplandezca en éllos el deseo de ser alum-
brado ó acertar por medio de quien justamente
puede ser su discipulo, capellan continuo ó orador
de Vuestras Mercedes.==Fray Francisco de Soto.==
Hay una rúbrica.

Magnificos y devotos Señores.

Al primer punto en que se pregunta qué me
paresce de la guerra que hace Nuño de Guzman,
digo: que al principio, antes que se comenzase, se
me ofrecieron enconvenientes por do no convenia
quel dicho Nuño de Guzman la hiciese, por ser Pre-

sidente de la Audiencia Real, ó porque no tenia
autoridad paréllo, segun diz que le fué pedido ó
dicho ó no la mostró; ó por llevar por fuerza á los
que iban con él, ó por dejar esta tierra en peligro;
pero pues ya se comenzó é está enélla, ó esto
hace al segundo punto, digo: que se puede seguir
mucho provecho; que es aumento de nuestra Santa
Fée Cathólica, é evitar que el diablo no sea adorado;
ó es servicio del Emperador, que sus Reynos sean
ampliados; ó de aqui resulta que hay, ó es razon,
que la dicha guerra se haga, ques el tercero punto;
porque en aquéllas partes no es Dios conocido ni
adorado, sino blasfemado; de todo esto, infiero lo
cuarto; que no me parece que la dicha guerra cese;
pero juntamente por lo que toca á mi conciencia,
aunque en la pregunta no se contiene, que no me
paresce que la debe proseguir el dicho Nuño de
Guzman, porque no hay enél las condiciones que
se requieren para hacerse la dicha guerra conforme
á la intencion de Su Magestad.=Fray Francisco
Jimenez.=Entre dos rúbricas.

CÓDICE DE LEYES Y ORDENANZAS NUEUAMENTE HECHAS POR SU MAGESTAD PARA LA GOUERNAÇION DE LAS YNDIAS Y BUEN TRATAMIENTO Y CONSERUACION DE LOS YNDIOS QUE SE HAN DE GUARDAR EN EL CONSEJO Y AUDIENCIAS REALES QUE EN ELLAS RESIDEN Y POR TODOS LOS OTROS GOUERNADORES JUECES Y PERSONAS PARTICULARES DE ELLAS.—SETIEMBRE 24 DE 1571 (1).

Don Carlos &.=Sépades, que hauiendo muchos Años ha tenido voluntad y determinaçion de nos ocupar despaçio en las cosas de las Yndias por la grande ymportançia dellas. Así en lo tocante al serviçio de Dios nuestro señor y augmento de su santa fee catholica como en la conseruacion de los naturales de aquellas partes y buen gouierno y conseruaçion de sus personas, aunque emos procurado desembaraçar no para este efecto no a podido ser por los muchos y continuos negocios que an ocurrido de que nos emos podido escusar y por las ausencias que destos Reynos yo el Rey é echo por causas tan necesarias como á todos es notorio, y dado que ésta frequencia de ocupaciones no aya cesado este presente Año todavia, auemos Mandado juntar personas de todos estados assi perlados como Caualleros y Religiosos y algunos de nuestro consejo, para praticar y tratar las cosas de mas ymportancia de que hemos tenido ynformacion que se deuian Mandar pro-

(1) Biblioteca Nacional. Manuscritos de Indias.—J. 15.

veher lo qual. Maduramente altercado y conferido
y en presencia de mi el Rey diuersas veces praticado
y discurrido, y finalmente auiendome consultado el
parecer de todos me Resolucion Mandar Proueer y
hordenar las cosas que de yuso seran contenidas, las
cuales demas de las otras ordenanças y prouisiones
que diuersos tiempos emos mandado hacer segun
por ellas parescera, Mandamos que sean de aqui
adelante Guardadas por leyes ynviolablemente.

Primeramente ordenamos y mandamos que los
del nuestro consejo de las yndias, que Residen en
nuestra Corte ansi en el juntarse tres horas, cada
dia á la mañana y demas á las tardes las veces y
por el tiempo que fuere necesario segun la ocurren-
cia de los negocios, de aqui adelante lo hagan como
y de la manera que asta aqui se a echo.

Y porque en el dicho nuestro quonsejo ay numero de jueces, ordenamos y mandamos que el negocio que todos ellos bieren siendo la causa de quinientos pesos de oro y dende arriua en la determinacion della aya tres botos conformes. Pero si la
causa fuere de menos cantidad de los dichos quinientos pesos, mandamos que auiendo dos votos
conformes de toda conformidad y siendo los otros
votos entre si los que puedan determinar y determinen, y que hasta la dicha cantidad de quinientos
pesos para mas breue determinacion de los negocios puedan conocer y determinen los de los del
nuestro consejo siendo conformes.

1.
que los del nues-
tro consejo se
junten tres oras
cada mañana y
á las tardes
quando fuere
necessario.

2.
que en las cau-
sas de quinien-
tos pesos arriua
aya tres botos
conformes, y en
las de menor
cantidad se de-
termine con dos
siendo confor-
mes.

3.
que hasta en
quinientos pesos
puedan conocer
dos de los del
consejo.

Yten: Por que Nos auemos mandado de nuebo haçer çiertas hordenanças para las nuestras audiencias de la nueua españa y el peru y guatimala y nicaragua y la ysla española cerca de la horden y manera que deuen tener en él conoscer y determinar las causas que en ellas se ofreçieren y en la prouision de las otras cosas tocantes al buen gouierno y conseruacion de aquellas partes y naturales dellas, y para que los del dicho nuestro consejo tengan mas presente lo que esta proueydo y mandado á las dichas audiencias y no conoscan ni adboquen causas ni cosa contraria dellas, las auemos mandado yncorporar aqui y mandamos ál dicho nuestro presidente y los del nuestro consejo de las yndias que las guarden y cumplan como en ellas se contiene, y contra el thenor y forma de ellas no advoquen ni conoscan de causa Alguna.

Yten: ordenamos y expresamente defendemos que ningun criado familiar ni allegado del presidente y los del dicho nuestro consejo, secretario fiscal Relator no sea procurador ni soliçitador en ningun negoçio de yndias sopena de destierro del Reino por tiempo de diez Años, y al del consejo y personas de suso nombradas que lo supiere lo mandaremos punir y Remediar como cosa de que nos ternemos por deseruidos.

Yten: ordenamos y mandamos que los del dicho nuestro quonsejo de las yndias sean obligados aguardar y guarden todas las leyes y hordenançás destos y nuestros Reynos, y especialmente las que estan hechas para los del nuestro Consejo Real y oydores de las nuestras audiencias y otros jueces de los dichos Reinos acerca dela limpieza del no Reciuir dado ni presentado ni prestado de los litigantes y otros negociantes y personas que tengan ó se esperen tener con ellos negoçios, ni escriuan cartas en Recomendaçion alguna á las yndias so las penas contenidas en las dichas leyes y ordenanças.

Yten: porque los dichos Presidentes y los del nuestro consejo de yndias esten mas desocupados para atender en las cosas de gouernaçion de aquellas partes, hordenamos y mandamos que se abstengan en todo lo que fuere pusible de entender en negoçios particulares. Por que para este efecto auemos proueydo y mandado lo que toda á las dichas audiencias y negoçios que en ella se han de tratar, y como quiera que lo del uer las Residencias es cosa propia que pareçe que se deuia haçer en el consejo, pero para que mejor aya ese efecto lo de la gouernacion y entiendan en ella con mas cuydado y menos ocupaçion de otros negoçios, y por la gran distançia que hay en la venida á estos Reynos, Mandamos que solamente se traigan al dicho nuestro Consejo de las yndias las Residençias y visitas que fueren tomadas á los oydores y personas de las audiencias y las que se tomaren á los nuestros gouernadores de todas la yndias y Prouincias de ellas, y todas las demás permitimos y manda-

7. que no escriuan cartas de Recomienda á las yndias.

8. que no entiendan en negocios particulares.

9. que se traygan al Consejo las Residencias y Visitas de las audiencias y gouernadores solamente.

mos que se uean y prouean sentenbien y determinen por las dichas audiencias cada vna en su distrito y jurisdicion.

Y porque nuestro principal yntehto y boluntad siempre a sido y es de la conserbacion y augmento de todos los yndios, y que sean instruydos y enseñados en las cosas de nuestra santa fee catolica y bien tratados como personas libres y basallos nuestros como lo son, encargamos y mandamos á los del dicho nuestro consejo tengan siempre muy gran atencion y especial cuydado sobre todo de la conseruacion y buen gouierno y tratamiento de los dichos yndios, y de sauer como se cumple y executa lo que por nos esta ordenado y se ordenare para la buena gouernacion de las dichas yndias y administracion de la justicia en ellas, y de hacer que se guarde y cumpla y execute sin que en ello aya Remision falta ny descuydo alguno.

Yten: encargamos y Mandamos á los del dicho nuestro Consejo de yndias que algunas veces platiquen y se ocupen en pensar y sauer en que cosas podemos no ser seruidos justamente y aprouechados en las cosas de yndias.

Y porque la guarda cimplimiento y obseruacion de lo que esta ordenado y se ordenare para el buen gouierno y conseruacion de las yndias ynporta mucho á nuestro seruicio y al descargo de nuestras conciencias que anssi se haga, Mandamos Al nuestre Procurador fiscal que eso fuere del di-

cho nuestro consejo tenga siempre mucho cuydado
y vigilancia de ynquirir y sauer como se Guarda
y cumple en aquellas Partes, y dar auiso de ello en
el dicho nuestro consejo y pedir la execucion en
los que no lo cumplieren y á la obseruacion de lo
ordenado y de auisarnos quando no se hiçiere.

Yten: ordenamos y mandamos que en las Prouincias ó Reinos del piru Resida un Viso Rey y
vna audiencia Real de quatro oydores letrados y el
dicho Viso Rey presida en la dicha audiencia, la
qual residira en la ciudad de los Reyes Por ser en
la parte mas convenible Porque de aqui adelante
á de auer audiencia en Panama.

13.
en el piru aya
vna Viso Rey y
quatro oydores
y la audiencia
Resida en los
Reyes.

Otro si: mandamos que se ponga vna audiencia
Real en los confines de guatimala y nicaragua en
que aya quatro oydores letrados y el vno de ellos
sea presidente como por nos fuere ordenado, y al
presente mandamos que presida el Liçençiado Maldonado que es oydor de la audiencia que Reside en
Mexico, y que esta audiencia tenga á su cargo la
gouernacion de las dichas Prouincias y sus adhe-
rentes, en las quales no ha de hauer gouernadores
si por nos otra cossa no fuere ordenado, y assi las
dichas audiencias como la que Reside an de guardar la horden siguiente.

14.
que en los con-
fines de guati-
mala aya vna
audiencia de
quatro oydores
y el Vno pre-
sida.

Primeramente queremos ordenamos y Mandamos que todas las causas criminales que están pendientes y que pendieren y ocurrieren de aqui
adelante en qualquiera de las quatro audiencias

15.
que todas las
causas crimina-
les pendientes ó
que pendieren se
determinen en

las audiencias en Vista y Reuista.

Reales de las yndias de cualquier calidad y ymportancia que sean que conoscan sentencien y determinen en las dichas nuestras audiencias en vista, y en grado de Revista, y que la sentencia que asi se diere sea executada y lleuada á deuido efecto sin que haya mas grado de apelacion ni suplicacion ni otro Recurso ni Remedio alguno.

16.

que las causas ciuiles mouidas o que se determinen en las audiencias de uista y Reuista y de diez mill pesos arriua aya segunda suplicacion. V. 1.° f. 283 *hæc quantitas Reducid ad sexmillia pesos.*

Y para escusar la dilacion que podria auer y los grandes daños costas gastos que se seguirian á las partes si uuiesen de venir al nuestro consejo de las yndias en seguimiento del qualesquier pleitos y causas ciuiles de que se apelase de las dichas nuestras audiencias y para que con mas breuedad y menos daño Consignan su justicia, hordenamos y mandamos que en todass las causas ceuiles que estuuieron Mouidas ó se mouieren y pendieren de las dichas nuestras audiencias los dichos nuestro Presidente e oydores que son de ellas ó fueren, conozcan de ellas y las sentencien y determinen en uista y en grado de Reuista, y que ansi mismo la sentencia que por ellos fuere dada en Reuista sea executada sin que della aya mas grado de apelacion ni otro recurso alguno ecepto quando la causa fuera de tanta qualidad ó ymportancia que el valor de la propiedad de ella sea diez mill pesos de oro y dende arriua que en el tal caso queremos que se pueda suplicar segunda vez para ante nuestra persona Real con que la parte que ynterpusiere la dicha segunda suplicacion se aya de presentar y presente Ante nos dentro de vn año despues que la sentencia de Reuista le fuere notificada á su procurador; pero queremos y mandamos que sin envargo de sigunda suplicacion la sentencia que ouiere dado en Reuista los oydores de las dichas nuestras audiencias se execute primeramente fianzas bastantes y abonadas la parte en cuyo fauor se diere que si la dicha sentencia fuere Reuocada Restituyra y pagara todo lo que por ella le ouiere sido y fuere adjudicado y entregado conforme á la sentencia que se diere por las personas á quien por nos fuere cometido; pero si la sentencia de Reuista se diere en las dichas nuestras audiencias se fuere posesion declaramos y mandamos que no haya lugar la dicha suplicacion segunda sino que la dicha sentencia de Reuista aunque no sea conforme á la de vista se execute.

Yten: Ordenamos y mandamos que los jueces a quien nos mandasemos cometer la tal causa de suplicacion vean y determinen la causa por el mismo proceso que se ouiere fecho en la dicha nuestra audiencia sin admitir mas prouanças ni nuevas alegaciones conforme á las leyes de nuestros Reynos que hablan en la segunda suplicacion.

Y para que las dichas nuestras Audiencias tengan la auctoridad que conviene y se cumpla y ouedezca Mejor lo que en ellas se proueyere y mandare, queremos y mandamos que las cartas y prouisiones y otras cosas que en ellas se proueyeren se despachen y libren por título nuestro y con nuestro sello

17.
que los jueces á quien se cometiere la segunda suplicacion determinen la causa por el mismo proceso.

18.
que las audiencias prouean y libren con título de su magestad y sello Real.

Real, las quales sean ouedecidas y cumplidas como cartas y prouisiones nuestras firmadas de nuestro Real nombre.

19.

que en las audiencias sean tres votos conformes de quinientos pesos arrlua y en menos cantidad dos votos de toda conformidad uastan.

Yten: porque en cada una de las dichas nuestras audiencias a de auer quatro oydores, Mandamos que el negocio que todos quatro uieren siendo la causa de quinientos pesos de oro y dende arriua en la determinacion della aya tres uotos conformes. Pero si la causa fuere de menos cantidad de quinientos pesos Mandamos que sean dos uotos conformes de toda conformidad siendo los otros dos uotos entre si diferentes y que hasta la dicha cantidad de quinientos pesos pamas breue expedicion de los negocios puedan conocer oyr y determinar los dos de los dichos nuestros oydores siendo conformes.

20.

que no aya segunda suplicacion quando se apelare de los gouernadores.

Otro si: mandamos que las apelaciones que se ynterpusieren de los gouernadores donde no ay audiencia Real bayan al audiencia de aquel distrito y jurisdicion, y en este caso mandamos que se guarden las leyes destos Reynos que no permiten aya segunda suplicacion.

21.

que las audiencias guarden las hordenanzas públicas para las de granada y ualladolid y capitulos de corregidores etc.

Yten: Mandamos que en todo lo que aqui no ba declarado ni determinado, los dichos nuestros presidentes e oydores de las dichas nuestras audiencias sean obligados a guardar y guarden las ordenanças que por nos les estan dadas y las ordenanças publicas para las nuestras audiencias que residen en la ciudad de granada y villa de Valladolid los capitulos de corregidores y jueces de Residencia y las le-

yes destos nuestros Reynos y Pragmaticas y orde-
nança de ellos.

YTEN: ordenamos y Mandamos que los dichos
nuestros Presidente y oydores puedan embiar y
embien á tomar Residençia á los nuestros Gouernadores á las dichas nuestras audiencias subjetos y
a sus oficiales y a las otras nuestras justicias hordinarias dellas cada y quando que les pareciere que
conviene segun los casos se ofreçieren y que para
ello embien personas de fidelidad y prudencia que
la sepan thomar y haçer justiçia a los que de ellos
ouiere querellosos conforme á las leyes de nuestros
Reynos y capitulos de corregidores dellos, y las dichas Residençias que se tomaren á los nuestros
gouernadores de yslas y prouinçias las embien con
toda breuedad al dicho nuestro consejo de las yndias para que en el se uean y determinen; pero
todas las otras Residençias que se tomaren a las
otras nuestras justiçias hordinarias queremos y
mandamos que se prouean y vean sentençien y determinen por los nuestros Presidentes y oydores de
las dichas nuestras audiencias y que no se traygan
ny embien al dicho nuestro consejo; y por esto no se
entiende que los del nuestro consejo no puedan embiar a tomar Residencia a los nuestros gouernadores
cuando pareciere que combiene.

Porque vna de las cosas mas Principales en que
las audiencias an de seruirnos es en tener muy especial cuydado del buen tratamiento de los yndios

22. que los presidentes y oydores puedan embiar tomar Residencia á los gouernadores.

23. que se embien al consejo las Residencias que se tomaren á los gouernadores, y las ottras de las justicias ordinarias determinen las audiencias.

24. que las audiencias se ynformen de los ma-

los tratamientos
echos a yndios
y los castiguen.

y conseruacion dellos, mandamos que se ynformen siempre de los excesos y malos tratamientos que les son o fueren fechos por los gouernadores o personas particulares y como an guardado las hordenanças y ynstrucciones que les han sido dadas y para el buen tratamiento de ellos estan echas; y en lo que se ouiere excedido o excediere de aqui adelante tengan cuydado de lo remediar castigando los culpados con todo Rigor conforme a justicia y que no den lugar a que en los pleytos entre yndios o

25.

que en pleytos
de entre yndios
no se hagan
procesos ordinarios.

con ellos se hagan Procesos hordinarios ni aya largas como suele acontecer por la malicia de algunos abogados y Procuradores, sino que sumariamente sean determinados guardando sus husos y costumbres no siendo claramente ynjustos, y que tengan las dichas audiencias cuydado que asi se guarden por los otros jueçes ynferiores.

26. Y

que por ninguna causa se puedan hacer esclauos los yndios.

Iten: ordenamos y mandamos que de aqui adelante por ninguna causa de guerra ni otra alguna aunque sea so titulo de Reuelion ni por Rescate, ni de otra manera no se pueda haçer esclauo yndio alguno; y queremos que sean tratados como basallos nuestros de la corona de castilla, pues lo son.

Ninguna persona se pueda seruir de los yndios por uia de Naboria ni Tapia ni otro modo alguno contra su voluntad.

27.

que los yndios
esclavos se pongan en liuertad

Como auemos mandado que de aqui adelante Por ninguna via los yndios se hagan esclauos ansi en los que hasta aqui se an hecho contra Raçon y de-

recho y contra las prouisiones y ynstructiones dadas, ordenamos y mandamos que las audiencias
llamadas las partes sin tela de juyçio sumaria y
breuemente sola la uerdad sauida, los pongan en
liuertad si las personas que los tuuieren por esclauos no mostraren titulo como los tienen y Poseen
ligitimamente; y porque la fata de personas que soliciten lo susodicho, los yndios no queden por esclauos ynjustamente, mandamos que las audiencias
pongan personas que sigan por los yndios estas
causas y se paguen de penas de Camara y sean
hombres de confiança y diligençia.

si los poseedo-
res no mostra-
ren titulo.

V. ad hanc ordi-
nationen gregor.
lopez in l. 5
tt.º 14. pta. 3.
qta. 3. ubi cig.
instificationes etc.
rationes abignat.

Yten: Mandamos que sobre el cargo de los dichos yndios, las audiençias tengan especial cuydado
en que no se carguen o en caso que esto en algunas
partes no se pueda escusar, sea de tal manera que
de la carga ynmoderada no se siga peligro en la
vida, salud y conseruacion de los dichos yndios y
que contra su boluntad dellos y sin se lo pagar en
ningun caso se permita que se puedan cargar, castigando muy grauemente al que lo contrario hiçiere
y en esto no a de aver Remision por Respecto de
persona alguna.

28.
en las partes
que no se puede
escusar de car-
gar los yndios
segun la forma
aqui declarada.

29.
que no los car-
guen contra su
boluntad.

Porque nos a sido hecha Reclamaçion que de la
pesqueria de las perlas auerse hecho sin la buena
horden que combenia, sean seguido Muertes de muchos yndios y negros.

Mandamos que ningun yndio libre sea lleuado
á la dicha pesqueria contra su boluntad sopena de

30.
ningun yndio li-
bre sea lleuado

á la pesqueria de las perlas contra su boluntad.

muerte, y que el ouispo y el juez que fuere a Veneçuela, ordenen lo que les pareçiere para que los esclauos que andan en la dicha pesqueria ansi yndios como negros, se conserven y cesen las muertes; y si les pareciere que no se puede escusar á los dichos yndios y negros el peligro de muerte, cese la pesqueria de las dichas perlas porque estimamos en mucho mas como es raçon la conseruaçion de sus vidas que el interes e que nos puede venir de las perlas.

31.

que se pongan en la corona Real los yndios que tienen los Visorreyes gouernadores y otras personas y casas.

Porque de tener yndios yncomendados los Visorreyes Gouernadores y sus tenientes y oficiales nuestros y prelados Monesterios y ospitales y casas ansi de Religion como de casas de moneda y tesoreria della y oficios de nuestra hacienda y otras personas fauoreçidas Por Raçon de los offiçios, sean seguido desordenes en los tratamientos de los dichos yndios, es nuestra voluntad y mandamos que luego sean puestos en nuestra Real corona todos los yndios que tienen y poseen Por qualquier titulo ó causa que sea los que fueren ó son Visorreyes gouernadores o sus lugares tenientes o qualesquier ofiçiales nuestros assi de justicia como de nuestra hacienda, Prelados casas de Religion o de nuestra hacienda ospitales cofradias o otras semejantes, aunque los yndios no les ayan sido encomendados por Raçon de los officios, y aunque los tales ofiçiales o gouernadores digan que quieren dejar los offiçios o gouernaciones y quedarse con los yndios, no les vala ni por eso se deje de cumplir lo que mandamos.

Otro si mandamos que a todas las personas que tuvieren yndios sin tener titulo sino que por su athoridad se han entrado en ellos, se los quiten, y pongan en nuestra corona Real.

Porque somos ynformados que otras personas aunque tengan titulo, los Repartimientos que se les han dado son exçesiva cantidad, Mandamos que las audiencias cada cual en su jurisdiçion se ynformen muy bien desto y con toda breuedad y les Reduzcan los tales Repartimientos á las personas dichas á una onesta y moderada cantidad, y los demas pongan luego en nuestra corona Real. Sin embargo de cualquiera pelaçion ó suplicacion que por las tales personas sea ynterpuesta y de lo que ansi hiçieren las dichas audiencias, nos embien Relacion con breuedad para que sepamos en como se cumple nuestro Mandado y en la nueua españa se prouea especialmente en los yndios que tiene Joan Ynfante y Diego de ordas y el Maeste Roa y Francisco Vazquez de coronado y Francisco Maldonado y Vernardino Vazquez de Tapia y Juan Xaramillo y Martin Vazquez y gil Gonçalez de Venavides y otras personas que el numero de los yndios que tienen de que es cantidad muy exçesiva segun la ynformaçion que se nos ha dado; y Porque somos ynformados que hay algunas personas en la dicha nueua españa que son de los primeros conquistadores y no tienen Repartimiento ninguno de yndios,

32.

que se moderen los Repartimientos excesivos y de lo que se quitare se dé sustentacion á los primeros conquistadores que no tienen Repartimiento.

Mandamos que el presidente ó oydores de la dicha nueua españa se ynformen de las personas de esta calidad, y les den en los tributos que ansi vbieren de pagar los yndios que se quitaren lo que les pareciere para la sustentacion moderada y onesto entretenimiento de los dichos Primeros conquistadores que ansi estan sin Repartimiento.

33.
que las audiencias priuen de los yndios a los que de justicia lo merezieren.

Ansi mismo las dichas audiencias se ynformen de como an sido tratados los indios por las personas que los an tenido en encomienda, y si les constaren que de justicia deuen ser prouados dellos por sus excesos y malos tratamientos que les han hecho, mandamos que luego los priuen y pongan los tales yndios en nuestra corona Real; y en lo del

34.
que en el peru á las personas principales culpados en las Reuoluciones de picarro y almagro se quiten los yndios.

peru allende de lo susodicho el Viso Rey ó audiençia, se ynformen de los excesos hechos en las cosas suzedidas entre los gouernadores Piçarro y almagro, para nos embiar Relaçion dello, y á las personas prinçipales que notablemente hallaren culpadas en aquellas Reueluciones quiten luego los yndios que tuvieren y los pongan en nuestra Real corona.

35.
que no se pueden encomendar yndios por titulo alguno y los que vacaren se pongan en la corona Real.

Ottro si: ordenamos y mandamos que de aqui adelante Ningun Viso-Rey gouernador audiencia descubridor ni otra persona alguna, no pueda encomendar yndios por nueua prouision ni por Renunçiaçion ni donacion venta ni otra qualquier forma, Modo ni por vacacion ni herencia, sino que muriendo la persona que tuviere los dichos yndios, sean puestos en nuestra Real corona y las audien-

cias tengan cargo de ynformar luego particularmente de la persona que murio y de la calidad
della y sus meritos y seruiçios y de como trato los
dichos yndios que tenia y si dexo Muger Hijos ó
que otros herederos, y nos embien la Relaçion, y de
la calidad de los yndios y de la tierra, para que nos
Mandemos proveer lo que sea nuestro seruiçio, y
hacer la merçed que nos pareçiere a la muxer y
hijos del difunto, y si entretanto pareçiere a la audiençia que ay necesidad de proveer á la tal muxer
y hijos algun sustentamiento, lo puedan hacer de
los tributos que pagaran los dichos yndios, dandoles
alguna moderada cantidad estando los yndios en
nuestra corona como dicho es.

Yten: hordenamos y mandamos que los dichos
nuestros presidentes y oydores tengan Mucho cuydado que los yndios en qualquiera de las maneras susodichas, se quitaren, y los que bacaren, sean muy
bien tratados é ynstruydos en las cosas de nuestra
santa fee catolica, y como basallos nuestros, libres,
que este a de ser su principal cuydado; y de lo que
principalmente les hauemos de tomar quenta y en
que mas nos han de seruir y proveehan que sean
Gouernadores en justicia por la uia y orden que son
Gouernados al presente en la nueva españa los yndios que estan en nuestra corona Real.

Y porque es Raçon que los que an seruido en
los descubrimientos de las dichas yndias y tambien
los que ayudan á la poblaçion dellas que tienen alla

36.

que los presi-
dentes e oydo-
res tengan cuy-
dado que los
yndios que se
quitaren y ba-
caren sean bien
tratados e yns-
truydos.

37.

que se prefieran
en los aproue-
chamientos pri-

sus mugeres sean preferidos en los aprouechamientos. .

Mandamos que los nuestros Visorreyes presidentes e oydores de las dichas nuestras audiencias,
prefieran en la prouision de los corregimientos y
otros aprouechamientos qualesquier, a los primeros
conquistadores, y despues dellos a los pobladores
casados, siendo personas hauiles para ello; y que
hasta que estos sean Proueydos, como dicho es, no
se pueda proueher otra persona alguna.

38.
que no se oyan
pleitos sobre yn-
dios. Porque de auerse oydo pleitos sobre demandar
los españoles yndios sean seguido notables yncon-
uenientes, es nuestra boluntad y Mandamos que de
aqui adelante no oyan los tales pleitos ni en las
yndias ni en el nuestro consejo dellos agora sea
sobre yndios que estan en nuestra corona o que los
posea otro terçero, sino que qualquiera cosa que sobre esto se pidiere, se Remita a nos, para que auida
la ynformaçion que comuenga lo mandemos proueer; y qualquiera pleito que sobre esto al presente
pendiere ansi en el nuestro consejo como en las
yndias o en otra qualquiera parte, mandamos que se
suspenda y no se oya mas, Remitiendo la causa
A nos.

39.
la forma que
se ha de tener en
los descubri-
mientos. Porque Vna de las cosas en que somos ynformados que a auido desorden y para adelante la
podia auer, es en la manera de los descubrimientos,
Ordenamos y mandamos que en ellos se tenga la
horden siguiente: que el que quisiere descubrir algo

por mar, pida liçençia a la audiençia de aquel distrito y jurisdicion, y teniendola pueda descubrir y Rescatar, con tal que no trayga de las yndias o tierra firme que descubriere, yndio alguno, aunque diga que se los uenden por esclauos y fuese ansi exceto hasta tres ó cuatro personas para lenguas, aunque se quisieran venir de su boluntad, so pena de muerte; y que no pueda tomar ni auer cosa contra boluntad de los yndios, sino fuere Por Rescate y a uista de la persona que la audiençia nombrare, y que guarden la orden e ynstrucion que la audiençia le diere, so pena de perdimiento de todos sus bienes y la persona a nuestra Merced. Y que el tal descubridor lleue por ynstrucion que en todas las partes que llegare, tome posesion por nuestro nombre y traya todas las alturas..

Yten: que el tal descubridor que buelua á dar quenta á la audiencia de lo que oviere echo y descubierto y con entera Relaçion que tome dello la audiencia, lo embie al nuestro consejo de las yndias para que se prouea lo que combenga al serviçio de Dios y nuestro, y al tal descubridor o se le encargue la poblacion de lo que ouiere descubierto siendo persona auil para ello, o se le haga la gratificacion que fueremos seruidos comforme a lo que ouiere trauajado y merecido y gastado; y el audiençia a de enuiar con cada descubridor vno o dos Religiosos, personas aprouadas, y si los tales Religiosos se quisieren quedar en lo descubierto, lo puedan hacer.

40.
virreyes ni go-
uernadores no
entiendan en
descubrimientos

Yten: que ningun Viso Rey ni gouernador entienda en descubrimientos nuebos por mar ni por tierra, por los ynconviñientes que se an seguido de ser vna misma persona Gobernador y descubridor.

41.
lo que han de
guardar los go-
uernadores que
tienen asiento y
capitulacion.

Yten: porque se han tomado y hecho asientos y capitulaciones con algunas personas que entienden al presente en descubrir, queremos y mandamos que en los tales descubrimientos guarden lo contenido en estas hordenanças, y mas las ynstruciones que las audiencias les dieren que no fueren contrarias a lo por nos mandado sin embargo de qualesquier capitulaçiones que en ellas se ayan hecho, aperciuiendolos que si no las guardaren y en algo excedieren por el mismo caso, *ipso facto* sean suspendidos de los cargos, e yncurran en perdimiento de todas las mercedes que de nos tuvieren, y demas de las personas, sean a la nuestra Merced; y mandamos a las audiençias y a cada una dellas en su distrito y jurisdicion, que a los dichos descubridores den las ynstruciones que pareceran conuinientes, conforme a lo que podran collegir de nuestra yntencion segun lo que mandamos ordenar para que mas justamente se hagan los dichos descubrimientos y para que los yndios sean bien tratados y conseruados e ynstruidos en las cosas de nuestra santa fee, y que siempre tengan especial cuydado de saber como esto se guarda y de lo haçer executar.

42.
que los tales go-
uernadores ta-

Y de Mas de lo susodicho Mandamos A las dichas personas que por nuestro mandado estan descubriendo, que en lo descubierto hagan la tasaçion luego de los tributos y seruiçios que los yndios deuen dar como basallos nuestros, y el tal tributo sea Moderado, de manera que los puedan sufrir teniendo atencion a la conseruacion de los dichos yndios, y con el tal tributo se acuda al comendero donde lo ouiere. sen los tributos que an de dar los yndios y se acuda con ellos al comendero.

Por manera que los españoles no tengan Mano ni entrada con los yndios, ni poder ni mando alguno, ni se siruan dellos por uia de naboria ni en otra manera alguna en poca ni en mucha cantidad, ni ayan mas del goçar de su tributo conforme a la horden que la audiencia o gouernador diere, que la cobrança del; y esto entre tanto que nos, ynformados de la calidad de la tierra, mandemos proueer lo que Conuenga; y esto se ponga entre las otras cosas en la capitulacion de los dichos descubridores. 43.
que no se sirvan de yndios por uia de navoria.

Muchas veçes acaeçe que Personas que Residen en las yndias, vienen ó envian a suplicarnos que les hagamos Merced de algunas cosas de las de halla y por no tener aca ynformaçion asi de la calidad de la persona que lo suplica y los meritos y hauilidad como de la cosa que se pide, no se puede proueer con la satisfacion que conuenia; Por ende mandamos que la tal persona manifieste en la audiencia, alla, lo que nos entiende suplicar, para que la dicha audiencia nos ynforme ansi de la calidad de la persona como de la cosa, y embie la tal ynformaçion cerrada y sellada con su parecer, al nuestro 44.
que el que suplicase por alguna merced traiga ynformacion de la audiencia con su parecer.

consejo de las yndias, para que con esto se tenga
mas luz de lo que conuerna a nuestro seruiçio que
se prouea.

45.
que los yndios
de San Juan Cu-
ba y la espa-
ñola, sean trata-
dos como los es-
pañoles que en
ellos Residen.

Es nuestra boluntad y mandamos, que los yndios que al presente son vibos en las yslas de san
Juan y cuba y la española, por agora y el tiempo
que fuere nuestra boluntad, no sean Molestados con
tributos ni otros serviçios Reales ni personales ni
mixtos, mas De como loson los españoles que en las
dichas yslas Residen, y se degen olgar para que
mejor puedan multiplicar y ser ynstruidos en las
cosas de nuestra santa fe catholica; para lo cual se
les den personas Religiosas quales conuengan para
tal efecto.

Las quales dichas hordenanças y cosas en esta
nuestra carta contenidas, y cada una cosa y parte
dello, vos mandamos á todos y á cada vno de uos en
los dichos nuestros lugares y jurisdicion segun dicho es, que con gran diligençia y especial cuydado
las guardeis y cumplais y executeis y fagais guardar y cumplir y executar en todo y por todo como
en esta nuestra carta se contiene; y contra el tenor
y forma dello no vaiais ni paseis ni consintays, ni
pasar agora ni en tiempo alguno ni por alguna ma-
manera solas penas en ellas contenidas; y porque
todo lo susodicho sea mas notorio especialmente A
los naturales de las dichas nuestras yndias, en cuyo
benefiçio y Prouecho esto se ordena, Mandamos que
esta nuestra carta sea imprimida en Molde y se

embie á todas las nuestras yndias á los Religiosos
que en ellas se entiende en la ynstruction de los
dichos yndios, á los cuales encargamos que halla las
hagan traducir en lehengua yndia para que mejor
lo entiendan y sepan lo proueydo, y los vnos ny
los otros no fagades ni fagan ende al por alguna
manera, so pena de la nuestra Merced y de mill castellanos de oro para la nuestra Camara á cada vno
que lo contrario hiciere; y demas mandamos al ome
que vos esta nuestra carta mostrare, que vos em-
plaçe que parezcades ante nos, en la nuestra corte
doquier que nos, seamos, el dia que vos emplaçare
hasta un Año Primero siguiente so la dicha pena,
sola cual mandamos á qualquier escriuano publico
que para esto fuere llamado, que dende al que vos
la mostrare testimonio signado con su signo, porque
nos, sepamos, en como se cumple nuestro Mandado
dado en la Ciudad de Barçelona A veinte dias del
mes de nouiembre de mill y quinientos y quarenta
y dos Años. Yo el Rey. Yo Juan de Samano secretario de su çesarea y catholicas Magestades la fice
escriuir por su mandado. *Frater G. Cardinalis Hispalensis* doctor guebara—doctor figueroa. Registrada, ochoa de luyando. Por chanciller. ochoa de luyando.==

Don Carlos Por la divina clemençia &.

Bien saueis ó deueis sauer que Nos, hauiendo sido
informados de la neçesidad que auia de prover y
odenar algunas cosas que conuenian A la gouerna-

çion de las dichas yndias y buen tratamiento de los
naturales dellas y administraçion de nuestra justi-
sia, con mucha deliueracion y acuerdo Mandamos
hacer sobre ello ciertas hordenanças de las quales en
la Ciudad de Barçelona A veinte y dos dias del mes
de nouiembre del Año pasado de mill y quinientos y quarenta y dos Años, fue dada nuestra carta
y prouision, dada firmada de mi el Rey; y porque
despues aca apareçido ser necesario y conuiniente
declarar y añadir algunas cosas en algunas de las dichas hordenanças y acreçentar otras, de nueuo Mandamos á los del dicho nuestro Consejo de las yndias,
tratasen y platicasen la prouision y orden que en
ello se debria dar, los quales auiendolo diuersas
veçes tratado y conferido Muy particularmente, y
conmigo, el Rey consultado, fue acordado que cerca
dello deuiamos Mandar prouer y ordenar las cosas que de yuso seran declaradas, las quales queremos y mandamos que se yncorporen con las dichas
hordenanças que de suso se hace Mension; y que de
aqui adelante sean Guardadas Cumplidas y executadas por leyes, ynbiolablemente, con las declara-
ciones y adiciones en esta nuestra carta contenidas.

Primeramente, por vn capitulo de las dichas
hordenanças esta Mandado que porque en la nueua
españa ay algunas Personas que son de los primeros conquistadores y no tienen Repartimiento ninguno de yndios, que el presidente y oydores de la
audiencia de la dicha nueua españa se ynformen

de las personas desta calidad, y les den en los tributos que ouieren de pagar, los yndios que se quitaren,
conforme á lo contenido en las dichas hordenanças,
lo que les paresçiere para la sustentaçion y onetos
entretenimiento, y por otro capitulo de las dichas
ordenanças.

Mandamos que los estros Visorreyes unpresi-
dentes y oydores de las dichas nuestras audiencias
de las dichas nuestras yndias, prefieran en la prouision de los Corregimientos y otros aprouechamientos qualesquiera, los primeros Conquistadores,
y despues dellos á los pobladores casados siendo personas auiles para ellos; y que hasta que estos sean
proueydos como dicho es, no se pueda proueer otra
persona alguna; y porque somos ynformados que en
la dicha nueua españa ay algunos hijos de los primeros conquistadores que no sola Mente no tienen
yndios pero quedaron pobres y no tienen de que
se sustentar, y á acausa de que por las dichas ordenanças mandamos que la dicha sustentasion y
onesto entretenimiento se den á los primeros conquistadores que estubieren sin Repartimientos y
que estos prefieran en la prouision de los Corregimientos y otros aprouechamientos qualesquier, los
quales siendo Muertos no se podria executar en los
dichos sus hijos la merced que mandamos haçer á
sus padres, declaramos y mandamos, que con los hijos de los primeros conquistadores de la dicha nueua españa que no tuvieren Repartimiento de yndios

47.
que los hijos de los prime-ros conquistado-res, sean prefe-ridos y se les de entreteni-miento en los tributos.

y quedaren pobres siendo de legitimo Matrimonio nascidos, se verifiquen en ellos los dichos capitulos como se hiçiera en sus padres si fueran vibos; y que á estos tales, teniendo auilidad ni edad el nuestro Visorey que eso fuere de la dicha nueua españa, les de y prouea de corregimientos y otros aprovechamientos en ella, y á los que destos no tuvieren edad para ello, les den de los dichos yndios que ansi se quitaren lo que les paresçiere, para con que se crien y sustenten.

Ottro si: porque somos ynformados que los españoles que tienen Repartimientos de yndios en la nueua españa no residen en las provincias y partes donde tienen los yndios, porque algunos que tienen yndios en la prouinçia de la nueua galiçia y en la prouincia de panuco y en otras partes donde hay gouernadores nuestros, se vienen á vivir á mexico y á otros pueblos de las dichas prouincias, hordenamos y mandamos que de aqui adelante, qualquier persona que tuviere yndios encomendados en vna prouincia, Resida en ella; y que si ausentare sin expresa liçençia nuestra ó de nuestros Visoreyes é audiencia, les sean quetados todos los yndios que ansi tuvieren en la prouinçia de donde se ausentaren, y se pongan en nuestra corona Real.

Porque nos siendo ynformados que donde las cosas en que los yndios y naturales de las nuestras yndias Reciuen agrauio de las personas que los an tenido y tienen encomendados ha sido en pedirles y lleuarles mas tributos de los que ellos podian pagar los yn-
dios. buenamente pagar por nuestras prouisiones prouey- mos y mandamos que ante todas cosas se hiciese la tasacion de lo que los dichos yndios de ay adelante deuian pagar, ansi de los que estan en nuestra ca- ueça y corona Real, como de los que estan encomen- dados á otras personas particulares; y como quiera que esto sea efectuado en la nueua españa, no tene- mos Relacion que se aya fecho en el peru ni en otras prouincias Por ynpedimentos que se an ofre- cido, Por ende encargamos y mandamos á los nues- tros Presidentes y oydores de las dichas quatro au- diencias cada vna en su distrito y jurisdicion, cada vna, se ynformen de lo que buenamente los dichos yndios pueden pagar de seruicio ó tributo sin fati- ga suya ansi á nos como á las personas que los tu- biere en encomienda, y teniendo atencion á esto les tasen los dichos tributos y seruicios, Por Manera que sean Menos que los que solian Pagar en tiempo de los caçiques y señores que los tenian antes de ve- nir á nuestra obediencia, Para que conozcan la vo- luntad que tenemos de les Releuar y hacer Merced; y ansi declarado lo que deuen pagar, hagan vn libro de los pueblos y pobladores y tributos que ansi se- ñalaren para que los dichos yndios y naturales se- pan que aquello es lo que deuen y an de pagar á nuestros officiales y á los dichos encomenderos, á los quales dichos nuestros officiales y Personas que en nuestro nombre tuuieren cargo de la cobrança de

los dichos tributos y a las otras personas que los
tuuieren encomendados y por ellos les ouieren de
Reciuir y cobrar, Mandamos que aquello cobren y
no mas, y para que en esto aya la Raçon y claridad
que comuenga y no pueda auer fraude en lo susodicho, Mandamos a las dichas nuestras audiencias
que de la tasacion de tributos que ansi hiçieren, degen en cada pueblo lo que a el tocare, firmado de
sus nombres, en poder del caçique o prinçipal de tal
pueblo, auisandole por lengua o ynterprete de lo
que en el se contiene, y otra copia dello den a la
persona que vviere de auer y cobrar los dichos tributos; y demas dello hagan vn libro de toda la dicha tasacion, el qual tengan en la dicha audiencia
y embien Ante los del nuestro consejo de las yndias
vn traslado del.

50.
que sean bien
tratados los yn-
dios como per-
sonas libres co-
mo son los ba-
sallos de su ma-
gestad.

Yten: teniendo como tenemos A los naturales de
las dichas nuestras yndias yslas y tierra firme del
mar oceano Por nuestros basallos libres, como lo son
los de los nuestros Reinos, ansi nos tenemos por
obligados a mandar que sean bien tratados en sus
personas bienes y nuestra yntencion y boluntad es,
que ansi se haga; Por ende ordenamos y mandamos,
que los dichos yndios y naturales de las dichas
nuestras yndias sean muy bien tratados como vasallos nuestros y personas libres, como lo son ansi
por las nuestras justicias factores y officiales que
en nuestro nombre cobraren los tributos dellos y
otras qualesquier personas que los tuvieren encomen-

dados, como por todos los otros nuestros subditos y
naturales y pobladores que a las dichas nuestras
yndias an ydo y fueren, que no les hagan mal ni
daño en sus personas y bienes; ni les tomen contra
su boluntad cosa alguna, excepto los tributos que
les estan o fueren tasados conforme á nuestras pro-
bisiones y ordenanças que sobre la dicha tasacion
estan dadas o se dieren, so pena que qualquiera
persona que matare o yriere o pusiere las manos
ynjuriosas en qualquier yndio, o le tomare su muger o hija, o hiciere otra fuerça o agrauio sea castigado conforme a las leyes destos Reynos y a las
prouisiones y hordenanças Por nos fechas çerca de
lo suso dicho.

Yten: que ningun español que tuviere yndios
encomendados, sea osado a lleuar tributo alguno
dellos sin que primero sea Moderado y tasado por
nuestros Visorreyes y audiencias y otras personas
que para ello por nos ó por los dichos visorreyes y
audiencias fueren diputados lo que ouieren de lleuar, y echa la tasaçion no sea osado ningun español
directe ni indirecte, por si ni por otra persona por
causa ni color alguna, aunque diga que los yndios
se los dieron de su boluntad ni por Rescate ó en
Recompensa de alguna cosa que se les dio de lleuar
cosa alguna mas de lo que fuere tasado, so pena que
por qualquier caso de los susodichos, por el mismo
echo sea priuado de los dichos yndios y se pongan
en nuestra corona Real y en el proceso y execuçion

51.
que ninguno lle-
ue mas de lo
que fuere tasa-
do por ninguna
via.

Pena.

de lo susodicho, se proceda solamenta la uerdad sauida Remota toda apelaçion; Pero bien permitimos que cosas de comer y ueuer y otros mantenimientos necesarios, lo puedan comprar de los dichos yndios Pagandoles su justo preçio como se lo pagaria otro español estraño, y que lo mismo guarden los nuestros offiçiales en los tributos que an de cobrar de los yndios que estan en nuestra corona Real, so pena de perdimento de sus ofiçios y mas que lo bueluan con el quatro tanto para nuestra Camara.

52.
que los officiales enbien cada Año vn tiento de quenta de lo que an cobrado.

Y porque nos, tengamos entera notiçia de nuestra hacienda, Mandamos que los nuestros officiales de todas las nuestras yndias yslas y tierra firme del mar oçeano nos enbien en fin de cada vn Año vn tiento de quenta de su cargo de todo lo que obieren Reciuido y cobrado aquel Año, ansi de nuestros quintos y Rentas de almojarifazgo como de los tributos que Reciuieren de los yndios que estuuieren en nuestra caueça, y de las penas de camara y otras qualesquier Rentas y derechos nuestros Puniendo muy clara y especificamente lo que de cada cosa ay y queda en nuestra arca de las tres llaues; y que tengan especial cuydado que todo lo que ansi Reciuieren y cobraren, lo pongan y tengan en la dicha arca de las tres llaves y que ninguna cosa dello este fuera de la dicha arca; y que de tres

53.
que enbien de tres en tres Años la quenta.

en tres Años enbien a la casa de la contratacion de seuilla la quenta por entero y Particular de todo lo que fuere a su cargo de aquellos, tres Años, puniendo

en ellos el cargo y data y Resolución della porque
de lo contrario nos ternemos por deseruido y lo
mandaremos castigar con todo Rigor; y encargamos
y en Mandamos a los dichos presidentes y oydores
de las dichas nuestras audiençias que tengan muy
particular cuydado de que los dichos nuestros officiales que Residen en las yslas y prouinçias de sus
distritos, hagan y cumplan todo lo de su contenido
y de nos auisar de los que no lo hicieren.

Las cuales dichas declaraçiones y hordenanças
en esta nuestra carta contenidas y cada vna cosa y
par dello, queremos y mandamos que sean guardadas cumplidas y executadas ynbiolablemente, y que
tengan vigor y fuerça de leyes como si fueran echas
y prolongadas en çortes, y vos mandamos á todos
y á cada vno de vos en los dichos buestros lugares
y jurisdiciones, segun dicho es, que con mucha diligencia y especial cuydado las guardeis y cumplais
y executeis y fagais guardar ó cumplir y executar
en todo y por todo como en ellas y en cada vna de
ellas se contiene, y contra el tenor y forma dello en
ellas contenida, no bais ni paseis ni consintais yr
ni pasar en tiempo alguno ni por alguna Manera;
y para que sean Mejor guardadas y cumplidas y
mas publico y notorio, á todos mandamos que esta
dicha nuestra carta sea ymprimida al pie de la dicha prouision y hordenanças; por ninguno puedello
pretender ynorançia y los vnos ni los otros no fagades ni fagan, ende al por alguna manera, sopena

54.
que se ympri-
man estas hor-
denanzas.

de cien mill maravedises para la nuestra camara y de la nuestra Merced, dada en la villa de valladolid á quatro dias del mes Junio de mill quinientos y quarenta y tres Años. el principe. yo Juan de Samano secretario de sus cesarea y catholicas Magestades la fiçe escriuir por su mandado. Registrada ochoa deluyando. Por chancillero ochoa deluyando. *fr. G. Card. Hispalensis. S. Episcopus conchiensis.* el doctor vernal. el licenciado gutierre velazquez. el licenciado salmaron. Juan de Samano.

Don Phelipe &.

Saued que nos auemos mandado haçer declaracion y Recopilacion de las leyes y prouisiones que hastagora se an proueido para el buen gobierno de las yndias. A fin que todas puedan ser sauidas y entendidas, quitando las que ya no combiene guardarse, y proueyendo de nuebo las que faltan y declarando y conçertando las dudosas ó repugnantes para lo qual se han juntado ó distribuydo por sus titulos y materias comunes todas las que hay proveydas hasta aora, é porque queremos que como las dichas leyes se fueren viendo é Resoluiendo por los del nuestro Consejo de las yndias se vayan publicando para que se sepan y executen por todos, auiendose visto y platicado en el las leyes hordenadas para el libro segundo de la dicha Recopilacion intitulado de la Gouernaçion y estado temporal titulo del consejo, auemos acordado mandarlas publicar para que desde luego y entretanto que la Recopila-

çion se prosigue y acaua, se exeouten y guarden en
el consejo segun y por la forma en que de yuso se
contiene.

Primeramente considerando los grandes beneficios y mercedes que de la benignidad souerana auemos Reciuido y de cada dia Reçibimos con el acrecentamiento y ampliacion de los Reynos ó señorios
de las nuestras yndias, y entendiendo bien la obligacion y cargo que con ellos se nos ympone, procu-
ramos de nuestra parte despues del fauor diuino, poner medios combinientes para que tan grandes Reynos y señorios sean Regidos y gouernados como
conuiene. E porque en las cosas del seruiçio de Dios
nuestro señor y bien de aquellos estados se prouea
con mayor acuerdo deliberacion y consejo, Estable-
cemos y hordenamos que siempre en nuestra Corte
Residan á cerca de nos en el nuestro Consejo de las
yndias, vn presidente del y los consejeros letrados
que la ocurrençia y neçesidad de los negocios demandaren, que por aora sean ocho y vn fiscal, que
todos sean personas aprouadas en costumbres ó lim-
pieça de linage temerosos de Dios y escogidos en
letras y prudençia, vn secretario que Refrende, y dos
escriuanos de Camara espertos y diligentes en sus
offiçios y de la fidelidad que se Requiere, el vno que
entienda y se ocupe en las cosas de gouernaçion, y
otro ante quien pasen las de justiçia. Dos Relatores.
Un abogado y vn procurador de pobres. Un soliçitador fiscal y los porteros neçesarios. Dos contado-

1.
consideracion de
los bienes y
Mercedes que
nuestro señor a
hecho a su Ma-
gestad.

res de quentas abiles y suficientes, un Receptor de
penas de Camara, Un Registrador y vn chanciller
y vn alguacil y un cosmographo choromita, los quales todos sean de la abilidad y sufiçiençia que se Requiere, ó antes de ser admitidos á sus officios hagan
juramento, segun que de derecho lo deuen hacer, de
que bien ó fielmente lo vsaran y Guardaran las
ordenanças del consejo y el secreto del.

Porque los del nuestro consejo de las yndias con
mas poder y autoridad nos sirvan y ayuden á cumplir con la obligacion que tenemos al bien de tan
grandes Reynos y señorios, es nuestra Merced y queremos que el dicho consejo tenga la jurisdicion suprema de todas las nuestras yndias occidentales
descubiertas y por descubrir, y de los negocios que
dellas Resultaren y dependieren y para la buena
gouernaçion dellas y administracion de justiçia,
puedan ordenar y hacer consulta nuestra las leyes,
pragmaticas, ordenanças y prouisiones generales y
particulares que por tiempo ó para el bien de aquella Republica conuinieren, y asi mesmo uer y examinar para que nos las aprouemos y mandemos
guardar qualesquier ordenanças constituçiones y
otros estatutos que hiçieren los prelados capitulos
y cauildos y conuentos de las Religiones y los nuestros virreyes audiencias concejos y otras comunidades de las yndias, en las quales como dicho es, y en
todos los demas Reynos y señorios nuestros en las
cosas y negocios dependientes de las yndias, el di-

cho nuestro Consejo sea obedecido y acatado asi como lo son los otros nuestros Consejos; y que sus prouisiones y mandamientos sean en todo y por todos cumplidos y ouedecidos en toda parte y por todas qualesquier personas que fueren dirigidos.

Y porque ninguna cosa puede ser entendida ni tratada como deue, cuyo sugeto no fuere Primeramente sauido de las personas que della ouieren de conocer y determinar ordenamos y mandamos que los del nuestro Consejo de las yndias con Particular estudio y cuydado procuren tener echa siempre descripcion y aueriguacion cumplida y cierta de todas las cosas del estado de las yndias asi de la tierra como de la mar naturales y morales perpetuas y temporales eclesiasticas y seglares pasadas y presentes, y que por tiempo seran sobre que puede caer gouernacion ó disposicion de ley segun la orden y forma del titulo de las descripciones, haciendolas executar continuamente con mucha diligencia y cuydado.

Y porque tantas y tan grandes tierras yslas y prouincias se pueden con mas claridad e distencion perçeuir y entender de los que tuuieren cargo de gouernarlas, mandamos á los del nuestro Consejo de yndias, que siempre tengan cuydado de diuidir y partir todo el estado de yndias descuvierto y que por tiempo se descubriere, para lo temporal, en vi Reynos prouincias de audiencias y chancillerias Reales y prouincias de officiales de la hacienda Real

3. el consejo procure tener echa descripcion cumplida y cierta de todo el estado de las yndias sobre que puede auer gouernacion.

4. el consejo tenga cuydado de diuidir y partir todo el estado de yndias, lo temporal en vi Reynos prouincias etc. y lo vno con lo otro se vaya conformando.

adelantamientos gouernaciones alcaldias mayores corregimientos alcaldias hordinarias y de hermandad concejos.de españoles y de yndios; y para lo espiritual, en Arçobispados y obispados sufraganos Abbadias Arciprestazgos parrochias y dezmerias prouincias de las ordenes y Religiones, teniendo siempre yntento a que la diuision para lo temporal se vaya conformando y correspondiendo quanto se sufriere a lo espiritual, Los Arçobispados y prouincias de las Religiones con los distritos de las audiencias, los obispados con las Gouernaciones y alcaldias mayores, y los Arçiprestazgos con los corregimientos, y los curados con las alcaldias hordinarias.

5

el consejo pospuesto otro Respecto el principal cuydado sea las cosas de la conuersion y doctrina de los yndios y para ello pongan todos los medios necesarios que con ellos descarga su Magestad su conciencia.

Segun la obligacion y cargo conque somos señor de las yndias y estados del mar oceano, ninguna cosa deseamos mas que la publicacion y ampliacion de la ley euangelica y la comuersion de los yndios a nuestra santa fee catholica; y porque a esto como al prinçipal yntento que tenemos endereçamos nuestros Pensamientos y cuydado, mandamos y encargamos quanto podemos a los del nuestro Consejo de las yndias, que pospuesto todo otro Respeto de aprouechamiento de ynterese nuestro, tengan por principal cuydado las cosas de la conuersion y doctrina y sobre todo se desbelen y ocupen con todas sus fuerças y entendimiento en prouoher ministros sufiçientes para ello, Poniendo todos los otros medios necesarios y conuinientes para que los yndios

y naturales de aquellas partes se conuiertan y con-
seruen en el conoçimiento de Dios nuestro señor a
honrra y alabança de su Sancto Nombre, de manera
que cumpliendo nos con esta parte que tanto nos
obliga y a que tanto deseamos satisfacer, los del dicho Consejo descarguen sus conçiencias pues con
ellos descargamos nos la nuestra.

Assi Mesmo por lo mucho que queRiamos favo-
reçer y haçer bien a los yndios y naturales de las
nuestras yndias, sentimos mucho cualquier daño ó
mal que se les haga y dello Nos deseruimos; Por lo
qual encargamos y mandamos a los del consejo de
yndias que con particular afficion y cuydado procuren siempre y prouean lo que cónuenga para la
conseruacion y buen tratamiento de los yndios; de
manera que ni en sus personas ni haçiendas no se
les hagan mal tratamiento ni daño alguno, antes
en todo sean tratados mirados y fauorecidos como
vasallos nuestros castigados con Rigor á los que lo
contrario hiçieren, para que ansi los dichos yndios
entiendan la merced que les deseamos haçer y conozcan que el auerlos puesto nuestro señor deuajo
de nuestra protection y amparo, assido por bien suyo y para sacarlos de la tirania y seruidumbre en
que antiguamente vivian.

Y Porque como Rey Señor que somos de los yndios nos tenemos por muy encargado de mantener
y conseruar en toda ygualdad y justiçia aquellos
Reynos y estados, Mandamos á los del nuestro con-

6.
los mismos pro-
curen siempre lo
que toca a la
conseruacion y
buen tratamien-
to de los yndios,
de, y manera que
conozcan que
auerlos nuestro
señor puesto de-
bajo de la pro-
tection y ampa-
ro de su mages-
tad, es por bien
suyo.

7.
y que con todo
cuydado bus-
quen siempre
para ministros

de justicia tales personas quales conuiene para el servicio de Dios y de su Magestad

sejo de las yndias, que con grande vigilancia y cuydado busquen siempre para ministros de justiçia tales personas y de tanta virtud y sçiençia y experiençia quales conuengan al seruiçio de Dios nuestro señor y nuestro, encargandoles que la administren ygualmente y como deuen, y castigando con Rigor á los que asi no lo hiçieren.

8.
procuren siempre de sauer y entender como se cumple y executa lo proueido y ordenado, castigando con Rigor a los' que lo dejaren de cumplir.

De poco fruto y Prouecho seria el continuo cuydado que tenemos y mandamos poner en proueer cosas acordadas y conuenientes para el buen gouierno de las yndias si en la execucion y cumplimiento dellas ouiese remision o negligençia; por lo qual los del nuestro Consejo de las yndias procuren siempre sauer y entender como se cumple y executa lo proueido y ordenado por nos castigando con rigor y demostracion de justiçia á las Personas que Por maliçia ó negligencia lo dejaren de cumplir y executar.

9.
Los miercoles de cada semana y las mas veces que pudieren, platiquen y se ocupen en sauer en que cosas su Magestad puede ser seruido y su hacienda aprouechada en las yndias.

Yten: encargamos A los del nuestro Consejo de las yndias que los miercoles de cada semana señaladamente, y las mas veçes que pudieren, platiquen, y se ocupen en pensar y sauer en que cosas nos podemos ser seruido y nuestra hacienda aprouechada en las yndias, proueyendo de tales medios y personas para ministros y offiçiales della que siempre sea acreçentada y en ella allá el buen Recaudo y guarda que conuiene.

10.
que quanto pudieren se abs-

Porque los del Consejo de las yndias esten mas desocupados para entender y proueer en las cosas

de gouernacion que tanto se deue atender, Mandamos y les encargamos que quanto sea pusible se abstengan de ocuparse en negocios particulares y de justicia entre partes, pues para esto nos tenemos proueydas avdiencias y chancillerias Reales en las prouincias y partes de las yndias donde son menester.

tengan de ocuparse en negocios particulares de justicia entre partes.

Por lo mucho que ymporta que se guarde el secreto y le aya en las cosas y negocios que se trataren en el consejo de yndias el presidente y los del dicho consejo con particular cuydado y vigilancia Procuren y prouean siempre como de todo lo que se propusiere y platicare en el consejo de lo que en el se proueyere con secreto y se guarde enteramente por los ministros y offiçiales del castigando con Rigor al que lo Reuelare, y dandonos auiso de los que del dicho nuestro Consejo no le guardaren como deuen para que nos lo Remediemos y proueamos como sea nuestro seruiçio.

11.
procuren y prouean siempre se guarde el secreto de lo que en el Consejo se tratare por los ministros y offiçiales del.

Con mucho acuerdo y deliueracion deuen ser hechas las leyes y establecimientos de los Reyes, porque menos necesidad pueda auer de las mudar y reuocar porque mandamos que quando los del nuestro Consejo de las yndias vvieren de prouer y ordenar leyes y prouisiones generales para el buen gobierno dellas, sea estando primero muy ynformados y certificados de lo antes Proueido en las materias sobre que vbieren de disponer, y precediendo la mayor notiçia ó ymformacion que ser pueda de

12.
quando ouieren de prouer y ordenar leyes o prouisiones generales para el gouierno de las yndias sea estando primero muy ynformados y certificados en las materias sobre que vvieren de disponer.

las cosas y negocios y de las partes para donde se proueyeren con ynformacion y parecer de los que las gouernaren o pudieren dar de ellas alguna luz, siendole dilaçion de pedir ynformacion no vviere algun ynconuiniente.

Y porque de las cartas assi de personas Publicas como particulares que de yndias y de otras partes se nos escriuen, Resulta la mayor parte de cosas de gouernaçion a que se deue Mucho atender por lo que ymporta, Mandamos que luego que se Reciuieren qualesquier cartas o despachos que secutiuaMente sin que el consejo se detenga mientras se leyeren a prouer ni determinar cosa alguna de lo que en ellas se escriuiere, Mas de yr apuntando lo que pareciere conuenir proueerse, prefiriendo siempre el abrirlas y leherlas a todos otros qualesquier negocios aunque mas graues e ymportantes sean hasta auer uisto y sauido lo que en ellas se escriuiese; Porque a causa de no se leher luego no se dege de sauer de algun negoçio ymportante en que conuenga prouer con breuedad, e siendo leydas, los nuestros escriuanos de Camara saquen en Relacion la sustancia de ellas como tenemos Mandado, y dejando en el arca del consejo las que pareciere que queden en ella lleuen las demas a los escritorios sin que sobre la mesa del consejo quede jamas carta ni escriptura secreta, y en los primeros consejos que se siguieren se platique y haya Respondiendo apuntadamente lo que de las dichas car-

tas Resultare que' proueer Por la horden y forma
que las demas cosas de gouernacion se tienen de
Platicar, proueyendo como ninguna Flota ni nauio
destos Reynos parta para parte alguna de las yndias en que no vaya Respuesta de todas las cartas
a que se deba responder, de las que vltimaMente
vvieren venido de aquellas partes, Porque de lo
contrario nos deseruiremos.

Y porque siendo de vna corona los Reynos de
castilla y de las yndias, las leyes y manera del
gouierno de los vnos y de los otros deue ser lo
mas semejante y conforme que ser pueda los del
nuestro consejo en las leyes y establecimientes que
para aquellos estados ordeñaren, Procuren de Reducir la forma y manera de gouierno dellos al estilo
y orden con que son Regidos y gouernados los
Reynos de Castilla y de leon en quanto vviere lugar y se sufriere por la diuersidad y diferencia de
las tierras y naciones.

14. los estableci-
mientos que los
del consejo por
aquellos estados
hordenaren, los
procuren Redu-
cir al estilo y
orden con que
son Regidos y
Gouernados los
de Castilla.

Por cuanto en las cosas y negocios de las yndias ninguna perdida tenemos por mayor que la
del tiempo mucho, encargamos a los del nuestro
consejo dellas y a los otros officiales del, ViReyes,
avdiencias, Gouernadores y otras personas a cuyo
cargo sea el prouer y despachar para las dichas
yndias, ó para nos, dando nos auiso de lo que
convenga proueerse, que con gran celeridad y
presteça Resueluan y determinen las cosas que se
ouieren de proueer, y en el despacho dellas entien-

15. la perdida del
tiempo es la ma-
yor de todas y
assi encargo a
los del Consejo
Virreyes y au-
diencias que con
toda presteza
y celeridad Re-
sueluan lo que
se vviere de pro-
ueer.

dan de manera que no se pierda tiempo alguno.

De poco prouecho serian las prouisiones que mandamos hacer para el buen gouierno de las yndias por mas açertadas que sean, si no fuesen publicas y manifiestas a aquellos a quien lo deuen ser y tocan; Por lo cual los del consejo de las yndias procuren siempre dar órden como nuestras prouisiones se publiquen donde y quando conuenga, y que de la publicaçion y cumplimiento dellas se tenga siempre en el dicho consejo auiso y certificacion, saluo si a los del consejo Pareciere que conuiene que alguna prouision sea secreta, porque en tal caso Mandamos que no se haga la dicha publicacion, y para que se entiendan las que se an de publicar, ó no, Mandamos que las que se ouieren de publicar se ponga en ellas la forma tiempo y lugar donde se vvieren de Publicar.

Deseando que en los negocios aya breue y buen despacho, Mandamos que el primer lunes de cada mes auiendo en el consejo algunas cosas y negocios Remitidos a consulta, se nos de auiso dellos para que nos ordenemos quando y como se nos ayan de consultar y quando entre tanto se ofreciere algun negocio que requiera presta y breue determinacion, es nuestra boluntad que se nos consulte por el presidente del nuestro consejo solo si a el no le pareciere alguna vez traer alguno del consejo consigo, que en tal caso lo podrá hacer cuando convenga y quando la consulta se vbiere de haçer por escrito, Mandamos que venga firmada del presidente y los del consejo.

Mandamos que en el consejo de las yndias aya dos libros, vno en que luego como se acordare que algun negocio se nos consulte demas de tomarlo por memoria el consultante, se ponga por memoria la sustançia que como dicho es se nos vbiere de consultar; y otro en que á lo largo se asienten en forma, todas las consultas que se nos hicieren por lo que por nos fuere Respondido a ellas, firmadas del consultante que las ouiere echo; y el vno y otro libro esten Guardados en el consejo con mucha guarda y secreto.

Otro si: por que Nos seamos ynformados de las personas a quien hacemos merced los del consejo de las yndias en las consultas que se nos hicieren de Mercedes y gratificacion de seruiçios, declaren cumplidamente las calidades meritos y seruiçios de los que nos ayan seruido, declarando como y donde an seruido y la gratificacion que se les a hecho en dinero ayudas de costa y otras cosas, y las ynformaciones y testimonios por donde se saue, y si el fiscal del consejo vviere hecho contradicion en ello.

Otro si porque de las Mercedes que nos, hicieremos a los que nos vvieren seruido en las Prouincias y Reynos de las nuestras yndias, aya quenta y Raçon, Mandamos que en el nuestro consejo de las yndias en poder del escriuano de camara de gouer-

18.
en el consejo aya dos libros, vno de acuerdo de lo que sea de consultar demas de tomarlo por memoria el consultante, y otro en que asienten las consultas y ambos esten guardados en el consejo con secreto.

19.
en las consultas que se hicieren a su Magestad de mercedes y gratificacion de seruicios, declaren cumplidamente las qualidades meritos y seruicios de los que an seruido, como y donde, y la gratificacion que se les ouiere hecho y las ynformaciones y testimonios por donde se hace, y si el fiscal lo ouiere contradicho.

20.
aya en el consejo en poder del escriuano de camara de gobernacion libro y Razon de las Mercedes que en aquellas partes

sejo que en tal caso lo pueda hacer.

se hicieren como la ay de las que hacemos en estos Reinos.

nacion aya libro y Raçon de las Mercedes que en aquellas partes hicieramos, como la ay de las que en estos Reinos hacemos.

21.
ninguna petición de Merced se Responda ni decrete, ni ninguna Merced ó gratificacion de seruicios se haga en el consejo, sin que se hallen en él, el presidente y los del consejo.

Mandamos que ninguna petición de merced se Responda ni decrete, ni ninguna merced o gratificacion de seruiçios se haga en el consejo de las yndias, sin que en el se aye presente el presidente y todos los del consejo que estuvieren en el.

22.
ynformaciones descriuaños no se bueluan a las partes, y en las de officio se tenga mucha guarda y secreto

Otro si: mandamos que las ynformaciones de seruicios hechas a pedimento de parte y presentadas en el consejo de yndias pidiendo gratificacion, dellos no se bueluan á las partes sino que se queden en poder de los escriuanos de camara, los quales las guarden con lo proueydo; y en las de offiçio que se hacen por las audiençias y se embian con sus pareçeres, tengan mucha guarda y secreto por manera que no sean vistas ni leydas de nadie a quien no este encargado el secreto del consejo.

23.
los del consejo se abstengan quanto pudieren de ocuparse en cosas de justicia entre partes, a fin que para las del gouierno no aya mas tiempo; y como se a de conoscer de las visitas y de los pleytos de segunda suplica-

Tenemos orden que los del consejo de las yndias se abstengan quanto se pudiere de ocuparse en cosas de justicia entre partes, a fin que para las del gouierno aya mas tiempo e lugar; por lo qual mandamos que solamente conozca el dicho consejo de las visitas que se toman a los ViReyes, presidentes, oydores y oficiales de nuestras audiencias e hacienda, e a los gouernadores proueido son titulos nuestros; y assi mesmo de los pleitos de segunda suplicaçion que por comision nuestra les fueren

cometidos conforme a lo que por nos esta manda- cion y demas causas.
do, y de los pleitos y demandas puestas sobre Repartimientos de yndios de que segun lo por nos
proueydo no pueden ni deuen conoçer las audiençias.

Yten: conozcan de todas las causas criminales
que vinieren al consejo en grado de apelacion de
los officiales de la casa de la contratacion que Reside en seuilla, y de los ciuiles que fueren de la cantidad que esta ordenado y de los otros de que conforme a las leyes deste libro pudieren y deuieren
conoçer. Y no aduoquen asi los pleitos y negocios
de que deuen conocer las nuestras audiencias y
chancillerias Reales de las yndias conforme a las
ordenanças dellas, saluo si se ofreçiera algun negoçio Graue y de calidad que les parezca que se deue
aduocar al consejo, Porque en tal caso permitimos
que lo puedan hacer por cedula nuestra.

Por quanto nos somos seruido que el consejo de 24.
las yndias solamente conozca de qualesquier causas alcaldes de corte ni otros jue-
y negocios dependientes dellos que ouiere y se ofre- ces destos Rei-
çieren en nuestra corte o pueblos donde el dicho nos no se entremetan en parte
consejo Residiere, Mandamos que ni los Alcaldes alguna donde el
de nuestra casa y corte ni otro juez alguno ni jus- dicho consejo Residiere a
ticia destos Reynos, no se entremetan en parte al- conoscer ni co-
guna donde el dicho consejo Residiere a conocer nozcan de negocios y casos
y conozcan de negocios y casos dependientes de dependientes de
yndias por demanda de querella ni en grado de yndias.
apelacion Por via hordinaria ni por via de execuçion, aunque sean en primera instancia, sino que

Remitan al consejo todas y qualesquier demandas y pleitos que ante ellos se pusieren, luego como vieren ante ellos.

25.
ningun juez eclesiastico se entremeta a inhibir a los del consejo, y los del consejo puedan despachar para ello las cedulas y prouisiones que vieren ser necesarias y para que alcen las fuerzas.

Ottro si: Mandamos que Ningun juez eclesiastico se entremeta a inhibir a los del consejo de las yndias en los negocios que en el se trataren, y que los del dicho consejo puedan despachar para ello las cedulas y prouisiones que vieren ser necesarias, y en los pleitos y negocios tocantes a yndias de que conocieren en estos Reynos, jueces eclesiasticos puedan librar las prouisiones hordinarias para que alcen las fuerças que en ellos hicieren.

26.
los del consejo se junten y Residan en el cada dia tres oras por la mañana y lunes miercoles y viernes por la tarde dos oras, y no se comience a entender en negocios hasta que por lo menos esten juntos tres del consejo, y desde entonces comienza á correr la hora.

Los del consejo de las yndias se junten y Residan en el cada dia que no sea feriado tres horas por la mañana y los lunes miercoles y viernes otras dos oras por la tarde, y no se comience a despachar ni entender en negocios hasta que por lo menos esten juntos en el tres del consejo, y desde entonces y no antes comiença a coRer la primera hora de las que en el se ouiere destar.

27.
quando viniere algun correo con despachos en dia que no aya consejo o se ofreciere caso forzoso de breue Respuesta el presidente pueda juntar consejo en su posada y el escriuano de camara de Gouernacion de aviso dello.

Quando acaesciere venir algun coReo con despachos de la contratacion o de otras partes en dia feriado o que no aya consejo por la tarde, o se ofreciere caso o negocio forzoso que Requiera Presta determinacion e Respuesta, el presidente de yndias haga juntar consejo en su casa para ver y determinar lo que conuenga, y el escriuano de camara de gouernacion tenga cargo de dar auiso dello al que presidiere.

Ordenamos y Mandamos que al principio de cada consejo se platiquen o Resueluan en el las cosas de Gouernacion que por todos se ayan de uer e determinar o que se hayan remitido para todos, el presidente Reparta por salas los mas pleitos e negocios que se opieren de ver e votar por los dias ó orden siguiente, conuiene o sauer los lunes de cada semana se vean y determinen los pleitos de segunda suplicacion, y los martes y jueves las visitas y Residencias, y los miercoles las cosas de hacienda como tenemos ordenado, los viernes los pleitos fiscales, los sabados los de los presos y pobres, entremetiendo las peticiones y negocios menudos; y los de la casa de la contratacion de seuilla, por los dias e oras que se ofrecieren mas desocupados, los quales todos se vean por su antiguedad, y en los dias que faltaren pleitos de los que en ellos se an de ver, se vean de los otros los que al presidente pareciere, guardando siempre antiguedad; y en las tardes de los tres dias del Consejo se vean todas las peticiones y encomiendas que vviere sin que consejo ninguno se acave hasta que todas esten Leidas y Respondidas.

Porque las personas que estan en yndias se tienen en el consejo sus plietos é negocios por sus procuradores no sean necesitados por la dilacion de despacharlos á venir en la prosecucion dellos ó por no venir pierdan su justicia, Mandamos que el presidente del consejo tenga Mucho Cuydado de hacer despachar los negocios é Pleitos de los ausentes es-

28.

al principio de cada consejo se Resueluan las cosas de Gouernacion o que se ayan Remitido para todos, acauado esto el presidente Reparta Por salas los pleitos por la orden que aqui se Refiere.

29.

el presidente tenga mucho cuydado de hacer despachar los negocios y pleytos de los ausentes, en especial de Concejos, prouincias

y Universi-
dades.

pecialmente las de prouincias, Concejos, Uniuersidades y otras Comunidades.

30.

ninguna peticion que una vez se ouiere leido se buelua otra vez á leer ni los secretarios Las Reciuan sin liçencia del que presidiere.

Ninguna Petiçion que vna uez se ouiere leydo ó Respondido en el Consejo de yndias se buelua otra uez á leer en el. ni los secretarios ó escriuanos de Camara las Reciuan sin liçençia espresa de la persona que presidiere, y quando alguna se diere que ouiere ya leydo otra uez el escribano de camara que la ouiere leydo e el Relator que la ouiere sacado en Relacion acuerde como esta leyda ó Respondida, aunque bien permitimos que en las petiçiones en que se pidieren Mercedes ó gratificacion de seruicios o otras cosas de graçia pueda auer Vista y Reuista, las quales con lo que á ellas se Respondiere Guarden los escriuanos de Camara del consejo con los demas papeles del officio.

31.

ningun negocio de seruicios ni otro expediente se vea en el Consejo 3.ª vez.

ATento el Mucho tiempo que se gasta en la determinaçion de los negoçios de expediente que se veen y determinan en el Consejo de las yndias Mas de Dos Veçes, Mandamos que de aqui adelante ningun negocio de seruicios ni de otro expediente de qualquier calidad que sea no se vea en el Consejo tercera vez, auiendose visto y determinado dos veçes en el y qualquiera persona que quitare las petiçiones y decretos mandados haçer en ellas, para efeto de vsar de las ynformaciones y otras escrituras otra uez Mas de las dos veçes vistas, si fuere precision, quede suspendido de su officio Por tiempo o espacio de seis Meses; y si fuere la parte ó otra qualquier persona en su nombre calla ó yncurra en pena de diez mill Mrs. para nuestra Camara é fisco.

Quando en el consejo de yndias se trataren cosas de gouernacion y gracia, y Resumidos Los votos no fueren conformes, estese por lo que la mayor Parte determinare, y auiendo votos yguales se nos consulten con los motiuos dellos para que nos, mandemos prouer lo que acordaremos é seamos seruidos, sin que para lo determinar, se Remita á otro Juez ni persona de fuera del Consejo, guardando en el acordar ó ordenar de las leyes ordenanças y pragmaticas que se obieren de hacer, lo que para estos Reynos tenemos Proveydo.

32.
en la determinacion se este á lo que la mayor Parte determinare en cosas de gouernacion y gracia, y auiendo votos yguales se consulte á su Magestad sin que se Remita a otro juez fuera del Consejo.

Mandamos que en la determinacion De los negocios ó pleytos que se vieren en el Consejo de yndias, siendo la causa de quinientos pesos. ó dende arriua, aya tres botos Conformes; pero si la causa fuere de menos cantidad de los dichos quinientos pesos, queremos que auiendo dos uotos conformes de toda conformidad, como los demas no lo sean, hagan sentencia los dichos dos uotos; y para mas breue determinacion de los negocios, puedan conoçer y determinar hasta la dicha cantidad de quinientos pesos, dos del Consejo solos, siendo conformes de toda conformidad.

33.
en los pleitos siendo de quinientos pesos y dende arriua aya tres votos conformes, y siendo de menos dos votos conforme nos hagan sentencia y hasta esta quantidad puedan conoscer y determinar dos del consejo solos.

Mandamos que para ver y determinar Los pleitos Remitidos en el Consejo de yndias de quantia de quinientos pesos arriba ó los criminales en que pueda auer Condemnacion corporal ó priuacion de

34.
para uer y determinar Pleitos Remitidos de quantia de quinientos pesos aRiua, ó criminales en que pueda auer condemnacion corporal ó priua-

officio ó condemnacion pecuniaria en la dicha cantidad, no se pueden Remitir á menos que á tres Jueces.

Yten: queremos y mandamos que uno del Consejo por su Rueda pase cada semana La Librança de las Prouisiones y otros despachos que se libraren é despacharen en el consejo para que nos los ayamos de firmar, excepto las executorias, las quales pase y firme el mas nueuo del consejo como hasta aora se a husado.

Porque los papeles ynportantes del estado de las yndias no se pierdan y en el consejo se pueda ver lo que contienen siempre que conuenga, mandamos que en el consejo aya un libro grande enquadernado en el qual se pongan todos los traslados autoriçados de las bullas, breues ó otros ynstrumentos y escripturas ymportantes que pueda ser necesario verse algunas veçes; y los originales dellas esten en el archiuo de Simancas Como lo tenemos Mandado, de las quales assi mesmo aya algunos traslados sueltos tambien autoriçados para que siendo necesario usar dellos en alguna parte fuera del consejo, se puedan lleuar sin lleuar el dicho libro.

Ninguno de los del nuestro consejo de las yndias puedan tener ni tengan indios algunos de Repartimiento y encomienda en mucha ni en poca cantidad, aunque sea Residiendo en las yndias; y ningun hijo ni hija dellos se pueda casar ni case con persona que los tenga al tiempo del matrimonio ó tenga o pretenda derecho á tenerlos, ni con otra persona que actualmente trayga pleito en el consejo.

Porque el fauor no sea, parte para perturbar ni torcer la justicia, ni las cosas del gouierno que sean de proueher en el consejo de yndias, Prohiuimos y defendemos que ninguno de los officiales del consejo ni sus hijos, deudos, criados, ni familiares, ni allegados de sus casas, no sean procuradores ni solicitadores en ningun negocio de yndias, sopena de diez años de destierro destos Reynos al que lo contrario hiciere; y ansi mismo Mandamos que los del consejo, ni sus mugeres, ni hijos, deudos, criados ó allegados, no ynterçedan en los dichos negoçios, Con aperçiuimiento que haçiendo lo contrario, lo mandaremos Prouer como conuenga.

Los del consejo de las yndias no se acompañen ni degen seruir en nada de los negoçiantes ó litigantes de yndias, sino fuere yendo o uiniendo al consejo para darle lugar que los vayan ynformando de sus negoçios, ni consientan que los negoçiantes acompañen á sus Mugeres.

Asistan de hordinario en sus posadas los del consejo de las yndias, los dias y horas que no fueren de consejo, y en ellas den facil y grata audiençia a los negoçiantes para los ynformes de sus negoçios y Pleitos.

Los del consejo de yndias no lleuen ni metan peticiones en el, ni pidan que se lean, sino que como

---

hija suyo pueda casar con persona que los tenga al tiempo del matrimonio.

38.

ninguno de los officiales del consejo ni sus hijos deudos ni criados ni familiares ni allegados de sus casas no sean procuradores ni solicitadores en negocios del consejo.

39.

los del consejo no se acompañen ni degen seruir de los negociantes ni litigantes, si no fuere yendo o uiniendo al consejo.

40.

los del consejo asistan de hordinario en sus posadas, las oras que no fueren de consejo y den facil y grata audiencia.

41.

no lleuen ni metan peticiones ni

pidan que se
lean.

tenemos dispuesto y hordenado se lean todas juntas por las tardes de los tres dias de la semana.

42.

los del consejo
ni ministro al-
guno del, no Re-
ciua dado pres-
tado ni presen-
tado cosa algu-
na de litigantes
negociantes ni
de personas que
tengan o espe-
ren tener con
ellos negocios, ni
escriuan cartas
de Recomenda-
cion a las yn-
dias.

El Presidente y los del consejo de las yndias y
los fiscales secretarios escriuanos de camara Relatores y los demas officiales en las horas del venir a
Consejo y en la forma y manera de proçeder en los
negoçios, Guarden y cumplan en todo y Por todo
las leyes, Pragmaticas, Cedulas, prouisiones y ordenanças destos Reinos que tratan y disponen lo
que an de guardar y Cumplir los de los nuestros
Consejos, especialmente las que estan hechas para el
Consejo Real de Castilla y audiencia y Chancillerias
destos Reinos oidores dellos y otros jueçes açerca del
no Reciuir, dado, prestado ni presentado de los litigantes y negoçiantes, ni personas que tengan ó esperen tener Con ellos negoçios; ni escriuan cartas
de Recomendaçion alguna a las Yndias, so las penas contenidas en las dichas leyes y ordenanças.

aya tabla de vi-
sitas y Residen-
cias y veanse
por su anti-
guedad.

Iten: las que disponen que aya tabla de visitas y Residençias y que se vean Por su antiguedad, y que los que las començaren a ver Las acauen,
y que el fiscal las lleue primero vistas y se halle a
la vista dellas y que aya libro en que se ponga la
consulta de las visitas y Residencias y la aprouaçion de visitados y Residenciados, y que aya libro
en que se asienten todas las cosas que se proueia de
officio y de lo que se ordena A los jueçes ynferiores;
y que los fiscales den cada semana Relacion de los
pleitos que son a su cargo, y del estado en que están

y que los pleitos de facil expediente se voten luego,
y para los otros señale el presidente dia y que los
jueces voten Resolutamente sin Repetir ni pedir
tiempo, y que visto el proceso las partes ynformen
dentro de dos meses, y los jueces lo sentencien dentro de otros dos á lo mas Largo, y que el presidente
mande avisar a las partes del dia en que se ha de
ver el pleito, y que los pleitos Remitidos se prefieran en vista y determinacion; y las visitas de las
audiencias y Juzgados y Universidades, las vean
con breuedad y que los depositos no se hagan en los
secretarios de las causas.

Presydentes.

Porque la persona que nos siruiere de presidente en el consejo de las yndias pueda mejor atender
a las cosas de gouierno amparo y conseruacion de
los yndios a que sobre todo debe tener atencion por
lo mucho que importa ó Por el cuydado que nos
dello Tenemos, e Porque asi mesmo este mas deso-
cupada para proueher y ordenar las cosas del dicho
consejo, es nuestra Merced y Voluntad, que el nuestro Presidente siendo Letrado tenga voto en las cosas de gouernacion Gracia y Merced que en el consejo se trataren y en las visitas y Residencias que
en el se vieren y no en pleitos algunos que fueren
de justicia contenciosa entre partes; y no siendo Letrado tenga solamente voto en las cosas de Gouierno Gracia y Merced.

43.
presidente sien-
do letrado ten-
ga voto en cosa
de gouernacion
gracia y Mer-
ced y Visitas y
Residencias y
no en pleitos al-
gunos que fue-
ren de justicia,
y no siendo le-
trado le tenga
solamente en las
cosas de gouier-
no gracia y
Merced.

44.

tenga cuydado de entender lo que conuendrá ordenar y prouzeer para el buen gouierno y conseruacion de los yndios y acrecentamiento de la hacienda Real y lo proponga en el consejo para que platicado se proueua lo que conuenga.

El presidente del Consejo de yndias CoRespondiendo á la confiança que del hacemos en cargo tan ymportante, tenga particular cuydado siempre de entender y sauer lo que conuendra ordenar, y prouzeerse para el buen gouierno espiritual y temporal de las yndias y para la conseruacion y buen tratamiento de los indios naturales dellas y para el acrecentamiento y buen Recaudo de nuestra hadienda y lo que le pareçiere conuenir al seruiçio de dios nuestro señor y nuestro lo propongan en el dicho nuestro consejo para que en el se platique y se proueua lo que conuenga, y siendo determinado Resuma, y Resuelua lo que se acordare y lo haga despachar haciendolo executar y cumplir con todo lo demas contenido y prouzeido Por nos en las Leyes y ordenanças hechas y que por tiempo se hicieren para el buen gouierno de las yndias.

45.

en Prouision de oficios no se consienta que ynteruenga ningun genero de precio

Desea uer permitido que en la prouision de los officios ynteruenga precio é ynteresses se siguen y prouienen excesos grandes y perjudiciales efectos al bien público con Mucho daño de nuestra hacienda Real con la ocasion y permision tacita que toman los que los an auido por medios tales para atreuerse a sus conçiençias y haçer en ellas cosas yndeuidas; Por lo cual prohiuimos y grauemente defendemos á los que nos vuieren de nombrar personas para qualesquier oficios y cargos, que sean o los ouieren de prouzeer por Comission o poder nuestro; que en la prouission dellos no consientan ni permitán que ynteruenga ningun genero de preçio ni interese por uia de negoçiaçion venta ni Ruego directa; ni indirectamente, sopena de ser mandado castigar por nos Grauemente el que lo consintiere ó disimulare, y que las personas proueidos en oficios algunos por semejantes medios los pierdan con todo lo que vvieren dado para ellos, para nuestra Camara, demas de quedar inhauiles para poder tener de nos otros ningunos.

Y Porque los que bien nos sirven en las yndias sean honrrados y gratificados de sus trauajos, y los demas se animen a seruirnos los del nuestro consejo de las yndias ó las personas a cuyo cargo sea la prouision y nombramientos de personas para los officios y cargos dignidades y benefficios que para las yndias y en ellas se ouiere de proueer, prefieran siempre en la prouision dellos, a las personas venemeritas y suficientes que para ellos en aquellas partes ouiere ó que en ellas nos ouieren seruido o siruieren asi en paeificar la tierra poblarla ennobleçerla, Como en Conuertir y doctrinar los naturales dellas.

46.
en los oficios y beneficios se prefieren los venemeritos que vviere en aquellas partes o que en ellas vvieren seruido o siruieren.

Assi Mesmo, Porque los del Consejo de las Yndias ó las otras personas que ouieren de proueher los officios tengan Menos ocasion de nombrar y prouer para ellos personas no conuinientes, o los proueidos con la fianza del fauor no se atreuan á haçer cosa que no deuan, Mandamos que ningun pariente ni afin dentro de segundo grado, ni familiar de los del consejo de las yndias, ni de los officiales asala-

47.
ningun pariente de otro del segundo grado de criado ni familiar de los del consejo ni de los officiales o salariados del o de los virreyes presidentes oydores de las ya-

dias ni de otras
personas que los
ayan de proueer,
puedan ser prou-
eidos en nin-
gun officio ni
beneficio.

riados del ni de los Virreies Presidentes oydores de las audiencias ni de otras personas que las ayan de proueer puedan ser proueidos en ningun officio dignidad ni beneficio perpetuo ni temporal de las yndias, que nos, por su nombramiento ayamos de proueer o ellos por comision ó poder nuestro, so pena que los proueidos pierdan los officios y lo que de los salarios dellos ouieren lleuado Con otro tanto mas para nuestra Camara y fisco, y de los proueieren nos tendremos por deseruido saluo quando Por justas causas pareçiese Coruiniente en algun caso particular haçer lo contrario; Porque entonçes permitimos que se pueda haçer con consulta nuestra y no en otra manera.

48.
el presidente
destribuya los
negocios de ex-
pediente y los
encomiende
y escriuanle de
mano propia las
encomiendas y
se lleuen al con-
sejo los Lunes
Miercoles y
Viernes.

Porque los negoçios de expediente se despachen con breuedad, Mandamos que el presidente del Consejo los destribuya y encomiende haçiendo las encomiendas y señalandolas de mano propia para los que se pareçieren del consejo vean las petiçiones escripturas y Recaudos en ellas presentados y las traian vistas y hagan Relaçion dellas todos los lunes Miercoles y Viernes de la semana, Por las tardes.

49.
vaya las maña-
nas y tardes al
consejo, Reparta
las salas que se
pudieren hacer
y destribuya por
ellas los pleitos
segun la orden
que está dada, y
quando faltare

El Presidente de yndias vaya las mañanas y tardes al consejo y en el Reparta las salas que se pudieren haçer y distribuyr por ellas los pleitos y negoçios que se ouieren de ver cada dia segun la orden que para ello tenemos dada, y quando en el consejo faltare presidente presida el mas antiguo de los

que en el se hallare segun se tiene de uso y cos-
tumbre.

Mandamos que el presidente del Consejo de yndias tenga memorial de todos los negocios que en
el se ouieren de uer y haga despachar con breuedad
los de expedientes.

Fyscales.

El fiscal del consejo de yndias demas de la obli-
gaçion y cargo que por Raçon de su officio tiene de
defender o promouer nuestra jurisdiçion patrimonio
y haçienda Real, tenga Particular quenta y cuydado de ynquirir y sauer Como se cumple y guarda
lo que por nos, esta proueido y ordenado para la buena Gouernaçion de las yndias, y pedir que se guarde y execute, Dandonos auiso en el nuestro Consejo
quando no se hiçiere especialmente lo que es en fauor de los yndios en cuya protection y amparo como de personas pobres y misérables se tenga por
muy encargado y Con grande vigilançia y cuydado
pida y soliçite siempre lo que para el bien dellos
Conuenga.

Nuestra Merçed y boluntad es, que el fiscal que
en el Consejo de yndias ouiere aya y lleue de salario y ayuda de costa otro tanto como uno de los del
consejo, y su asiento y lugar sea en el primero despues de los del Consejo.

Para que el fiscal del Consejo de yndias mejor
pueda cumplir con su officio, Mandamos que tódos

presidente pre-
sida el mas an-
tiguo.

50.
tenga memorial
de todos los ne-
gocios que en
el se vvieren
de ver.

51.
tenga cuydado
de ynquirir y
sauer como se
cumple y guar-
da lo proueido
y ordenado para
la buena gouer-
nacion de las
yndias y pedir
se guarde y exe-
cute.

52.
lleue de salario
y ayuda de cos-
ta otro tanto co-
mo uno de los
del Consejo, y su
asiento sea el
primero despues
de los del Con-
sejo.
53.
para que mejor
pueda cumplir

los despachos que en el Consejo se proueyeren de officio ó a pedimento suyo, se le entreguen para que el los embie á los fiscales de las yndias o a las personas a quien fueren dirigidos, los quales en nuestro nombre y del oficio hagan las ynstancias y diligencias necesarias á los negocios que se les encargaren, y hechas, las embien al dicho fiscal, y de los despachos que se les entregaren quede memoria en poder de los escriuanos de camara del consejo para que Por ella se les tome quenta de las diligencia, que ouieren hecho; el qual assi mesmo tenga libro donde se asiente todo lo que pidiere y se le proueyere.

Mandamos que entreguen Al fiscal del consejo de yndias todas las informaciones, MeMoriales, capitulos de cartas y otras escrituras de que tuuiere necesidad para cosas de su officio, dejando conocimiento de todas las que Reciuiere, para que auiendo vsado dellas las buelua a quien se las ouiere entregado.

El fiscal del consejo de yndias Tenga vistas las visitas y Residencias quando se ouieren de uer en el Consejo, á la Vista de las quales se halle; y para que tenga mas lugar para verlas y hordenar las peticiones y otras cosas que yncumuen á su officio teniendo en que ocuparse, pueda dejar de yr á consejo las tardes, pidiendo liçençia para ello al presidente.

OTrosi: Mandamos que el fiscal del consejo de yndias tenga Libro y copia de todos los asientos y capitulaciones que se tomaren y asentaren Con mas y a sus tiempos y plaça soliçiten el cumplimiento dellos y tenga quenta y Raçon de los que dellos cumplieren ó dejaren de cumplir.

Mandamos que el fiscal del consejo de yndias tenga libro y memorial de todos los pleitos fiscales que ouiere, y del estado dellos y conforme a la ley lo Refiera en consejo pidiendo que se vean en el viernes de cada semana en el qual dia se vean como lo tenemos Mandado, prefiriendo siempre aquellos en que el fisco fuere actor á todos los otros.

El fiscal de yndias no dilate con largas y dilaçiones los pleitos en que el fisco fuere Reo, ni Retenga los procesos dellos, y para que las notificaçiones y otros autos que se le hiçieren se tengan por hechas, vaste auerle dado traslado dellas constando dello por testimonio descriuano sin que sea neçesario que el ponga de su mano que se las da Por notificadas.

El fiscal del consejo de indias pueda deçir y alegar lo que le pareçiere que conuiene á nuestro seruiçio contra las petiçiones de Merçedes ó gratificaçiones de seruiçios y contra las ynformaçiones y pareçeres de las audiençias que para ello se presentaren; de lo qual todo se le de treslado cada y quando que lo pidiere.

Cuando el fiscal del nuestro Consejo pusiere alguna demanda nueua en el á alguna persona sobre negoçios tocantes a yndias, mandamos que pare-

y capitulaciones que se tomaren y soliçite el cumplimiento.

57.
tenga Libro y meMorial de todos los pleitos fiscales y del estado dellos y Refieralo en Consejo pidiendo que se vean cada semana.

58.
no dilate los pleitos en que fuere Reo ni detenga los proçesos, y para que las notificaçiones se tengan por echas vaste auerle dado traslado dellas constando dello por testimonio.

59.
pueda deçir y alegar lo que le pareçiere conuiene al fisco contra las petiçiones de Merçedes y gratificaçiones é ynformaçiones y pareçeres de lo qual todo se le de treslado quando lo pidiere.

60.
quando pusiera alguna nueua demanda sobre negoçios tocantes

çiendo á los del nuestro consejo que conuiene que se trate del dicho negoçio en el consejo, se pueda admitir la dicha demanda y conoçer della, y lo mesmo se haga quando alguna persona pusiere demanda al fiscal en el Consejo.

Declaramos que en las Recusaçiones que el fiscal del Consejo de yndias hiçiere, en lugar del deposito para la Pena de la Recusaçion, Cumpla con dar Por depositario della al Receptor de penas de Camara del dicho consejo.

El fiscal del consejo de yndias Tenga libro de todos los Maravedises que se libraren para prosecuçion de las causas fiscales, para que por el y por el descargo del Receptor y por el Libro de la Raçon que dello, Mandamos tener aya claridad de todo lo que se gastare y se puedan cobrar las costas de las personas que en ellas fueren condenadas.

Porque Mejor se cumpla lo que tenemos Mandado para sauer como cumplen con sus offiçios y cargos las personas que de nos, los tienen en las yndias, el fiscal del consejo dellas tenga cargo de sauer que personas de las susodichas dejaren de embiar en cada vn Año á nos, en el dicho consejo, la Raçon y cumplimientos de sus offiçios y cargos en cumplimiento de lo ordenado en el titulo de las discriçiones; y contra los que los dejaren de haçer y embiar la dicha, Raçon, asista y haga las ynstançias necesarias.

Porque Mayor soliçitud y cuydado aya en las cosas de nuestro fisco queremos que aya un soliçitador fiscal que solicite y procure las cosas que el fiscal del consejo de yndias le encargue.

Secretarios.

El secretario que con titulo nuestro vviere, de Refrendar los despachos librados en el consejo de yndias que nos, vvieremos firmado, Reciua los despachos como se los dieren ordenados. Los escriuanos de camara firmados o señalados de los del consejo y el no los llene o embie a firmar, y siendo, firmados Por nos, los Refrende sin dilacion y sin, dejar en su poder Registro copia ni traslado, ni Retener ninguno ni Publicar o Reuelar cosa ni parte alguna de lo contenido en ellos, los buelua luego a los escriuanos de camara que se los ouieren entregado para que los asienten en los libros y los entreguen a las partes o a quien los ouiere de auer; y el dicho secretario no pida ni llene derechos algunos por los despachos que Refrendare mas del salario que por ello le mandamos dar.

65.
lo que a de hacer el secretario y es a su cargo.

Otrosi: Mandamos que el dicho secretario no entre en el nuestro consejo ni asista en el, sino quando por nos, le fuere mandado o los del consejo le enuiaren á llamar para algun negoçio, y entonçes no se a de hallar a platicar votar ny determinar lo que en el dicho consejo se tratare, y a de tener asiento en el consejo despues de el que tiene en el el fiscal; y que assi mesmo no se halle presente a

66.
no entre en el consejo sino quando le fuere mandado y entonçes no se a de allar a platicar votar ni determinar lo que en el se tratare y el asiento que a de tener.

las consultas que con nos, tuvieren los del dicho
consejo.

Escryuanos de Camara.

67.
aya dos escriua-
nos de Camara,
vno ante quien
pasen las cosas
de gouernaçion
y ante el otro
todos los nego-
çios y Pleitos de
justiçia.

EnTiendo que a nuestro seruiçio cumple, y Porque en el consejo de yndias aya mas buen despacho,
auemos acordado y queremos que en el, aya, dos escriuanos de Camara con los salarios que nos, les
mandaremos señalar, los quales sean personas de la
auilidad suficiencia y fidelidad que se Requiere, ante
el vno de los quales pasen y se traten todas las cosas de gouernaçion merçed y graçia que no sean de
justiçia contençiosa entre partes, y ante el otro todos los negoçios pleitos de justiçia de qualquier calidad que sean, los quales entresi en consejo a leer
las petiçiones cartas y otras escrituras que en los
negoçios ó pleitos que en el se trataren se ouieren
de leer, y de lo que se acordare hagan y ordenen todos los despachos que se ouieren de librar hasta los
auer firmado ó señalado de los del consejo y pues-
tolos en forma que no los hayamos de firmar, los
quales nos traiga ó embie á firmar y los Refrende
el secretario del dicho consejo como lo tenemos ordenado; y siendo firmados y Refrendados, los bueluan á Reciuir los dichos escriuanos de Camara y
los asienten en los libros del officio y los entreguen
á las partes, ó con ellos despachen los Correos que
se ouieren de despachar.

Porque haçiendose la confiança que se deue haçer de los escribanos de camara del nuestro consejo
de las yndias, los secretos de nuestro seruiçio se
deuen fiar dellos antes que de otras personas pues
a ninguna es mas encargado el secreto que a ellos
Por Raçon de sus officios, Mandamos que los dichos
escriuanos de camara del Consejo de yndias asienten de su mano y autoriçen los decretos y Respuestas que por el Consejo se hicieren y dieren en los
negocios que en el se trataren, y conforme a los
decretos y apuntamientos del dicho Consejo, hagan
y ordenen los despachos que Resultaren haçerse
dellos en la forma y estilo en que se deuan despachar; y quando alguno de los del Consejo por comision particular ouiere de entender en la ordenaçion
de algun despacho no le auiendo de escriuir de su
mano, le ordene y escriua con el escriuano de Camara a cuyo cargo sea el despachar, sin que lo pueda
escriuir ni ordenar con otra persona alguna.

68.
asienten de su
mano y autori-
çen los decretos
y Respuestas del
consejo y con-
forme a ello or-
denen los despa-
chos.

Mandamos que todas las Petiçiones assi Judi-
çiales como de graçia y Merçed y gouierno que en
el Consejo de yndias se presentaren, o que nos, Re-
mitiremos a el, se saquen en Relaçion Por el escriuano de Camara que las ouiere de leer; las quales se
lean en el Consejo Por las dichas Relaçiones, al pie
de las quales se ponga el decreto de lo que a ellas
se respondiere.

69.
petiçiones se sa-
quen en Rela-
çion y por ellas
se lean y al pie
dellas se ponga
el decreto.

Porque assi entendemos que cumple á nuestro
seruiçio, Mandamos que los escriuanos de camara

70.
no sean Regis-
tradores ni ten-
gan en su casa

438

DOCUMENTOS INÉDITOS

el libro de las prouisiones y despachos que se vvieren de Registrar y sellar.

de Consejo de yndias, no sean Registradores ni tengan en su casa el libro de las prouisiones y despachos que se vvieren de Registrar y sellar.

71. asistan de hordinario en sus escritorios el tiempo que no estuvieren en consejo.

Los escriuanos de camara del consejo de yndias asistan de hordinario en sus escritorios el tiempo que no estuuieren en consejo, para que en ellos aya buen despacho y expediente no convargante que en ellos tengan auiles y suficientes oficiales.

Escriuanos de Camara de gouierno.

72. tenga Libro de Registro en que por sus prouincias se asiente a la letra todo lo que en su officio se despachare y lo que en ello se a de hacer.

El escriuano de Camara y gouernacion tenga libro de Registro en que por sus prouincias distinta e apretadaMente se asiente a la letra todo lo que en su officio se despachare por nos ó por el Consejo, sin asentar cosa por Relacion ni debajo de clausula general saluo los titulos de officios e otras prouisiones e cedulas de qué aya firma ordinaria; poniendo assi mesmo a la letra, todo lo que se ouiere de yncorporar en los despachos y todos los memoriales Capitulos de cartas y otras cosas firmadas de los escriuanos de Camara o escriptos por algunos particulares a que se Refieran los despachos que el dicho escriuano de camara corrija y confiera todo lo que en los libros se asentare con el original, y salue lo que se ouiere de saluar; autoriçando cada despacho al pie del, y diciendo auerselo Regido e concertado con el original Por el dicho escriuano de Camara, señalandolo de su mano; los quales dichos libros

tengan caueça del dia mes y año y lugar en que se
començaron, y acauados los firme y autoriçe y nu-
mere las hojas, asentando las que son antes de la
subscripcion, cerrandolas todas por pie y caueça
con su Rubrica y señal, y puniendo al principio
de cada libro la tabla de las cosas contenidas en el.

Mandamos que en los libros del officio y secretaria de las yndias no se asiente despacho alguno
ni prouision hasta ser firmada de nos, y si despues
de despachado y asentado Conuiniere Mudar o en-
mendar alguno dellos, en tal caso se asiente en
otra hoja o ojas del dicho libro adelante y en la
margen del primer asiento sin cancellarlo se apunte
lo que del se ouiere acordado y la oja del dicho libro
donde se ouiere buelto a sentar.

Porque en los libros del officio y secretaria de
yndias aya la guarda e Recaudo que Conuenga, los
escriuanos de camara a cuyo cargo an de estar los
tengan bien encuadernados e tratados puestos en
sus arcas y cajones sin los dejar ver ni leer de nadie que no sea del dicho officio, ni permitir que
nadie se atreua a cancelar ni uorrar lo que estuuiere escripto en ellos, ni escriuir otra cosa alguna
mas de nuestras cartas e despachos.

El escriuano de Camara y gouernaçion del Consejo de yndias tenga a su cargo el libro de las es-
cripciones que a de auer en el consejo, en el qual
asiente y ordene todo lo que se fuere descriuiendo
de nueuo o se ouiere de añidir en el, por la orden y

73. en los libros no se asiente despacho alguno hasta ser firmado de su Magestad.

74. esten bien enquadernados puestos en sus arcas y cajones sin las dejar ver ni leer de nadie que no sea del officio.

75. tenga a su cargo el libro de las scripçiones que a de auer en el consejo.

forma que Tenemos dada en el titulo de las dichas escripçiones; e assi mesmo tenga cuydado de dar al cronista cosmographo todo lo que viniere de yndias tocante a historia e cosmographia, para que lo ordene ponga en forma corrija y verifique las tablas del dicho libro.

76.
sea a su cargo sacar la Relaçion de todas las prouisiones cedulas y capitulos de cartas despachos generales y particulares que trataren de cosas de gouernaçion.

Porque siempre que sea necesario sauerse en el consejo de las yndias lo que en cada materia estuuiere proueido y ordenado para el buen gouierno dellas y administraçion de nuestra haçienda se pueda sauer entera y cumplidamente y con la breuedad que para los negoçios se Requiere, Mandamos que sea a cargo del escriuano de camara de gouernaçion, sacar la Relaçion de todas las prouisiones Cedulas Capitulos de cartas nuestras e otros despachos generales e particulares que trataren de cosas de gouernaçion espiritual y temporal o que pertenezcan á nuestra hacienda luego como fueren despachadas, e ponerlas por sus titulos y materias comunes en Vn libro que para ello tengan, Refiriendo en la Relaçion los tiempos en que se ouieren despachado e las ojas de los libros a donde se ouieren asentado, para que queriendose uer en ellos por estensos se pueda haçer.

77.
saquen en Relaçion todo lo ynportante y sustancial de lo que se pidiere ó escriuiere por cartas petiçiones o memoriales to-

Ottrossi: Porque de lo que se nos Pidiere e de los auisos que se nos dieren para el buen gouierno espiritual y temporal de las yndias e para la buena administracion de la Real haçienda que en ellas tenemos, aya memoria siempre para proueher lo que conuenga, e sauer lo que en cada cosa se ouiere pe-

dido por la luz e claridad que será para lo que se
ouiere de proueer, Mandamos que los escriuanos de
Camara de gouernaçion del Consejo de yndias saquen en Relaçion todo lo ynportante e sustançial
de lo que se nos pidiere o escriuiere por cartas petiçiones o memoriales, tocantes al gouierno ó haçienda nuestra e dello hagan libro e le prosigan, Re-
duçiendolo a sus materias e lugares Comunes para
la forma e disposiçion del líbro de que abla la ley
antes de esta; Refiriendo en la dícha Relaçion los
papeles donde se ouiere sacado, para que siendo neçesario verlos originalmente, se puedan ver con breuedad y entera satisfaçion de que en cada Materia
o articulo que se tratare, no queda cosa Por uer de
las que puedan ayudar á la determinaiçon de los
negoçios.

Assi Mesmo porque de las prouisiones e Presentaçiones que nos, ayamos de haçer aya quenta e raçon ó se sepan las que ouieren de prouer por Comision nuestra nuestros Ministros e offiçiales e se
entienda las personas en quien estuvieren o vvieren
estado proueidos los offiçios, Mandamos que los escriuanos de Camara de gouernaçion del consejo de
yndias tengan libro continuado en que perpetuamente bayan asentando los cargos de ofiçios dignidades e benefiçios que se proueieren, Con titulo nuestro o a nuestra Presentaçion, e las personas Proueidos en ellos Con los salarios que tuvieren e los
tiempos en que se ouieren Proueido; e por la mesma

cante al gouier-
no e hacienda y
dello hagan li-
bros como se a
de haçer.

78.
tengan libro
continuado
en que perpe-
tuamente hayan
asentado los car-
gos y offiçios
dignidades e be-
nefiçios que se
proueyeren con
titulo de su Ma-
gestad o a su
Presentacion.

orden le tengan los escriuanos de gouernaçion en
las yndias de los offiçios que en ellos Proueieren por
nuestro Mandado los Virreyes y personas de gouierno.

Yten: Mandamos que el dicho escriuano de Camara de gouernaçion tenga libro aparte de Registro en que asiente todas las Capitulaçiones e asientos que en el Consejo se asentaren e tornaren, del
qual el fiscal del Consejo tome Copia para pedir el
cumplimiento dellos Como tenemos Mandado.

Mandamos que en todas las prouisiones nuestras
çedulas y cartas en que Remitieremos negoçios algunos los ministros y justiçias de las yndias, o en
que pidamos informaçion de algunas cosas sobre
que conuenga a proueer, se ponga clausula en que
se mande á las personas a quien se Remitieren que
con breuedad lo determinen, y con ella nos den
auiso e ynformen de lo que proueieren o nos deua-
mos sauer para proueer lo que conuenga.

Los escriuanos de camara de Gouernaçion del
consejo de yndias hagan Memoria y libro aparte en
Relaçion de las Remisiones de negoçios que se hicieren en el dicho Consejo a las personas que go-
uiernan y a otras personas e justiçias dellas y de las
ynformaçiones y pareçeres que les mandaremos
embiar y de las que á su tiempo nos embiare Relaçion y auiso de los que en ello se ouiere echo y
proueido, embien Memoria a los escriuanos de gouernaçion de las yndias para que ellos la enyien o

avisen de la Raçon Porque no se vvieren enviado,
y nos, sepamos por cuya causa se deja de cumplir lo
por nos, Mandado y de los que enviaren asienten la
Relaçion en los libros del Registro al pie de la prouision o çedula de Remision, para lo qual al tiempo
del asentarla dege en blanco donde se pueda poner.

Mandamos que las Prouisiones y despachos de
justiçia entre partes, que se libraren e despacharen
en el Consejo de las yndias para estos Reinos, se
despachen con nuestro nombre y sello firmadas de
los del dicho Consejo, sin que nos, las ayamos de firmar; y las demas cosas de gouernaçion y graçia
para estos Reinos, y los de gobernaçion y graçia y
justiçia para las yndias, se libren e despachen firmadas de nos, segun e por la forma que hasta aqui
se a hecho.

82.
prouisiones
y despacho de
justiçia para es-
tos Reinos se
despachen con
nombre y sello
de su Magestad.

Las Prouisiones çedulas cartas é ynstruçiones y
otros despachos que se ouieren librado en el Consejo de las yndias, se firmen e señalen segun el estilo que se tiene de todos los del Consejo que en el
se hallaren, aunque no ayan ynteruenido a la determinaçion dellas.

83.
prouisiones
y çedulas y car-
tas e ynstruçio-
nes se firmen y
señalen de todos
los que se halla-
ren del Consejo.

De Todas las Prouisiones çedulas cartas y otros
despachos nuestros, que de offiçio se libraren y despacharen en el Consejo de las yndias, y se vvieren
de ynbiar á aquellas partes, se envien duplicados y
en diuersos nauios encaminandolos Por donde mas
conuenga con buen Recaudo de cuviertas.

84.
todos los despa-
chos que se en-
viaren sean du-
plicados y en
diuersos nauios.

Ottrosi: Mandamos Porque en nuestras cartas e

85.
los secretarios

de camara hagan y cierren los pliegos.

despachos aya el Recaudo que Conuiene y en los pliegos dellos no se pongan algunas cartas que no conuengan, que los escriuanos de camara de gouernaçion del Consejo de yndias, Por sus Personas sin lo fiar de ofiçiales ni de otra persona alguna, hagan y cierren los pliegos de las cartas e despachos nuestros, que se ouieren de enuiar assi á las yndias como a otras cualesquier partes que sean.

86. quando entraren á servir sus offiçios se les entreguen los papeles por ynventario.

Grande e Particular cuydado se deue poner en la Guarda e conseruaçion de los papeles y escrituras tocantes á los Estados e Reynos de las yndias; Por ser ynstrumento e medio sin el qual las cosas dellas no pueden ser bien entendidas ni tratadas, Porque mandamos que cada y quando que alguno de los escriuanos de Camara del Consejo de las yndias y de los escriuanos de gouernaçion de las audiençias y Prouinçias dellas, entraren á seruir sus offiçios e cargos, se les entreguen por ynventario e memoria todos los papeles y escrituras de nuestro seruiçio antiguos e nueuos que vvieren de tener en su poder, y dellos se les haga cargo; e quando faltaren de sus offiçios o dejaren los dichos papeles, se les tome quenta dellos Por los dichos ynuentarios porque se les ouieren entregado, o por lo que ellos la ouieren hecho conforme a lo Por nos, Mandado.

87. bayan haciendo ynventario de todos los papeles que se les entregaren y de

Los escriuanos de Camara e Gouernaçion en el Consejo de yndias y en las audiençias dellas, tengan ynuentario y le uayan haçiendo de todos los papeles que estuuieren a su cargo e vinieren á su poder con designacion dellos, poniendolos en sus legajos Por tal horden e concierto, que estando a mucho Recaudo, facilmente se puedan allarlos que dellos fuere necesario verse, y de todos los que salieren de su poder, tomen Memoria e conocimiento de quien los lleuare, para dellos puedan dar la quenta que se les a de pedir.

Mandamos que todos los breues bulas y libros y otras escrituras y papeles tocantes al estado y Corona de las yndias que en el consejo dellas y en la casa de la contrataçion de seuilla se pudieren excusar y no fueren menester originales, se hayan enviando al archiuo de simancas en sus legajos y cajas por la orden y concierto que los an de tener los escriuanos de camara; y en el dicho archiuo se Pongan en vna camara o cajon aparte; e Mandamos al alcayde del dicho archiuo que Reciua las dichas escrituras todas las veçes que se le enbiaren, y que no de ninguna dellas ni las consienta sacar sin çedula nuestra ó prouision librada por el consejo de yndias.

De Mas de los Memoriales e ynuentarios que a de tener Cada caja o cofre de los legajos y emboltorios de los papeles de yndias que se pusieren en el archiuo de simancas y cada legajo de los que ouiere en el, Mandamos que de todos ellos aya dos ynuentarios en Relaçion Cumplida de la substançia y designaçion de la Historia de cada vno y el yndiçe de la caja ó legajo donde estuuieren; los quales ynuentarios esten firmados del escriuano de camara de gouernaçion del consejo y de la persona á cuyo cargo estuuiere el archiuo, el uno de los quales quede en la camara o armario donde quedaren los papeles y el otro este en el consejo de yndias.

90.
aya libro donde se asienten los que se sacaren del archiuo.

Ottrossi: Mandamos que en la camara o armario del archiuo donde estuuieren los papeles de yndias, aya un libro donde se asienten los que se sacaren, y que de todos ellos se tome conocimiento de las personas a quien se dieren y entregaren; y los conocimientos se asienten y pongan en el dicho libro, para que por el se puedan ver los que faltan y sauerse quien los tiene y a quien se an de Pedir.

91.
sobre los inuentarios que an de tener y manifestar los escriuanos de camara de gouernaçion del consejo y los de las audiençias y contadores de la haçienda de la contrataçion y de las yndias.

Ottrossi: Mandamos que aya diligençia en embiar los papeles y las escrituras a los archiuos donde ouieren destar; que los escriuanos de camara de Gobernaçion de las audiençias y Prouinçias de las yndias, y los contadores de nuestra haçienda de la contrataçion de seuilla y de las yndias, en fin de cada vn Año, lean en los tribunales donde Residieren, los ynuentarios de los papeles que vvieren en su poder, para el qual tiempo los tengan hechos y acrescentados para que alli se declare los que se vvieren de poner en los archiuos, a los quales los embien los susodichos a costa de gastos de justiçia; y si assi no lo hiçiere no se les pague su salario el tiempo que despues lo dejaren de haçer.

92.
tenga libro en que este la for-

YTen: Mandamos que el escriuano de camara de Gouernaçion de consejo de yndias, tenga libro en

que este la forma del juramento que an de haçer los del consejo y los oficiales del, quando fueren Reçiuidos á sus officios y las otras personas prouaidas en cargos que Juraren en el Consejo, en el qual asiente el dia que cada vno hiçiere Juramento.

YTen: a de tener cargo el dicho escriuano de camara de Gouernaçion, de copiar y poner en orden todos los papeles de que a de auer traslado en el libro que a de auer dellos en el archiuo del Consejo, Como está Mandado.

Porque el despacho del Consejo de las yndias sea en todo mas conforme facil y presto, mandamos que se haga formulario de todos los titulos de officios presentaçiones y otros despachos ordinarios, visto y aprouado Por los del Consejo, Por el qual se ordenen y despachen todos los que en el se vvieren de hazer, e como los despachos se fueren haçiendo ordinarios, se vaya haçiendo fórmula dellos y ninguna de las hechas y aprouadas por el Consejo se puedan Aprouar ni mudar en lo general ny en parte dello, sin aprouaçion ni autoridad del Consejo.

Escriuanos de Camara de Justiçia.

Los escribanos de Camara de justicia del Consejo de yndias Tengan ynuentario de todos los Procesos que vviere en su poder y el estado en que cada vno estuuiere, para que dellos den quenta cada y quando que se les pidiere, y de los conclusos Tengan aparte, tabla y lista.

ma del juramento que han de haçer los del consejo y los officiales del.

93. a de tener cargo de copiar y poner en orden todos los papeles de que a de auer traslado en el libro que a de auer dellos en el archiuo del consejo.

94. hagase formulario de todos los titulos de officios presentaçiones y otros despachos hordinarios.

95. tengan ynuentario de los procesos que vviere en su poder.

Mandamos que las ynformaçiones obligaçiones y otras escrituras publicas y autenticas que se vvieren de haçer Por Mandado del Consejo de yndias, se hagan Por ante los offiçiales escriuanos que estuuieren en el offiçio y escritorio de los escriuanos de Camara del Consejo, y no, ante otro escriuano ní notario alguno sino fuere con liçençia de los dichos escriuanos de camara; e los vnos e los otros sean obligados a poner en el offiçio de los escriuanos de Camara, los originales de las escrituras que hiçieren.

Porque los escriuanos de Camara del Consejo de yndias Tengan Mejor Recaudo en sus escritorios y offiçios, Mandamos que cada vno dellos Tengan vn offiçial escriuano Real auil y sufiçiente aprouados Por el consejo, los cuales offiçiales juren en el, que Guardaran el secreto del, y los dichos escriuanos de Camara les den el salario y entretenimiento que Por el consejo les fuere señalado.

Los escriuanos de Camara del Consejo de las yndias, en el uso y exerçiçio de su de sus offiçios, Guarden las leyes destos Reynos que ablan açerca de los escriuanos de Camara del Consejo Real de Castilla y audiençias dellos, en especial las que disponen que las partes no vean las Prouanças antes de la Publicaçion, y que tengan las petiçiones donde no las vean las partes, y que degen Registro de las que les voluieren con Raçon de lo que en ellas se vviere proueydo.

Yten: que no confien los proçesos de las partes, ni que sus ofiçiales Reçiuan ni lleuen cosa alguna Por llebarlos ni traerlos, y que las partes no sepan lo proueido hasta que las sentençias y antes esten firmados y que las prouisiones de offiçios se firmen en consejo, y que los offiçiales que lleuaren las encomiendas sean personas de confiança y que tengan memorial con dia mes y Año en que asienten a quien se encomendaren por el cual lo digan á las partes para que ynformen, y que en los proçesos pongan las escrituras luego como las presentaren las partes, sin poner los originales dellas ni de las sentençias, sino los traslados; y que luego como se pronunçiaren los autos los asientes y no Por relaçion de los procuradores y en las encomiendas que se uoluieren a haçer, se ponga a quien se encomendar primero y que ninguna Petiçion se decrete sin que primero este leida y que en todas pongan el dia de la presentaçion.

Yten: que el lleuar de los derechos Guarden las leyes y arançeles del Reino los quales tengan Puestas en lugar publico donde de todos puedan ser uistos y leydos.

Relatores.

Los Relatores que vuiere en el consejo de yndias en el vso y exerçiçio de sus offiçios guarden las leyes y pregmaticas del Reino que çerca dellos hablan, especialmente las que disponen que asienten

99.
sobre el buen Recaudo de los proçesos y papeles y el poner las presentaçiones dellos.

100.
guarden las leyes del Reyno y en el lleuar sus derechos.

los derechos en los proçesos y den conocimiento de
ellos y que no lleuen Mas derechos de los que les
perteneçieren aunque sea para escribir las Relaçiones, y que den Memorial de los pleitos vistos y proçesos en Comendados, y que en el Primer Consejo
hagan Relacion de las encomiendas que se les vvieren en Comendado y que no lleuen la vista Por entero antes de haçer Relaçion, y que en las Relaçiones que hicieren declaren si estan firmadas dellos
y de los avogados de las partes, y que saquen las
visitas y Residencias en Relaçion, y que asienten
en los procesos los nombres de los que los vvieren
visto y el dia en que los vvieren començado y los
acauaren de Relatar; y assi lo firmen los escriuanos
de Camara.

101.
como han de po-
ner el decreto
los espedientes.

Ottrossi: quando Por el Consejo se mandare á
algunos de los Relatores que ordene algun decreto
en algun Negoçio, lo escriua de su mano y Lo lea
en el Consejo para que siendo visto ya provado, en
el lo Refrende y atoriçe el escriuano de Camara
ante quien pasare.

Alguacil del Consejo.

102.
haya alguaçil
del consejo.

Por quanto los alguaciles de corte que estan salariados en el nuestro Consejo de las yndias no asis-
ten en el, Por andar ocupados en otras cosas, nuestra voluntad es que para executar los mandamientos del Consejo, se nombre y crie Por el vn alguacil

por el salario que nos le mandaremos señalar, el
qual asista á las oras del consejo en palaçio o en la
parte donde el Consejo se juntare, y haga y execute
lo que por el dicho consejo le fuere ordenado; y de
aqui adelante no se de el salario que se deua á los
dichos dos alguaçiles de corte; y Mandamos que aunque en el dicho Consejo aya alguaçil particular, todos los demas alguaciles de nuestra carta y cumplan los mandamientos que se dieren por los del
dicho Consejo como hasta aora lo han hecho.

Offiçiales.

El canciller, Registrador, avogados, Porteros y
procuradores de Causas y de pobres y los demas officiales del nuestro Consejo de las yndias Guarden
en el vso y exerçiçio de sus offiçios, las leyes y pre-
maticas destos Reynos que açerca dellos hablan; especialmente los procuradores no sean allegados de
los del Consejo, ni den a entender que tienen fávor
con ellos, ni tomen salarios, ni se encarguen de negoçios que Tengan otros Procuradores, e vayan cada dia a casa de los escriuanos de camara de justiçia para que se les notifiquen los autos que se les
deúan notificar y fueren á su cargo, en que asienten
los autos que en cada vno hiçieren con dia Mes y
Año, y tengan Libro y en el Cargo y descargo de
los Maravedises que Reciuieren de las partes.

103.
todos los officia-
les del consejo
Porteros y Pro-
curadores Guar-
den las leyes del
Reyno.

Contadores.

104.
los contadores
del consejo guarden lo proueido
y lo que esta
mandado que
guarden los de
la contaduría Mayor.

Los Contadores del Consejo de las yndias en el tomar la quenta de nuestra haçienda y en lo demas tocante al. vso y exerçiçio de sus offiçios, Guarden lo por nos, ordenado en el Libro de la haçienda desta Recopilacion y lo que adelante se ordenare para el buen Recaudo de nuestra haçienda, y demas dello lo que está mandado guardar á los otros nuestros Contadores por las ordenanças y leyes de la contaduria mayor en cuanto no fuere contrario ni Repugnante a lo que en el dicho libro de la haçienda y leyes para las yndias esta hordenado y adelante se ordenare.

Receptor.

105.
las cobranças que a de haçer el Reçeptor
del Consejo.

El Reçeptor de penas de Camara del Consejo de yndias sea obligado a cobrar y Recaudar todas e qualesquier Condemnaçiones que en el Consejo se hiçieren y aplicaren para nuestra Camara y estrados del Consejo y las que estuuieren hechas y no cobradas, y assi mesmo las que se aplicaren para el gasto y pasage de los Religiosos y ministro de doctrina y para otras obras pias y los derechos de las liçençias de esclauos de que nos haçemos Merçed por menudo a los pasageros que van a las yndias, y qualesquier otros Maravedises y depositos que el dicho Consejo le mandare cobrar y depositar en el, y para la cobrança de lo susodicho haga las diligençias necesarias sopena de pagar de su háçienda lo que por su culpa y negligençia dejare de cobrar.

Mandamos que la Persona que vviere de ser Reçeptor de penas de Camara y depositario del Consejo de las yndias, antes de ser Reciuido al uso de su offiçio, de fianças legas llanas y avonadas en la cantidad que a los del Consejo Paresçiere de que ara las diligençias necesarias en la cobrança de lo que fuere á su cargo, o que pagara de su haçienda lo que por su culpa ó negligençia se dejara de cobrar y que tendrá presto lo que cobráre y dello dara quenta con Pago y pagará el alcançe de las quentas que se le tomaren y de las fianças y abonos que dieren, Mandamos que aya traslado en los libros de nuestra contaduria de las yndias por la caueça de la quenta que con el dicho Reçeptor a de tenerse.

106.
que aya de dar
fianças.

Mandamos que los escriuanos de camara que son o fueren del consejo de las yndias Tengan libro donde asienten las condenaçiones que para nuestra camara y otros gastos que se aplicaren como se fueren haçiendo y aplicando y assi mesmo los derechos de las liçençias de esclauos y otros cualesquier maravedises fueren á cargo del Reçeptor, en el qual libre cada sauado firmen de sus nombres con vno del Consejo el mas nueuo, las condenaçiones que en aquella semana se vvieren hecho ante ellos, de que estuviere Mandada librar executoria y las demas

107.
aya libro donde
se asienten las
condenaçiones.

-cantidades de Mrs. que an de entrar en poder del dicho Reçeptor, del qual libro el Reçeptor saque memoria y Raçon de las que aya de cobrar, y en el, se asienten los conocimientos que diere de las prouisiones y despachos que para las cobras se le dieren con el dia mes y año en que se le vvieren entregado.

Ottrossi: Mandamos que en el nuestro Consejo de las yndias se le den al Reçeptor las executorias y despachos necesarios para cobrar las penas y condenaçiones que en el se vvieren hecho, y en los despachos se manda que los contadores del, tomen la Raçon y le hagan cargo de lo que vvieren de cobrar; y el dicho Reçeptor haga dentro del tiempo asignado en las prouisiones, las diligençias que conuengan para la cobrança dello y de lo que cobrare de certificaçion en el consejo firmada de su nombre para que el cargo se le haga perfecto, y de lo que no pudiere cobrar muestre las diligençias bastantes y satisfatorias que vviere hecho a contentamiento del Consejo, para que de no lo hauer cobrado quede descargado.

Los ofiçiales y fiscal de la casa de la contrataçion de seuilla, hagan executar con diligencia las executorias y despachos que se les enuiaren por el Reçeptor de penas de Camara del consejo de las yndias, para cobrar las penas y condenaçiones que en el consejo se vvieren hecho y se ouieren de cobrar por ellos, y lo que se cobrare se envie luego al dicho Reçeptor, y de lo que enuiaren den auiso á los

Contadores del consejo para que dello le hagan el
cargo perfecto y cumplido.

Tenemos Por bien y declaramos, que los gastos
que se vvieren de haçer y hiçieren en la cobrança de
las penas de Camara y otras condenaçiones que se
hayan de cobrar por el Reçeptor del consejo de las
yndias, sean y se agan a coste de las dichas penas
conque de lo que se gastare el dicho Reçeptor muestre recaudos bastantes al tiempo que se le tomare la
quenta.

Y porque de la cobrança de los derechos desclau-
os que haçemos Merçed por menudo a los pasageros que van a las yndias y a buena quenta y Raçon,
Mandamos que en poder del escriuano de Camara
de gouernaçion del consejo de yndias, aya un libro
en que luego como se conçedan las dichas çedulas,
antes que la çedula de liçençia se haga, el Reçeptor
del dicho consejo, de conoçimiento de auer Reçiuido
lo que las dichas liçençias Montaren; Por virtud del
qual y conforme al decreto de la petiçion, se haga
la dicha çedula liçençia, y no antes, en la qual se
Mande que los contadores tomen la Raçon della.

Assi Mesmo Mandamos que el Presidente y los
del nuestro Consejo de yndias, no señalen çedula
ninguna de liçençia de esclauos que mandemos dar,
sin que primero este señalada de los nuestros Contadores del Consejo y tomada la Raçon della, á los
quales Contadores Mandamos que no asienten por
tomada la dicha Raçon sin que Primero les conste

de auer cobrado el Reçeptor lo que montaren las dichas liçençias de lo qual luego le hagan cargo como dicho es.

113.
el Reçeptor no pague ninguna librança sin que este tomada la Raçon della.

El Reçeptor de penas de Camara del consejo de yndias no pague ni cumpla libramiento alguno de lo que en el se librare, si en el dicho libramiento çedula que para ello se diere, no fuere tomada la Raçon Por los Contadores del Consejo, con apercibimiento que lo que de otra manera pagare no le sera Reciuido ni pasado en quenta sino que se le quitara de su cargo.

114.
los Reçeptores tomen Raçon de los depositos que se hicieren en el Reçeptor.

Ottrossi: Mandamos que de qualquiera cosa que se aya de depositar en el reçeptor de penas de camara del Consejo de yndias, assi para pleitos que en el se trataren como para Recusaçiones y otras cosas, de qualquier suerte que sean, los contadores del Consejo tomen la Raçon de todo para lo cargar al dicho Reçeptor en las quentas que açerca de semejantes cosas se vvieren de tener con el.

115.
en las çedulas de libramientos que se hicieren por el Reçeptor se ponga que los contadores tomen la Raçon.

Porque cada y cuando que conuenga sauer los Mrs. que el Reçeptor del Consejo de yndias tuviere en su poder, se pueda sauer Por los Libros de los contadores y Por el suyo, Mandamos que en todas las çedulas y Libramientos que por nos, o por el Consejo se hicieren en el dicho Reçeptor, se ponga y mande que los dichos contadores tomen la Raçon de lo que assi se librare en el, y para que lo mesmo pueda constar por el libro del dicho Reçeptor, Mandamos que el susodicho lleue siempre en el, la carta quenta corrriente de lo que deue cobrar y tiene cobrado y pagado, con designacion de los Recaudos que para cada partida tuviere.

YTen: Mandamos que cada Año se tome quenta al Reçeptor de penas de Camara del Consejo de yndias por vno de los del Consejo que para ello fuere nombrado, y demas desto todas las veçes que al Consejo pareçiere mandarsela tomar, haçiendole cargo del vltimo alcançe que se le vviere hecho a el o a su anteçesor, y no se le Reciua en quenta, Cosa que no tuviere cobrada, si no Mostrare hechas las ultimas diligencias que deuiere auer hecho para la cobrança dello, y auiendolas hecho y mostrandolas, se le buelua a haçer cargo de lo que ansi se le descargare para que lo buelua a cobrar.

116.
sobre la quenta que sea de tomar al Reçeptor.

Cosmographo choronista.

El cosmographo choronista que a de auer entre los demas officiales del Consejo de las yndias, haga y ordene las tablas de la cosmographia de las yndias, asentando en ellas por su longitud y latitud y número de leguas segun el arte de geographia, las prouinçias, Mares, yslas, Rios y montes y otros lugares que se ayan de poner en designo y pintura, segun las descripçiones generales y particulares que de aquellas partes se le entregaren y las Relaçiones y apuntamientos que se les dieren por los escriuanos de camara de gouernaçion del dicho consejo; Conforme a lo qual, ya lo que tenemos Mandado en

117.
las tablas de cosmographia de las yndias que a de haçer el cosmographo.

el titulo de las descripciones, Prosiga lo que fuere a
su cargo de haçer en el libro general de descripciones que a de hauer en el consejo.

118.
la aueriguaçion
de los eclipses
de luna y otras
señales.

Ottrossi: el dicho cosmographo tenga cargo de
calcular y aueriguar los eclipsis de la luna y otras
señales, si ouiere, para tomar la longitud de las tierras; y enuie memoria de los tiempos y oras en que
se aya de obseruar en las yndias a los gouernadores
dellas, con la orden e ynstrumentos neçesarios para
que en las ciudades y caueças de las prouinçias donde la longitud no este aueriguada, la obseruen hasta que lo este, y como se fuere aueriguando se uaya
asentando en el libro de las descripciones.

119.
el choronista y
cosmographo
baya haciendo
historia general
de las yndias.

Porque la memoria de los hechos Memorables
y señalados que a auido y vviere en las yndias, se
conserue, el coronista cosmographo de yndias baya
siempre escriuiendo la historia general dellas con
la mayor Preçision y verdad que ser pueda, de las
costumbres, Ritos, antiguedades, hechos y aconte-
çimientos que se entendieren, por las descripciones
historias y otras Relaçiones y aueriguaçiones que se
enuiaren a nos, en el consejo; la qual historia este
en el, sin que della se pueda publicar ni dejar leer
Mas de aquello, que á los del consejo pareçiere que
sea publico.

120.
haga historia de
las cosas natu-
rales.

Assi Mesmo, que las cosas naturales de las yndias que sean sauidas y conoçidas, el choronista
cosmographo de yndias, Recopile y vaya siempre
colligiendo la historia natural de las yeruas, Plan-

tas, Animales, aues y pescados y otras cosas dignas
de sauerse, que en las prouinçias, yslas y mares y
Rios de las yndias ouiere, segun que lo pudiere hacer por las descripciones y auisos que se enuiaren
de aquellas partes y por las demas diligençias que
Por autoridad nuestra, y orden del consejo se podran
haçer.

Ottrossi: el dicho cosmographo colija y Recopile
en libro todas las derrotas nauegaçiones y Viages
que ay destos Reynos a las partes de las yndias, y
en ellas de vnas partes a otras segun le pudiere
collegir de los Derroteros y Relaçiones que los pilotos y marineros que nauegan a las yndias, Tru-
geren de los viages que hiçieren, como tenemos
Mandado.

121.
haga Recopila-
çion de las der-
rotas y nauega-
çiones.

Y Porque mejor pueda cumplir con lo que es a
su cargo el choronista Cosmographo de yndias mandamos a los escriuanos de camara que le entreguen
los papeles y escrituras que ouiere Menester, dejando conocimiento del Reciuo dellos y voluiendoselos
a quien se los entregare quando se los pidan, los
quales y las descripciones que fuere ordenado, guarde y tenga con secreto sin las comunicar ni dejar
ver a nadie sino solo a quien por el Consejo se le
mandare, y como las fuere acauando, las vaya puniendo en el archiuo del secretario cada Año, antes
que se le pague el vltimo terçio del salario que
ouiere de auer.

122.
los escriuanos de
camara en-
treguen al coro-
nista los papeles
y escrituras que
ouiere Menester.

Las quales dichas leyes y capitulos de ordenan-

ças en esta nuestra carta suso contenidas, vos mandamos a todos y a cada vno de vos que las veays y
tengais por ley, y las guardeis, y en el orden y
modo de proçeder en los negoçios que en el dicho
nuestro consejo de las yndias, se vvieren de tratar,
las platiqueis y executeis haçiendo las Guardar y
executar en todo y por todo como en ellas se contiene; y entre tanto que la dicha Recopilaçion se
acaue, las pongais en el archivo del consejo, y de
ellas y desta nuestra Carta y de los demas titulos
que se fueren Resoluiendo y publicando, enviareis
traslados a los nuestros Virreyes, audiençias y chancillerias de las yndias, y los mandais dar á quien
los quisiere y despues las hagais ymprimir e yncorporar en la dicha Recopilaçion, para que con las
demas leyes que en ella vviere, sean Publicadas y
se Guarden y executen perpetuaMente. Por todos
los vnos ni los otros no fagades ende al, sopena de
la nuestra Merced.

Fechado en el pardo a veinte y cuatro de setiembre de Mill y quinientos y setenta y un Años.==
Yo el Rey=yo Antonio de eraso secretario de su
Magestad Catholica la fiçe escriuir por su Mandado,
el Liçenciado Don gomez Çapata=el liçençiado
Juan de ovando, el doctor luys de molina, el doctor
aguilera, el liçençiado bootello maldonado, el liçençiado otalora, el liçençiado diego gasca de sa-
laçar.

SERVICIOS DE PERO NIÑO, VECINO DE TUNJA EN EL NUEVO REYNO DE GRANADA.—AÑO DE 1568 (1).

Pero Niño conquistador vecino de la ciudad de Tunja hijo de Francisco Niño y nieto de Pero Alonso Niño primer descubridor de las Yndias, Piloto que fué en la jornada que hizo el almirante Colon al dicho descubrimiento, digo: que demas de los servicios que el dicho mi aguelo á vuestra alteza hizo, de los quales no ha sido gratificado, yo he servido á vuestra alteza con mis armas ó caballos en la dicha provincia y he hecho todo aquello que hera obligado, saliendo con las dichas armas y caballos á lo que convenia el servicio de vuestra alteza á mi costa ó muicion, en lo qual he gastado mucha cantidad de pesos doro, de cuya Causa estoy pobre; E por perpetuar en el servicio, me casé en el dicho reyno y conforme á los servicios, que ansi é fecho que han sido de veinte y siete años á esta parte, no se me ha gratificado ni dado con que poderme sustentar, antes continuo por servir á vuestra alteza y mantener armas y caballos, estoy adeudado ó perdido; ó para que de los dichos servicios constasen á vuestra alteza, ó de la pobreza que tengo, pedi á el Audiencia de los dichos servicios merreceviese imformacion y de lo demas por mi dicho, la qual se me

_____

(1) Archivo de Indias

recevió por el fiscal, y fecho las mas de las señas necesarias como todo consta eparece por estas informaciones de que hago presentacion.

Lo que pido y suplico á vuestra alteza, que en recompensa dellos, teniendo consideracion á el valor de mi persona y servicios ó la pobreza que tengo, ó que mi aguelo fué uno de los primeros pilotos que descubrieron las Yndias, me haga merced de la vara de Alguacil mayor de la dicha ciudad de Junja, perpetua, y mil pesos de buen oro de demora En cada un año, en Yndias, en los terminos de la dicha ciudad, de los primeros que vacaren; y en el entretanto que no se me dan, en los dichos indios se me libren en la Caxa segun tengo pedido. E pido justicia epara ello &=Alonzo de Herrera. Hay una rubrica.

En la ciudad de Junja del nuevo reyno de Granada de las Yndias del mar oceano á catorce dias del mes de noviembre año del Señor de mill ó quinientos ó sesenta y siete años, antel muy magnifico señor Don Geronimo de Carvajal Alcalde ordinario desta dicha ciudad por su Magestad, ó por ante mi Juan Ruiz Cabeza de Baca escribano de su Magestad publico del numero y cabildo desta dicha ciudad, paresció presente Pero Alonso Niño vezino desta dicha ciudad ó presentó una peticion del tenor siguiente:

Muy magnifico Señor: Pero Alonso Niño vezino desta ciudad de Junja, digo que yo tengo una provanza que me han enviado despaña, dela qual tengo nescesidad sacar un treslado para enbiar a los Reynos despaña para presentar ante su magestad y pedir por ella las cosas que viere que mas me conviene.

A vuestra merced pido é suplico mande al presente escribano me saque della un treslado autorizado en publica forma en manera que feé haga, poniendo vuestra merced en ella su abtoridad é decreto judicial para que valga é haga feé ó prueva, é me mande dar mi ereginal para lo guardar, é me mande dar el dicho treslado como dicho tengo, que yo estoy presto dele pagar sus derechos para lo qual & Pero Niño.

Asi presentada la dicha peticion de suso contenida, luego el dicho Pero Alonso Niño, dixo epidió lo enel contenido, en justicia. Juan Ruiz Cabeza de Baca.

Luego incontinente, el dicho señor Alcalde dixo que lo havia é obo por presentado y mandó al dicho Pero Alonso Niño questaba presente, que muestre la provanza de que asi se entiende aprovechar y pide treslado, y luego el dicho Pero Alonso Niño hizo demostracion de la dicha provanza que parece estar firmada y signada de un nombre que dice Francisco Beltran escribano publico y comprovado de otros escribanos, que la fecha della parece aver sido en la villa de Moguer de los Reynos despaña; y vista por su mercé la dicha provanza, que parece estar hecha ante escribano y que enella ni en parte della parece estar en cosa alguna sospechosa ni rota ni cancelada ni para desacer ninguna falta ni defeto, dixo: que mandaba ó mandó á mí, el dicho Escribano, haga sacar el treslado ó treslados que della el dicho Pero Alonso Niño pidiere y quisiere, y signados y en manera, que haga feé lo dicho, y entregue al susodicho para el efecto que lo pide; en los quales dichos treslado ó treslados siendo signados de mi el dicho escribano su merced, dijo: que ni terponia ó ni terpuso su altoridad y decrete judicial, tanto cuanto puede y con derecho debe; y fírmolo de su nombre Don Geronimo de Carvajal, ante mi, Juan Ruiz Cabeza de Baca.

Por virtud del qual dicho auto y en cumplimiento del yo el dicho escribano, hize sacar un treslado de la dicha provanza de que asi se hizo demostracion, segun y como en el estáva escrito, á que me refiero, su thenor de lo qual, es este que se siggue.

En la Villa de Moguer ques del Ylustrisimo señor el marques de Villanueva mi señor, en dos dias del mes de Junio año del señor de mil ó quinientos ó sincuenta ó siete años ante el muy magnifico señor Doctor Cristobal Martinez, Corregidor ó Justicia mayor en esta Villa, y en presencia de mi, Francisco Beltran escribano publico della, ó de los testigos yuso escritos, pareció presente Francisco Niño vezino desta Villa ó presentó un escrito de pedi-

mento con ciertas preguntas en el insertas el thenor del qual es el siguiente:

Magnifico señor. Francisco Niño vezino de la
Villa de Moguer, digo: que yo soy hijo legítimo de
Pero Alonso Niño y de Leonor de Boria su muger
avido é procreado de legitimo matrimonio, é yo fui
casado con Ysabel Gonzalez la Caballera, legitimamente, segun orden de la santa madre iglesia, é de
este matrimonio ovimos é procreamos á Pero Alonso Niño nuestro hijo, que al presente está en la ciudad de Tunja en el nuevo reino de las Yndias del mar
occeano é provincias del Perú; é por que el dicho
Pero Alonso Niño padre, servió á los reyes catolicos
é fué personalmente en el descubrimiento de las
dichas Yndias é Tierra firmes en compañia del almirante Colon, por maestre de una nao; é porque el
dicho mi hijo é yó é los dichos mis padres é abuelos somos é fueron cristianos viejos é no venimos de
casta de moros ni júdios ni hereges ni de los nuevamente convertidos á nuestra Santa feé Catholica,
ni fueron ni somos de los condenados ni ireconci-
liados ni penitenciados por el Santo oficio de la inquisicion, ni padecemos defeto ni ynabilidad, é de
todo esto tengo necesidad de hacer informacion; pido y suplico á vuestra Merced me tome é reciba los
testigos que presentare, é recibiendo dellos juramento en forma de derecho, los mande hesaminar por
las preguntas yuso contenidas en lo que ansi dige-
ren, escrito en limpio, firmado de nuestra Merced y

signado del Escribano publico por ante quien pasare; ynterponiendo vuestra merced en ello su abtoridad ó decreto, me lo mande dar en publica forma para lo mostrar ó presentar donde i quando me convenga, y en lo necesario el oficio de vuestra merced imploro ó pidolo por Testimonio.

Primeramente si conocen á Francisco Niño ó á Pero Alonso Niño su hijo, ó si conocieron á Ysabel Gonzalez la Caballera, muger de Francisco Niño y á Pedro Alonso Niño y á Leonor Deboria su muger, padres y abuelos del dicho Francisco Niño, y del dicho Pero Alonso Niño su hijo, y si conocieron á Hernan Perez grande y Elvira Gonzalez Lacaballera Padres de la dicha Ysabel Gonzalez Lacaballera y Abuelos del dicho Pero Alonso Niño hijo del dicho Francisco Niño.

Ytem: si saben que los dichos Pero Alonso Niño y la dicha Leonor Deboria su muger fueron casados legitimamente y tuvieron en esta Villa su cassa poblada ó haciendo vida maridable y deste matrimonio ovieron ó procrearon por su hijo legitimo al dicho Francisco Niño, ó por tal marido ó muger fueron avidos ó tenidos, y el dicho Francisco Niño fué y es avido ó tenido por su hijo legitimo.

Yten: si saben & que los dichos Hernan Perez Grande y la dicha Elvira Gonzalez Lacaballera fueron casados legitimamente, etuvieron enesta villa su casa poblada haziendo vida maridables y deste matrimonio ovieron ó procrearon a la dicha Ysabel

Gonzalez La Caballera muger del dicho Francisco Niño ó por tales marido é muger é hijo legitimos fueron avidos é tenidos enesta villa é comunmente reputados.

Yten: si saben & quel dicho Francisco Niño, hijo legitimo de los dichos Pedro Alonso Niño y Leonor De boria, fué casado legitimamente con la dicha Ysabel Gonzalez La Caballera hija de los dichos Hernan Peréz Grandé y de la dicha Elvira Gonzalez La Caballera su muger, é deste matrimonio ovieron procrearon por su hijo legitimo al dicho Pedro Alonso Niño é por tales marido é muger legitimo, y el dicho Pero Alonso Niño por su hijo fueron avidos é tenidos y comunmente reputado enesta villa.

YtEn: si saben & quel dicho Pero Alonso Niño padre del dicho Francisco Niño al tiempo quel almirante Colon partió deste Reino de la andalucía a descubrir las Yndias del mar oceano, fué en su conserva é compañia por maestre de una de las naos que llevava é por piloto en la navegacion; y deste viaje que puede aver mas de sesenta años que partieron y se descubrieron las dichas Yndias, é por haverse descubierto el dicho almirante y los que con el yban syrbieron á la corona real, enello digan lo que de ello saben.

Yten: si saben que los dichos Francisco Niño é Ysabel Gonzalez La Caballera su muger é Pero Alonso Niño su hijo e sus padres y abuelos de am-

bas partes, son efueron cristianos viejos, ó que no
vienen de casta de moros ni de judios ni hereges,
ni de los nuevamente convertidos á nuestra santa
feé catolica, ni que an sido ni son condenados reconciliados ni penitenciados por el santo oficio de
la inquisicion, por que si lo fueron, los testigos lo
vieran y supieran por el conocimiento trato ó conversacion que con los susodichos tuvieron ó tienen.

Yten: si saben & quel dicho Pero Alonso Niño
hijo del dicho Francisco Niño, está y reside en la
ciudad de Tunja que es en el nuevo reino una de las
provincias del perú de las Yndias del mar oceano,
donde es vezino y está casado legitimamente, y que
agorá será de edad de quarenta años poco mas ó
menos.

Yten: si saben & quel ynquisidor Luceros y todos sus parientes que llaman Luzeros, y los Velle-
sinos Vezinos y naturales desta villa de Moguer,
fueron y son deudos y parientes del dicho Francisco Niño padre del dicho Pero Alonso Niño, y por
tales deudos y parientes se tratan y conversan.

Yten: si saben que todo lo susodicho es publica
voz ó fama Francisco Niño.

Asi presentado, el dicho señor corregidor mandó tomar ó rescevir los testigos que el dicho Francisco Niño presentare, ó que rescebidos, su merced
proveerá justicia. Testigos, Francisco Venega, Hernando Pabon.

Luego el dicho Francisco Niño presentó por

testigo en la dicha razon, á Anton Pardo ó Alonso Duran, clerigo; y Antona Garcia, viuda, muger de Juan Rodriguez, difunto, e Alonso Perez Jurado ó á Elvira Alonso, viuda, ó Juan Bartolomé ó Juan de Aragon vezinos desta villa de Moguer, de los quales y de cada uno dellos, fué rescebido juramento en la forma de derecho; ó siendo preguntado por el tenor de las dichas preguntas del dicho pedimento, lo que cada uno de los dichos testigos dixeron ó depusieron por sus dichos ó deposiciones, lo siguiente:

El dicho Anton Pardo vecino desta villa de Moguer, aviendo jurado segun forma de derecho ó siendo preguntado por el tenor de las preguntas del dicho pedimento, dixo lo siguiente:

Ala primera pregunta dixo que conoce ó conoció a todas las personas en las preguntas contenidas, de trato vista ó conversacion; ó queste testigo es de hedad de unos sesenta años.

Ala segunda pregunta dixo: que sabe ó vido que los dichos Pedro Alonso Niño y Leonor Deboria su muger, fueron vezinos desta Villa y les vido hacer vida maridable como marido ó muger legitimos, teniendo su casa poblada enesta Villa; y este testigo vivió mucho tiempo pared en medio dellos y durante su matrimonio, ó vieron ó procrearon por su hijo legitimo al dicho Francisco Niño, y por tal selo vido criar ó tener en su casa, ó asi hera tenido en esta villa ó comunmente reputado.

Ala tercera pregunta dixo: queste testigo conoció a los dichos Hernan-perez Grande y Elvira Gonzalez La Caballera su muger, como dicho tiene, y los vido estar en uno casado y hacer vida maridable como marido ó muger legitimo ó tener en esta villa su cassa poblada como tales marido ó muger legitimos eran avidos ó tenidos comunmente respetados; y es publico y cierto que constante en matrimonio, ovieron ó procrearon por su hijo legitimo á la dicha Ysabel Gonzalez La Caballera muger del dicho Francisco Niño, y por tal su hija legitima fue y es avida ó tenida ó comunmente reputada.

Ala cuarta pregunta dijo: sabe ó uido quel dicho Francisco Niño ó hijo de los dichos Pedro Alonso Niño y Eleono de boria su muger, fué casado legitimamente segun orden de la santa madre Yglesia con la dicha Isabel Gonzalez La Caballera su muger, y durante su matrimonio entre los dichos Francisco Niño ó Ysabel Gonzalez, teniendo su casa poblada enesta villa ó haziendo vida maridables, ovieron ó procrearon por su hijo legitimo al dicho Pedro Alonso Niño su hijo ó nieto de los en esta pregunta contenidos, ó por tal su hijo legitimo fué y es avido ó tenido ó comunmente respetado.

A la quinta pregunta dijo queste testigo á oydo decir publicamente enesta villa y en la villa de Palos, que al tiempo quel dicho almirante Colon partió deste rio ó barra de salte a descubrir las indias del mar oceano en los navios que llevó en segui-

miento del dicho viage fué por maestre ó piloto de
uno dellos el dicho Pedro Alonso Niño, y despues
que se descubrió la Ysla española por el dicho almirante, quando volvieron á España se dijo por
nueva cierta, que yendo por el golfo como havia muchos dias que yban corriendo, ó no hallavan ni
vian tierra, se juntaron los navios con la Capitana
donde iba el dicho almirante, ó por comun opinion
dellos mas se querian bolver contra la voluntad del
dicho almirante ó quel dicho Pedro Alonso Niño y
otro que le decian Pinzon, tuvieron el partido del dicho almirante; ó que por su consejo ó industria se
siguió el dicho viaje donde sucedió descubrir las
dichas Yndias.

Ala sesta pregunta dijo: que sabe y es cierto que
todos los contenidos en esta pregunta son cristianos viejos ó por hella avidos ó tenidos, que no vienen de casta de moros ni judios ni hereges, ni son de
los nuevamente convertidos; é son personas honrradas ó principales, y ellos y sus deudos y parientes
an tenido en esta villa oficios publicos de honrra,
ó que no han sido ni son reconciliados ni condenados por el santo oficio de la inquisicion, por que
si lo fueran, este testigo lo viera ó supiera por el
trato, conoscimiento, conversacion que con los susodichos tuvo siendo bibos ó agora con los que quedan tiene.

A la septima pregunta dijo: ques cosa publica
y cierto, que por tal este testigo la dize ó tiene, quel

dicho Pero Alonso Niño hijo de los dichos Francisco Niño ó de Ysabel Gonzalez La Caballera, á, mucho tiempo que partió desta villa para las Yndias del mar oceano en que ahora está, ó reside en la ciudad de Tunja ques en el nuevo reino una de las provincias del perú, de donde este testigo avisto carta suya que escribe al dicho Francisco Niño su padre, é questá agora alli casado legitimamente, ó que al presente será de edad el dicho Pero Alonso Niño de quarenta años poco mas ó menos.

A la otaba pregunta dixo: que sabe y es la verdad que los dichos Francisco Niño ó Isabel Gonzalez su muger son deudos ó parientes de mucha gente principal desta villa, especialmente de los Luzeros, Garfias, Vellerinos y Quinteros porque los vé tratar como parientes.

Ala ultima pregunta dixo: que dice lo que dicho tiene, en lo qual se afirma y es la verdad por el juramento que hizo, e firmolo de su nombre. Anton Pardo.

Alonso Duran clerigo presvitero vecino desta villa de Moguer, haviendo jurado en forma de derecho ó siendo preguntado por el tenor de las dichas preguntas dijo lo siguiente:

Ala primera pregunta dixo: que conocia é conoce á todos los enella contenidos de trato vista é conversacion que con todos ellos ha tenido ó tiene, ó que es de hedad de sesenta años poco mas ó menos.

Ala segunda pregunta dijo: queste testigo sabe

que los dichos Pero Alonso Niño y Leonor Deboria
su mujer, fueron casados ó velados legitimamente,
por queste. testigo los vido hacer mucho tiempo
vida maridable en uno como marido ó muger legitimos, teniendo su casa poblada enesta villa, y ansi
lo vido este testigo; ó sabe ó vido que de su matrimonio ovieron e procrearon por su hijo legitimo ó
natural, al dicho Francisco Niño, y este testigo lo
vido hascer criar tratar ó nombrar a los dichos sus
padres por su hijo legitimo e por tal este testigo lo
ubo ó tiene; y ansi lo vido por ser como fué su vecino de los sobre dichos, mucho tiempo, e por tales
es marido ó muger ó hijo legitimo; e este testigo
avisto ó vehé, que son avidos ó tenidos ó comunmente reputados, y asi es publico ó notorio.

Ala tercera pregunta dijo: queste testigo sabe
que los dichos Hernan Perez Grande y Elvira Gonzalez LaCaballera su muger, en la pregunta contenidos, fueron casados ó velados legitimamente por
queste Testigo les vido hacer vida maridable en
uno como marido ó muger legitimos, teniendo su
casa poblada enesta villa; sabe ansi mismo que durante su matrimonio ovieron por su hija legitima á
la dicha Isabel Gonzalez La Caballera mujer del
dicho Francisco Niño, porqueste testigo la vido y
conoció dende niña criar tratar ó nombrar á los
dichos sus padres, y en su casa ó por tales marido ó
muger ó hija lejitimos, este testigo los tuvo ó tiene,
ó a visto ó veé que son avidos e tenidos; e comun-

mente respetados; y ansi es publico y sierto y esto sabe de esta pregunta.

Ala quarta pregunta dijo: queste testigo sabe quel dicho Francisco Niño y la dicha Ysabel Gonzalez La Caballera fueron casados ó velados legitimamente segun horden de la Santa madre Yglesia, por queste testigo los vido casar y velar en la dicha Yglesia mayor desta villa ó se halló presente á sus bodas ó les vido hacer vida maridable en esta villa de Moguer mucho tiempo, de cuyo matrimonio este testigo sabe ó vido que ovieron ó procrearon por su hijo legitimo al dicho Pero Alonso Niño su hijo; lo qual save por queste testigo lo vido nascer ó criar en casa de los dichos sus padres, por el trato ó vezindad que contodos ellos á tenido ó tiene, y por tales marido ó muger ó hijos legitimos este testigo los tuvo ó tiene, ó que an sido ó son avidos ó tenidos ó comunmente respetados; y asi es publico ó cierto.

Ala quinta pregunta dijo: queste testigo sabe quel dicho Pero Alonso Niño padre del dicho Francisco Niño, se partio desta villa en compañia del almirante Colon para las Yndias del mar oceano, puede haver tiempo de sesenta años, poco mas ó menos, y asimismo sabe; que desta ida que fueron el dicho almirante Colon y el dicho Pero Alonso Niño, descubrieron las Yndias, ó bolvió el dicho Pero Alonso Niño á esta villa despues de haber descubierto las dichas Yndias; en lo qual este testigo sabe y es publico ó cierto, que en el descubrimiento de las dichas Yndias se hizo mucho servicio á su magestad, y el dicho Pero Alonso Niño sirvió enello á la corona real, por ser una de las personas que fué en el dicho descubrimiento; y esto es publico y sierto y es publica voz é fama.

Ala sesta pregunta dijo: que sabe y es publico ó cierto, que los dichos Francisco Niño é Ysabel Gonzalez La Caballera su muger, é Pedro Alonso Niño su hijo y los dichos sus padres y abuelos, todos ellos ansi por linea masculina como femenina, son y descienden de limpia y honrrada generacion, y que ellos ni ninguno dellos no son ni bienen de casta de moros ni judios ni hereges, ni de los nuevamente convertidos á nuestra santa fee Catolica; ni an sido ni son condenados ni penitenciados por el santo oficio de la inquisicion; antes este testigo sabe, que son y an sido Cristianos viejos; todo lo qual sabe, por queste testigo los conoció y conoce y tiene dello entera noticia, y por tales como la pregunta lo dize, cristianos viejos ó de limpia generacion los há tenido y tiene y á visto ó vehé que son avidos ó tenidos ó comunmente reputados; y ansi es publico y cierto.

Ala septima pregunta dijo: queste testigo sabe y es publico ó cierto, quel dicho Pero Alonso Niño hijo del dicho Francisco Niño está y reside en el nuevo reino ques en las provincias del perú de las Yndias del mar occeano, y que há oido decir por cosa cierta, que se casó en la dicha provincia del nuevo reino donde reside ó vive ó que al presente será de edad de quarenta años poco mas ó menos; y esto sabe de esta pregunta y es publico y cierto.

A la octava pregunta dijo: que sabe quel inquisidor Luzero y sus parientes del dicho inquisidor y los Vellerinos vezinos naturales desta villa de Moguer, los quales todos han sido y son personas honrradas y principales enesta Villa, ó cristianos viejos, ó han tenido oficios publicos de honrra ó todos son sus parientes del dicho Francisco Niño padre del dicho Pero Alonso Niño; ó por tales los ve tratan ó comunican; y esto es publico e sierto.

Ala ultima pregunta dijo que dize lo que dicho tiene en lo que se afirma y es la verdad por el juramento que hizo; efirmolo de su nombre, Alonso Duran, clerigo presvitero.

Antona Garcia, viuda, muger de Juan Rodriguez, difunto, vezina desta Villa de Moguer, habiendo jurado segun forma de derecho e siendo preguntado por el tenor de las dichas preguntas, dijo lo siguiente:

Ala primera pregunta dijo: que conoce ó conoció a todas las personas contenidas en la pregunta, de trato ó vista ó conversacion, ó que este testigo será de edad de unos setenta años.

Ala segunda pregunta dijo: que sabe ó vido ques los dichos Pedro Alonso Niño Leonor Deboria su muger, fueron vezinos desta villa y los vido este testigo hazer vida maridable como marido ó muger legitimos, ó tener su casa poblada en esta villa; ó sabe ovido que durante en matrimonio, ovieron ó procrearon por su hijo legitimo al dicho Francisco Niño; y por tal este testigo selo vido criar ó tener en su casa, y asi héra tenido en esta villa ó comunmente reputado y es publico ó cierto.

Ala tercera pregunta dixo: queste testigo conoció a los dichos Hernan Perez Grande y Elvira Gonzalez La Caballera su muger, como dicho tiene en la primera pregunta; y los vido estar en uno casados ó hazer vida maridable como marido ó muger legitimales, vido tener su casa poblada ó constante su matrimonio, sabe ó vido que obieron ó procrearon por su hija legitima ala dicha Ysabel Gonzalez La Caballera muger del dicho Francisco Niño, e por tales marido ó muger ó hijos legitimos fueron y son avidos etenidos ó comunmente respetados.

Ala quarta pregunta dijo: queste testigo sabe ó vido quel dicho Francisco Niño hijo de los dichos Pero Alonso Niño y Leonor Deboria su muger, fué casado segun horden de la santa madre iglesia con la dicha Ysabel Gonzalez La Caballera, hija delos dicho Hernan Perez Grande y Elvira Gonzalez La Caballera su muger; ó sabe que durante su matrimonio entre los dichos Francisco Niño ó Ysabel Gonzalez, ovieron ó procrearon por su hijo legitimo al dicho Pero Alonso su hijo ó nieto de los en esta pregunta contenidos, y por tal su hijo legitimo, este

testigo lo tuvo é tiene y á visto ó veé, ques avido
ó tenido ó comunmente reputado, y es publico y
cierto.

Ala quinta pregunta dijo: queste testigo oyó dezir publicamente en esta villa y ansi lo vido, que al
tiempo que el almirante Colon partió del rio desta
villa y de la villa de Palos á descubrir las Yndias
del mar oceano, en los nabios quellevó para seguir
el viaje, llevó por maestre ó piloto de uno dellos,
al dicho Pero Alonso Niño; y despues vido este testigo que volvió el dicho Pero Alonso Niño con el
dicho Almirante y fué cosa publica y cierta que
volvieron á las dichas Yndias despues de haber descubierto la Ysla Española; en lo qual este testigo
sabe que hizo servicio a la corona real el dicho
Pero Alonso Niño, y esto sabe desta pregunta.

Ala sesta pregunta dixo: que sabe y es cierto e
publico que todos los contenidos en esta pregunta,
fueron y son cristianos viejos ó de limpia ó honrrada generacion ó por tales son avidos ó tenidos ó comunmente respetados, los quales sabe, que no vienen ni proceden de casta de moros ni judios ni hereges, ni an sido de los nuevamente convertidos, por
queste testigo los conoce por personas muy honrradas y principales, y ellos y sus parientes an tenido
en esta villa oficios publicos de honrra; y sabe que
no han sido ni son rreconciliados ni condenados ni
penitenciados por el Santo oficio de la Ynquisicion,
por que si lo fueran ó otra cosa fuera de lo que dicho

tiene, este testigo lo viera ó supiera ó no pudiera
ser menos por el trato ó conocimiento ó conversacion que con los susodichos tuvo, agora tiene con los
que quedan; y esto es publico y cierto.

Ala septima pregunta dixo: ques cosa publica y
cierta ó por tal este testigo la tiene, quel dicho
Pero Alonso Niño hijo de los dichos francisco Niño
é Ysabel Gonzalez La Caballera su muger, á, mucho
tiempo que partió desta villa para las Yndias del
mar occeano, ó que al presente este testigo oyó decir
publicamente questá ó reside en la ciudad de Tunja ques en el nuebo reino de las provincias del
Perú, y ques alli casado legitimamente; el qual sabe
ques agora de hedad el dicho Pero Alonso Niño, de
quarenta años poco mas ó menos, por el tiempo que
há que le conoce.

Ala octava pregunta dixo: queste testigo sabe
por cosa publica y cierta que los dichos Francisco
Niño ó Ysabel Gonzalez su mujer, son deudos ó parientes de muchas personas principales desta villa,
especialmente de los Luzeros, Garfias, Quinteros y
Vellerinos, ó como tales, parientes de los sobredichos, este testigo los vehé tratar ó comunicar, y esto
sabe y es publico ó notorio.

Ala ultima pregunta dixo: que dize lo que
dicho tiene, en lo que se afirma y es la verdad por
el juramento que hizo, ó no firmó por que no
sabia.

Juan Bartolomé vezino desta villa, abiendo jurado segun forma de derecho ó siendo preguntado dixo lo siguiente:

Ala primera pregunta dixe: que conoce ó conoció a todos los contenidos en la pregunta, de trato ó vista ó conversacion que con todos ellos ha tenido ó tiene, ó queste testigo es de hedad de mas de setenta años poco mas ó menos.

Ala segunda pregunta dixo: queste testigo sabe que los dichos Pero Alonso Niño y Leonor Deboria su muger, fueron casados y velados segun horden de la santa madre yglesia y como tales marido ó muger legitimos, este testigo les vido hacer vida maridable enesta villa, ó sabe ó vido que de su matrimonio ovieron ó procrearon por su hijo legitimo al dicho Francisco Niño, y como tal este testigo lo vido criar tratar ó nombrar, y por tales marido ó muger ó hijo legitimos, este testigo los tuvo ó tiene, ó á visto ó vehe que fueron y son habidos ó tenidos, ó comunmente respetados.

Ala tercera pregunta dixo: que sabe ó vido que los dichos Hernan Perez Grande y la dicha Elvira Gonzalez La Caballera su muger, fueron casados ó velados legitimamente, y como tales les vido hacer vida maridable enesta villa y tener su casa poblada; ó sabe ó vido que durante su matrimonio ovieron ó procrearon por su hija legitima a la dicha Ysabel Gonzalez La Caballera muger del dicho Francisco Niño, ó por tales marido ó muger ó hijos legitimos fueron habidos ó tenidos ó comunmente reputados.

Ala cuarta pregunta dixo: que sabe que los dichos Francisco Niño hijo legitimo de los dichos Pero Alonso Niño y Leonor de Boria su muger, fué casado legitimamente con la dicha Ysabel Gonzalez Lacaballera su muger, hija de los dichos Hernan Perez Grande é de la dicha Elvira Gonzalez Lacaballera su muger; y sabe ó vido que durante el matrimonio entre los dichos Francisco Niño la dicha Ysabel Gonzalez Lacaballera su muger ovieron é procrearon por su hijo legitimo al dicho Pero Alonso Niño, y por tales marido é muger é hijo legitimos este testigo los há tenido etiene; y esto es publico é notorio.

Ala quinta pregunta dijo: queste testigo sabe é vido que al tiempo quel almirante Colon partió del rio de Saltes desta villa, á descubrir las Yndias del mar oceano, fué en su conserva y compañia el dicho Pero Alonso Niño, padre del dicho Francisco Niño, lo qual puede haber sesenta años poco mas o menos, tiempo queste testigo oyó dezir que fué por uno de los principales é señalado que ivan en la dicha nao; y sabe quel del dicho viaje descubrieron las dichas yndias; y despues este testigo oyó dezir publicamente que habian descubierto las dichas Yndias é que habian vuelto de torna viaje, del qual dicho descubrimiento tiene este testigo por cierto, que se hizo servicio ala corona real; y esto sabe desta pregunta.

Ala sesta pregunta dixo: queste testigo tubo é

tiene a todos los contenidos en la pregunta, por cristianos viejos y de limpia y honrrada generacion ó que no vienen ni proceden de casta de moros ni judios ni hereges, ni han sido ni son reconciliados ni penitenciados por el santo oficio de la inquisicion, ni tienen otro algun defecto, antes son personas muy honrradas é principales; si otra cosa fuera este testigo lo supiera; é no pudiera ser menos, por el trato é conocimiento é conversacion que con todos ellos este testigo ha tenido é tiene; y esto es publico é notorio enesta villa.

Ala septima pregunta dixo: queste testigo ha oido dezir publicamente enesta villa, quel dicho Pero Alonso Niño, hijo legitimo del dicho Francisco Niño, está en Yndias enel nuevo reino; ques alli casado legitimamente y quele parece á este testigo que será agora de hedad de quarenta años poco mas ó menos; y esto sabe desta pregunta.

Ala otava pregunta dixo: queste testigo tiene alos contenidos en esta pregunta por tales parientes de los dichos Francisco Niño é Pero Alonso Niño su hijo como la pregunta lo dize, é como tales los vé tratar é conversar; y esto es publico y cierto.

Ala ultima pregunta dijo que dize lo que dicho tiene, en que se afirma y es la verdad por el juramento que hizo, é no supo firmar.

Alonso Perez Jurado, vezino desta villa, aviendo jurado en forma de derecho é siendo preguntado, dixo lo siguiente:

Ala primera pregunta dixo: que conoce ó conoció á todos los contenidos en la pregunta y á cada uno dellos de trato vista ó cónversacion, ó que este testigo será de hedad de mas de sesenta años poco más ó menos.

Ala segunda pregunta dixo: que sabe que los dichos Pedro Alonso Niño y Leonor Deboria su muger, fueron casados y velados segun orden de la Santa madre Yglesia, ó como tales marido ó muger este testigo les vido hazer vida maridable enesta villa, teniendo su casa poblada, y sabe ó vido que constante este matrimonio ovieron ó procrearon por su hijo legitimo al dicho Francisco Niño, y este testigo se lo vido criar e tratar ó nombrar, ó por tales marido ó muger ó hijos legitimos este testigo los tuvo ó tiene e vée que son avidos ó tenidos comunmente reputados.

Ala tercera pregunta dixo: queste testigo sabe ó vido que los dichos Hernan Perez Grande y la dicha Elvira Gonzalez la Caballera su muger, fueron casados ó velados legitimamente segun orden de la santa madre Yglesia, y como tales marido ó muger este testigo les vido hazer vida maridable enesta villa en su casa de por sí, y vido que durante su matrimonio entre los susodichos ovieron ó procrearon por su hija legitima a la dicha Ysabel Gonzalez Lacaballera muger del dicho Francisco Niño, ó por tales marido ó muger ó hija legitimos este testigo les tuvo e vido que fueron y son avidos ó teni-

dos ó comunmente reputados; ó asi es publico ó notorio.

Ala quarta pregunta dixo: queste testigo sabe
ó vido quel dicho Francisco Niño, hijo de los
dichos Pero Alonso Niño y Leonor Deboria su
muger, fue casado legitimamente segun horden
de la santa madre Yglesia con la dicha Ysabel
Gonzalez Lacaballera, hija de los dichos Hernan Perez Grande y de los dichos Elvira Gonzalez la Caballera su muger; ó durante el matrimonio entre los
dichos Francisco Niño ó Ysabel Gonzalez su muger, theniendo su casa poblada en esta villa, ovieron
por su hijo legitimo el dicho Pedro Alonso Niño su
hijo ó nieto de los contenidos en esta pregunta, y
como tal este testigo se lo vido criar en su casa á
los dichos sus padres; por legitimos este testigo los
tuvo ó tiene ó á visto ó vehé que fueron ó son avidos ó tenidos ó comunmente reputados.

A la quinta pregunta dixo: queste testigo oyó
dezir publicamente enesta villa y en la villa de
Palos, que al tiempo quel almirante Colon partió
deste rio de Saltes á descubrir las Yndias que puede aver el tiempo contenido en la pregunta, en uno
de los nabios que el dicho almirante llevava, fué
por maestre y piloto de uno dellos el dicho Pedro
Alonso Niño, padre del dicho Francisco Niño, ó ansi lo vido este testigo partir desta villa y sabe que
del dicho viage descubrió el dicho Colon y el dicho
Francisco Niño con los demas que con el iban, las

Yndias; porque tornaron á esta villa los que con el iban de tornaviage, y se dixo publicamente que en esta villa, en lo que sabe y le parece á este testigo, que se hizo servicio á su magestad en el descubrimiento.

Ala sesta pregunta dijo: que sabe que los dichos Francisco Niño é Ysabel Gonzalez la Caballera su muger, y el dicho Pero Alonso Niño su hijo, fueron y son cristianos viejos y honrrada generacion; por que este testigo, como dicho tiene, conoció á sus padres ó abuelos, e sabe que no viené de casta de moros ni judios, ni herejes; ni son de los nuevamente convertidos á nuestra santa feé Catolica, ó no han sido ni son condenados ni reconciliados por el santo oficio de la inquisicion, y si otra otra cosa fuera este testigo lo supiera, y no podia ser menos, por el trato y conversacion que con todos ellos ha tenido é tiene; y esto sabe desta pregunta.

Ala septima pregunta dijo: que este testigo sabe que el dicho Pedro Alonso Niño, hijo de los dichos Francisco Niño y de la dicha su muger, á mucho tiempo que se partio desta villa para las Yndias del mar oceano, é al presente á oido decir que esta ó reside en la Ciudad de Tunja, ques es en el nuevo reino, donde se dice que está casado legitimamente; el cuál dicho Pedro Alonso Niño le parece á este testigo que sera de edad de quarenta años poco mas ó menos.

Ala octaba pregunta dijo: queste testigo sabe lo

contenido en la pregunta como en ella se contiene; por que este testigo ansi lo avisto ó vehé como la pregunta lo dize; y ansi es público ó notorio enesta villa entre las personas que lo conocen.

Ala ultima pregunta dixo: que dize lo que dicho tiene, en lo qual se afirma y es la verdad por el juramento que hizo ó firmólo de su nombre.—Alonso Perez Jurado.

Elvira Alonso, viuda, muger que fué de Juan Serrano, difunto; aviendo jurado en forma de derecho ó siendo preguntada, dijo lo siguiente:

Ala primera pregunta dijo: conoció ó conoce á todas las personas contenidas en esta pregunta de trato vista ó conversacion que con todos ellos á tenido ó tiene; ó questa testigo es de hedad de sesenta años poco mas o menos.

Ala segunda pregunta dixo: esta testigo sabe que los dichos Pedro Alonso Niño ó Eleonor de boria su mujer, fueron casados ó velados en haz de la Santa madre yglesia, y como tal esta testigo les vido fazer vida maridable enesta villa e tener su casa poblada; y sabe ó vido que durante el matrimonio entre los sobredichos, ovieron por su hijo legitimo al dicho Francisco Niño, y como tal esta testigo se lo vido criar ó tratar, e por tal marido ó muger ó hijo legitimo, esta testigo lo tuvo ó tiene ó vé, que son avidos ó tenidos ó comunmente reputados.

Ala tercera pregunta dijo: questa testigo tuvo

por tales marido é muger legitimos como la pregunta lo dize, á los dichos Hernan Perez Grande y Elvira Gonzalez La Caballera su mujer, é los vido estar en uno casados é les vido fazer vida maridable como marido é muger legítimos é tener su casa poblada enesta villa; evido y es publico é cierto que constante el matrimonio entre los sobredichos, ovieron é procrearon por su hija legitima á la dicha Isabel Gonzalez La Caballera, muger del dicho Francisco Niño é por tal, su hija lexitima, esta testigo la tuvo é fué avida é tenida é comunmente reputada.

A la quarta pregunta dijo que sabe é vido que el dicho Francisco Niño, hijo de los dichos Peró Alonso Niño é Eleonor Deboria su muger, fue casado legitimamente segun horden de la Santa madre yglesia con la dicha Ysabel Gonzalez Lacaballera su muger; é sabe é vido que durante su matrimonio entre los dichos Francisco Niño y la dicha Elvira Gonzalez su muger faziendo vida maridable enesta villa é Tiniendo su casa poblada, ovieron é procrearon por su hijo legitimo al dicho Pero Alonso Niño su hijo é nieto de los en esta pregunta contenidos, y por tal su hijo legitimo este testigo lo tuvo é á visto é vee, ques avido é tenido é comunmente reputado.

A la quinta pregunta dixo questa testigo oyó dezir publicamente en esta villa, que al tiempo que lalmirante Colon partió deste rrio y barra de Saltes

á descubrir las Yndias del mar occeano, que parece
aver el tiempo contenido en la pregunta, en los navíos que llevó el dicho almirante en seguimiento
del dicho viaje, fué por maestre y piloto de uno dellos el dicho Pero Alonso Niño, y despues que se
descubrió la Ysla española por el dicho Almirante
é vueltos á esta villa, se dijo por cosa publica é
cierta, que yendo por el golfo como hazia muchos
dias que andavan por la mar, é no hallaban tierra, se
juntaron todos los nabios con la capitana donde iba
el dicho almirante, é por comun opinion é parecer
de los demas que alli iban, se querian volver contra
la voluntad del dicho almirante; y quel dicho Pero
Alonso Niño y otras personas juntamente con él,
tuvieron el partido y consejo del dicho almirante; é
por su consejo é industria del dicho Pero Alonso
Niño y de los demas siguieron el dicho viage, de
cuya causa se descubrieron las dichas Yndias, é ansi
fué muy publico é cierto enesta villa y por publica
voz é fama; y esto sabe desta pregunta.

Ala sesta pregunta dixo: queste testigo tubo é
tiene a todos los contenidos en esta pregunta por
cristianos viejos, é por tales avidos é tenidos, é que
no vienen de casta moros ni judios ni hereges, ni
son de los nuevamente convertidos anuestra Santa
fée Catolica, é que no han sido ni son condenados
ni reconciliados por el Santo oficio de la Ynquisicion por delito de heregia, ni tienen otro ningun
defecto; por queste testigo los conoce que son de

muy honrada gente ó limpia generacion, ó si otra cosa fuera este testigo lo supiera y no pudiera ser menos, por el trato y conversacion que con todos há tenido ó tiene; y esto es publico ó cierto.

Ala septima pregunta dixo: que oyó dezir publicamente enesta villa lo contenido en la pregunta, que el dicho Pedro Alonso Niño está en las Yndias, por queste testigo se acuerda que há mucho tiempo se fué desta villa a las dichas Yndias, é agora se dize por nueva cierta que está en el nuevo Reyno, que es alli casado y velado legitimamente, y que sabe que será de hedad de quarenta años, poco mas ó menos.

Ala otava pregunta dixo: que sabe y es cosa cierta quel inquisidor Luzero é todos los Luzeros naturales desta villa de Moguer y los Velleriuos ó Quinteros, son parientes y deudos del dicho Francisco Niño y la dicha su muger ó del dicho Pero Alonso Niño su hijo; ó por tales parientes de los sobredichos, este testigo los tuvo ó tiene y son avidos ó tenidos; y esto es publico ó notorio.

Ala última pregunta dixo: que dize lo que dicho tiene en que se afirma y es la verdad por el juramento que hizo, ó no supo firmar.

Juan de Aragon, vezino desta villa, habiendo jurado en forma de derecho, y siendo preguntado por las preguntas del dicho pedimiento, dixo lo siguiente:

Ala primera pregunta dixo: que conoce é conoció á todos los contenidos en la pregunta é á cada uno dellos de trato vista ó conversacion, é queste testigo es de hedad de mas de setenta años.

A la segunda pregunta dixo: que por tales marido é muger legitimos como la pregunta lo dize, este testigo tubo á los dichos Pedro Alonso Niño é Leonor Deborias su muger, é como tales marido é muger este testigo les vido hazer vida maridable enesta villa como naturales della, é tener su casa poblada, é sabe é vido que de su matrimonio constante ovieron é procrearon por su hijo legitimo al dicho Francisco Niño contenido en la pregunta; y como tal este testigo se lo vido criar é tratar, é por tales marido é muger é hijo legitimos, este testigo los tuvo é fueron habidos é tenidos; y esto sabe.

A la tercera pregunta dixo: queste testigo tubo á los dichos Hernan Perez Grande y Elvira Gonzalez Lacaballera su muger por tales marido é muger legitimos como la pregunta lo dize, por que fueron é le vido hazer vida maridable enesta villa y teniendo su casa poblada; y sabe e vido que de su matrimonio ovieron por su hija legitima á la dicha Ysabel Gonzalez la Caballera, muger del dicho Francisco Niño, por tales marido é muger é hijos legitimos, este testigo los tuvo é vido que fueron avidos é tenidos é comunmente reputados.

A la quinta pregunta dixo: que por tales marido é muger legitimos como en esta pregunta se contiene, este testigo tuvo los dichos Francisco Niño é

Ysabel Gonzalez la Caballera su muger, é hijos de
los contenidos en la pregunta, é saye ó vido que
constante este matrimonio entre los sobredichos,
ovieron é procrearon por su hijo legitimo al dicho
Pedro Alonso Niño su hijo; é como tal este testigo
se lo vido criar é tratar é nombrar en esta villa
como naturales della, faziendo vida maridable y
criando en su casa al dicho Pedro Alonso Niño; y
esto es publico y notorio.

Ala quinta pregunta dixo; queste testigo vido
que al tiempo y sazon que el almirante Colon partió desta villa é puerto, ó nó de Saltes, que puede
haber tiempo de los dichos sesenta años poco mas ó
menos, este testigo vido que el dicho Pedro Alonso
Niño contenido en la pregunta, padre del dicho Francisco Niño, fué por piloto é maestre mayor de las
Naos quel dicho almirante Colon llevava, que fueron
tres naos, enel viage; y deste descubrimiento de las
Yndias del mar oceano y este testigo los vido estar
embarcados enel dicho rio desta villa para salir de
mar en fuera, y despues de hecho el dicho viage de
ida dende á ocho meses luego siguiente, estando
este testigo en bayona de Niño fué allá aportar á
una de la dichas naos quel dicho Almirante llevó
para descubrir las dichas Yndias de que era Maestre Vicente Yañez, vecino de Palos; y allá le dixeron á este testigo el dicho Maestre y los demas que
abian descubierto las dichas Yndias é quel Capitan
Colon y el dicho Pedro Alonso Niño venian delan-

te; ó allí oyó decir este testigo questaban aquella
sazon el y el dicho Capitan en el rio de Lisboa por
que fué allá aportar, y ansi vido este testigo dende
á pocos dias al dicho Pedro Alonso Niño enesta villa de Moguer y le dixo como habian descubierto
las dichas Yndias, ó que yendo en seguimiento del
dicho viage, como no vian tierra ó andavan por la
mar de acuerdo y consentimiento ó parecer de todos los mas que iban en la dicha flota, se dezia
que se volviesen ó que no se siguiese el dicho viaje, ó quel dicho Pero Alonso Niño y el dicho almirante Colon, con otros no quisieron bolverse sino
seguir el dicho viage, ó desta causa se descubrieron
las dichas Yndias, de cuyo descubrimiento sabe este
testigo que se sirvio á la corona real; y esto sabe
desta pregunta.

Ala sesta pregunta dixo: queste testigo tuvo ó
tiene á todos los contenidos en la pregunta, por tales cristianos viejos de limpia y honrrada generacion; e sabe que no vienen ni proceden de casta de
moros ni judios, ni son ni an sido condenados ni reconciliados por el Santo oficio de la inquisicion en
ninguna manera; lo que sabe por el conocimiento ó
trato que con todos los tales dichos tuvo ó tiene, ó
si otra cosa fuera este testigo lo supiera ó no pudie-
raser menos, por el dicho conocimiento.

Ala setima pregunta dixo: queste testigo sabe ó
vido que el dicho Pedro Alonso Niño fué desta villa
para las Yndias que há mas tiempo de doze años, ó

que agora oyó decir publicamente que esta ó reside
en la ciudad de Tunja, ó questá alli casado legitimamente; y le parece á este testigo que sera agora
de hedad de quarenta años poco mas ó menos.

Ala otava pregunta dixo: queste testigo tuvo ó
tiene á todos los Luzeros ó Vellerinos y el inquisidor Luzero, por deudos ó parientes del dicho Francisco Niño ó de la dicha su muger, padres de los dichos Pedro Alonso Niño su hijo; ó como tales este
testigo los vée comunicar ó tratar enesta villa
como naturales della; y esto es publico ó notorio.

Ala ultima pregunta dixo: que dize lo que dicho
tiene, en lo que se afirma y es la verdad por el juramento que hizo, ó no firmó por que no sabia.

E luego despues de lo susodicho el dicho Francisco Niño presentó por testigo en la dicha razon á
Pedro Martin de las Monjas, vezino desta villa; habiendo jurado en forma de derecho ó siendo preguntado por el thenor de las dichas preguntas, dixo lo
siguiente:

Ala primera pregunta dixo: que conoció ó conoce
á todos los contenidos en la pregunta, de trato vista
ó conversacion que con todos ellos tuvo ó tiene; ó
que este testigo será de hedad y lo es de setenta y
cinco años poco mas ó menos.

Ala segunda pregunta dixo: queste testigo tubo
á los dichos Pero Alonso Niño y Leonor Deboria su
muger por tales marido ó muger legitimos como la
pregunta lo dize, ó como tal este testigo les vido

hacer vida maridable enesta villa como naturales
della é tener su casa poblada, y save é vido que durante su matrimonio ovieron é procrearon por su
hijo legitimo al dicho Francisco Niño, y como tal
este testigo se lo vido criar y nombrar, y vido que
son é fueron avidos é tenidos como la pregunta dize.

Ala tercera pregunta dixo: queste testigo por
tales marido é muger legitimos como la pregunta
lo dize, este testigo los tuvo á los dichos Hernan
Perez Grande y Elvira González La Caballera su
muger, como tales marido é muger legitimos este
testigo los vido hazer vida maridable enesta villa,
é vido que constante su matrimonio ovieron por su
hija legitima a la dicha Ysabel Gonzalez la Caballera é por tales marido é muger é hija legitima
este testigo los tuvo e vido que fueron é son avidos
é tenidos y comunmente reputados.

Ala quinta pregunta dixo: queste testigo sabe é
vido quel dicho Francisco Niño, hijo de los dichos
Pero Alonso Niño y Leonor Deboria su muger, fué
casado legitimamente segun horden de la Santa
madre la Yglesia con la dicha Ysabel Gonzalez la
Caballera su muger, hija de los dichos Hernan Perez Grande y Elvira Gonzalez la Caballera su muger, é como tales marido é muger este testigo les
vido hazer vida maridable enesta villa como naturales della, é vido que constante el dicho matrimonio entre los sobredichos ovieron é procrearon por
su hijo legitimo al dicho Pero Alonso Niño, é como

tal este testigo solo vido criar e tratar é nombrar
por tales marido é muger ó hijos legitimos, este
testigo los tubo ó tiene ó vido que fueron avidos é
tenidos ó comunmente reputados.

Ala quinta pregunta dixo: queste testigo oyó
dezir por cosa publica cierta que por el tiempo contenido en la pregunta, que fué quando el almirante
Colon fué desta villa ó rio de él adescubrir las Yndias, que fue en su compañia é conservacion con
otras personas en el dicho viage, el dicho Pero
Alonso Niño, padre del dicho Francisco Niño; pero
el cargo que llevava este testigo no lo sabe, mas de
que oyó dezir que descubrieron del dicho viaje las
Yndias, y en ello sabe que se hizo á la corona real,
y ansi parece y esto sabe.

Ala sexta pregunta dixo: queste testigo tuvo é
tiene á todos los contenidos en la pregunta, por
cristianos viejos de limpia y honrada generacion, é
que no vienen ni proceden de casta de moros judios
ni hereges, ni han sido de los nuevamente convertidos á nuestra Santa fée Catolica, ni son ni fueron
de los condenados ni recbniciliados por el Santo oficio de la Ynquision ni por el delito de la heregia,
y si otra cosa fuera este testigo la viera é supiera,
y no pudiera ser menos, por el trato é conocimiento
y conversacion que con todos los que la pregunta
contenidos, tubo ó tiene y es publico ó cierto entre
las personas que los conocen.

Ala septima pregunta dijo: que lo contenido

enesta pregunta, oyó dezir cómo en ella se contiene, enesta villa ó sabe ó le parece que el dicho Pero Alonso Niño, hijo del dicho Francisco Niño, será agora de la hedad que la pregunta dize, por que se acuerda cuando nació.

Ala octava pregunta dixo: queste testigo sabe la pregunta como en ella se contiene por que ansi lo há visto ó sabe como la pregunta lo dize.

Ala ultima pregunta dixo: que dize lo que dicho tiene, en que se afirma y es la verdad para el juramento que hizo, ó firmólo de su nombre—Pero Martin de las Monjas.

Asi fecha la dicha provanza ó tomados los dichos testigos en la manera que dicha es, ó vista por el dicho señor corregidor, mandó ansi el dicho escribano en publica forma y manera que haga feé, lo dé y entregue al dicho Francisco Niño para que lo lleve ó presente adonde ó quando viere que le convenga, en todo lo que dixo que interponia ó interpuso su actoridad y decreto judicial, quanto podia ó de derecho devia, para que valga ó haga feé en juizio ó fuera del, la qual dicha provanza aprovava ó aprovó ó la auia ó obo por buena cierta é verdadera, por el conocimiento que tiene de los dichos testigos enesta causa presentados, ó que son tales personas que con juramento diran ó habran dicho verdad enesta dicha causa y en otros donde fueren presentados por testigos; ó firmólo de su nombre. Testigos Lorenzo Hernandez ó Juan de Paredes, vezinos desta

villa=El Doctor Nuñez ó yó el dicho Francisco
Beltran escribano publico, suso de mandamiento del
dicho señor corregidor y de pedimiento del dicho
Francisco Niño, di el presente testimonio, signé que
ante mi pasó, ó por ende fize aqui este mio signo-
atal, en testimonio de verdad=Francisco Beltran
escribano publico.

Yo Cristóbal Bueno, escribano de su magestad y
su notario publico en la su corte y en todos sus
reinos y señorios, doy feé ó verdadero testimonio á
los señores que la presente vieren, como Francisco
Beltran escribano publico de quien vá firmada ó
signada esta informacion, es escribano publico desta
villa de Moguer, y el signo y letra de la suscriscion
della casi á sus escrituras se dá entera feé y credito
en juicio y fuera del, como de tal escribano publico
fiel y legal en su oficio; en testimonio de lo qual,
de pedimiento de Francisco Niño vezino desta villa
de Moguer, di la presente que es fecha en Moguer
á diez y ocho de Junio de mil é quinientos é cinquenta y siete años. Testigos Francisco Bueno, clerigo, y Francisco Diaz, Vezinos desta dicha villa; en
testimonio de lo qual lo escribi y por ende fize aqui
este mio signo atal en testimonio de verdad=Cris-
tóbal Bueno escribano de sus magestades.

Yo Juan Fernandez Pardo, escribano de la Magestad real y su notario publico en la su corte en
todos sus reinos y señorios, doy feé: que Francisco
Beltran, escribano publico de la villa de Moguer, de

de quien, está firmada, y signada la informacion desta otra parte contenida, es escribano publico en la dicha villa, y las suscreciones y signo della, es de su mano y letra y se há dado y dá entera feé y credito á las escrituras que antél han pasado y pasan como á escrituras de tal escribano fiel y legal en su oficio de Escribano. En testimonio de lo qual de pedimento de Francisco Niño, vecino de la dicha villa, di la presente fecha, en Moguer á diez y nueve dias del mes de junio año de mil é quinientos é cincuenta y siete años; y por ende fice aquí este mi signo que es á tal en testimonio de verdad.—Juan Fernandez, escribano de su magestad.

E por que yo el dicho Juan Ruiz Cabeza de Baca, escribano susodicho, fuí presente á lo que de mi se hace mincion, juntamente con su merced del dicho señor alcalde que aqui firmó su nombre, Don Geronimo de Carvajal (entre dos rubricas) lo susodicho, y escribir de mandamiento de su merced y de pedimento del dicho Pero Alonso Niño en estas veinte é dos hojas de pliego de papel con esta en que vá este mi signo, ques á tal, en testimonio de verdad.—Juan Ruiz Cabeza de Baca.—Hay un signo.

Yo Luis de Vergara, escribano de su Magestad en la su corte reinos y señorios, doy fee que Juan Ruiz Cabeza de Baca, de quien la presente escritura va signada, es escribano de su Magestad publico y del Cabildo desta dicha ciudad de Tunja, y á las escrituras y otros actos que ante él pasan, se há dado y dá entera feé y credito como hechas ante escribano abtentico y legal, y le he visto y veo ussar de los dichos oficios; é para que ello conste de pedimiento de Pero Niño, vecino desta ciudad, di la presente ques fecha en la dicha ciudad de Tunja á diez y siete dias del mes de nobiembre de mill é quinientos é setenta y siete años.

Por ende lo escribi y hize aqui mi signo que es atal, en testimonio de verdad.—Luis de Vergara, escribano de su magestad. Hay un signo.

Yo Gonzalo de Burgos, escribano de su magestad real y publico del numero de la ciudad de Tunja del nuevo Reyno de Granada de las Yndias del mar oceano, doy feé y verdadero testimonio a todos los señores que la presente vieren, en como Juan Ruiz Cabeza de Baca, escribano de cuya suscricion signo y firma esta escritura y autos está signada y firmada, es escribano de su magestad, publico y del cavildo de la dicha ciudad de Tunja, por que yo le hé visto y veo usar los dichos oficios, y hé visto los titulos que dellos tiene; y a las escrituras é autos que antél an pasado y pasan, siendo signadas y firmadas de su nombre, se adado y dá entera feé y credito ansi en juicio como fuera dél, como á escrituras é autos fechos ante tal escribano fiel y legal en los dichos oficios; y por que dello conste, de pedimento de Pero Niño, vezino desta dicha ciudad, di la presente signada de mi signo é firmada de mi nombre, ques fecha en Tunja á diez y siete de no-

viembre de mil equinientos e sesenta y siete años.
E yo el dicho Gonzalo de Burgos escribano, fize
aqui mi signo atal==En testimonio de verdad, Rodrigo de Burgos, escribano==Hay un signo.

Muy poderoso señor: Pedro de Sotelo en nombre de Pero Niño vezino de la ciudad de Tunja,
digo: que mi parte há servido a vuestra alteza
eneste nuevo réino, de mas de veinte y siete años á
esta parte, en descubrimiento, pacificacion y conquista de muchas provincias de Yndios, ó poblar
pueblos ó sustentallos á su costa con grandes trabajos y peligros; epor mas servir á vuestra alteza ó
perpetuar enesta tierra, se casó y tiene en la dicha
ciudad su muger ó hijos, ó quiere hazer informacion
de todo ello, para la embiar á presentar ante vuestra
real persona ó en vuestro Real consejo, para que se
le hagan mercedes conformes a lo que de ella re-
sultáre.

Suplico a Vuestra alteza mande se haga la dicha
informacion de los testigos que presentare por este
interrogatorio, de que hago presentacion, siendo
para ello citado vuestro fiscal, ó asi hecha me la
mande dar signada para el dicho efecto, ó para
ello &==Sotelo.

En Santa Feé á veinte y seis de noviembre de
mill é quinientos y sesenta y siete años, ante los
señores presidente ó oidores en audiencia de relaciones la presentó el contenido.

Los dichos señores mandaron que se haga citado

el fiscal este dicho dia mes y año susodicho. Yo el escribano de Camara yuso escrito, notefiqué lo suso-dicho al Licenciado Alonso de la Torre fiscal, y le cité en forma para el efecto contenido en esta peti-cion=Velázquez.

Por las preguntas siguientes se an pregunta-dos los testigos que fueron presentados por parte de Pedro Alonso Niño, vecino de la ciudad de Tun-ja, sobre la informacion que hace de servicios, para presentar ante su magestad.

Digan lo primero si conocen al dicho Pedro Alonso Niño, ó si conocieron al gobernador Geroni-mo Lebron, quando entró en este reino. Digan lo que saben es publico y notorio.

Si saben & que puede haber veinte y siete años, poco mas ó menos, que el dicho Pero Alonso Niño, subió á este reino por el rio de la madalena, que fueron los segundos que subieron á este reino de Santa Marta, en el cual viage se padecieron gran-des trabajos y necesidades y murieron en el dicho viage muchos soldados de hambre de los que venian con el dicho Geronimo Lebron. Digan lo que saben es publico y notorio.

Si saben & que despues que el dicho Pedro Alon-so Niño entró en este reino, ha padecido muchos trabajos ayudando á conquistar mucha parte del que estava por conquistar, y se ha hallado en la conquista ó pacificacion de todo lo que estava por conquistar, ó ayudando á poblar muchas ciudades en el nombre de su magestad. Digan lo que saben es publico y notorio.

Si saben &c que en dos veces que el licenciado de la Gasca mandó pedir socorro a este reino para contra el picaro, ambas veces fué el dicho Pedro Alonso Niño al dicho socorro con sus armas y caballos á su costa y mincion, como muy leal vasallo de su Magestad; y ansi mismo estuvo apaçejado y puesto apunto para ir contra los tiranos Oyon y Aguirre con sus armas y caballos. Digan lo que saben es publico y notorio.

Si saben &c que el dicho Pedro Alonso Niño es de uno de los vecinos honrrados desta ciudad de Tunja, é á sido y es uno de los buenos soldados que an andado en la conquista y pacificacion deste reino, y es casado con una señora muy honrrada hixa de un vecino muy honrrado desta ciudad de Tunja y encomendero en ella, y sustenta su casa muy honrradamente como qualquier vecino honrrado la puede sustentar con sus armas y caballos para servir á su magestad en lo que fuere mandado, y siempre lo ha estado y está como soldat vasallo y servidor de su Magestad. Digan lo que saben.

Si saben &c que por lo mucho que el dicho Pedro Alonso Niño merece y lo que sustenta, es muy poco lo que le cupo en su suerte en el repartimiento de este reino, y aun vive trabajosamente y está empeñado en mas de tres mill pesos; y que su magestad no le haçe merced, padescerá continuamente gran travajo y necesidad Digan lo que saben es publico y notorio, Digan la publica fama Pedro Alonso Niño Sotelo.

En la ciudad de Santa fee á veinte é ocho dias del mes de Noviembre de mill é quinientos y sesenta y siete años por ante mi el Escribano de Camara, yuso escrito, pareció presente, Pedro de Sotelo procurador de Pedro Alonso Niño, y para en la provahza que haze de servicios, presentó por testigo á Juan de Avendaño y al Capitan Gregorio Suarez de Deza, vecinos de la cibdad de Tunja; los quales y de cada uno dellos, tomé é recibi juramento por Dios y por Santa Maria en forma de vida de derecho que dirán verdad de lo que supieren y les fuese preguntado, y que si asi lo hiziesen, Dios le ayudáse y al contrario se lo demande; y á la fuerza y conclusion del dicho juramento, dixeron qué juro, y amen. Siendo testigos Hernando de Rojas y Santos de Camara=Francisco Velazquez.

Este dicho dia mes y año suso dicho para la dicha provanza, presentó por testigo al capitan Antonio de Olaya vezino desta ciudad de Santa fée, del qual tomé é recibí juramento en forma devida de derecho, segun que los primeros testigo de suso; y prometió decir verdad, y dijo, si, juro, y amen. Testigos dos diehbs.

Este dicho dia mes y año suso dicho para la dicha provanza, presentó por testigo el dicho Pedro de Sotelo á Lazaro Lopez de Salazar y á Juan de

Quincoces y á Bartolomé Camacho, vezinos de la ciudad de Tunja; de los quales tomé é recibí juramento en forma de derecho, segun que los primeros testigos de suso, y prometieron de dezir verdad; y dijeron cada uno dellos que, juro, y amen.

Lo que los dichos testigos ó cada huno dellos dijeron e depusieron es lo siguiente:

El dicho Juan de Avendaño, vezino de la ciudad de Tunja, testigo presentado por parte del dicho Pedro Niño, vezino ansi mismo de ella, el qual despues de haver jurado en forma devida de derecho dixo é depuso lo siguiente; siendole preguntado por el tenor del interrogatorio.

Ala primera pregunta dixo: que conoce al dicho Pedro Niño é al Gerónimo Lebron, Governador, quando en este reino que entró asi mismo el dicho Pero Niño con él, por que lo vió por vista de ojos; que podrá haber veinte y cinco años poco mas ó menos.

Fuele preguntado por las preguntas generales de la ley, dixo: que es de hedad de mas de cincuenta años, ó que no es pariente ni enemigo de ninguna de las partes, ni le tocan las demas preguntas generales.

Ala segunda pregunta dixo: que es publico y notorio en este Reino y entre las personas que vinieron con el dicho Geronimo Lebron, que se padecieron los trabajos hambres muertes y necesidades que la pregunta dize, é que es verdad que el dicho Pedro Niño es persona de las que entraron con el dicho Geronimo Lebron despues que entró en este Reino el adelantado deste y Don Sebastian de Velalcazar; y esto responde á esta pregunta.

Ala tercera pregunta dixo: que sabe este testigo que despues que entró en este Reino el dicho Pedro Niño, como tiene dicho, vió este testigo que sirvió á su magestad en todo aquello que por los governadores y generales del Reino le fué mandado, ayudando a poblar y pacificar los pueblos que la pregunta dize que no estavan de paz; y en todo hizo el deber como leal vasallo de su magestad; y esto responde á esta pregunta.

Ala quarta pregunta dixo: que sabe este testigo que cuando el licenciado Gasca mandó pedir socorro á este Reino, el dicho Pedro Niño fué huna de las personas que ivan al dicho socorro en servicio del Rey a su costa y mincion, y que él estuvo aprestado para los demas repiquetes con los demas vezinos deste Reyno, para ir en servicio de su magestad; y esto que dize la pregunta, responde á esta pregunta.

Ala quinta pregunta dixo: sabe la pregunta como en ella se contiene, por que el dicho Pedro Niño es avido y tenido en la dicha ciudad de Tunja, y este testigo lo tiene por tal, que es uno de los honrrados hombres que hay en ella, y que ha sido y es muy buen soldado, segun tiene dicho; y ansi mismo está casado con una señora muy honrnada, y es hija de un Encomendero muy honrrado, que fué vezino de la ciudad de Tunja; y ha sustentado y sustenta su casa y familia muy honrradamente, como qualquien vezino honrrado la puéde sustentar, con sus armas y caballos como buen vasallo y servidor de su magestad; y esto responde á esta pregunta.

A la sexta pregunta dixo que le parece á este testigo que tiene muy poco provecho en los Yndios que tiene para lo mucho que meréce y ha servido á su magestad, y que siendo servido, aunque se le hagan otras mercedes, cabrán en él, por ser y haver sido tan servidor suyo, segun tiene dicho; y esto es lo que sabe y responde a esta pregunta y a las demas para el juramento que fecho tiene; y en ello se afirma y ratifica; y firmólo=Juan de Avendaño=Francisco Velazquez

El dicho capitan Gregorio Suarez de Deza, vezino de la ciudad de Tunja, testigo presentado por parte del dicho Pero Niño, el qual despues de haber jurado en forma devida y de derecho, siendo preguntado por las preguntas del dicho interrogatorio, dixo y depuso lo siguiente:

A la primera pregunta dixo que conoce al dicho Pedro Niño de veinte y siete años poco más ó menos, é al dicho Geronimo Labron del mismo, por queste testigo y el dicho Pero Niño entraron con él en este Reino.

Fuele preguntado por las preguntas generales

dixo que es de hedad dé mas de cinquenta años y que no es pariente ni enemigo de ninguna de las partes, ni le tocan las demas preguntas generales.

A la segunda pregunta dixo: que dize lo que dicho tiene en la primera pregunta, en que declara el tiempo que há, que salieron á este Reino, é que es verdad, que se pasaron las necesidades é trabajos, muertes y hambres que la pregunta dice, por que este testigo lo vió como persona que venia con el dicho Geronimo Lebron y el dicho Pedro Niño ansí mismo; y esto responde á esta pregunta.

A la tercera pregunta dixo: que sabe este testigo quel quando el dicho Geronimo Lebron entró en este Reino, estaba mucha ó la mayor parte dél por conquistar y pacificar; é que en ella vió é ha visto que el dicho Pero Niño les ayudó á conquistar y pacificar; é así mismo sabe este testigo que él dicho Pero Niño fué á conquistar y á poblar con Geronimo del Aguay ó la ciudad de Malaga, la cual se despobló despues, de manera que en todo lo que en aquella coyuntura y en otras que se ofrecieron en servicio de su magestad, lo hizo é servicio como muy buen soldado y servidor suyo, é hizo el deber, obedeciendo á los capitanes ó gobernadores que mandaban este reino, como obidiente vasallo de su magestad; y esto responde á esta pregunta.

A la quarta pregunta dixo, que sabe este testigo quen la primera vez que el dicho Gasca enbió por socorro á este reino, el dicho Pedro Niño fué una de las personas que fueron al dicho socorro, por queste testigo, asi mismo, yva allá; y que la segunda vez no se acuerda este testigo; y el dicho Pero Niño yba al dicho socorro mas de que en las demas contenido en la pregunta; sabe este testigo que el dicho Pero Niño como los demas vezinos de la dicha ciudad de Tunja, estaba aparejado para yr á efectuar la jornada que se esperaba contra los dichos tiranos, con sus armas y caballos; y esto responde á esta pregunta.

Ala quinta pregunta dixo: queste testigo le tiene por tal persona, como la pregunta lo dize, y en tal reputacion es tenido y habido en la dicha ciudad de Tunja, y como dicho tiene, es y ha sido muy buen soldado e servidor de su magestad; é que ansi mismo sabe este testigo quel dicho Pero Niño es casado en la dicha ciudad de Tunja con una señora muy honrrada é hija de un vezino que fué de ella y encomendero de Yndiós; y que le há visto y vee sustentar su casa y familia muy honrradamente con sus armas y caballos como servidor de su magestad; y esto responde á esta pregunta.

Ala sesta pregunta dijo: que sabe este testigo que para lo mucho quel dicho Pedro Niño a servido a su magestad, es muy poco los Yndiós que le cupieron en suerte, é que le parece á este testigo que vive travajosamente, por que á oido dezir questá empeñado; pero que no sabe este testigo la cantidad, y que cualquiera merced que su magestad fuere servido dele hazer, sabrá bien en su persona, por que lo merece; y questo es lo que sabe desta pregunta y las demas del dicho interrogatorio y la verdad para el juramento que hizo y lo firmó=Gregorio Suarez de Deza=Francisco Velazquez.

Testigo el dicho capitan Antonio de Olaya, vezino desta dicha ciudad de Santa feé, testigo presentado por parte del dicho Pero Niño; el qual despues de haver jurado e siendo preguntado, dixo ó depuso lo siguiente.

Ala primera pregunta dixo: que conoce al dicho Pedro Niño ó al dicho Geronimo Lebron desde que entraron en esta tierra, que podrá haber mas de veinte y quatro años.

Fué preguntado por las preguntas generales, dixo: ques de hedad de mas de cincuenta é quatro años, e que no es pariente ni enemigo del dicho Pero Niño, ni le tocan las demas generales.

Ala segunda pregunta dixo: que dize lo que dicho tiéne en la primera pregunta, ó que no pudieron dexar de pasar los trabajos é muertos, hambres y necesidades que la pregunta dice, por lo despoblada que havia el rio arriba y anegado y arcabucos, y no aber que comer sino savandijas y otras á este tenor; y ansi fué publico é notorio entre los soldados que venian con el dicho Geronimo Lebron; y esto responde á esta pregunta.

Ala tercera pregunta dixo: queste testigo siempre há sido vezino en esta ciudad de Santa feé; y

ansi no puede dar tantas razones de lo contenido
en la pregunta como otros vezinos de la ciudad de
Tunja; pero que es publica y notoria que quando
entró el dicho Geronimo Lebron estaba mucha parte
de la tierra por conquistar, y ansi no pude dexar
el dicho Pero Niño como los demas soldados de hazer el dever y servir á su magestad, que a la sazon
por conquistar hazia aquella parte de la ciudad de
Tunja y hazia Pamplona y Velez, y que no dejaria
de hacer el dever, el dicho Pedro Niño, entonces y
despues, por queste testigo lo tiene por muy buen
soldado y servidor de su magestad; y esto responde
á esta pregunta.

Ala quarta pregunta dixo: que no la sabe este
testigo, por que como dicho tiene, es vezino de la
ciudad de Santa feé, y el dicho Pedro Niño de la
ciudad de Tunja; mas que cree este testigo que el
dicho Pedro Niño yria á lo contenido en la pregunta, por queste testigo lo tiene por muy buen
soldado y á estos tales apercibian para el dicho
efecto, demas de quees muy buen soldado y suelto
y muy servidor de su magestad; y esto y no otra
cosa sabe desta pregunta.

Ala quinta pregunta dixo: que dize lo que dicho
tiene en la pregunta antes desta, e quees verdad
queel dicho Pero Niño es hombre muy honrrado, y
por tal este testigo lo tiene, y es avido y tenido
eneste reino, y save ansi mismo que es casado en
Tunja con una señora hija de Pedro Sanchez Ve-

lazco, vezino de Tunja y muy honrrado, ya difunto,
y ha sustentado y sustenta su casa muy hohrrada-
mente, por que ansi lo ha visto este testigo con sus
armas y caballos como bueno y leal vasallo de su
magestad; y esto responde a esta pregunta.

A la sesta pregunta dixe: que para lo mucho que
el Pero Niño merece por aver servido tambien á su
magestad, que son muy pocos los yndios que le cupo
en suerte; y ansí vive segun á oido decir trabajosamente y con neebsidad y con deudas; pero que con
todo, trabaxa todo lo posible para sustentar hohrra-
damente segun tiene dicho, y que le parece que
qualquier merced que su magestad fuere servido de
hacer, cabrá en su persona; y esto responde á ésta
pregunta, y es lo que sabe para el juramento que
hizo, é firmólo=Antonio de Olaya=Francisco Velazquez.

Testigo el dicho Juan de Quincoces, vecino de
la ciudad de Tunja, testigo presentado por el dicho
Pedro Niño; el qual despues de haber jurado é siendo preguntado por las preguntas del dicho interrogatorio, dixo é depuso lo siguiente.

A la primera pregunta dixo: que conoce al dicho Pedro Niño, de veinte é seis años poco mas ó
menos, é del mismo tiempo al dicho Geronimo Lebron, por queste testigo los vió entrar éneste reino
en el dicho tiempo.

Que preguntado por las preguntas generales
dixo: que es de edad de cincuenta años, poco mas

ó menos; ó que no es pariente ni enemigo de ninguna de las partes, ni le vá intereses en esta causa, mas de decir verdad en ella.

Ala segunda pregunta dixo: que dize lo que dicho tiene en las preguntas antes desta, ó que oyó decir publicamente en esta ciudad y en la de Tunja, á soldados que vinieron con el dicho Lebron, que se pasaron los trabajos muertes y necesidades que que la pregunta dize, y ansi es tenido; este testigo, en el Reino, vió entrar al dicho Geronimo Lebron con los demas soldados que traia, entre los cuales venia el dicho Pedro Niño; todos tan mal tratados y desastrados, enfermos y tollidos de los dichos trabajos y necesidades; y esto responde á esta pregunta.

Ala tercera pregunta dixo: que sabe este testigo, que despues que eneste Reino entró con el dicho Geronimo Lebron á servido á su magestad en muchas pacificaciones y poblaciones que estaban por conquistar ó á hecho en todo, el dever, como muy buen soldado ques; y esto responde á esta pregunta.

Ala quarta pregunta dijo: que este testigo vió salir al dicho Pedro Niño en seguimiento del socorro que se yva á dar al presidente Gasca, las dos veces que la pregunta dize, muy apercibido de pertrechos de la guerra y á su costa como hombre de bien y servidor de su magestad; por queste testigo salió las dichas dos veces que la pregunta dize, y que es verdad que en la dicha ciudad de Tunja, el

dicho Pedro Niño fué apercibido en la revelacion
de Alvaro de Oyon y aun le vió salir en la demanda contraria; que por que en lo que toca á Aguirre,
este testigo estava en esta ciudad en aquella sazon,
y se halló en los alardes y reseñas que se hicieron
en ella; respecto de lo qual no puede dar mas razon
de lo que dicho tiene, y que él cree quél dicho, estava apercibido como los demas vecinos deste Reyno,
por que le tiene por hombre de bien y servidor
leal de su Magestad; y esto responde á esta pregunta.

Ala quinta pregunta dixo: queste testigo tiene
al dicho Pero Niño por tal persona, como la pregunta dize, y en tal reputacion es tenido en la
dicha ciudad de Tunja; é que como dicho tiene, ha
sido muy buen soldado y servidor de su magestad
en las cosas que se le há ofrecido en su servicio, y
que sabe que es casado con una señora muy honrrada en la dicha ciudad de Tunja é hija de un Pedro Sanchez Velasco vezino que fué della; é que
siempre el tiempo que á residido en la dicha ciudad
de Tunja, á sustentado su casa y familia muy honrradamente, sustentando armas y caballos como buen
servidor de su magestad que ha sido y es; y esto
responde á esta pregunta.

Ala sesta pregunta dixo: que le parece á este
testigo, que por lo mucho que á su magestad há
servido, tiene muy pocos indios, con los quales vive
muy adeudado y trabajado, y que qualquiera merced

que su magestad sea servido hacerle, cabrá en él; y
esto es lo que sabe y responde á esta pregunta, y
es lo que sabe para el juramento que hizo ó lo
firmó=Juan de Quincoces de Llana=Francisco Velazquez.

Testigo él dicho Lazaro Lopez de Salazar, vezino de la ciudad de Tunja, testigo presentado por
parte del dicho Pedro Niño, para en la dicha provanza; el cual despues de haber jurado ó siendo
preguntado por las preguntas del dicho interrogatorio, depuso lo siguiente.

Ala primera pregunta dixo: que conoce á los
contenidos en la pregunta, de veinte ó ocho años á
esta parte, por que vinieron juntos quando el dicho
Geronimo Lebron subió a este reino.

Fué preguntado por las preguntas generales;
dixo: que es de edad de mas de cinquenta años ó
no es pariente ni enemigo de ninguna de las partes ni le vá interes en esta causa, mas de decir verdad en ella.

Ala segunda pregunta dixo: que dize lo que
dicho tiene en la primera pregunta, ó que es verdad por que lo vió, como uno de los que vinieron
en la dicha jornada con el dicho Geronimo Lebron
y el dicho Pedro Alonso Niño; ansi mesmo ó se
padecieron las hambres ó muertes y necesidades
que la pregunta dize; y esto responde á esta pregunta:

Ala tercera pregunta dixo: que sabe la pre-

gunta como en ella se contiene, por que ansi como
lo declara la pregunta lo há visto este testigo; y lo
hizo como muy buen soldado en todo lo que se ofreció servir a su magestad en las dichas conquistas
y pacificaciónes; ó que esto responde á esta pregunta.

Ala quarta pregunta dixo: que en lo que toca
al socorro que el Licenciado Gasca pidió, no se
acuerda este testigo bien que el dicho Pero Niño
fué a las dichas jornadas; pero que por cosa notoria
lo há oido dezir a personas en este reino, que iba
en los dichos socorros; y que ansi en esto como en
los demas tiranos que se han levantado en la redonda de este Reino, lo há fecho el dicho Pedro
Niño el dever en todo lo que há tocado en el servicio de su magestad con sus armas y caballos á su
costa y minpion; y esto responde á esta pregunta.

Ala quinta pregunta dixo: que este testigo tiene
por tal persona al dicho Pedro Alonso Niño como
la pregunta dize, y que há sido y es como dicho
tiene muy buen soldado, y que es casado con una
señora muy principal y de las honrradas que hay
en la dicha ciudad de Tunja y hija de padres muy
honrrados, a los quales este testigo conoció encomendero en la dicha ciudad de Tunja, ó que es verdad porque ansi lo há visto, que el dicho Pedro
Niño há sustentado y sustenta su casa tan honrradamente como qualquier vezino principal de este
Reino, ansi de armas caballos, como de sustentar

soldados en su casa a su costa y mincion; y esto responde á esta pregunta.

Ala sesta pregunta dixo: que para lo mucho quel dicho Pedro Niño á servido á su magestad, segun ó como lo tiene dicho ó declarado en las preguntas antes desta, y ala calidad y sustento de su persona que en lo que tiene de demora no tiene con mucha parte para sustentar lo que sustenta, y que está empeñado en mas de dos mill pesos de oro, y merece que su magestad le haga merced de mucha mas renta de la que tiene para que buenamente pueda sustentar lo que sustenta; y esto responde á esta pregunta y es lo que sabe de todas las demas para el juramento que hizo; y firmólo=Lazaro Lopez de Salazar=Francisco Velazquez.

Testigo el dicho Bartolomé Camacho, vezino de la ciudad de Tunja, testigo presentado por el dicho Pedro Alonso Niño, el qual habiendo jurado en forma de vida de derecho y siendo preguntado por el tenor de las preguntas del dicho interrogatorio, dijo ó depuso lo siguiente:

A la pregunta primera dixo que conoce á los contenidos en la pregunta de veinte y siete años poco mas o menos, por que estando este testigo en este Reino vido venir al dicho Geronimo Lebron y en su compañia el dicho Pero Niño.

Preguntado por las preguntas generales dixo que es de hedad de cinquenta y seis años poco mas o menos, y que no es pariente ni enemigo de nin guna de las partes ni le toca las preguntas generales.

Ala segunda pregunta dixo: que dize lo que dicho tiene en las preguntas antes desta, y que fué publico y notorio entre los soldados que traxo el dicho Geronimo Lebron que murieron mucha gente, y que se padescieron las necesidades que la pregunta dize; y esto responde á esta pregunta.

• Ala tercera pregunta dixo: que este testigo sabe que el dicho Pero Niño á sido muy buen soldado, y despues que entró con el dicho Geronimo Lebron, vio este testigo que el dicho Pedro Niño como tal, ayudó a pacificar y conquistar los Yndios que estavan revelados en aquella sazon, y hizo el dever en servicio de su magestad como muy hombre de bien; y esto responde á esta pregunta.

Ala cuarta pregunta dixo: que este testigo vió que la una vez que se apercibio para el socorro del Presidente Gasca, fué el dicho Pedro Niño en servicio de su magestad con armas y cavallos como muy buen servidor suyo; y que la otra vez no se acuerda este testigo que fuese, mas de que crée este testigo que iria allá como lo dize la pregunta, por que era mozo y de quien se hacia caso para semejantes jornadas, por que para este hefeto apercibian a los talos; que es verdad que lo demas centenido en la pregunta pasó ansi, por que el itodos los demas vezinos se aprestaron para el efeto contenido en ella; y esto responde á esta pregunta.

Ala quinta pregunta dixo: que sabe la pregunta como en ella se contiene, por que este testigo tiene por tal persona al dicho Pedro Niño como la pregunta lo dice, el cual es casado y velado con la señora que en ella se declara; ó que como dicho tiene, á sido y es muy buen soldado, y sustenta su casa muy honrradamente como qualquier vezino y principal con sus armas y caballos aprestado en el servicio de su magestad; y esto responde a esta pregunta.

Ala sesta pregunta dixo: que para lo mucho que el dicho Pero Niño á servido á su magestad, y por ello merece le parece a este testigo que tiene poca suerte de Yndios para lo que sustenta, vive siempre adeudado, y qualquier merced que su magestad fuere servido de hacerle, cabrá en su persona por lo que tiene referido en las preguntas antes desta; lo qual es la verdad para el juramento que hizo, y lo señaló de su señal por que no sabe firmar=Bartolomé Camacho=Francisco Velazquez.

Muy poderoso señor: Pedro de Sotelo en nombre de Pero Niño, vezino de la ciudad de Tunja, digo: quel dicho mi parte tiene hecha en esta corte ante Francisco Velazquez vuestro secretario la provanza de servicios que vuestra alteza mandó se hiciese con citacion de vuestro fiscal sobre el tiempo que á quele á servido á vuestra alteza eneste Reino, ansi en la conquista de el, como en otras cosas.

Suplico á vuestra Alteza me mande dar un traslado della para que mi parte la pueda enviar ante vuestra real persona ó á Vuestro Real consejo y se le hagan las mercedes que pretendo pedir, sobre las quales Vuestra alteza mande haga la informacion de oficio por vuestro presidente ó oidores ó se ponga en ella su parecer, se me dé de ella el dicho parescer un traslado signado para el dicho efecto.

Otro si digo: que las mercedes que mi parte pretende pedir y suplicar á vuestra real persona, y en vuestro Real consejo, para sus servicios son la vara, del alguacil mayor de la ciudad de Tunja, perpetua, y mill pesos de buen oro de demora en cada un año en indios, en los terminos de la ciubdad de Tunja, de los primeros yndios que vacaren, y en el entretanto que su magestad le haga merced dellos cobrados en su real casa, desde el dia que se presentare la cedulas dellos enesta Real audiencia y para ello &.

En Santa Feé á dos de Diciembre de mill é quinientos é sesenta y siete años, ante los señores presidente ó oydores en Audiencia de relaciones la presentó el contenido.

Los dichos señores mandaron que se le dé la suya, y de lo demas se dé treslado al fiscal y con lo que pareciere ó no se haga la de oficio=Velazquez.

Muy poderoso señor: Pedro Sotelo, en nombre de Pedro Alonso Niño, vecino de la ciudad de Tunja, digo: que demas de la provanza de servicios que ante vuestra alteza hize tuvé necesidad averiguar como es hijo lexitimo de Francisco Niño, vecino de la villa de Moguer, nieto de Pedro Alonso Niño, armador y piloto que fué de la flota de Colon, quando vinieron á descubrir las yndias, para pedir por parte del dicho Pero Alonso Niño, su abuelo, merced del á vuestra real persona y ante vuestro real consejo.

· A vuestra alteza suplico mande se haga la dicha averiguacion de como el dicho Pedro Alonso Niño es hijo de Francisco Niño, vecino de la Villa de Moguer, y en esta tierra no hay otro, y hecho vuestra alteza me la mande dar para que el dicho Pero Alonso Niño, mi parte, la mande ante vuestra real persona, en ante vuestro real consejo ó si fuere necesario, para ello se cite vuestro fiscal ó se esaminen los testigos este mi pedimento; E para ello &=Sotelo.

En Santa fée a tres dias del mes de Diciembre de mill ó quinientos e setenta y siete años, ante los señores presidente ó oidores en Audiencia de relaciones la presento el contenido, los dichos señores mandaron que se haga.

Despues de lo susodicho en la dicha ciudad de Santa fée a tres dias del mes de Diciembre de mill ó quinientos y sesenta y siete años, el dicho Pedro Sotelo para la dicha averiguacion en el dicho nombre, presentó por testigo a Rodrigo Pardo, escribano de su magestad, del qual tomó ó recibió juramento por Dios y por Santa Maria en forma devida de derecho; ó siendo preguntado por el tenor de la dicha

DEL ARCHIVO DE INDIAS.

peticion dixo: queste testigo es natural de la Villa
de Moguer de los Reinos de España, donde es
ansi mesmo natural el dicho Pero Alonso Niño, el
qual este testigo conoce que es vezino en la ciudad.
de Tunja, y como hombre que es de su naturaleza
á posado en su casa y save quel dicho Pero Alonso
Niño es tenido y comunmente respetado por hijo
lejitimo por todos los que le conocen de Francisco
Niño y de Ysabel Gonzalez La Caballera, sus padres, los quales este testigo conoció y trató en la
dicha villa de Moguer, y sabe quel dicho Pero
Alonso Niño enbió a los dichos sus padres destas
partes de Yndias, donde agora el dicho Pero Alonso
Niño está oro como tal su hijo, y ellos lo recibieron, agradeciendole mucho la buena obra; y ansi
mismo este testigo a oido decir quel dicho Pero
Alonso Niño, contenido en este pedimento, es
nieto de Pero Alonso Niño, el viejo, y este testigo
no conoce en estas partes de las Yndias otro hombre del nombre del dicho Pero Alonso Niño; y qué
esta es la verdad para el juramento que hizo; ó fir-
mólo=Rodrigo Pardo=Francisco Velazquez.

Este dicho dia, mes y año susodicho para la
dicha informacion presentó por testigo a Baltasar
Ruiz, escribano de su magestad, su notario del número desta corte, del qual se recibió juramento por
Dios y por Santa Maria en forma devida de derecho segun que el primero testigo de suso, y prometió decir verdad; ó siendo preguntado de la

dicha peticion dixo: que lo que save della es queste testigo es natural de la villa de Moguer, de los reinos de España, donde ansi mismo lo es el dicho Pero Alonso Niño, lo qual este testigo conosce, que es vecino de la ciudad de Tunja; y como hombre que es de su naturaleza á posado en su casa y sabe que el dicho Pero Alonso Niño es tenido ó comunmente reputado por hijo legitimo del dicho Francisco Niño y de Ysabel Gutierrez Caballera, su legitima muger, los quales este testigo conoció ó trató en la dicha villa de Moguer; ó ansi mismo sabe que el dicho Pero Alonso Niño escribe a los dichos sus padres, y ellos á el, como padres á hijo y hijo á padres; ó á oido decir publicamente que el dicho Pero Alonso Niño, hijo del dicho Francisco Niño, es nieto de Pedro Alonso Niño, el viejo, e sabe que en estas partes de Yndias no hay otro Pedro Alonso Niño sino el contenido en este pedimento; e que esto es lo que sabe ó la verdad para el juramento que hizo; ó firmólo=Baltasar Ruiz= Francisco Velazquez.

Este dicho dia, mes y año dicho, presentó por testigo para la dicha informacion, a mi, el dicho Francisco Velazquez secretario de la Real audiencia, ó juré segun forma de derecho, siéndo preguntado por el tenor del dicho pedimento, dijo: que lo que acerca desto es que conozco al dicho Pero Alonso Niño, vecino de la ciudad de Tunja, contenido en el dicho pedimento, ese que es hijo leji-

timo de Francisco Niño ó de Ysabel Gutierrez La
Caballera, vezinos de la villa de Moguer, a los
quales conocí por ser como soy natural de la dicha
villa de Moguer; esé quel dicho Pero Alonso Niño
á escrito continuamente a los dichos sus padres á
la dicha villa de Moguer, y ellos á el, a la ciudad
de Tunja; esé que en estas partes de Yndias, á lo
menos en este reino, no ó oido dezir que haya otro
que se diga Pero Alonso Niño y ser natural de la
villa de Moguer, y el dicho Pero Alonso Niño contenido en el dicho pedimento; y he oido decir publicamente que es nieto de Pero Alonso Niño el
viejo, descubridor que fué de las Yndias; ó esto sé
y es la verdad para el juramento que tengo hecho, ó
firmélo=Francisco Velazquez=E yo el dicho Francisco Velazquez, Escribano de Camara de Su magestad, a lo que dicho es fui presente.

E de pedimento de la parte del dicho Pero Niño
ó de mandamiento de los dichos señores presidente ó
oidores, lo fize escribir en estas honze fojas de papel
con esta en que vá mi signo ques atal con testimonio
de verdad=Francisco Velazquez=Hay un signo.

En la ciudad de Santa feé del nuevo reino de
granada de las Yndias, atres dias del mes de Diciembre de mill ó quinientos é sesenta é siete años,
el señor Licenciado Diego de Villafañe oydor, á
quien está cometida la informacion de oficio contra
la hecha de servicios por parte de Pero Alonso
Niño, vezino de la ciudad de Tunja, hizo parecer

ante si á Diego de Guevara vezino desta cibdad de
Santa feé, del qual recibió.é tomó juramento en forma de derecho, el qual lo hizo bien cumplidamente
tal qual este caso se requiere; el qual siendo preguntado que servicios el dicho Pero Alonso Niño
sabe que haya hecho a su Magestad enestas partes
de Yndias, y si le á desservido en algo, y si ha
ido contra su estandarte real, y si tiene yndios de
repartimiento con que poder sustentarse; el qual
dixo: queste testigo sabe ó á visto que el dicho Pero
Alonso Niño a servido á su magestad eneste Reyno,
en lo que se le á ofrecido como buen soldado y su
leal basallo de mas de veinte años asta parte; que á
queste testigo le conoce y nunca jamas avisto, oido
ni entendido que el dicho Pero Alonso se aya ayado
jamas contra el servicio de su magestad ni contra
su estandarte real, y le parece quel dicho Pero
Alonso Niño tiene muy pocos yndios de repartimiento y de poco provecho para conforme a lo que
merece conforme a sus servicios, y le parece que las
mercedes que pide a su magestad le haga de la bara,
de alguacil mayor de Tunja, perpetua, y de mill
pesos de oro en yndios de encomienda en cada año;
es dino y merecedor dello por lo mucho y muy bien
que a su magestad eneste Reino á servido; y esta
es la verdad para el juramento que hizo, y dixo ser
de hedad de quarenta y ocho años, y firmólo de su
nombre=Domingo de Guevara; fui presente Baltasar Ruiz.

Despues de lo susodicho este dicho dia mes ó año suso dicho, el dicho señor oidor para la dicha informacion, mandó parescer ante si a Juan Rodriguez Gil, vezino de la ciudad de Tunja, de quien yó el dicho escribano tomé ó recibi juramento en forma debida de derecho, tal qual entál caso se requiere, el qual lo hizo bien ó cumplidamente, y siendole preguntado por la cabeza desta informacion, dixo: queste testigo á que conoce al dicho Pero Alonso Niño contenido enesta informacion de mas de veinte ó dos años a esta parte, y que siempre este testigo há visto quel dicho Pero Alonso Niño á trabajado y servido a su magestad como bueno y leal vasallo suyo; y nunca jamas á oido ni entendido ni visto, que el dicho Pero Alonso Niño haya desservido a su magestad en cosa alguna y ido contra su real estandarte ni contra su real servicio; y que es verdad queste testigo le conoce al dicho Pero Alonso Niño tener en la dicha ciudad de Tunja indios de repartimientos, pero que son tan pocos y de tan poco provecho, que no se puede sustentar con ellos conforme a la calidad de sus servicios y persona; y que por estas razones y por ser el dicho Pero Alonso Niño muy hombre honrrado, es digno y merecedor que su magestad le haga merced de lo que pide y pretende, ques de la vara, de alguacil mayor de Tunja, perpetua, y mill pesos en Yndios de repartimiento cada un año; y de otra chalésquier merced que su magestad sea servido

dele hazer; y esta es la verdad y lo que sabe acerca
de lo que le es preguntado; y dixo ser de hedad de
mas de quarenta y cinco años; y firmólo de su nombre; y el dicho señor oidor lo señaló=Juan Rodriguez Gil. Fuí presente; Baltasar Ruiz.

Despues do lo susodicho en la dicha ciudad de
Santa feé, á quatro dias del dicho mes é año suso
dicho, para la dicha informacion, el dicho señor
oidor hizo parecer ante si á Melchor Ramirez, vecino de la ciudad de Velez, del qual se tomó é recibió
juramento en forma devida de derecho, el qual lo
hizo bien cumplidamente tal cual en tal caso se requiere; é siendole preguntado por la cabeza desta
informacion, dixo: queste testigo há que conoce al
dicho Pero Alonso Niño mas de veinte años, é que
siempre en todo este tiempo le á visto en este dicho nuevo Reyno servir á su magestad como bueno y leal Vasallo suyo en todo aquello que se le ha
ofrecido, y nunca jamas á oido sabido ni entendido
que el dicho Pero Niño aya deservido á su magestad, en cosa alguna ni ido contra su real servicio
ni contra su estandarte real, y ansi mismo quel dicho Pero Alonso Niño, tiene Yndios de repartimiento en la ciudad de Tunja, y que son tan pocos y
de tampoco provecho que no se puede sustentar con
ellos conforme á su calidad y meritos; y que por ser
el dicho Pero Alonso Niño un hombre muy honrrado y muy de bien, y por haber servido á su magestad
enestas partes de Yndias como muy buen soldado

y leal vasallo y servidor de su magestad, es digno
y merecedor que su magestad le haga las mercedes
que pretende de la vara de alguacil mayor de la
ciudad de Tunja, y de mill pesos en yndios de repartimiento que lo renten; y esta es la verdad y lo
que sabe acerca dello que le es preguntado, y dixo
ser de hedad de mas de quarenta y cinco años; y firmólo de su nombre; y el dicho señor oidor lo seña-
lo.—Melchor Ramirez; fui presente Baltasar Ruiz.

Despues de lo susodicho este dicho dia mes ó
año suso dicho para la dicha informacion, el dicho
señor oidor mandó parecer ante si á Diego Romero,
vezino desta cibdad de Santa feé, del qual se tomó
ó recibió juramento en forma devida de derecho, el
qual lo hizo bien ó cumplidamente, tal qual en tál
caso se requiere; ó siendole preguntado por la cabeza desta informacion dixo: queste testigo á que
conoce al dicho Pero Alonso Niño de mas de veinte
años asta parte enel qual dicho tiempo le há visto
que á servido a su magestad enestas partes de yndias como muy buen soldado y leal vasallo de su
magestad, por lo qual se le dieron unos Yndios en
la cibdad de Tunja, los quales sabe este testigo que
son pocos y de poco probecho; que con ellos el dicho Pero Alonso Niño se sustenta mal y con necesidad, y queste testigo sabe como dicho tiene quel
dicho Pero Alonso Niño siempre há sido y es muy
servidor de su magestad y leal vasallo suyo, y nunca
jamas á visto este testigo, oido ni entendido quel

dicho Pero Alonso Niño aya desservido en nada a su magestad, ni ido contra su real servicio ni contra su estandarte real; antes á visto que las veces que se a ofrecido servir al rey lo ha hecho, y que por estas causas y razones y por ser el dicho Pero Alonso Niño muy hombre honrrado de muy buenas partes, es merecedor y merece que su magestad le conceda las mercedes quel dicho Pero Alonso Niño pretende, ques la vara de Alguacil mayor de Tunja y mill pesos de oro en yndios que lo renten y demora y aun mas; y esta es la verdad y lo que sabe acerca dello y le fué preguntado, y dixo ser de edad de mas de quarenta y cinco años, e firmólo de su nombre, y el dicho señor oidor lo señaló—Diego Romero; fui presente Baltasar Ruiz.

Eyo Baltasar Ruiz, escribano de su magestad Real, la fize escribir, signado que ante mi pasó, ó por ende hize aqui un signo atal en testimonio de verdad—Baltasar Ruíz—Hay un signo.

Sacra Católica Real Magesta.

Por vuestro Presidente y oidores fué vista la informacion de suso, y por lo que dello consta, aunque no conocemos bien al dicho Pero Alonso Niño, en ella á tenido por que vive en la ciudad de Tunja deste nuevo Reyno de Granada, le tenemos por noticia en opinion de buena persona, quieto y pacifico, ni sabemos si tiene bien de comer ó no. En Santa fée á tres de Hebrero de mill quinientos sesenta y ocho=El Licenciado Sepeda=El Licenciado Villafañe.

Testimonio de la fundacion de la Villa de san Pedro de Higueras de Honduras, que hizo Pedro de Alvarado Adelantado y Gobernador de Guatemala y Capitan general y justicia mayor de Higueras y Honduras; y su repartimiento y el de la villa de Gracias á Dios.—Año de 1536 (1).

Este es un traslado bien ó fielmente sacado, de un testimonio signado de escribano público segund por el parece, el thenor del qual, es este que se sigue:

En el Nombre de Dios Todopoderoso, ó de la Santisima Trinidad, padre, hijo ó espiritu Santo, que son tres personas ó un solo Dios verdadero; ó de la nuestra Señora la Virgen Santa Maria, su preciosa madre amen: Estando en una cavaña grande, que está junta al asiento del pueblo de unos indios que se dizen Tholóma, donde está un árbol que se llama de cacao, que es en esta Gobernacion de Higueras y Honduras, veynte ó seis dias del mes de Junio, año del nacimiento de Nuestro Salvador Jesucristo de mill ó quinientos ó treynta ó seys años; el muy magnifico señor Don Pedro Alvarado, Adelantado y Gobernador de las provincias de Guatemala y Capitan general ó justicia mayor en esta dicha Gobernacion de Higueras y Honduras, por Su

(1) Archivo de Indias. *Patronato*, Est. 1.°, Caj. 1.°

Magestad, y en presencia de mi, Gerónimo de San Martin, escribano de Su Magestad ó su notario público en su corte ó en todos los sus reynos ó señorios, digo: que por quanto por servir á Su Magestad, he venido de las provincias de Guatemala á esta dicha Gobernacion á la socorrer, siendo informado de la estrema nescesidad que padesce el Contador Andres de Cerezeda, que la administraba en justicia, en nombre de Su Magestad, con los pocos españoles que en su compañia estaban; ó venido, halló la tierra que se despoblaba, y la desmanparaban, y todos los naturales de la tierra, alzados y rebelados contra el servicio de Su Magestad, ó obediencia, que son obligados á dar como sus vasallos; visto esto, le conbino hazer, por hazer mayor servicio, rescebir en si, la administracion de justicia de esta Gobernacion, para la remediar, porque Su Magestad no pierda esta tierra; y la ha andado conquistando y pacificando, los naturales de la tierra, como mucha parte dello tiene fecho, especialmente este Rio de Ulua, que hera una de las fuerzas donde los naturales de la tierra estaban fechos, fuertes, lo há todo pacificado, y los indios dél, están en el servicio ó obediencia de Su Magestad; y porque conbiene al servicio de Su Magestad y del bien de la tierra ó aumento de sus rentas reales, que haya villa ó ciudades en esta dicha Gobernacion, y que se pueblen donde aya disposicion de servicio de Yndios, especialmente en esta parte del puerto de Caballoa, conbiene hacerse una villa, ansy para lo que ha dicho su señoria, como para que los mercaderes, tratantes, y otras personas que al dicho puerto con sus navios vinieren, hállen áquien vender sus mercaderias, y cosas y con quien contraten, y en ello aya el buen recaudo que convenga en esta Gobernacion con los Reynos de España y de las Yslas, como con la dicha Gobernacion de Guatimala y Mar del Sur que tan cerca de aqui está; y para que Su Magestad pueda ser mejor ynformado de las costas de la Mar del Sur, por este camino que tan brebe es para España, há acordado ó acuerda de mandar hazer ó fundar, como al presente haze ó funda, una Villa en este dicho asiento y cavaña, que arriba es dicho, en nombre y para Su Magestad, que mandada que se llame la Villa de Puerto de Caballos, donde manda que pueblen españoles y syrvan los yndios, segun su señoria lo ordenáre y mandáre, que és, que en este dicho asiento de cavaña funda y puebla la dicha Villa de Puerto de Caballos para que en élla haya sus alcaldes y regidores ó otros ofioiales, y que haya en ello su traza de solares para cada vecino que en élla vinieren, de ciento ó cincuenta pies en ancho, ó ciento veinte de largo, y que cada uno áya los solares que en la dicha traza le estuvieren señalados por su señoria y por el que en élla vivieren.

E luego Su Señoria mandó hincar y se hincó en la plaza que señaló para la dicha Villa, un palo

DEL ARCHIVO DE INDIAS.

para picota donde se haga la justicia de la dicha villa; é ansi quedo indicado, mandó que mejor y mas bien puesta, se haga cuando aya disposicion.

E luego Su Señoria, dijo: que mandaba y mandó, que de hoy en adelante, hasta tanto que Su Magestad ó Su Señoria, en su real nombre otra cosa provea, ninguna ni algunas personas de cualquier estado que sean, de hoy en adelante, solos ni acompañados, por via alguna directa ni indirecta via, que séa no despues, se pasen á vivir délla á otras partes, dejandola sola y despoblada, y le llamen el dicho nombre de la Villa de Puerto de Caballos, so pena de muerte y perdimiento de sus bienes para la Cámara de Su Magestad, en las cuales penas, desde agora, lo contrario haciendolos, condena y há por condenado.

Luego Su Señoria, dijo: que para que la Villa sea perfecta en obra y en nombre, ha de tener sus alcaldes ó regidores ó oficiales, para que rijan ó gobiernen la dicha Villa y los que á ella vinieren, dijo: que nombraba y nombró para hasta en fin de Diciembre de este presente año, para alcaldes á Alonso Ortiz é Alvaro de Sandoval; y para regidores, á Gerónimo de San Martin ó á Miguel Garcia, de Liñan; ó á Hermando de Sayavedra é Antonio de Talavera ó á los dichos alcaldes, para que conoscan usen sus oficios el dicho tiempo en las causas cebiles ó criminales, segund ó como pueden ó deben conforme á las leyes, prématicas, partidas, horde-

namientos, fueros y derechos ó leyes déstos reynós
ó señorios de Su Magestad, sin que déllo les men-
güe cosa alguna; y á los dichos regidores para que
usen de sus oficios conforme y según pueden y deben y son obligados, conforme á las dichas leyes,
fueros ó derechos, ó hordenamientos de Su Magestad, á los cuales alcaldes y regidores que presentes
estaban, mandó Su Señoría que lo acétasen, los cuales que presentes estaban, dijeron, que por servir á
Su Magestad lo acetaban y acetaron.

Y luego Su Señoría, á los dichos Alonso Ortiz
y Alvaro de Sandoval, sobre una cruz, en que pusieron sus manos derechas, tomó y rescebió juramento en forma debida de derecho por Dios Todopoderoso y por aquélla Santa Cruz donde pusieron
sus manos, dichos usarán los dichos sus oficios de
alcaldes, por el dicho tiempo, sin amor ni temor,
dádiva ni promesa, ni otro interés alguno, no res-
cibiendo coechos ni presentes, ni otras cosas defen-
didas de las personas que ante ellos litigaren y que
la justicia administrarán y executarán, castigando
pecados y delitos públicos y haciendo todas las
otras cosas que como buenos alcaldes de Su Magestad conforme á derecho son obligados; y que obe-
desceran y cumplirán todos los mandamientos de
Su Magestad y de Su Señoría, en su real nombre,
que por escrito y por palabras le fueron embiados;
y que guardarán secreto de todo lo que en el cabildo
se hiciere ó acordare. E que si ansi lo ficiesen, Dios

les ayude eneste mundo, al cuerpo, y en el otro á
las ánimas; donde no, que Dios Nuestro Señor se
lo demande mal y caramente, como á malos cristianos que perjuran su santo nombre en vano; so
cargo del que los dichos Alonso Ortiz ó Alvaro de
Sandoval prometieron de lo ansi hacer ó complir,
diciendo, si juro ó amen; y luego Su Señoria dió á
cada uno déllos una vara con una cruz que traigan
en nombre de Su Magestad, como alcaldes en la
dicha Villa ó su termino ó juredicion quél señalase,
y éllos las recebieron; y mandó Su Señoria á todas ó
cualesquier personas presentes ó ausentes que enesta
dicha Gobernacion está, y á ella viniesen, tengan
y obedezcan por alcaldes de la dicha Villa de Señor
Sant Pedro de Puerto de Caballos, á los susodichos,
ó usen con éllos los dichos oficios, so pena de muerte
y perdimiento de bienes. E firmáronlo de su nombre, el Adelantado Pedro de Alvarado.—Alonso
Ortiz.—Alvaro de Sandoval.

Hecho juramento sobre la señal de la Cruz en
forma debida de derecho á los dichos Gerónimo de
Sant Martin ó Miguel Garcia de Liñan y Hernando
de Sayavedra, que presentes estaban, donde cada
uno déllos puso su mano derecha que bien ó fiel ó
diligentemente usarán, el dicho tiempo, cada uno,
el dicho su oficio de regidores de la dicha Villa,
sin amor ni temor, dádiva ni promesa, ni otro interes alguno, conforme á las dichas leyes ó hordenamientos fueros y derechos destos reynos, segund y

como son obligados y deben guardarlo el bien y
provecho de la dicha Villa; y que dó obiese su provecho, lo allegarán, y su daño lo arredrarán, y que
guardarán el secreto de lo que se ficiere y platicase
en el cabildo de la dicha Villa, y obedescerán y
complirán los mandamientos que por escrito y por
palabra, Su Magestad ó Su Señoria en su real nombre les mandáre, y que en todo harán lo que deben
ó son obligados como tales regidores, guardando el
servicio de Su Magestad ó bien de la tierra. E que si
ansi lo hiciesen, Dios Nuestro Señor les ayude, ó
sino se lo demande como á malos cristianos, so
cargo del cual, cada uno de los dichos, si juro, ó
amen. E firmáronlo.—Geronimo de Sant Martin.—
Miguel Garcia de Liñan.

E luego Su Señoria en nombre de Su Magestad
y por virtud de sus poderes reales que tiene, dijo:
que á los dichos alcaldes é regidores á cada uno para
su oficio, rescebia ó rescibió á los dichos oficios
para que lo puedan usar y exercer todo el dicho
tiempo para que los ha elegido y nombrado; y les
daba ó dió á cada uno el poder cumplido que en tal
caso se requiere y es necesario, para que cada uno
pueda usar ó exercer los dichos sus oficios con todas
sus incidencias y dependencias, anexidades y conexidades, tan bastante, cuanto de derecho se requiere.—Pedro de Alvarado.

E luego señaló, que en la casa de cabildo que
en la dicha Villa se hiciere ó donde se hobiere de

juntarse, al dicho cabildo señaló dos dias de cada
semana para que hagan cabildo, é quésto será lunes
ó viernes, á las mañanas, lo que bastare para el
dicho cabildo; y mas los otros dias que fueren menester; é que no juntando al dicho cabildo, mas de
un alcalde ó dos regidores, será entero cabildo; y
lo que éllos hiciesen, será valido, con tanto, que si
donde se quisieren juntar pudieren ser habidos, los
otros oficiales seran llamados al dicho cabildo, y
serán obligados á venir, no teniendo justo impedimento para no venir; y que se asiente este llamamiento en el libro de cabildos, y Su Señoria les dá
poder complido para que en la dicha Villa, y siendo
necesario en otra parte de la juridicion délla, se
puedan juntar los dichos oficiales al dicho cabildo,
sin pena ninguna, con cargo quel tal cabildo se verifique en el cabildo de la dicha Villa de Sant Pedro de Puerto de Caballos; y que lo que de otra
manera se hiciere, séa en si, ninguno, ó no valga
ni haga fé ninguna en juicio ni fuera dél.

E luego Su Señoria, dió ó señaló por límites é
juridicion de la dicha Villa de Sant Pedro de
Puerto de Caballos, desde el rio de Xagoa como
viene corriente á la mar hacia la dicha Villa, la
costa, adelante, todo lo que cupiere, hasta otra Gobernacion; y desde esta villa hasta las minas questán descubiertas, que se dicen de Sant Lucas,
ques en el rio de Chumbazala, y todas las otras
de las comarcas del norte y al poniente por aque-

llas serranias y cordilleras de las vertientes al valle de Naco ó hasta llegar los repartimientos que se dieren y repartieren á los vecinos de la dicha Villa; y que en todo esto puedan los dichos alcaldes ó regidores conoscer de los dichos sus oficios, y por tales alcaldes ó regidores, ellos serán obedescidos.=El Adelantado Pedro de Alvarado=Por mandado de Su Señoria=Gerónimo de Sant Martin, escribano de Su Magestad.=Va testado ó diz que mandaba. Va la parte testado. E yo el dicho Gerónimo de Sant Martin escribano de Su Magestad é su notario publico en la su corte y en todos los sus reynos é señorios, presente fuí á lo que dicho es; y de mandamiento de Su Señoria lo fice escribir, segund que ante mi pasó; en feé de lo cual, fice aqui este mio signo, atal; en testimonio de verdad=Geronimo de Sant Martin, escribano de Su Magestad.

PROVANZA AD PERPETUAN, SOBRE LO DE LA VILLA DE LA PURIFICACION, DE LA GENTE QUE ALLI VINO CON MANO ARMADA. EN MADRID Á 16 DE MARZO DE 1540 LA PRESENTÓ EN EL CONSEJO DE LAS INDIAS DE SU MAGESTAD, NUÑO DE GUZMAN.—AÑO DE 1538 (1).

En la Cibdad de Compostela de Galicia de la Nueva España, á treynta é un dias del mes de Diziembre del año del nascimiento de Nuestro Salvador Jesucristo, de mil é quinientos é treinta é ocho años; antél muy noble Señor Juan de Samaniego, alcalde ordinario en la dicha Cibdad por Su Magestad, en presencia de mi, Pedro Ruiz de Haro, escribano publico é del gobierno de la Cibdad de Compostela, paresció presente Francisco de Villegas, en nombre y en bos del Gobernador Nuño de Guzman, é por virtud del poder que dél presentó, presentó el escrito siguiente.

Muy noble Señor.

Joan de Samaniego, alcalde ordinario enesta Cibdad de Compostela, por Su Magestad, Francisco de Villegas en nombre del Gobernador Nuño de Guzman, é por virtud del poder que ante V. Md. tengo presentado, digo: que al dicho mi parte con-

_____

(1) Archivo de Indias. *Patronato*, Est. 1.ª, Caj. 1.º

biene presentar por testigos, para en cierta probanza que comenzada tiene que hazer, á Joan Fernandéz de Yxar, bezino de la Villa de la Purificacion, á V. Md. pido le mande examinar por ella, por las preguntas del interrogatorio, que de yuso será espresado; y asi dicho y espresado, me lo mande dar en pública forma, para lo presentar (ante quien ó con derecho deba; y enéllo V. Md. interponga su autoridad ó decreto judicial, para lo cual y en lo necesario, el muy noble oficio de V. Md. imploro.

Primeramente; si conocen al dicho Nuño de Guzman, mi parte, ó á Don Hernando Cortés Marqués del Valle.

Ytem: si saben ect. que puede aber tres años y medio, poco mas ó menos tiempo, quel dicho Marqués del Valle embió á la Villa de la Purificacion, qués nuestra nueva Galicia, cierta gente de pie é de caballo con mano armada, contra la justicia de Su Magestad que alli estaba; é que á voluntad de la dicha justicia é que por fuerza, le tomaron é llevaron cierta artilleria que alli estaba ó tenia.

Ytem: saben ect. que por quitar la dicha artilleria á la dicha justicia que alli estaba, ayna lo mataron y maltraron su persona, de palabra ó hecho.

Ytem: si saben que á la sazon sobre el mismo caso, ó á pedimento del dicho Don Hernando Cortés, abia un pesquisidor, probeido por Su Magestad en la dicha Cibdad de Compostela; y estando pleito pendiente, hizo el dicho Marques del Valle ó por su mandado, la dicha fuerza en la dicha villa de la Purificacion; é digan &.

Ytem: si saben & que todo lo susodicho es público é notorio, é pública vos é fama; é pido á V. Md. sean hechas á los testigos las otras pregun-tas al caso pertenecientes. Para ello el muy noble oficio de V. Md. imploro.=Francisco de Villegas.

Sepan quantos esta Carta vieren, como yo, Nuño de Guzman, Gobernador de la Nueva Galizia, es-tante en esta gran Cibdad de Temistitan, (México) de esta nueva España, otorgo é conozco, que doy é otorgo todo mi poder complido, libre é llenero, bas-tante, segund que lo yo é y tengo, é segund que de derecho mas puede é deba valer, á vos, Francisco de Villegas, becino de la Cibdad de Compostela dd la Nueva Galizia, estando absente, bien asi como si fuesedes presente, especialmente, para que por mí é en mi nombre, podais demandar, recaudar, rece-bir é haber é cobrar, asi en juicio como fuera del pueblo de Aqualpa, con sus susjetos, que yo confié é deposité en Gaspar Brizeño, para que los tubiesé por mí é en mi nombre, é me acudiese con el dicho pueblo; é asi mismo, todos otros qualesquier pue-blos que yo poseo, que yo puse en poder de quales-quier personas en la dicha Nueva Galizia, é asi mis-mo, qualesquier pueblos é haciendas mias; que el Licenciado de Latorre, juez de residencia, que fué de la dicha Nueva Galizia, deposité en poder de qualesquier personas, con todo lo que ara tenibdo é interesado ó rentare ó interesare, fasta el dia, que realmente ó con efecto se vos dén y entreguen, é asi recebidos, los podais tener ó beneficiar, por mi ó en mi nombre; ó recebir ó cobrar los tributos ó beneficios, que los dichos pueblos ó señores naturales dellos, son obligados á dar ó pagar; ó para que en todo lo que recibiéredes ó cobráredes, podais dar ó otórgar vuestra Carta ó cartas de pago ó de feniquito, las que cumplieren ó menester fueren, las quales valan, ó sean firmes, como si yo mesmo las diese ó otorgase, ó á ello presente fuese; ó otro si, vos doy el dicho poder, para que por mi ó en mi nombre, podais vender ó vendais qualesquier esclavos ó esclavas mias, indios, naturales de la tierra, herrados con el yerro del Rey, que yo tengo en la dicha Nueva Galizia ó en otras qualesquier parte desta Nueva España, asi en quadrillas como fuera déllas, los cuales podais vender ó vendais á la persona ó personas, ó por el oficio ó precios nuestros, ó pesos de oro, ó otras cosas que vos pareciere; ó sobre ellos podais otorgar ó otorgueis, ante qualesquier escribano ó notarios públicos, qualesquier Carta ó cartas de venta ó ventas, con las fuerzas, vinculos, firmezas ó renunciamientos de leyes ó fueros que vos fueren pedidas ó demandadas, en las quales y cada una déllas, me podais obligar ó obligueis á la evision ó saneamiento de los dichos y esclavas que por mi ó en mi nombre vendieredes; que vos otorgandolos y obligandome yo por esta presente Carta,

las otorgo é me obligo de los hazer sanos ó de paz,
á las personas que de vos los compraren, so la pena
ó penas á que me obligaredes y en las tales Cartas
de venta se contubieren; é otro si, os doy el dicho
poder general, contra todos los hombres é mujeres,
que debdas me deban ó debieren, ó algunas cosas
me an, é obieren á dar é pagar, ó fazer ó cumplir,
asi con Cartas como sinéllas, é contra yo é yespero
aber demanda ó demandas, querellas ó peticiones é
contiendas é abciones; é las tales personas, é otras
qualesquiera, los hán ó esperan haber é mover contra mi, en qualquier manera ó por qualquier razon
que séa, para que asi en demandando como en defendiendo, podais parecer é parezcáis ante Sus Magestades é ante los Señores Presidente é oidores,
que por su mandado residen enesta dicha Cibdad de
México, é ante todos los otros alcaldes ó jueces é
justicias, asi desta dicha Cibdad como de todas las
cibdades villas ó lugares desta Nueva España, é de
otras partes qualesquiera, asi eclesiasticas como seglares, que de los dichos mis pleitos é cabsas puedan é deban conocer, para demandar é responder,
é defender é negar é conocer, é pedir é requerir
é querellar, é aprontar é protestar testimonio ó
testimonios; pedir é tomar toda buena razon é elec-
cion é defension, por mi é en mi nombre, decir é
alegar, é para dar, presentar testigos é probanzas
é escrituras, é ver, presentar, jurar é conocer los
que contra mi, fueren dados ó presentados, ó los

tachar e contradecir en dichos y en personas; ó
para dar ó recebir, jura ó juras, ó dar ó fazer juramento ó juramentos, asi de calunia ó como desisorio, ó todo otro juramento qualesquier que sea, ó la
cabsa ó pleyto convenga de se hazer ó jurar sóbre
mi ánimo, si acaeciere; porque ó para que podais
concluir ó cerrar razones, ó pedir é oir sentencia ó
sentencias, asi interlocutorias como definitivas; en
consentir en las que en mi favor fueren dadas, por
mí, ó de las contra por mi, dadas, apelar, ó suplicar,
ó seguir el apelacion ó suplicacion, para alli ó con
derecho debais, y en primera y en segunda instancia podais hazer ó dezir, ó razonar ó procurar todas
las otras cosas, ó cada una déllas, que yo mesmo
haria ó hazer podria, presente seyendo, aunque
para ello se requiera, otro ni más especial poder ó
mandado, á presencia personal; ó otro si, vos doy,
el dicho mi poder, para que en vuestro lugar y en
mi nombre podais hazer ó sostituir un procurador
ó dos mas, los que quisieredes, ó los rebocar quando
quisiéredes; ó quan cumplido ó bastante poder,
como yo ó y tengo para lo susodicho, otro tal y tan
complido, y ese mesmo lo dá ó otorgo, á vos el dicho Francisco de Villegas, ó á los por vos fechos ó
sostitutos, con sus incidencias ó dependencias, anexidades ó conexidades; ó vos relievo, ó á los por vos
fechos, ó sostitutos, segun derecho, ó por lo asi tener ó guardar ó cumplir ó aver por firme, segun
dicho es, obligo mi persona ó bienes muebles, ó

raizes, abidos ó por aber. En testimonio de lo qual, otorgué el presente, é antel escribano é testigos de yuso escritos; é lo firmé de mi nombre en el registro ques fecha la Carta, en la dicha Cibdad de México, estando en la Abdiencia é Chanzilleria Real, en tres dias del mes de Otubre, año del nascimiento de Nuestro Salvador Jesucristo, de mil é quinientos é treinta é ocho años. Testigos que fueron presentes á lo que dicho es, Francisco de Dávilas é Joan Rodriguez, é Ximon Tirado; estantes en la dicha Cibdad.—Nuño de Guzman.—E yo Martin Fernandez escribano de Sus Magestades é su notario público en la su Corte é en todos los sus Reynos y Señorios, presente fui, con los dichos testigos, á lo que dicho es; é lo fiz escrebir, é fiz aqui mi signo á tal; en testimonio de verdad, é soy testigo;— Martin Fernandez escribano de Sus Magestades.

E asi Presentado, el dicho Señor alcalde, dixo: que trayendo é presentado antél, al dicho Joan Fernandez de Yxar, este, presentó de le recibir é hazer en el caso, justicias; é luego encontinentes, el dicho Francisco de Villegas en el dicho nombre, trajo é presentó por testigo al dicho Joan Fernandez de Yxar, del qual fué tomado é recibido juramento en forma de derecho en virtud del qual, prometió de dezir verdad; é siéndole preguntado por el dicho interrogatorio é preguntas dél, dixo lo siguiente. Testigos que lo vieron jurar, Alvaro de Bracante, Francisco Santos.

El dicho Joan Fernandez de Yxar testigo presentado por el dicho Francisco de Villegas, en el dicho nombre siéndole preguntado por las preguntas del dicho interrogatorio, dixo lo siguiente:

A la primera pregunta, dixo, que conoce á los en la pregunta contenidos.

A la segunda pregunta, dixo, que lo que délla, sabe, es, que estando este testigo en la Villa de la Purificacion por justicia mayor, vinieron á él, cierta gente de caballo ó de pie, y entraron en casa de este testigo estando descuidado, ó por fuerza le sacaron debajo de su cama, dos tiros de artilleria, ó se los llevaron.

A la tercera pregunta, dixo, que lo que pasa, es que para sacar la dicha artilleria, pusieron á este testigo las lanzas á los pechos.

A la quarta pregunta, dixo, que lo que sabe es, quél dicho pesquisidor, estaba proveido en aquel tiempo ó poco tiempo adelante; y el dicho pesquisidor se dezia, Gonzalo Ruiz, por quéste testigo le vió enesta Cibdad.

A la quinta pregunta, dixo, que todo lo que dicho tiene, es la verdad, para el juramento que hecho tiene; ó enéllo se afirmó é firmólo de su nombre=Joan Fernandez de Yxar.

Fecha la provanza en la manera que dicho es, el dicho Señor alcalde dixo, que interponia é interpuso su autoridad, segun verdad é decreto judicial;

ó firmólo de su nombre=Joan de Samaniego==Entre dos rúbricas.

É yó Pedro Ruiz de Haro, escríbano público ó del Consejo de la dicha Cibdad de Compostela ó su juredicion, esta carta escribí, segun qué ante mi pasó. E de mandamiento del dicho señor alcalde ó de pedimento del dicho Francisco Villegas, lo saqué ó fize aqui esta mi rubrica ó firma acostumbrada qués á tal, en testimonio de verdad==Pedro Ruiz de Haro escribano público==Entre dos rubricas.

Erratas.

En la plana n.º 7, renglon 8.º, á la 4.ª palabra, donde dice,—dichos, de seguido—debe de decir,—esclavos;—pues falta esta palabra ó nombre.

En la plana n.º 9, renglon n.º 13, á la 5.ª palabra, donde dice—en—debe decir, ó (conjuncion).

Testimonio de una informacion hecha en México por el Presidente y Oydores de aquella Audiencia, sobre el modo de contar los 23.000 indios, vasallos del Marqués del Valle, de que el Rey le habia hecho merced.—Año de 1521 (1).

Este es traslado bien ó fielmente sacado de una informacion escripta en papel, hecha por los Señores Presidente ó Oydores con cierto pedimento ó testigos, su tenor, de la cual, es este que sigue:

En la grand Ciudad de Temixtitan, desta nueva España, veinte ó tres dias del mes de Febrero año del nacimiento de nuestro Salvador Jhesucristo de mil ó quinientos ó treynta y un año; el muy magnifico Señor Licenciado, Juan de Salmeron, presidente ó Oydor de la Audiencia ó Chancilleria Real que por mandado de Su Magestad en esta nueva España rreside; por presencia de mi, Juan Sanchez, Escribano de su Magestad, dixo: que por quanto á su noticia es venido, que algunas presonas desta Ciudad trahajan de ynducir á los questan nombrados ó piensan que se podran nombrar, para facer la enumeracion de los veynte ó tres mil vasallos de que Su Magestad fizo Merced al Marqués del Valle, ó que fagan la dicha enumeracion en favor del dicho Marqués y en perjuicio del pa-

_____

(1) Archivo de Indias. *Patronato*. Est. 1.°, cap. 1.°

trimonio Real ó de los vezinos de la tierra, diziendo que miren como cuentan los dichos vasallos,
por que si fazen mucho volumen de vasallos, Su
Magestad en los Repartimientos que despues ficie-
ren á ellos ó á otras personas de la tierra, sea de
seguir por el modo que tobieren en los contar; ó
questá claro, que no seran tan aprovechados sy los
cuentan particularmente ó por menudo, como sy
los cuentan largo; porque Su Magestad no pensará
que da tanto, contandolos largo, como contandolos
espasificamente; ó para proveer en ello lo que convenga al servicio de su Magestad ó pro de la tierra,
rescibió la ynformacion siguiente:

Testigo.—El dicho Diego Porros, vezino de la
Villa de Antequera, testigo rescibido para la dicha
ynformacion, abiendo jurado segund forma de derecho, ó siendo preguntado por el tenor de la cabsa
de suso contenida, dixo: que lo que deste escripto
sabe, es, que puede aber cinco ó seis dias poco mas
ó menos, questando en esta dicha Ciudad, oyó decir este testigo á Francisco Flores, Regidor déllo,
que andandose paseando el dicho Francisco Flores
por la plaza desta dicha Ciudad con el Contador Rodrigo de Albornoz ó con Francisco de Orduña, ó
con Cristobal Martin de Gamboa ó Roman Lopez,
vecino de Guaxaca, se habia movido platicar entre
todos ellos, sobrel contar de los veinte ó tres mill
vasallos quel Marqués trae de merced de Su Magestad; en quel dicho Francisco Flores dixo: quel

dicho Contador, Rodrigo de Albornoz é Cristobal
Martin de Gamboa ó Roman Lopez, faboresciendo
al dicho Marqués, habian dicho que en la provincia de Guadnabaca, no habia mas de mill vasallos,
ó quel dicho Francisco Flores abia porfiado contra
ellos, diziendo que heran mucho mas numero, como
es notorio; ó que los dichos, abian replicado, diciendo, pues por la medida quel fuere medido, hemos
de ser medidos nosotros, quando se haga el repartimiento; ó que asy mesmo oyó decir este testigo
al tiempo que llegó nueva á esta Ciudad, como el
dicho Marqués, traya los dichos veynte é tres mill
vasallos, que puede aber quinze meses, poco mas ó
menos; que no se entendian, que abian de ser con-
tados los vasallos al dicho Marqués por cabeza mas
de que si tobiese un principal.

Cincuenta esclavos ó mazeguales suyos, ó mas
ó menos, que no se abian de contar mas de los amos
ó Señores déllos; lo qual, este testigo, oyó en esta
dicha Cibdad á Francisco de Santa Cruz, mayordomo que hera del dicho Marques; é que abra quinze
dias, poco mas ó menos, que lo mesmo oyó á Garcia
de Llerena, procurador del dicho marques; ó que asy
se dize é publica en esta dicha Ciudad, por los criados del dicho Marqués; é questo es lo que sabe por
el juramento que fizo; é firmólo. Encargósele el se-
creto=Diego de Porras.

Testigo.—El dicho Francisco de Orduña, testigo rrescibido para la dicha informacion: abiendo

jurado ó siendo preguntado conforme á la cabeza
de suso contenido, ó por él thenor délla, dixo: que lo
que déste casó sabe, es, queste testigo, hablando
algunas vézes sobrel dar, de los veynte ó tres mill
vasallos del Marqués del Valle, como ó de que manera se abian de contar los dichos vasallos, se falló,
presente el contador Rodrigo de Albornoz, especialmente, puede aber cuatro ó cinco dias, hablando
cerca de lo susodicho en la plaza desta dicha Ciudad, el cual dicho Contador, dixo á este testigo, ó
á Francisco Flores, Regidor, y á Francisco de Solís
ó á otras personas questaban presentes, á que todos
abiamos de trabajar; que se diesen los dichos vasallos al dicho marqués, largamente, y que en el
contar déllos, no se contasen muy estrechamente;
porque de aquella misma manera, Su Magestad faria
que fuésemos nosotros en los indios, que nos abián
de dar, perpetuos, y quedariamos perdidos; ó que
todos trabajasemos, que los dichos Vasallos, se contasen muy largamente, al dicho marqués; lo qual
todo que dicho es, de suso, el dicho contador se lo
á dicho á este testigo, y aun delante de las personas que dichas tiene, ó de otras que no se acuerda;
ó quésto es lo que sabe deste hecho, para el juramento que fizo; ó firmólo; lo qual es notorio á presonas quel dicho Contador lo á dicho. Encargósele
el secreto=Francisco de Orduña.

Testigo.—El dicho Alonso Lucas, testigo rescibido para la dicha ynformacion; abiendo jurado,

segund forma de derecho, ó seyendo preguntado
cerca de lo suso dicho, dixo: que lo que sabe, es,
que puede aber tres ó quatro dias, que estando en la
casa y estancia del Licenciado Delgadillo, qués, en
Tacuba, fablando el Contador Rodrigo de Albornoz
y este testigo ó otras personas que alli estaban,
sobre las cosas que al presente se ofrecian en la
tierra, de aber quitado á tantas personas los indios,
ó sobre otras cosas, dixo el dicho Contador, que ya
la tierra no estaba para permanescer, ni aun perseverar, en élla, nadie; porque se estrechaban las cosas, tanto, que no se podran sufrir; ó que asi mismo,
estando en la plaza desta Ciudad., fabló el dicho
Contador sobre los vasallos del marqués; ó este testigo no se acuerda bien de lo que dixo. E quésta es
la verdad para el juramento que fizo; ó firmólo.
Encargósele el Secreto=Alonso Lucas=Juró ante
los Señores Licenciados, Salmeron, Maldonado ó
Cayna.

Le dicho Francisco Flores, veçino ó Regidor
désta dicha Cibdad, de Temixtitan, testigo rescibido para la dicha ynformacion; abiendo jurado segund forma de derecho, ó seyendo preguntado
cerca de lo suso dicho, dixo: que lo que déste caso,
sabe, es, que puede aber cinco ó seys dias, poco más
ó menos, questando en la esquina de los portales
de la plaza desta Ciudad, ó estando alli el Contador
Rodrigo de Albornoz ó Francisco de Orduña, ó
Cristobal Martin de Gamboa ó Francisco de Solis,

ó Roman Lopez ó Francisco Lopez, criado del dicho
Contador; los quales estaban platicando en los vasallos de que Su Magestad abia hecho merced al
marqués del Valle; ó que á la dicha sazon, llegó
este testigo, ó oyó dezir al dicho contador ó al dicho Cristobal Martin de Gamboa, e Francisco Solis
ó Roman Lopez, que dezia Antonio de Villa Roel,
que Guarnavaca con su sugesto, ternia mas de seys
mill vasallos, anonado; ó á esto respondió el dicho
Contador, que será imposible tener de mill ó quinientos vasallos, arriba; ó con el dicho Contador,
otorgaron el dicho Cristobal Martin de Gamboa ó
Francisco de Solis ó Roman Lopez, y este testigo
dixo: que de aquella manera, abia menester mucha
mas cantidad, el dicho marques, de pueblos ó provincias para cumplimiento de los vasallos que
traya; á lo qual respondió el dicho Contador ó los
suso dichos Francisco de Solis ó Cristobal Martin
ó Roman Lopez, que se maravillaban, mucho,
déste testigo, dezir lo que dezian; porque por la
medida que al marques midiesen, abian de medir á
todos; ó que parescia mal, dezir, este testigo lo suso
dicho, ó este testigo, dixo: que ni por el marques,
ni por su padre, que fuese, no diria syno lo que le
paresciese que fuese verdad; ó sobrésto obieron vozes entrel dicho Contador ó todos los suso dichos, ó
Francisco de Orduña; que se falló, presente fué en
lo mesmo que este testigo dixo; ó no falló otro, entre los suso dichos, que lo sustentase. E que esto es

lo que sabe, é la verdad para el juramento que fizo; é firmólo. Fuéle encargado el secreto=Francisco Flores=Juró ante Presidente é oydores.

Testigo.—El dicho Geronimo Ruiz de la Mota vecino desta Cibdad, testigo tomado para la dicha ynformacion; habiendo jurado segund forma de derecho, é seyendo preguntado en la dicha razon, dixo: que lo que deste caso, sabe, es, que puede aber diez dias, poco mas ó menos, estando en la dicha plaza desta Cibdad, é estando alli este testigo é el contador Rodrigo de Albornoz é Francisco de Orduño é otras presonas, de que este testigo no tiene memoria, platicando en las cosas que Su Magestad nuevamente á mandado proverser para esta tierra, este testigo oyó dezir, al dicho Contador Rodrigo de Albornoz, señores, paresme que todos debemos ser en lo que pudieremos en quésto del Marqués, sobre los vasallos de Su Magestad; el mandó dar, se provea, largamente; porque haciendose bien con él, será bien de todos; é que este testigo no se acuerda quel dicho Contador se aclarase mas en ésto. E quésto, es, lo que sabe, para el juramento que fizo; é firmólo. Fuéle encargado el secreto=Geronimo Ruiz de la Mota=El Licenciado Salmeron.

Fecho é sacado fué este traslado de la dicha ynformacion original en la dicha Cibdad de Temixtitan, México, á quatro dias del mes de Jullio año del nascimiento de nuestro salvador Jhesucristo de mill é quinientos é treynta é dos años=E yo Alon-

so Diaz de Gibraleon, escribano de Sus Cesareas ó
Catholicas Magestades, é su escribano é notario publico, en la su corte ó en todos sus Reynos é Señorios, presente fuy, al ver leer, coregir é concertar,
déste dicho traslado, el qual, vá, cierto ó verdadero;
ó lo escribí; ó por ende fiz, aqui, este mio signo, á
tal—Hay un signo—En testimonio de verdad—
Alonso Diaz de Gibraleon. Escribano—Entre dos
rubricas.

PROBANZA SOBRE LA NUEVA POBLACIÓN DE LA CIUDAD
DE LA PUEBLA DE LOS ANGÉLES; FIRMANDO COMO
TESTIGOS D. LUIS DE CASTILLA Y FRAY JUAN DE
ZUMÁRRAGA, OBISPO DE MÉXICO.—AÑO DE 1533 (1).

Las preguntas que se han de hacer sobre la poblacion nueva de la Puebla de los [Angeles que és
en la Nueva España.

Primeramente, si tiene noticia de aquel sitio dó
se hace la dicha poblacion.

Ytem: si es lugar dispuesto y aparejado para hacer en él, poblacion dó pueda vivir y permanescer
pueblo y republica; si tiene aguas bastantes, y de
rios, arroyos y fuentes; y si tiene campos, montes
y sierras dispuestos para sementeras y plantas de
viñas, olivares y arboledas de frutas y pastos para
crianza de ganados. Diga lo que saben y como lo
saben.

Ytem: si está en camino real para ir [por él á
otras provincias y poblaciones grandes y puertos de
mar de la Nueva España.

Ytem: qué forma se ha tenido en le edificar y
poblar; si han apremiado á los indios á que vayan
á servir á los cristianos en los edificios de la dicha
poblacion y de qué manera los han apremiado; si
ha sido haciendo cada dia repartimiento de indios

---

(1)   Archivo de Indias. *Patronato*. Est. 1.ª, Caj. 1.º

para las dichas labores, dando cierto numero déllos á cada cristiano.

Ytem: si han quitado y escusado á los indios que allí van á servir, que por éllo dejasen de pagar los tributos que habian de dar á Su Magestad.

Ytem: si los dichos indios que ansi han sido repartidos, han sido de Tascaltequen y provincias de Tascala, y si lo han tenido por mal, los dichos indios, ir á servir en los dichos edificios y labores de los cristianos, y se han quejado, diciendo, que no les guardaban las libertades que se les habian prometido.

Ytem: si es útil y provechosa la dicha poblacion, y cosa que puede permanescer y perpetuarse; y si está en parte do se dan bien los frutos de la tierra.

En la Ciudad de Toledo á doce dias del mes de Marzo de mill y quinientos y treinta y cuatro años por mandado de los señores del Consejo de las Yndias de Sus Magestades, en presencia de el Licenciado Villalobos, Fiscal de Sus Magestades, fué recebido juramento en forma debida de derecho de Don Luis de Castilla; y siendo preguntado por ciertas preguntas presentadas por el dicho Fiscal, dijo lo siguiente:

A la primera pregunta, dijo: que tiene noticia del sitio contenido en la dicha pregunta, por haber estado este testigo en él.

A la segunda pregunta, dijo: que este testigo andubo un dia por la dicha tierra, y que le pare-

ció ser razonable, tierra; mas que los vecinos que
en ella estaban, no estaban contentos del sitio ni
de la tierra, y que oyó decir que al principio que se
comenzó la dicha poblacion, obo en ella sesenta vecinos; y que cuando este testigo la vió, no habia
mas de diez y siete, poco mas ó menos; é queste
testigo preguntó algunos del pueblo, que cual era
la causa de se haber despoblado, y le dijeron, que
al tiempo que alli habian ido á poblar, les habian
prometido de les repartir á Taxcala y á Chilula y
otros pueblos; y por que no se los habian dado, se
iba; y tambien por que decian que se les elaban los
panes; que buscaban otro sitio mejor para se pasar;
que pues, se yelan los panes, que cree este testigo
que no será bueno para viñas ni olivares, é que no
podran permanecer, sino les dan pueblos en repartimientos, y grandes.

A la tercera pregunta, dijo: que no sabe que
puedan ir por el dicho sitio de la Puebla de los
Angeles á otra ninguna parte, sino es de México á
la Veracruz; y que para ir por alli se apartan del
camino real, questá poblado de ventas.

A la cuarta pregunta, dijo: que lo que sabe, es,
que de Taxcala y Chilula y otros pueblos comarcanos á la dicha Puebla de los Angeles, van á servir los indios de aquellas provincias á los españoles
y vecinos del dicho pueblo de los Angeles; y les
hicieron las casas y sementeras, y hay numero tasado de los indios que han de ir á servir á cada es-

pañol, ordinariamente; y quel número no lo sabe mas que al tiempo del sembrar y coger, crece el número de los dichos indios; y quésto que lo sabe, porquel corregidor que allí estaba al tiempo quéste testigo allí estubo, le mostró las casas que habian hecho los indios para vivir los indios que venian á servir á los españoles; y que asi mismo vió este testigo, hechas algunas casas de españoles, de paja lo de arriba, y lo de abajo de tierra, y adobes, á lo que le pareció; y que oyó decir, que los tales indios vienen apremiados.

A la quinta que no la sabe.

A la sesta pregunta, dijo: quela sabe como enélla se contiene, porque asi es público y notorio entre todos los españoles; y que sabe que indios principales de las dichas provincias, vinieron al Marques del Valle, á decirles, que por que no les guardaba lo quel les habia prometido en nombre de Su Magestad, pues quéllos habian seryido tambien y ayudado á ganar la tierra, y que agora eran los mas mal tratados de la tierra; y que á este testigo le parece á lo que se le hacuerda, que á la sazon el dicho Marqués fué con los dichos indios á la Audiencia Real, para que lo remediase, y á decirles lo que los dichos indios habian servido, y como por ello les habian prometido en nombre de Su Magestad, de nó los enagenar de su corona Real.

A la setena pregunta, dijo: que dice lo que dicho tiene en las preguntas, antes désta; y que le parece á este testigo, que para que los indios fuesen cristianos y la tierra estubiese mas segura, que habia de haber muchos monesterios y pocos pueblos, porque los españoles estubiesen mas juntos y no tan derramados en tantos pueblos; y quésto es lo que sabe asi por lo que á él le parece, como por lo que ha oido decir á personas que han estado mas tiempo en la tierra; y firmólo de su nombre.==Don Luis de Castilla.==Entre dos rúbricas.

En la Ciudad de Toledo á ocho dias del mes de Abril de mile é quinientos é treinta é cuatro años, por mandado de los Señores del Consejo de las Yndias, fué tomado é recebido juramento en forma debida de derecho de Don Fray Juan de Zumarraga, Obispo de México; é siendo preguntado por ciertas preguntas, dijo lo siguiente:

A la primera pregunta, dijo: que tiene noticia del sitio de la Puebla de los Angeles, que és cerca de Chelula; porque este testigo lo andubo é estubo en éllo.

A la segunda pregunta, dijo: que lo que sabe délla és, que el dicho sitio es dispuesto é aparejado para hacer en él, poblacion, para permanescer en el pueblo é república; é que tiene aguas bastantes, porque tiene una gran fuente de gruesa agua é muy buena, donde se habia de pasar é mudar el pueblo, que és un poco mas alto, hacia un cerro que está hacia Taxcala; porque cuando este testigo partió de la Nueva España para estos reynos, estaba

comenzado á edificar, mas bajo; ó porque allí había
mucha humidad ó no sano, se acordaba de le mudar al sitio que tiene declarado; é que tiene un río
obra de dos ó tres tiros de ballesta, de donde se ha
de mudar, el cual dicho rio, es donde puede haber
edificios de molinos ó batanes ó otras cosas; ó que
asi mismo, tiene campos ó montes muy grandes de
pinares ó otros arboles, donde se pueden criar muchos ganados, porque hay muchos pastos; ó que de
viñas ni sementeras no lo sabe, porque no lo ha
visto esperimentar, ni tampoco de arboles frutife-
ros; ó que cree que otro sitio mejor al rededor no se
podría haber, sino fuese con tomar á los indios las
tierras ó heredades que tienen; ó que asi mismo,
sabe, que hay sierras en comarca á una legua, é
mucha caza en los montes, de liebres ó venados ó
conejos; lo cual, tódo, este testigo ha visto ó tiene
noticia déllo.

A la tercera pregunta, dijo: que aunque el dicho pueblo donde asi se había de mudar, no estaba
en camino Real de la Veracruz para México, que se
puede abrir el dicho camino; ó aun cuando este testigo partió para estos reynos, se comenzaba á andar,
ó este testigo vino por allí, ó le paresció, que usan-
dose ó abriendo las ventas que hay por el otro camino, será mejor quél otro.

A la cuarta pregunta, dijo este testigo, que no
la sabe; porque este testigo aunque era protetor de
los indios, no se quiso entrometer enéllo, por no

tener diferencia sobréllo; é, que oyó decir que la
Ciudad de México, hacia cierto repartimiento de indios de los pueblos comarcanos de Taxcala ó Guajo-
zingo ó Chelula ó de los otros al rededor, para hacer édificios ó sementeras ó algun servicio á los pobladores de la dicha Puebla; ó que ansi se hacia,
aunque este testigo por lo que dicho tiene, no se
quiso entremeter.

    A la quinta pregunta dijo, que no la sabe.

    A la sesta pregunta dijo, que no la sabe.

    A la setima pregunta dijo: queste testigo pien-
sa que la dicha poblacion, que podria permanescer
ó perpetuarse, dandose buena orden en élla. E questa
es la verdad; ó firmólo de su nombre=Fray Juan;
Obispo de México=Hay una rubrica.

RELACION HECHA POR JOAN DE MIRANDA, CLÉRIGO, AL DOCTOR OROZCO, PRESIDENTE DE LA AUDIENCIA DE GUADALAJARA; SOBRE LA TIERRA Y POBLACION QUE HAY DESDE LAS MINAS DE SAN MARTIN Á LAS DE SANTA BÁRBARA, QUE ESTO ÚLTIMO ENTONCES ESTABA POBLADO.—AÑO DE 1575 (1).

Relacion de los pueblos que hay desde las minas de San Martin hasta las de Santa Bárbara, que es en la Gobernacion de Francisco de Ibarra, por el camino mas derecho que agora se sabe.

Está la poblazon de las minas de Santa Bárbara al Norueste de las minas de San Martin, ochenta leguas poco mas ó menos.

El Valle de la Puana es un rio questá poblado de diez ó doce estancias de labor, que se coge en él, de trigo é maiz, mas de veinte mil hanegas. En este valle está un pueblo de indios naturales, que habrá cincuenta ó sesenta indios; estan de paz, es juridicion de la villa del Nombre de Dios; está este Valle ocho leguas de San Martin.

Diez leguas de este Valle, mas adelante, está un real de minas que llaman Abino, donde habrá diez ó doce vecinos españoles; no hay otro beneficio mas de las minas; hay al rededor deste real, muchos indios de paz de los naturales que estan divididos y poblados en seis ó siete pueblos, que seran

_____

(1) Archivo de Indias. Patronato. Est. 1.°, Caj. 1.°

por todos, quinientos indios que agora empiezan á vivir en pulicia.

Seis leguas mas adelante, está un pueblo de indios que se dice Sah Johan, donde empieza la Gobernacion de Francisco de Ybarra, que habrá en él, trescientos indios que viven ya en pulicia y son todos los mas, cristianos; y siembran y cogen cantidad de maiz, y tienen iglesia donde los clerigos comarcanos les dicen misa.

Cinco leguas, adelante, está el Valle de los Palmitos, donde se pueblan agora tres estancias de labor de españoles; hay en este Valle mucha cantidad de indios de paz, y algunos déllos, empiezan á vivir en pulicia, congregandose pueblos, ó haciendo casas é sembrando maiz, por que antes no lo hacian, porque se sustentaban con grandisima cantidad de pescado que dá un rio caudaloso que por alli pasa, que se dice el rio de las Nasas, que corre de Poniente hacia Oriente, hasta dar en la laguna grande que dicen de Macapil. Hay en todo este rio, desde su nacimiento, ques mas de veinte leguas, adelante de Yndehé, muchos indios de paz ó de guerra.

Desde el Valle de los Palmitos, hasta las minas de Yndehé, hay veinte leguas de camino despoblado y de guerra; estas minas, estubieron seis años pobladas con mucha gente de españoles, indios é haciendas de ingenios, y en éllas se saca mucha cantidad de plata ó plomo; despoblaronse por la continua guerra que desde su primera fundacion tubieron con los indios, naturales, ó por el mal gobierno que enéllas hubo por las personas que las gobernaban. Pasa el rio de las Nasas, una legua destas minas; tiene alrededor, por muchas partes, muchos indios de guerra muy cursados en élla, por los continuos daños é muertes que han hecho; los metales de estas minas son plomosos y de buena ley, por que acuden á dos marcos de plata por quintal de tierra; hay otras minas alrededor questan descubiertas é no han sido pobladas por falta de gente, por la mucha guerra, y son las minas del Valle y San Joan y Todos Santos.

Trece leguas mas adelante está el rio Florido donde fué la villa de Vitoria, que agora está despoblada por haber muerto los naturales á algunos vecinos délla, é otros habella dejado hubo pobladas; en este rio, siete estancias hai de labor, donde se cogia mucho maiz; corre este rio de Poniente á Oriente; hay en él mucha cantidad de pescado, é muchos naturales que andan de guerra.

Ocho leguas mas adelante están las minas de Santa Barbara, qués lo postrero que hay poblado de españoles; habrá en ellas treinta vecinos; hay haciendas fundadas é ingenios; hay muchas minas é muchos metales; acuden á cuatro onzas y á seis, por quintal de tierra; déxase de sacar mucha plata por la poca gente que hay de indios que las labren y estar tan apartadas de donde se pueden haber; é por la mucha guerra que hay, no osan ir á ellas; estan en buen asiento ó tienen mucha leña y agua, y todo lo demás necesario.

En la serranía destas dichas minas, nace un rio que a siete leguas dellas, hacia Levante, están pobladas cuatro estancias de labor donde se coge con el riego del dicho rio mucha cantidad de trigo ó maiz; hay tierras donde se podrían fundar otras estancias en que se cogerian mucha cantidad de trigo ó maiz y estandias para ganado mayor ó menor; hay poblados en este rio algunos indios Lepeguanes, de paz, aunque no viven en pulicia por haberse alzado dos ó tres veces.

A cinco y á seis leguas mas abajo hay otros indios que llaman de las Salinas, que ni estan de paz ni de guerra, ni han fecho mal ninguno.

Estarán las salinas grandes, que dicen, veinte ó cinco leguas destas estancias, ó treinta de las minas de Santa Barbara; es una salina muy grande que tendrá de vox tres leguas; está hacia el Sueste de Santa Barbara; es la sal muy buena; hay en ellas mucha cantidad de indios que no son belicosos, antes han rescebido de paz á los cristianos que allí han ido.

A diez y á doce leguas de las minas de Santa Barbara, al Norueste, está un rio muy grande que corre hacia Lebante; llámanle el rio de las Conchas, y á esta causa, llaman á los indios que en él hay, de las Conchas; hay grandisima cantidad de

indios, á los cuales, por no haber habido Naguatatos que los entiendan, no se les ha podido hablar
ó llamar de paz hasta agora [pocos dias a, que se
tuvo noticia ser de la lengua de los indios del pueblo de San Miguel, questá mas de cincuenta leguas
apartado desta provincia ; y dicen los indios deste
pueblo, haber salido ó procedido de aquella provincia; entiende se vendrán todos de paz con facilidad
por las lenguas, y que hay tanta cantidad de gente,
que segun dice el naguatato, habrá tantos como
en Taxcala; ó dan por noticia, estar no muy lejos
la Mar; es gente bruta, ynabil y desabida, porque
no tienen sementeras de maiz ni otras semillas,
y se sustentan con muy viles ó bajos mantenimientos.

Esto es lo que hay por el camino mas derecho
que hay de Sant Martin á Santa Barbara; y hay
otro camino que va de Sant Martin por otras poblazones, qué es á la Villa del Nombre de Dios; hay
ocho leguas, y enélla, poblazon de españoles ó indios
mexicanos ó tarascos ó algunos naturales que vivén
en pulicia y siembran y cogen trigo ó maiz ; hay
en élla un convento de frailes Franciscanos; hay
alrededor délla, otras tres ó cuatro estancias donde
se coge trigo ó maiz.

A diez leguas desta Villa, á la parte del Sur,
están las minas de San Buena Ventura, que están
pobladas de españoles , y hay alrededor dellas,
pueblos de indios tepeguanes, de paz.

Está de la Villa de Nombre de Dios, ocho leguas, hacia el Poniente, la Villa de Durango, que es cabeza de la Gobernacion; está en ella la caxa de Su Magestad y hay tres Oficiales que quintan ó veintenan la plata; hay muchos labradores vecinos que seran hasta treinta; cogen cantidad de trigo ó maiz, ó hay estancias de ganado mayor y menor; es tierra muy fertil por un rio que viene muy caudaloso, ó muchas tierras buenas; hay alrededor desta Villa, muchos pueblos de indios questan de paz ó asentados ó repartidos en comenderos, vecinos, ó viven en pulicia.

Ocho leguas al Norte, está el pueblo que dicen de Cacari; es un pueblo que habrá docientos indios, los cuales son cristianos, los mas déllos, ó viven en pulicia y siembran y cogen mucho maiz, y estan muy sosegados.

Dos leguas por el mismo rumbo, está otro pueblo de indios que llaman la Sauceda; hay en este pueblo y sus subjetos, mil indios, que los mas déllos viven en pulicia; siembran y cogen maiz y estan sosegados en sus pueblos.

A seis leguas, mas adelante, hacia el Nordeste, está un real de minas que dicen de San Lucas; ha estado poblado y lo está aunque con poca gente; está este real á tres leguas del pueblo de San Joan ya dicho.

A siete leguas de este Real, hacia el Noruoeste, están las minas de Soneto; están muy pobladas de

españoles, ó haciendas de ingenios, con metales de
azogue y polvillo; habrá en éllas, cincuenta españoles; á dos leguas deste real, hay tres pueblos de
indios questán de paz y empiezan á vivir en pulicia; siembran y cogen maíz.

A ocho leguas deste real, está el rio de las Nasas, donde se junta este camino con el otro.

Sobre cosas que se han hallado en esta tierra, señaladas.

En el Valle de San Gregorio, en un llano muy
grande, se halló un bulto de metal que peresce ser
bronce, que tiene señalado como que lo amasaban
con pies y puños; es tan grande que no lo han podido mover; á mi parescer tendrá mas de docientos
quintales de peso, es metal fino que no tiene esco-
ria ni otra cosa; pone admiracion, por estar como
está en tierra tan llana ó yerma, é no haber señal
ni muestra de edificacion ninguna donde se hubiese
fundido; dicen los indios naturales, tienen noticia
de que lo traxo á aquel lugar, una india vieja.

En el rio de Ramos se halló una fuente que nace
en una isleta del mismo rio, que paresce haberse
fecho de tierra y cascajo; que la propia fuente ha
hechado hacia arriba, en medio del propio rio, el
agua, de la cual sale tan caliente que no se puede
meter la mano en élla para tenerla un momento
dentro; y entiendo si se echase un ave dentro se
coceria tambien como en una olla.

Todo lo cual, es cierto ó verdadero, ó juró á Dios ó á esta cruz ó por las órdenes que tengo, que la mayor parte déllo lo he visto por mis ojos, porque he sido Vicario en los mas destos pueblos, y todos ellos los he andado ó visto; ó lo demas lo he sabido, de soldados ó personas de credito, y de los naturales de todas sus comarcas. Y lo firmé de mi nombre=Joan de Miranda, Clerigo=Va testado= en el riego=oriente=a=no vale.

Este es un treslado bien ó fielmente sacado de una relacion que dió firmada de su nombre, Joan de Miranda, clerigo, segun por ella paresce que su tenor de la cual es la de suso contenido, la cual di signada ó firmada de mi nombre ó signo en la ciudad de Guadalajara veinte ó seis de Hebrero de mil ó quinientos ó setenta ó cinco años; siendo testigos Pedro Martinez ó Melchor Bravo, estantes en esta dicha ciudad.

Yo Luis Velez Cherino escribano de Su Magestad del Audiencia y Chancilleria Real del Nuevo Reyno de Guadalaxara por Su Magestad, lo fiz escrebir, ó fiz aqui este mio signo, atal=Hay un signo=En testimonio de verdad=Luis Velez Cherino=Entre dos rubricas=Sin derechos.

LISTA DE LAS PERSONAS QUE COLON DEJÓ EN LA YSLA
ESPAÑOLA Y HALLÓ MUERTAS POR LOS YNDIOS
CUANDO VOLVIÓ Á POBLÁRLA EN 1493 (1).

En una minuta fecha por mandado de los Oficiales de la Contratacion en Sevilla que contiene
el pregon que se hacía llamando á los herederos
de los difuntos en Yndias y su carrera, y la nomina de algunos hasta 1511 con sus bienes; se
anota lo siguiente:

«Asi mismo parece por una nomina de sus Al-
»tezas que el año pasado de 1492 años fueron con
»el Almirante D. Cristobal Colon, por mandado de
»sus Altezas, á descubrir con tres carabelas, en el
»cual viage descubrió la Ysla Española; y el dicho
»Almirante, dejó ende treinta y siete personas de
»los que consigo llevó, los cuales cuando el dicho
»Almirante volvió desde España á poblar la dicha
»Ysla con diez y siete naos de armada, halló que
»los Yndios de la Ysla los habian muerto: los nom-
»bres de los cuales son los siguientes:

Alonso Mendez de Mendoza: de Sevilla.

Alvar Perez Osorio: de Castrojeriz.

El Bachiller Bernardino de Tapia: natural de
Ledesma.

Cristobal del Alamo: natural del Condado (de
Niebla).

_____

(1) Archivo de Indias.

Castillo, platero: natural de Sevilla.

Diego Garcia: de Jerez.

Diego de Tordoya: de Cabeza de Vaca.

Diego de Capilla: del Almaden.

Diego de Torpa.

Diego de Mambles: natural de Mambles.

Diego de Mendoza: de Guadalajara.

Diego de Montalvan: de Jaen.

Domingo de Bermeo.

Francisco Fernandez.

Francisco de Godoy: natural de Sevilla.

Francisco de Vergara: natural de Sevilla.

Francisco de Aranda: de Aranda.

Francisco de Henao: de Avila.

Francisco Jimenez: de Sevilla.

Gabriel Baraona: de Belmonte.

Gonzalo Fernandez de Segovia: de Leon.

Gonzalo Fernandez: de Segovia.

Guillermo Ires: natural de Galney, en Irlanda.

Hernando de Porcuna.

Jorge Gonzalez: natural de Trigueros.

Juan de Uruiga.

Juan Morcillo: de Villanueva de la Serena.

Juan de Cueva: de Castuera.

Juan Patiño: de la Serena.

Juan del Barco: del Barco de Avila.

Juan de Villar: del Villar.

Juan de Mendoza.

Martin de Lograsan: cerca de Guadalupe.

Pedro Corballo: de Caceres.

Pedro de Talavera.

Pedro de Foronda.

Sebastian de Mayorga: natural de Mayorga.

Tallarte de Lajes: inglés.

Tristan de San Jorge.

«Y si algunos herederos de los dichos difuntos
»hobiere, vayan á la Casa de la Contratacion de
»Sevilla con los poderes y probanzas bastantes, é
»luego los Oficiales de sus Altezas se los pagarán,
»conforme á lo que su Alteza por su nomina fecha
»en Burgo á veinte de Diciembre de mil quinientos
»siete manda pagar por descargo suyo y de la
»Reina Doña Isabel nuestra Señora, de gloriosa
»memoria.

ARCHIVO GENERAL
DE
INDIAS

DON FRANCISCO DE PAULA JUAREZ Y ROSALES, ARCHIVERO GENERAL DEL DE INDIAS EN ESTA CIUDAD DE SEVILLA, ETC.

CERTIFICO: *Que todos los documentos contenidos en este volúmen procedentes de dicho Archivo, se encuentran compulsados y conformes con sus originales respectivos que en el mismo Archivo se custodian.*

Y para que así conste, en cumplimiento de lo ordenado por superior disposicion, fecha nueve de Febrero del año de mil ochocientos sesenta y uno, expido el presente con el del citado establecimiento, en Sevilla á treinta de Diciembre de mil ochocientos setenta y tres.— (Está firmado y sellado.) — Francisco de Paula Juarez y Rosales.

(Lugar del Sello.)

INDICE
DE LOS DOCUMENTOS CONTENIDOS EN ESTE TOMO.

FIN DEL TOMO DECIMOSEXTO.

FEB 29 1917

CPSIA information can be obtained
at www.ICGtesting.com
Printed in the USA
BVHW081609220819
556561BV00017B/3673/P